UPSC

सिविल सर्विसेज परीक्षा

SYLLABUS

(प्रारंभिक & मुख्य EXAM)

• **Corporate Office :** 45, 2nd Floor, Maharishi Dayanand Marg, Corner Market, Malviya Nagar, New Delhi-110017

Tel. : 011-49842349 / 49842350

Typeset by Disha DTP Team

How to access the E-Book?

INSTRUCTIONS

1. Visit the link given below.
   http://bit.ly/rapid-gk-2019
2. You can also scan the QR code provided here.

Note: No login required.

DISHA PUBLICATION

For further information about the books from DISHA,
Log on to **www.dishapublication.com** or email to **info@dishapublication.com**

Contents

CSAT Topicwise Best Books

खंड-I

परीक्षा की योजना :

इस प्रतियोगिता परीक्षा में दो क्रमिक चरण हैं, (i) प्रधान परीक्षा के लिए उम्मीदवारों के चयन हेतु सिविल सेवा (प्रारंभिक) परीक्षा (वस्तुपरक) तथा (ii) विभिन्न सेवाओं तथा पदों पर भर्ती हेतु उम्मीदवारों का चयन करने के लिए सिविल सेवा (प्रधान) परीक्षा (लिखित तथा साक्षात्कार)

प्रारम्भिक परीक्षा में वस्तुपरक (बहुविकल्पीय प्रश्न) प्रकार के दो प्रश्न पत्र होंगे तथा खंड-II के उपखंड (क) में दिये गये विषयों में अधिकतम 400 अंक होंगे। यह परीक्षा केवल प्राक्चयन परीक्षण के रूप में होगी प्रधान परीक्षा में प्रवेश हेतु अर्हता प्राप्त करने वाले उम्मीदवार द्वारा प्रारंभिक परीक्षा में प्राप्त किये गये अंकों को उनके अंतिम योग्यता क्रम को निर्धारित करने के लिए नहीं गिना जायेगा। प्रधान परीक्षा में प्रवेश दिये जाने वाले उम्मीदवारों की संख्या उक्त वर्ष में विभिन्न सेवाओं तथा पदों में भरी जाने वाली रिक्तियों की कुल संख्या का लगभग बारह से तेरह गुना होगी। केवल वे ही उम्मीदवार जो आयोग द्वारा किसी वर्ष की प्रारंभिक परीक्षा में अर्हता प्राप्त कर लेते हैं, उस वर्ष की प्रधान परीक्षा में प्रवेश के पात्र होंगे। बशर्तें कि वे अन्यथा प्रधान परीक्षा में प्रवेश हेतु पात्र हो, जो उम्मीदवार प्रधान परीक्षा के लिखित भाग में आयोग के विवेकानुसार यथानिर्धारित न्यूनतम अर्हक अंक प्राप्त करते हैं उन्हें खंड-II के उपखंड 'ग' के अनुसार व्यक्तित्व परीक्षण के लिए साक्षात्कार हेतु बुलाया जायेगा। रैंक का निर्धारण करने के लिए प्राप्तांकों को गिना जायेगा। साक्षात्कार के लिए बुलाये जाने वाले उम्मीदवारों की संख्या भरी जाने वाली रिक्तियों की संख्या से लगभग दो गुना होगी।

इस प्रकार उम्मीदवारों द्वारा प्रधान परीक्षा (लिखित भाग तथा साक्षात्कार) में प्राप्त किये गये अंकों के आधार पर अंतिम तौर पर उनके रैंक का निर्धारण किया जाएगा। उम्मीदवारों को विभिन्न सेवाओं का आबंटन परीक्षा में उनके रैंकों तथा विभिन्न सेवाओं और पदों के लिए उनके द्वारा दिये गये वरीयता क्रम को ध्यान में रखते हुए किया जायेगा।

खंड-II

प्रारंभिक तथा प्रधान परीक्षा की रूपरेखा तथा विषय–

(क) प्रारम्भिक परीक्षा

परीक्षा में दो अनिवार्य प्रश्न पत्र होंगे जिसमें प्रत्येक प्रश्नपत्र 200 अंकों का होगा।

(प्रा.) प्रश्नपत्र	अवधि	प्रश्न	अंक
प्रश्नपत्र I - सामान्य अध्ययन	2 घंटे	100	200
प्रश्नपत्र II - अभिक्षमता	2 घंटे	80	200
		सम्पूर्ण = 400	

सामान्य अध्ययन प्रश्नपत्र-II में न्यूनतम अर्हता अंक 33% है। सामान्य अध्ययन प्रश्नपत्र-I के सम्पूर्ण अंकों के आधार पर उम्मीदवार का चयन प्रधान परीक्षा के लिए किया जायेगा।

नोट :

(i) दोनों ही प्रश्न पत्र वस्तुनिष्ठ (बहुविकल्पीय) प्रकार के होंगे।

(ii) प्रश्नपत्र हिन्दी और अंग्रेजी दोनों ही भाषाओं में तैयार किये जाएंगे। तथापि दसवीं कक्षा स्तर के अंग्रेजी भाषा के बोधगम्यता कौशल से संबंधी प्रश्नों का परीक्षण, प्रश्नपत्र में केवल अंग्रेजी भाषा के उष्रणों के माध्यम से, हिन्दी अनुवाद उपलब्ध कराये बिना किया जायेगा।

(iii) पाठ्यक्रम संबंधी विवरण खंड-III के भाग-क में दिया गया है।

(iv) प्रत्येक प्रश्नपत्र दो घंटे की अवधि का होगा। तथापि, नेत्रहीन उम्मीदवारों को प्रत्येक प्रश्न पत्र में बीस मिनट का अतिरिक्त समय दिया जायेगा।

(ख) प्रधान परीक्षा

सिविल सेवा (प्रधान) प्रारूप:

सन् 2015 से प्रधान परीक्षा प्रारूप में परिवर्तन किया गया है। नवीन प्रारूप निम्न हैं–

क्र.सं.	प्रश्नपत्र	विषय	अंक
1.	प्रश्न पत्र A	भारतीय भाषा (अर्हता हेतु)	300
2.	प्रश्न पत्र B	अंग्रेजी (अर्हता हेतु)	300
3.	प्रश्न पत्र I	निबंध	250
4.	प्रश्न पत्र II	सामान्य अध्ययन–I	250
5.	प्रश्न पत्र III	सामान्य अध्ययन–II	250
6.	प्रश्न पत्र IV	सामान्य अध्ययन–III	250
7.	प्रश्न पत्र V	सामान्य अध्ययन–IV	250
8.	प्रश्न पत्र VI	वैकल्पिक विषय प्रश्नपत्र–I	250
9.	प्रश्न पत्र VII	वैकल्पिक विषय प्रश्नपत्र–II	250
		योग	1750
		साक्षात्कार (व्यक्तित्व परीक्षण)	275
		सम्पूर्ण योग	**2025**

CSAT (प्रा०) में ऋणात्मक अंकन

प्रश्न पत्रों में, ऐसे कुछेक प्रश्नों को छोड़कर जिनमें ऋणात्मक अंकन (Negative marking) ऐसे प्रश्नों के लिए, सर्वाधिक उपयुक्त तथा इतना-उपयुक्त-नहीं। उत्तर को दिये जाने वाले विभिन्न अंकों के रूप में अंतर्निहित होगी, उम्मीदवार द्वारा दिये गये गलत उत्तरों के लिए दंड (ऋणात्मक अंकन) दिया जाएगा।

प्रधान परीक्षा हेतु चयन:

केवल वे ही उम्मीदवार जो आयोग द्वारा किसी वर्ष की प्रारंभिक परीक्षा में अर्हता प्राप्त कर लेते हैं। उक्त वर्ष की मुख्य परीक्षा में प्रवेश के पात्र होंगे बशर्ते कि वे अन्यथा प्रधान परीक्षा में प्रवेश हेतु पात्र हों।

उम्मीदवार पैरा-2 (समूह-1) में दिये गये विषयों की सूची में से कोई भी वैकल्पिक विषय चुन सकते हैं, तथापि यदि किसी उम्मीदवार ने समूह-2 में उल्लिखित भाषाओं में से किसी भाषा के साहित्य को मुख्य विषय रखते हुए स्नातक किया है, तो वह उम्मीदवार उस साहित्य विषय को भी वैकल्पिक विषय के रूप में चुन सकता है।

टिप्पणी:

(i) उम्मीदवारों द्वारा सभी प्रश्न पत्रों (प्रश्न पत्र I-VII तक) में प्राप्त अंकों का परिगणन मेरिट स्थान सूची के लिए किया जायेगा। तथापि आयोग को परीक्षा के किसी भी अथवा सभी प्रश्न पत्रों में अर्हता अंक निर्धारित करने का विशेषाधिकार होगा।

(ii) भाषा के प्रश्नपत्रों में उम्मीदवार निम्न प्रकार से लिपि का प्रयोग करेंगे।

भाषा		लिपि
असमिया	....	असमिया
बंगला	....	बंगला
बोडो	....	देवनागरी
डोगरी	....	देवनागरी
गुजराती	....	गुजराती
हिन्दी	....	देवनागरी
कन्नड़	....	कन्नड़
कश्मीरी	....	फारसी
कोंकणी	....	देवनागरी
मैथिली	....	देवनागरी
मलयालम	....	मलयालम
मणिपुरी	....	बंगाली
मराठी	....	देवनागरी
नेपाली	....	देवनागरी
उड़िया	....	उड़िया
पंजाबी	....	गुरुमुखी
संस्कृत	....	देवनागरी
संताली	....	देवनागरी या आलचिकी
सिन्धी	....	देवनागरी या अरबी
तमिल	....	तमिल
तेलुगु	....	तेलुगु
उर्दू	....	फारसी

टिप्पणी: संताली भाषा के लिए प्रश्न–पत्र देवनागरी लिपि में छपेंगे किन्तु उम्मीदवारों को उत्तर देने के लिए देवनागरी या ओलचिकि लिपि के प्रयोग का विकल्प होगा।

2. प्रधान परीक्षा के लिए वैकल्पिक विषयों की सूची

समूह-1

(i) कृषि विज्ञान
(ii) पशुपालन एवं पशु चिकित्सा विज्ञान
(iii) नृविज्ञान
(iv) वनस्पति विज्ञान
(v) रसायन विज्ञान
(vi) सिविल इंजीनियरी
(vii) वाणिज्य शास्त्र तथा लेखा विधि
(viii) अर्थशास्त्र
(ix) विद्युत इंजीनियरी
(x) भूगोल
(xi) भू-विज्ञान
(xii) इतिहास
(xii) विधि
(xiv) प्रबंधन
(xv) गणित
(xvi) यांत्रिक इंजीनियरी
(xvii) चिकित्सा विज्ञान
(xviii) दर्शन शास्त्र
(xix) भौतिकी
(xx) राजनीति विज्ञान तथा अन्तर्राष्ट्रीय संबंध
(xxi) मनोविज्ञान
(xxii) लोक प्रशासन
(xxiii) समाज शास्त्र
(xxiv) सांख्यिकी
(xxv) प्राणी विज्ञान

समूह-2

निम्नलिखित भाषाओं में से किसी एक भाषा का साहित्य:
असमिया, बंगाली, बोडो, डोगरी, गुजराती, हिन्दी, कन्नड़, कश्मीरी, कोंकणी, मैथिली, मलयालम, मणिपुरी, मराठी, नेपाली, उड़िया, पंजाबी, संस्कृत, संताली, सिंधी, तमिल, तेलुगु, उर्दू और अंग्रेजी।

नोट:

(i) परीक्षा के प्रश्न—पत्र पारंपरिक (विवरणात्मक) प्रकार के होंगे।

(ii) प्रत्येक प्रश्न—पत्र तीन घंटे की अवधि का होगा।

(iii) उम्मीदवारों को यह विकल्प उपलब्ध होगा कि वे प्रश्न—पत्र-1 के खंड-2 (अंग्रेजी कांप्रोहेंशन तथा अंग्रेजी सार-लेखन)को छोड़कर सभी प्रश्न-पत्रों के उत्तर अंग्रेजी अथवा हिंदी में दे सकते हैं। यदि किसी उम्मीदवार ने निम्नलिखित में से किसी भाषा-माध्यम से स्नातक किया है और उस भाषा-माध्यम का प्रयोग स्नातक स्तर की परीक्षा को उत्तीर्ण करने के लिए किया है तो वह उम्मीदवार उस विशेष भाषा-माध्यम का चयन प्रश्न-पत्र-1 के खंड-2 (अंग्रेजी कांप्रीहेंशन तथा अंग्रेजी सार-लेखन)को छोड़कर सभी प्रश्न-पत्रों के उत्तर देने के लिए कर सकता/सकती है। असमिया, बंगला, बोडो, डोगरी, गुजराती, कन्नड़, कश्मीरी, कोंकणी, मैथिली, मलयालम, मणिपुरी, मराठी, नेपाली, उड़िया, पंजाबी, संस्कृत, संथाली, सिंधी, तमिल, तेलुगु तथा उर्दू।

(iv) जो उम्मीदवार प्रश्न-पत्रों के उत्तर देने के लिए उपर्युक्त भाषाओं में से किसी एक भाषा का चयन करते हैं, वे यदि चाहें तो केवल तकनीकी शब्दों, यदि कोई हो, का विवरण स्वयं द्वारा चयन की गई भाषा के अतिरिक्त कोष्ठक (ब्रैकेट) में अंग्रेजी में भी दे सकते है। तथापि, उम्मीदवार यह नोट करें कि यदि वे उपर्युक्त नियम का दुरूपयोग करते हैं, तो इस कारणवश

कुल प्राप्तांकों, जो उन्हें अन्यथा प्राप्त हुए होते, में से कटौती की जाएगी और असाधारण मामलों में उनके उत्तर अनधिकृत माध्यम में होने के कारण उनकी उत्तर-पुस्तिका(ओं) का मूल्यांकन नहीं किया जाएगा।

(v) प्रश्न-पत्र (भाषा के साहित्य के प्रश्न-पत्रों को छोड़कर) केवल हिन्दी तथा अंग्रेजी में तैयार किए जाएंगे।

(vi) पाठ्यक्रम का विवरण खंड-III के भाग ख में दिया गया है।

सामान्य अनुदेश (प्रारंभिक तथा प्रधान परीक्षा)

(i) उम्मीदवारों को प्रश्नपत्रों के उत्तर स्वयं लिखने चाहिए। किसी भी परिस्थिति में उन्हें उत्तर लिखने के लिए किसी अन्य व्यक्ति की सहायता लेने की अनुमति नहीं दी जाएगी तथा तथापि दृष्टिहीन उम्मीदवारों को लेखन सहायक (स्क्राइव) की सहायता से परीक्षा में उत्तर लिखने की अनुमति होगी। दृष्टिहीन उम्मीदवारों को प्रत्येक प्रश्नपत्र के लिए तीस मिनट का अतिरिक्त समय दस मिनट प्रति घण्टा के हिसाब से दिया जाएगा।

(ii) केवल सिविल सेवा (प्रधान) परीक्षा के लिए उन उम्मीदवारों को जो चलने में असमर्थ हैं तथा प्रमस्तिष्कीय पक्षाघात से पीड़ित हैं और जहां उनकी यह असमर्थता, उनकी कार्य-निष्पादन क्षमता (लेखन)(न्यूनतम 40% अक्षमता) को प्रभावित करती है, उन्हें प्रत्येक घण्टे में 20 मिनट का अतिरिक्त समय दिया जाएगा तथापि ऐसे उम्मीदवारों को स्क्राइव लेने की अनुमति नहीं होगी।

टिप्पणी-1 : किसी लेखन सहायक (स्क्राइब) की योग्यता की शर्तें, परीक्षाहाल में उसके आचरण तथा वह सिविल सेवा परीक्षा के उत्तर लिखने में दृष्टिहीन उम्मीदवारों को किस प्रकार और किस सीमा तक सहायता कर सकता है। इन सब बातों का नियमन संघ लोकसेवा आयोग द्वारा जारी अनुदेशों के अनुसार किया जाएगा। इन सभी या इनमें से किसी एक अनुदेश का उल्लंघन होने पर दृष्टिहीन उम्मीदवार की उम्मीदवारी रद्द की जा सकती है। इसके अतिरिक्त संघ लोक सेवा आयोग लेखन सहायक के विरुद्ध अन्य कार्यवाही भी कर सकता है।

टिप्पणी-2 : इन नियमों का पालन करने के लिए किसी उम्मीदवार को तभी दृष्टिहीन उम्मीदवार माना जाएगा यदि दृष्टिदोष का प्रतिशत 40 या इससे अधिक हो, दृष्टिदोष की प्रतिशतता निर्धारित करने के लिए निम्नलिखित कसौटी को आधार माना जाएगा।

सुधारों के बाद

	स्वस्थ आँख	खराब आँख	प्रतिशतता
वर्ग 0	6/9-6/18	6/24 से 6/36 तक	20%
वर्ग I	6/18-6/36	6/60 से शून्य तक	40%
वर्ग II	6/60-4/60 अथवा दृष्टि का क्षेत्र 10-20°	3/60 से शून्य तक	75%
वर्ग III	3/60-1/60 अथवा दृष्टि का क्षेत्र 10°	एफ.सी. एक फुट से शून्य तक	100%

वर्ग IV	एफ.सी 1 फुट से शून्य तक दृष्टि का क्षेत्र 100°	एफ.सी 1 फुट से शून्य तक दृष्टि का क्षेत्र 100°	100%
एक आंख वाला व्यक्ति	6/6	एफ.सी. 1 फुट से शून्य तक	30%

टिप्पणी-3 : दृष्टिहीन उम्मीदवारों को स्वीकार्य छूट प्राप्त करने के लिए संबंधित उम्मीदवार को प्रधान परीक्षा के आवेदन पत्र के साथ निर्धारित प्रपत्र में केन्द्र/राज्य सरकार द्वारा गठित बोर्ड से इस आशय का प्रमाण पत्र प्रस्तुत करना होगा।

टिप्पणी-4 :

(i) दृष्टिहीन उम्मीदवारों को दी जाने वाली छूट निकटदृष्टिता से पीड़ित उम्मीदवारों को देय नहीं होगी।

(ii) आयोग अपने विवेक से परीक्षा के किसी भी एक या सभी विषयों में अर्हक अंक निश्चित कर सकता है.

(iii) यदि किसी उम्मीदवार की लिखावट आसानी से न पढ़ी जा सके तो उसको मिलने वाले अंकों में से कुछ अंक काट लिए जायेंगे.

(iv) सतही ज्ञान के लिए अंक नहीं दिए जाएंगे।

(v) परीक्षा के सभी विषयों में कम से कम शब्दों में की गई संगठित, सूक्ष्म और सशक्त अभिव्यक्ति को श्रेय मिलेगा।

(vi) प्रश्न पत्रों में यथा आवश्यक एस.आई. (S.I.) इकाईयों का प्रयोग किया जाएगा।

(vii) उम्मीदवार प्रश्न पत्रों के उत्तर देते समय केवल भारतीय अंकों के अन्तर्राष्ट्रीय रूप (जैसे 1, 2, 3, 4, 5, 6 आदि) का ही प्रयोग करें।

(viii) उम्मीदवारों को संघ लोक सेवा आयोग की परंपरागत (निबंध) शैली के प्रश्न पत्रों के लिए साइंटिफिक (नान प्रोग्रामेबल) प्रकार के कैलकुलेटरों का प्रयोग करने की अनुमति है यद्यपि प्रोग्रामेबल प्रकार के कैलकुलेटरों का प्रयोग उम्मीदवार द्वारा अनुचित साधन अपनाया जाना माना जाएगा। परीक्षा भवन में कैलकुलेटरों को मांगने या बदलने की अनुमति नही है।

यह ध्यान रखना भी आवश्यक है कि उम्मीदवार वस्तुपरक प्रश्न—पत्रों (परीक्षण पुस्तिका) का उत्तर देने के लिए कैलकुलेटरों का प्रयोग नहीं कर सकते, अतः वे उन्हें परीक्षा भवन में न लाएं।

(ग) साक्षात्कार परीक्षण

उम्मीदवार का साक्षात्कार एक वोर्ड द्वारा होगा, जिसके सामने उम्मीदवार के परिचयवृत्त का अभिलेख होगा. उससे सामान्य रुचि की बातों पर प्रश्न पूछे जायेंगे। यह साक्षात्कार इस उद्देश्य से होगा की सक्षम और निष्पक्ष प्रेक्षकों का बोर्ड यह जान सके कि उम्मीदवार लोक सेवा के लिए व्यक्तित्व की दृष्टि से उपयुक्त है या नहीं। यह परीक्षा उम्मीदवार की मानसिक क्षमता को जांचने के अभिप्राय से की जाती है। मोटे तौर पर इस परीक्षा का प्रयोजन वास्तव में न केवल उसके बौद्धिक गुणों को अपितु उसे सामाजिक लक्षणों और सामाजिक घटनाओं में उसकी रुचि का भी मूल्यांकन करना है। इसमें उम्मीदवार की मानसिक सतर्कता, आलोचनात्मक ग्रहण शक्ति, स्पष्ट और वर्क संगत प्रतिपादन की शक्ति, संतुलित निर्णय की शक्ति, रुचि की विविधता और गहराई, नेतृत्व और सामाजिक संगठन की योग्यता, बौद्धिक और नैतिक ईमानदारी की भी जांच की जा सकती है।

साक्षात्कार में प्रति परीक्षण (क्रास एग्जामिनेशन) की प्रणाली नहीं अपनाई जाती। इसमें स्वाभाविक वार्तालाप के माध्यम से उम्मीदवार के मानसिक गुणों का पता लगाने का प्रयत्न किया जाता है, परन्तु वह वार्तालाप एक विशेष दिशा में और एक विशेष प्रयोजन से किया जाता है।

साक्षात्कार परीक्षण उम्मीदवारों के विशेष या सामान्य ज्ञान की जांच करने के प्रयोजन से नहीं किया जाता, क्योंकि उसकी जांच लिखित प्रश्न-पत्रों से पहले ही हो जाती है. उम्मीदवारों से आशा की जाती है कि वे न केवल अपने विद्यालय के विशेष विषयों में ही में ही पारंगत हो बल्कि उन घटनाओं पर भी ध्यान दें जो उनके चारों ओर अपने राज्य या देश के भीतर और बाहर घट रही हैं तथा आधुनिक विचारधारा और नई-नई खोजों में भी रुचि लें जो कि किसी सुशिक्षित युवक में जिज्ञासा पैदा कर सकती है

खंड-III

पाठ्य विवरण

(क) प्रारंभिक परीक्षा हेतु पाठ्य विवरण

प्रश्न पत्र-I–सामान्य अध्ययन

- राष्ट्रीय और अंतर्राष्ट्रीय महत्त्व की सामयिक घटनाएं।
- भारत का इतिहास और भारतीय राष्ट्रीय आंदोलन।
- भारत एवं विश्व भूगोल-भारत एवं विश्व का प्राकृतिक, सामाजिक, आर्थिक भूगोल।
- भारतीय राज्यतन्त्र और शासन-संविधान, राजनैतिक प्रणाली, पंचायतीराज, लोकनीति अधिकारों संबंधी मुद्दे, आदि।
- आर्थिक और सामाजिक विकास-सतत् विकास, गरीबी समावेशन, जनसांख्यिकी, सामाजिक क्षेत्र में की गई पहल आदि।
- पर्यावरणीय पारिस्थितिकी जैव-विविधता और मौसम परिवर्तन संबंधी सामान्य मुद्दे जिनके लिए विषयगत विशेषज्ञता आवश्यक नहीं है।
- सामान्य विज्ञान

प्रश्न पत्र-II – अभिक्षमता परीक्षा

- बोधगम्यता
- संचार कौशल सहित अंतर-वैयक्तिक कौशल
- तार्किक कौशल एवं विश्लेषणात्मक क्षमता
- निर्णय लेना और समस्या समाधान
- आधारभूत संख्यनन (संख्याएं और उनके संबंध, विस्तार क्रम आदि) (दसवीं कक्षा का स्तर)
- आंकड़ों का निर्वचन (चार्ट, ग्राफ, तालिका, आंकड़ों की पर्याप्तता आदि-दसवीं कक्षा का स्तर)

नोटः सिविल सेवा (प्रा.) परीक्षा का प्रश्न पत्र–II केवल अर्ह प्रश्न पत्र होगा जिसका न्यूनतम अंक 33% सुनिश्चित किया गया है।

(ख) सिविल सेवा (प्रधान) परीक्षा हेतु पाठ्य विवरण

प्रश्न पत्र–'क' तथा 'ख'

कोई एक भारतीय भाषा तथा अंग्रेजी दोनों प्रश्न पत्र अर्हक होंगे प्रत्येक 300 अंक के होंगे।

इन प्रश्न–पत्रों का उद्देश्य उम्मीदवार के गंभीर तथा तार्किक गद्य अवतरण को समझने तथा पढ़ने की क्षमता का तथा इन भाषाओं में अपने विचारों को स्पष्टतः व शुद्धतापूर्वक व्यक्त कर सकें, की परीक्षा करना है।

प्रश्नों के प्रारूप व्यापक रूप से निम्न प्रकार होंगे–

प्रश्न पत्र (क) : भारतीय भाषाएं

(i) दिये गये अवतरणों को समझना (ii) संक्षेपण (iii) शब्द प्रयोग तथा शब्द भंडार (iv) लघु निबंध (v) अंग्रेजी में भारतीय भाषा तथा भारतीय भाषा से अंग्रेजी में अनुवाद।

प्रश्न पत्र (ख) : अंग्रेजी

(i) दिये गये गद्यांश को समझना (ii) संक्षेपण (iii) शब्द प्रयोग तथा शब्द भंडार (iv) लघु निबंध।

नोट 1 : भारतीय भाषाओं तथा अंग्रेजी के प्रश्न पत्र मैट्रिकुलेशन या समकक्ष स्तर के होंगे जिनमें केवल अर्हता प्राप्त करनी है। इन प्रश्न पत्रों के प्राप्तांक योग्यता क्रम के निर्धारण में नहीं गिने जायेंगे।

नोट 2 : अंग्रेजी तथा भारतीय भाषाओं के प्रश्नपत्रों के उत्तर उम्मीदवारों को अंग्रेजी तथा भारतीय भाषाओं में (अनुवाद प्रश्नों को छोड़कर) देने होंगे।

प्रश्न–I निबंध - अंक 250

उम्मीदवार को दिये गये विषयों से संबंधित विकल्पों में से एक विनिर्दिष्ट विषय पर निबंध लिखना होगा। विषयों के विकल्प दिये जाएगे। उनसे आशा की जाती है कि अपने विचारों को निबंध के विषय के निकट रखते हुए क्रमबद्ध करे तथा संक्षेप में लिखें। प्रभावशाली एवं सटीक अभिव्यक्तियों के लिए श्रेय दिया जाएगा।

प्रश्न पत्र–II

सामान्य अध्ययन-I : भारतीय विरासत और संस्कृति, विश्व का इतिहास एवं भूगोल और समाज (अंक : 250)

- भारतीय संस्कृति में प्राचीन काल से आधुनिक काल तक के कला के रूप में, साहित्य और वास्तुकला के मुख्य पहलूशामिल होंगे।
- 18वीं सदी के लगभग मध्य से लेकर वर्तमान समय तक का आधुनिक भारतीय इतिहास महत्वपूर्ण घटनाएँ व्यक्तित्व, विषय।
- स्वतंत्रता संग्राम–इसके विभिन्न चरण और देश के विभिन्न भागों से इसमें अपना योगदान देने वाले महत्वपूर्ण व्यक्ति/उनका योगदान।
- स्वतंत्रता के पश्चात् देश के अंदर एकीकरण और पुनर्गठन।
- विश्व के इतिहास में 18वीं सदी की घटनाएं यथा औद्योगिक क्रांति, विश्वयुद्ध, राष्ट्रीय सीमाओं का पुनः सीमांकन उपनिवेशवाद, उपनिवेशवाद की समाप्ति,राजनीतिक दर्शनशास्त्र जैसे साम्यवाद, पूंजीवाद, समाजवाद आदि शामिल होंगे, उनके रूप और समाज पर उनका प्रभाव।

- भारतीय समाज की मुख्य विशेषताएं, भारत की विविधता।
- महिलाओं की भूमिका और महिला संगठन जनसंख्या एवं सम्बद्ध मुद्दे, गरीबी और विकासात्मक विषय, शहरीकरण, उनकी समस्याएं और उनके रक्षोपाय।
- भारतीय समाज पर भूमंडलीकरण का प्रभाव।
- सामाजिक सशक्तीकरण, सम्प्रदायवाद, क्षेत्रवाद और धर्म–निरपेक्षता।
- विश्व के भौतिक-भूगोल की मुख्य विशेषताएं।
- विश्व भर के मुख्य प्राकृतिक संसाधनों का वितरण (दक्षिण एशिया और भारतीय उपमहाद्वीप को शामिल करते हुए), विश्व (भारत सहित) के विभिन्न भागों में प्राथमिक, द्वितीयक और तृतीयक क्षेत्र के उद्योगों को स्थापित करने के लिए जिम्मेदार कारक।
- भूकंप, सुनामी, ज्वालामुखीय हलचल, चक्रवात आदि जैसी महत्वपूर्ण भू-भौतिकीय घटनाएं, भूगोलीय विशेषताएं और उनके स्थान-अति महत्वपूर्ण भूगोलीय विशेषताओं (जल-स्रोत और हिमावरण सहित) और वनस्पति एवं प्राणिजगत में परिवर्तन और इस प्रकार के परिवर्तनों के प्रभाव।

प्रश्न-पत्र-III

सामान्य अध्ययन-II : शासन व्यवस्था, शासन-प्रणाली, सामाजिक न्याय तथा अंतर्राष्ट्रीय संबंध (अंक : 250)

- भारतीय संविधान-ऐतिहासिक आधार, विकास, विशेषताएं, संशोधन, महत्वपूर्ण प्रावधान और बुनियादी संरचना।
- संघ एवं राज्यों के कार्य तथा उत्तरदायित्व, संघीय ढांचे से संबंधित विषय एवं चुनौतियां, स्थानीय स्तर पर शक्तियों और वित्त का हस्तांतरण और उसकी चुनौतियां।
- विभिन्न घटकों के बीच शक्तियों का पृथक्करण, विवाद निवारण तंत्र तथा संस्थान।
- भारतीय संवैधानिक योजना की अन्य देशों के साथ तुलना।
- संसद और राज्य विधायिका-संरचना, कार्य, कार्य-संचालन, शक्तियां एवं विशेषाधिकार और इनसे उत्पन्न होने वाले विषय।
- कार्यपालिका और न्यायपालिका की संरचना संगठन और कार्य—सरकार के मंत्रालय एवं विभाग, प्रभावक समूह और औपचारिक/अनौपचारिक संघ तथा शासन प्रणाली में उनकी भूमिका।
- जनप्रतिनिधित्व अधिनियम की मुख्य विशेषताएं।
- विभिन्न संवैधानिक पदों पर नियुक्ति और विभिन्न संवैधानिक निकायों की शक्तियां, कार्य और उत्तरदायित्व।
- संविधिक, विनियामक और विभिन्न अर्ध-न्यायिक निकाय।
- सरकारी नीतियों और विभिन्न क्षेत्रों में विकास के लिए हस्तक्षेप और उनके अभिकल्पन तथा कार्यान्वयन के कारण उत्पन्न विषय।
- विकास प्रक्रिया तथा विकास उद्योग-गैरसरकारी संगठनों, स्वयं सहायता समूहों, विभिन्न समूहों और संघों, दानकर्ताओं, लोकोपकारी संस्थाओं, संस्थागत एवं अन्य पक्षों की भूमिका।

- केन्द्र एवं राज्यों द्वारा जनसंख्या के अति संवेदनशील वर्गों के लिए कल्याणकारी योजनाएं और इन योजनाओं का कार्य-निष्पादन, इन अति संवेदनशील वर्गों की रक्षा एवं बेहतरी के लिए गठित तंत्र, विधि, संस्थान एवं निकाय।
- स्वास्थ्य, शिक्षा, मानव संसाधनों से संबंधित सामाजिक क्षेत्र/ सेवाओं के विकास और प्रबंधन से संबंधित विषय।
- गरीबी और भूख से संबंधित विषय।
- शासन व्यवस्था, पारदर्शिता और जवाबदेही के महत्वपूर्ण पक्ष, ई-गवर्नेस-अनुप्रयोग, मॉडल, सफलताएं, सीमाएं और संभावनाएं: नागरिक चार्टर, पारदर्शिता एवं जवाबदेही और संस्थागत तथा अन्य उपाय।
- लोकतंत्र में सिविल सेवाओं की भूमिका।
- भारत एवं इसके पड़ोसी-संबंध।
- द्विपक्षीय, क्षेत्रीय और वैश्विक समूह और भारत से संबंधित और /अथवा भारत के हितों को प्रभावित करने वाले करार।
- भारत के हितों, भारतीय परिदृश्य पर विकसित तथा विकासशील देशों की नीतियों तथा राजनीति का प्रभाव
- महत्वपूर्ण अंतर्राष्ट्रीय संस्थान, संस्थाएं और मंच उनकी संरचना, अधिदेश।

भाग-IV

सामान्य अध्ययन-III : प्रौद्योगिकी, आर्थिक विकास, जैव विविधता, पर्यावरण, सुरक्षा तथा आपदा प्रबंधन (अंक : 250)

- भारतीय अर्थव्यवस्था तथा योजना, संसाधनों को जुटाने, प्रगति, विकास तथा रोजगार से संबंधित विषय।
- समावेशी विकास तथा इससे उत्पन्न विषय।
- सरकारी बजट।
- मुख्य फसलें-देश के विभिन्न भागों में फसलों का पैटर्न–सिंचाई के विभिन्न प्रकार एवं सिंचाई प्रणाली-कृषि उत्पाद का भंडारण, परिवहन तथा विपणन, संबंधित विषय और बाधाएं: किसानों की सहायता के लिए ई-प्रौद्योगिकी.
- प्रत्यक्ष एवं अप्रत्यक्ष कृषि सहायता तथा न्यूनतम समर्थन मूल्य से संबंधित विषय; जन वितरण प्रणाली-उद्देश्य, कार्य, सीमाएं, सुधार, बफरस्टॉक तथा खाद्य सुरक्षा संबंधी विषय, प्रौद्योगिकीमिशन पशुपालन संबंधी अर्थशास्त्र।
- भारत में खाद्य प्रसंस्करण एवं संबधित उद्योग कार्यक्षेत्र एवं महत्व, स्थान, ऊपरी और नीचे की अपेक्षाएं, आपूर्ति शृंखला प्रबंधन।
- भारत में भूमि सुधार।
- उदारीकरण का अर्थव्यवस्था पर प्रभाव, औद्योगिकी नीति में परिवर्तन तथा औद्योगिक विकास पर इनका प्रभाव।

- बुनियादी ढांचाः ऊर्जा, बंदरगाह, सड़क, विमानपत्तन, रेलवे आदि।
- निवेश मॉडल।
- विज्ञान एवं प्रौद्योगिकी विकास एवं अनुप्रयोग और रोजमर्रा के जीवन पर इसका प्रभाव।
- विज्ञान एवं प्रौद्योगिकी में भारतीयों की उपलब्धियां; देशज रूप से प्रौद्योगिकी का विकास और नई प्रौद्योगिकी का विकास।
- सूचना प्रौद्योगिकी, अंतरिक्ष, कम्प्यूटर, रोबोटिक्स, नैनो-टैक्नोलॉजी, बायो-टैक्नोलॉजी और बौद्धिक सम्पदा अधिकारों से संबंधित विषयों के संबंध में जागरूकता।
- संरक्षण, पर्यावरण प्रदूषण और क्षरण, पर्यावरण प्रभाव का आकलन।
- आपदा और आपदा प्रबंधन।
- विकास और फैलते उग्रवाद के बीच संबंध।
- आंतरिक सुरक्षा के लिए चुनौती उत्पन्न करने वाले शासन विरोधी तत्वों की भूमिका।
- संचार नेटवर्क के माध्यम से आंतरिक सुरक्षा को चुनौती, आंतरिक सुरक्षा चुनौतियों में मीडिया और सामाजिक नेटवर्किंग साइडों की भूमिका, साइबर सुरक्षा की बुनियादी बातें, धन शोधन और इसे रोकना।
- सीमावर्ती क्षेत्रों में सुरक्षा चुनौतियां एवं उनका प्रबंधन-संगठित अपराध और आतंकवाद के बीच संबंध।
- विभिन्न सुरक्षा बल और संस्थाएं तथा उनके अधिदेश।

प्रश्न-पत्र-V

सामान्य अध्ययन-IV नीतिशास्त्र, सत्यनिष्ठा और अभिरूचि (अंक : 250)

- इस प्रश्न-पत्र में ऐसे प्रश्न शामिल होंगे जो सार्वजनिक जीवन में उम्मीदवारों की सत्यनिष्ठा, ईमानदारी से संबंधित विषयों के प्रति उनकी अभिवृति तथा उनके दृष्टिकोण तथा समाज से आचार-व्यवहार मे विभिन्न मुद्दों तथा सामने आने वाली समस्याओं के समाधान को लेकर उनकी मनोवृति का परीक्षण करेंगे. इन आयामों का निर्धारण करने के लिए प्रश्न पत्र में किसी मामले के अध्ययन (केस स्टडी) का माध्यम भी चुना जा सकता है, मुख्य रूप से निम्नलिखित क्षेत्रों को कवर किया जायेगा।
- नीतिशास्त्र तथा मानवीय सह-संबंधः मानवीय क्रियाकलापों में नीतिशास्त्र का सार तत्व, इसके निर्धारक और परिणाम; नीतिशास्त्र के आयाम; निजी और सार्वजनिक संबंधों में नीतिशास्त्र मानवीय मूल्य-महान नेताओं, सुधारकों और प्रशासकों के जीवन तथा उनके उपदेशों से शिक्षा; मूल्य विकसित करने में परिवार, समाज और शैक्षणिक संस्थाओं की भूमिका।
- अभिवृतिः सारांश (कंटेन्ट), संरचना, वृति, विचार तथा आचरण के परिप्रेक्ष्य में इसका प्रभाव एवं संबंध, नैतिक और राजनीतिक अभिरूचि, सामाजिक प्रभाव और धारण।
- सिविल सेवा के लिए अभिरूचि तथा बुनियादी मूल्य, सत्यनिष्ठा, भेदभाव रहित तथा गैर तरफदारी, निष्पक्षता, सार्वजनिक सेवा के प्रति समर्पण भाव, कमजोर वर्गों के प्रति सहानुभूति, सहिष्णुता तथा संवेदना।

- भावनात्मक समक्षः अवधारणाएं तथा प्रशासन और शासन व्यवस्था में उनके उपयोग और प्रयोग।
- भारत तथा विश्व के नैतिक विचारकों तथा दार्शनिकों के योगदान।
- लोक प्रशासनों में लोक/सिविल सेवा मूल्य तथा नीतिशास्त्रः स्थिति तथा समस्याएं; सरकारी तथा निजी संस्थानों में नैतिक चिंताएं दुविधाएं; नैतिक मार्गदर्शन के स्रोतों के रूप में विधि, नियम, विनियम तथा अंतर्रात्मा; शासन व्यवस्था में नीतिपरक तथा नैतिक मूल्यों का सुदृढ़ीकरण; अंतर्राष्ट्रीय संबंधों तथा निधिव्यवस्था (फंडिंग) में नैतिक मुद्दे; कारपोरेट शासन व्यवस्था।
- शासन व्यवस्था में ईमानदारी; लोकसेवा की अवधारणा; शासन व्यवस्था और ईमानदारी का दार्शनिक आधार, सरकार में सूचना का आदान-प्रदान और पारदर्शिता, सूचना का अधिकार, नीतिपरक आचार संहिता, आचरण संहिता, नागरिक घोषणा पत्र, कार्य संस्कृति, सेवा प्रदान करने की गुणवता, लोक निधि का उपयोग, भ्रष्टाचार की चुनौतियां।
- उपर्युक्त विषयों पर मामला संबंधी अध्ययन (केस स्टडी)।

प्रश्न-पत्र-VI तथा प्रश्न पत्र-VII

प्रधान परीक्षा के लिए वैकल्पिक विषयों की सूचीः

कृषि विज्ञान, पशुपालन एवं पशुचिकित्सा विज्ञान, नृविज्ञान, वनस्पति विज्ञान, रसायन विज्ञान, सिविल इंजीनियरी, वाणिज्य शास्त्र एवं लेखा विधि, अर्थशास्त्र, विद्युत इंजीनियरी, भूगोल, भू-विज्ञान, इतिहास, विधि, प्रबंधन, गणित, यांत्रिक इंजीनियरी, चिकित्सा विज्ञान, दर्शनशास्त्र, भौतिकी, राजनीति विज्ञान तथा अंतर्राष्ट्रीय संबंध, मनोविज्ञान, लोक प्रशासन, समाजशास्त्र, सांख्यिकी, प्राणि विज्ञान।

निम्नलिखित भाषाओं में से किसी एक भाषा का साहित्यः

असमिया, बंगाली, बोडो, डोगरी, गुजराती, हिन्दी, कन्नड़, कश्मीरी, कोंकड़ी, मैथिली, मलयालम, मणिपुरी, मराठी, नेपाली, उड़िया, पंजाबी, संस्कृत, संथाली, सिंधी, तमिल, तेलुगु, उर्दू तथा अंग्रेजी।

नोट : परीक्षा में लेखन माध्यम हेतु उम्मीदवार अंग्रेजी अथवा संविधान की आठवीं अनुसूची में उल्लेखित किसी भी भाषा का प्रयोग कर सकते हैं।

कृषि विज्ञान (Agricultural Science)

प्रश्न पत्र - I

परिस्थितिकी एवं मानव के लिए इसकी प्रासंगिकता, प्राकृतिक संसाधन, उनके अनुरक्षण का प्रबंध तथा संरक्षण। सस्य वितरण एवं उत्पादन के कारकों के रूप में भौतिक एवं सामाजिक पर्यावरण। कृषि पारिस्थितिकी, पर्यावरण के संकेतक के रूप में सस्य क्रम। पर्यावरण प्रदूषण एवं फसलों को होने वाले इससे संबंधित खतरे। पशु एवं मानव। जलवायु परिवर्तन - अंतर्राष्ट्रीय अभिसमय एवं भूमंडलीय तापन। पारितंत्र विश्लेषण के प्रदत्त उपकरण-सुदूर संवेदन एवं भौगोलिक सूचना प्रणालियां।

देश के विभिन्न कृषि जलवायु क्षेत्रों में सस्य क्रम। सस्य क्रम में विस्थापन पर अधिक पैदावार वाली तथा अल्पावधि किस्मों का प्रभाव, विभिन्न सस्यन एवं कृषि प्रणालियों की संकल्पनाएं। जैव एवं परिशुद्धता कृषि। महत्वपूर्ण अनाज, दलहन, तिलहन, रेशा, शर्करा, वाणिज्यिक एवं चारा फसलों के उत्पादन हेतु पैकेज रीतियां।

विभिन्न प्रकार के वन रोपण जैसे कि सामाजिक वानिकी, कृषि वानिकी एवं प्राकृतिक वनों की मुख्य विशेषताएं तथा विस्तार। वन पादपों का प्रसार। वनोत्पाद। कृषि वानिकी एवं मूल्य परिवर्धन। वनों की वनपतियों और जंतुओं का संरक्षण।

खरपतवार, उनकी विशेषताएं प्रकीर्णन तथा विभिन्न फसलों के साथ उनकी संबद्धता; उनका गुणन, खरपतवारों का संबंधी, जैव तथा रासायनिक नियंत्रण।

मृदा-भौतिक, रासायनिक तथा जैविक गुणधर्म। मृदा रचना के प्रक्रम तथा कारक। भारत की मृदाएं। मृदाओं के खनिज तथा कार्बनिक संघटक तथा मृदा उत्पादकता अनुरक्षण में उनकी भूमिका। पौधों के लिए आवश्यक पोषक तत्त्व तथा मृदाओं और पादपों के अन्य लाभकर तत्त्व। मृदा उर्वरता, मृदा परीक्षण एवं उर्वरक संस्तावना के सिद्धांत। समाकलित पोषकतत्त्व प्रबंध। मृदा में नाइट्रोजन की हानि, जलमग्न धान-मृदा में नाइट्रोजन उपयोग क्षमता। मृदा में नाईट्रोजन यौगिकीकरण। फॉसफोरस एवं पोटैशियम का दक्ष प्रयोग। समस्याजनक मृदाएं तथा उनका सुधार। ग्रीन हाऊस गैस उत्सर्जन को प्रभावित करने वाले मृदा कारक। मृदा संरक्षण, समाकलित जल-विभाजन प्रबंधन। वर्षाधीन कृषि और इसकी समस्याएं, वर्षा पोषित कृषि क्षेत्रों में कृषि उत्पादन में स्थिरता लाने की प्रौद्यिगिकी।

सस्य उत्पादन में संबंधित जल उपयोग क्षमता, सिंचाई कार्यक्रम के मानदंड, सिंचाई जल की अपवाह हानि को कम करने की विधियां तथा साधन। ड्रिप तथा छिड़काव द्वारा सिंचाई। जलाक्रांत मृदाओं से जलनिकास, सिंचाई जल की गुणवत्ता, मृदा तथा जल प्रदूषण पर औद्योगिक गहिस्रावों का प्रभाव। भारत में सिंचाई परियोजनाएं।

फार्म प्रबंधन, विस्तार, महत्त्व तथा विशेषताएं, फार्म आयोजन। संसाधनों का इष्टतम उपयोग तथा बजटन। विभिन्न प्रकार की कृषि प्रणालियों का अर्थशास्त्र, विपणन प्रबंधन-विकास की कार्यनीतियां।

बाजार आसूचना। कीमत में उतार-चढ़ाव एवं उनकी लागत; कृषि अर्थव्यवस्था में सहकारी संस्थाओं की भूमिका; कृषि के प्रकार तथा प्रणालियां और उनको प्रभावित करने वाले कारक; कृषि कीमत नीति। फसल बीमा।

कृषि विस्तार, इसका महत्त्व और भूमिका, कृषि विस्तार कार्यक्रमों को मूल्यांकन की विधियां, सामाजिक-आर्थिक सर्वेक्षण तथा छोटे-बड़े और सीमांत कृषकों व भूमिहीन कृषि श्रमिकों की स्थिति। विस्तार कार्यकर्ताओं के लिए प्रशिक्षण कार्यक्रम। कृषि प्रौद्योगिकी के प्रसार में कृषि विज्ञान केन्द्रों की भूमिका। गैर सरकारी संगठन तथा ग्रामीण विकास के लिए स्व-सहायता उपागम।

प्रश्न पत्र - II

कोशिका संरचना, प्राकर्य एवं कोशिका चक्र। आनुवंशिक उपादान का संश्लेषण, संरचना तथा प्रकार्य। आनुवंशिकता के नियम। गुणवत्ता संरचना, गुणसूत्र विपथन, सहलग्नता एवं जीन-विनिमय, एवं पुनर्योजन प्रजनन में उनकी सार्थकता। बहुगुणिता, सुगुणित तथा असुगुणित। उत्परिवर्तन एवं सस्य सुधार में उनकी भूमिका। वंशागतित्व, बंध्यता तथा असंयोज्यता, वर्गीकरण तथा सस्य सुधार में उनका अनुप्रयोग। कोशिका द्रव्यी वंशागति, लिंग सहलग्न, लिंग प्रभावित तथा लिंग सीमित लक्षण।

पादप प्रजनन का इतिहास जनन की विधियां, स्वनिषेचन तथा संकरण प्रविधियां। सस्य पादपों का उद्‌गम, विकास एवं उपजाया जाना, उद्‌गम केन्द्र, समजात श्रेणी का नियम, सस्य आनुवंशिक संसाधन-संरक्षण तथा उपयोग। पादप प्रजनन के सिद्धांतों का अनुप्रयोग, सस्य पादपों का सुधार। आण्विक सूचक एवं पादप सुधार में उनका अनुप्रयोग। शुद्ध वंशक्रम वरण, वंशावली, समूह तथा पुनरावर्ती वरण, संयोजी क्षमता, पादप प्रजनन में इसका महत्त्व। संकर ओज एवं उसका उपयोग। काय संकरण। रोग एवं पीड़क प्रतिरोध के लिए प्रजनन। अंतराजातीय तथा अंतरावंशीय संकरण की भूमिका। सस्य सुधार में आनुवंशिक इंजीनियरी एवं जैव प्रौद्योगिकी की भूमिका। आनुवंशिकत: रूपांतरित सस्य पादप।

बीज उत्पादन एवं प्रसंस्करण प्रौद्योगिकियां। बीच प्रमाणन, बीच परीक्षण एवं भंडारण। DNA फिंगरप्रिंटिंग एवं बीज पंजीकरण, बीज उत्पादन एवं विपणन में सरकारी एवं निजी क्षेत्रों की भूमिका। बौद्धिक संपदा अधिकार संबंधी मामले।

पादप पोषण, पोषक तत्त्वों के अवशोषण, स्थानांतरण एवं उपापचय के संदर्भ में पादप कार्यिकी के सिद्धांत। मृदा - जल पादप संबंध।

प्रकिण्व एवं पादप-वर्णक; प्रकाशसंश्लेषण- आधुनिक संकल्पनाएं और इसके प्रक्रम को प्रभावित करने वाले कारक, ऑक्सी व अनाक्सी श्वसन, C_3, C_4 एवं CAM क्रियाविधियां। कार्बोहाइड्रेट, प्रोटीन एवं वसा उपापचय। वृद्धि एवं परिवर्धन दीप्तिकालिता एवं वंसतीकरण। पादप वृद्धि उपादान एवं सस्य उत्पादन में इनकी भूमिका। बीज परिवर्धन एवं अनुकरण की कार्यिकी, प्रसुप्ति। प्रतिबल कार्यिकी-वातप्रवाह, लवण एवं जल प्रतिबल। प्रमुख फल, बागान फसल, सब्जियां, मसाले एवं पुष्पी फसल। प्रमुख बागवानी फसलों की पैकेज रीतियां संरक्षित कृषि एवं उच्च तकनीकी बागवानी। तुड़ाई के बाद की प्रौद्योगिकी एवं फलों व सब्जियों का मूल्यवर्धन। भूसूदर्शनीकरण एवं वाणिज्यिक पुष्पकृषि। औषधीय एवं एरोमैटिक पौधे। मानव पोषण में फलों व सब्जियों की भूमिका।

पीड़कों एवं फसलों, सब्जियों, फलोंद्यानों एवं बागान फसलों के रोगों का निदान एवं उनका आर्थिक महत्त्व। पीड़कों एवं रोगों का वर्गीकरण एवं उनका प्रबंधन। भंडारण के पीड़क और उनका प्रबंधन। पीड़कों एवं रोगों की जीव वैज्ञानिक रोकथाम। जानपदिक रोग विज्ञान एवं प्रमुख फसलो के पीड़कों व रोगों का पूर्वानुमान। पादप संगरोध उपाय। पीड़क नाशक, उनका सूत्रण एवं कार्यप्रकार। भारत में खाद्य उत्पादन एवं उपभोग की प्रवृत्तियां। खाद्य सुरक्षा एवं जनसंख्या वृद्धि-दृष्टि 2020 अन्न अधिशेष के कारण। राष्ट्रीय एवं अंतर्राष्ट्रीय खाद्य नीतियां। अधिप्राप्ति, वितरण की बाध्यताएं।

खाद्यान्नों की उपलब्धता, खाद्य पर प्रति व्यक्ति व्यय। गरीबी की प्रवृत्तियां, जन वितरण प्रणाली तथा गरीबी रेखा के नीचे की जनसंख्या, लक्ष्योन्मुखी जन वितरण प्रणाली (POsQ), भूमंडलीकरण के संदर्भ में नीति कार्यन्वयन। प्रक्रम बाध्यताएं। खाद्य उत्पादन कर राष्ट्रीय आहार दिशा निर्देशों एवं खाद्य उपभोग प्रवृत्ति से संबंध। क्षुधाशमन के लिए खाद्याधारित आहार उपागम। पोषक तत्त्वों की न्यूनता-सूक्ष्म पोषक तत्त्व न्यूनता: प्रोटीन ऊर्जा कुपोषण व प्रोटीन केलोरी कुपोषण (PEM या PCM), महिलाओं और बच्चों की कार्यक्षमता के संदर्भ में सूक्ष्म पोषक तत्व न्यूनता एवं मानव संसाधन विकास। खाद्यान्न उत्पादकता एवं खाद्य सुरक्षा।

पशुपालन तथा पशु चिकित्सा विज्ञान
(Animal Husbandry and Veterinary Science)

प्रश्न पत्र-I

1. **पशु पोषण–**

1.1. पशु के अंदर खाद्य ऊर्जा का विभाजन प्रत्यक्ष एवं अप्रत्यक्ष उष्मामिति। कार्बन–नाइट्रोजन संतुलन एवं तुलनात्मक बद्ध विधियां। रोमंथी पशुओं, सुअरों एवं कुक्कुटों में खाद्य का ऊर्जामान व्यक्त करने के सिद्धांत। अनुरक्षण, वृद्धि, सगर्भता, स्तन्य स्राव तथा अंडा, ऊन एवं मांस उत्पादन के लिए ऊर्जा आवश्यकताएं।

1.2. प्रोटीन पोषण की नवीनतम प्रगति। ऊर्जा–प्रोटीन संबंध। प्रोटीन गुणता का मूल्यांकन। रोमंथी आहार में NPN यौगिकों का प्रयोग। अनुरक्षण, वृद्धि सगर्भता, स्तन्य स्राव तथा अंडा, ऊन एवं मांस उत्पादन के लिए प्रोटीन आवश्यकताएं।

1.3. प्रमुख एवं लेश खनिज– उनके स्रोत, शरीरक्रियात्मक प्रकार्य एवं हीनता लक्षण। विषैले खनिज। खनिज अंतः क्रियाएं शरीर में वसा–घुलनशील तथा जलघुलनशील खनिजों की भूमिका, उनके स्रोत एवं हीनता लक्षण।

1.4. आहार संयोजी– मीथेन संदमक, प्रोबायोटिक, एन्जाइम, ऐन्टिबायोटिक, हार्मोन, ओलिगो शर्कराइड, एन्टिऑक्सिडेंट, पायसीकारक, संच संदमक, उभयरोधी इत्यादि। हार्मोन एवं ऐन्टिबायोटिक्स जैसे वृद्धिवर्धकों का उपयोग एवं दुष्प्रयोग–नवीनतम संकल्पनाएं।

1.5. चारा संरक्षण। आहार का भंडारण एवं आहार अवयव। आहार प्रौद्योगिकी एवं आहार प्रसंस्करण में अभिनव प्रगति। पशु आहार में उपस्थिति पोषणरोधी एवं विषैले कारक। आहार विश्लेषण एवं गुणता नियंत्रण। पाचनीयता अभिप्रयोग– प्रत्यक्ष, अप्रत्यक्ष एवं सूचक विधियां, चारण पशुओं में आहार ग्रहण प्रायुक्ति।

1.6. रोमंथी पोषण में हुई प्रगति। पोषक तत्व आवश्यकताएं। संतुलित राशन। बछड़ों, सगर्भा, कामकाजी पशुओं एवं प्रजनन सांडों का आहार। दुधारू पशुओं को स्तन्यस्राव चक्र की विभिन्न अवस्थाओं के दौरान आहार देने की युक्तियां। दुग्ध संयोजन आहार का प्रभाव। मांस एवं दुग्ध उत्पादन के लिए बकरी/बकरे का आहार। मांस एवं ऊन उत्पादन के भेड़ का आहार।

1.7. शूकर पोषण। पोषक आवश्यकताएं, विसर्पी, प्रवर्तक, विकासन एवं परिष्कारण राशन। बेचरबी मांस उत्पादन हेतु शूकर–आहार। शूकर के लिए कम लागत के राशन।

1.8. कुक्कुट पोषण। कुक्कुट पोषण के विशिष्ट लक्षण। मांस एंस अंडा उत्पादन हेतु पोषक आवश्यकताएं। अंडे देने वाले एवं ब्रौलरों (Broilers) की विभिन्न श्रेणियों के लिए राशन संरूपण।

2. **पशु शरीर-क्रिया विज्ञान–**

2.1. रक्त की कार्यिकी एवं इसका परिसंचरण, श्वसन, उत्सर्जन, स्वास्थ्य एवं रोगों में अंतः स्रावी ग्रंथि।

2.2. रक्त के घटक– गुणधर्म एवं प्रकार्य- रक्त कोशिका रचना- हीमोग्लोबिन संश्लेषण एवं रसायनिक-प्लाज्मा प्रोटीन उत्पादन, वर्गीकरण एवं गुणधर्म, रक्त का स्कंदन, रक्त स्रावी विकार-प्रतिस्कंदक- रक्त समूह- रक्त मात्रा-प्लाज्मा विस्तारक- रक्त में उभयरोधी प्रणाली। जैव रसायनिक परीक्षण एवं रोग-निदान में उनका महत्व।

2.3. परिसंचरण- हृदय की कार्यिकी, अभिहृद चक्र, हृदध्वनि, हृद्स्पंद, इलेक्ट्रोकार्डियोग्राम। हृदय का कार्य और दक्षता- हृदय प्रकार्य में आयनों का प्रभाव- अभिहृद पेशी का उपापचय, हृदय का तंत्रिका- नियमन एवं रासायनिक नियम, हृदय पर ताप एवं तनाव का प्रभाव, रक्त दाब एवं अतिरिक्त दाब, परासरण नियमन, धमनी स्पंद, परिसंचरण का वाहिकाप्रेरक नियम, स्तब्धता, हृद एवं फुप्फुस परिसंचरण, रक्त मस्तिष्क रोध- मस्तिष्क तरल- पक्षियों में परिसंचरण।

2.4. श्वसन- श्वसन क्रिया विधि, गैसों का परिवहन एवं विनिमय-श्वसन का तंत्रिका नियंत्रण, रसोग्रही, अल्पआक्सीयता, पक्षियों मेंश्वसन।

2.5. उत्सर्जन- वृक्क की संरचना एवं प्रकार्य- मूत्र निर्माण- वृक्क प्रकार्य अध्ययन विधियां- वृक्कीय अम्ल्- क्षार संतुलन नियमन; मूत्र के शरीरक्रियात्मक घटक- वृक्क पात- निश्चेष्ट शिरा रक्तधिक्य- चूजों में मूत्र स्रवण- स्वेद्रंग्रंथियां एवं उनके प्रकार्य। मूत्रीय दुष्क्रिया के लिए जैवरासायनिक परीक्षण।

2.6. अंतः स्रावी ग्रंथियां- प्रकार्यात्मक दुष्क्रिया उनके लक्षण एवं निदान। हार्मोनों का संश्लेषण, स्रवण की क्रियाविधि एवं नियंत्रण- हार्मोनीय ग्राही- वर्गीकरण एवं प्रकार्य।

2.7. वृद्धि एवं पशु उत्पादन- प्रसवपूर्ण एवं प्रसव पश्चात् वृद्धि, परिपक्वता, वृद्धिवक्र, वृद्धि का माप, वृद्धि को प्रभावित करने वाले कारक, कन्फार्मेशन, शारीरिक गठन, मांस गुणता।

2.8. दुग्ध उत्पाद की कार्यिकी, जनन एवं पाचन- स्तन विकास के हार्मोनीय नियंत्रण की वर्तमान स्थिति, दुग्ध स्रवण एवं दुग्ध निष्कासन, नर एवं मादा जनन अंग, उनके अवयव एवं प्रकार्य। पाचन अंग एवं उनके प्रकार्य।

2.9. पर्यावरणीय कार्यिकी- शरीर क्रियात्मक संबंध एवं उनका नियमन, अनुकूलन की क्रिया विधि, पशु व्यवहार में शामिल पर्यावरणीय कारक एवं नियामक क्रियाविधिया, जलवायु विज्ञान- विभिन्न प्राचल एवं उनका महत्व। पशु पारिस्थितिकी, व्यवहार की कार्यिकी, स्वास्थ्य एवं उत्पादन पर तनाव का प्रभाव।

3. **पशु जनन–** वीर्य गुणता- संरक्षण एवं कृत्रिम वीर्यसेचन- वीर्य के घटक, स्पर्मेटाजोआ की रचना, स्खलित वीर्य का भौतिक एवं रासायनिक गुणधर्म, वीवो एवं विट्रो वीर्य को प्रभावित करने वाले कारक, वीर्य उत्पादन एवं गुणता को प्रभावित करने वाले कारक। संरक्षण, तनुकारकों की रचना, शुक्राणु संकेंद्रण, तनुकृत वीर्य का परिवहन। गायों, भेड़ों, बकरों शूकरों एवं कुक्कुटों में गहन प्रशीतन क्रियाविधियां। स्त्रीमद की पहचान तथा बेहतर गर्भाधान हेतु वीर्यसेचन का समय। अमद अवस्था एवं पुनरावर्ती प्रजनन।

4. **पशुधन उत्पादन एवं प्रबंध–**

4.1. वाणिज्यिक डेरी फार्मिंग- उन्नत देशों के साथ भारत की डेरी फार्मिंग की तुलना। मिश्रित कृषि के अधीन एवं विशिष्ट कृषि के रूप में डेरी उद्योग। आर्थिक डेरी फार्मिंग। डेरी फार्म शुरू करना, पूंजी एवं भूमि आवश्यकताएं, डेरी फार्म का संगठन। डेरी फार्मिंग दुग्ध उत्पादन की लागत, कीमत निर्धारण नीति, कार्मिक प्रबंध। डेरी गोपशुओं के लिए व्यावहारिक एवं किफायती राशन विकसित करना; वर्ष भर हरे चारे की पूर्ति, डेरी फार्म हेतु आहार एवं चारे की आवश्यकताएं, छोटे पशुओं एवं सांडों, बछियों एवं प्रजनन पशुओं के लिए आहार प्रवृत्तियां; छोटे एवं व्यस्क पशुधन आहार की नई प्रवृत्तियां, आहार अभिलेख।

4.2. वाणिज्यिक मांस, अंडा एवं ऊन उत्पादन-भेड़, बकरी, शूकर, खरगोश एवं कुक्कुट के लिए व्यावहारिक एवं किफायती राशन विकसित करना। चारे, हरे चारे की पूर्ति, छोटे एवं परिपक्व

पशुधन के लिए आहार प्रवृत्तियां। उत्पादन बढ़ाने एवं प्रबंधन की नई प्रवृत्तियां। पूंजी एवं भूमि आवश्यकताएं एवं सामाजिक आर्थिक संकल्पना।

4.3. सूखा, बाढ़ एवं अन्य नैसर्गिक आपदाओं से ग्रस्त पशुओं का आहार एवं उनका प्रबंध।

5. **आनुवंशिकी एवं पशु-प्रजनन–** पशु आनुवांशिकी का इतिहास। सूत्री विभाजन एवं अर्धसूत्री विभाजन: मेंडल की वंशागति; मेंडल की आनुवांशिकी से विचलन; जीन की अभिव्यिक्ति; सहलग्नता एवं जीन- विनियमन; लिंग निर्धारण, लिंग प्रभावित एवं लिंग सीमित लक्षण; रक्त समूह एवं बहुरूपता; गुणसूत्र विपथन; कोशिकाद्रव्य वंशागति। जीन एवं इसकी संरचना आनुवंशिक पदार्थ के रूप में DNA; आनुवंशिक कूट एवं प्रोटीन; पुनर्योगज DNA प्रौद्योगिकी। उत्परिवर्तन, उत्परिवर्तन के प्रकार, उत्परिवर्तन एवं उत्परिवर्तन दर को पहचानने की विधियां, पारजनन।

5.1. पशु प्रजनन पर अनुप्रयुक्त समष्टि आनुवंशिकी- मात्रात्मक और इसकी तुलना में गुणात्मक विशेषक; हार्डी वीनबर्ग नियम; समष्टि और इसकी की तुलना में व्यष्टि; जीन एवं जीन प्ररूप बारंबारता; जीन बारंबारता को परिवर्तित करने वाले बल; यादृच्छिक अपसरण एवं लघु समष्टियां; पथ गुणांक का सिद्धांत, अंत-प्रजनन, गुणांक आंकलन की विधियां, अंत: प्रजनन प्रणालियां, प्रभावी समष्टि आकार; विभिन्नता संवितरण; जीन प्ररूप *x* पर्यावरण सहसंबंध एवं जीन प्ररूप x पर्यावरण अंत: क्रिया; बहु मापों की भूमिका; संबंधियों के बीच समरूपता।

5.2. प्रजनन तंत्र-पशुधन एवं कुक्कुटों की नस्लें, वंशागतित्व, पुनरावर्तनीयता एवं आनुवंशिक एवं समलक्षणीय सहसबंध, उनकी आकलन विधि एवं आकलन परिशुद्धि; वरण के साधन एवं उनकी संगत योग्यताएं; व्यष्टि, वंशवली, कुल एवं कुलांतर्गत वरण; संतति परीक्षण; वरण विधियां, वरण सूचकों की रचना एवं उनका उपयोग; विभिन्न वरण विधियों द्वारा आनुवांशिक लब्धियों का तुलनात्मक मूल्यांकन; अप्रत्यक्ष वरण एवं सहसंबंधित अनुक्रिया, अंत: प्रजनन, अपग्रेडिंग, संकरण एवं प्रजनन संश्लेषण; अंत: प्रजनित लाइनों का वाणिज्यिक प्रयोजनों हेतु संकरण; सामान्य एवं विशिष्ट संयोजन योग्यता हेतु वरण; देहली लक्षणों के लिए प्रजनन। सायर इंडेक्स।

6. **विस्तार–** विस्तार का आधारभूत दर्शन, उद्देश्य, संकल्पना एवं सिद्धांत, किसानों को ग्रामीण दशाओं में शिक्षित करने की विभिन्न विधियां। प्रौद्योगिकी पीढ़ी, इसका अंतरण एवं प्रतिपुष्टि प्रौद्योगिकी अंतरण में समस्याएं एवं कठिनाइयां। ग्रामीण विकास हेतु पशुपालन कार्यक्रम।

प्रश्न पत्र - II

---

1. **शरीर रचना विज्ञान, भेषज गुण विज्ञान एवं स्वास्थ्य विज्ञान–**

1.1. ऊतक विज्ञान तथा ऊतकीय तकनीक: ऊतक प्रक्रमण एवं H.E. अभिरंजन की पैराफीन अंत: स्थापित तकनीक- हिमीकरण माइक्रोटोमी- सूक्ष्मदर्शिकी- दीप्त क्षेत्र सूक्ष्मदर्शी एवं इलेक्ट्रॉन सूक्ष्मदर्शी। कोशिका कोशिकाविज्ञान संरचना, कोशिकांग एवं अंतर्वेशन; कोशिका विभाजन- कोशिका प्रकार- ऊतक एवं उनका वर्गीकरण- भ्रूणीय एवं वयस्क ऊतक- अंगों का तुलनात्मक ऊतक विज्ञान- संवहनी। तंत्रिका, पाचन, श्वसन, पेशी कंकाली एवं जननमूत्री तंत्र- अंत: स्रावी ग्रंथियां- अध्यावरण- संवेदी अंग।

1.2. भ्रूण विज्ञान- पक्षीवर्ग एवं घरेलू स्तनपायियों के संदर्भ के साथ कशेरूकियों का भ्रूण विज्ञान- युग्मक जनन- निषेचन स्तर- गर्भ झिल्ली एवं अपरान्यास- घरेलू स्तनपायियों में अपरा के

प्रकार- विरूपताविज्ञान- यमल एवं यमलन- अंगविकास- जनन स्तर व्युत्पन्न- अंतश्चर्मी, मध्यवर्ती एवं बहिर्चर्मी व्युत्पन्न।

1.3. गो- शारीरिक- क्षेत्रीय शारीरिकी; वृषभ के पैरानासीय कोटर- लारग्रंथियों की बहिस्तल शारीरिकी। अवनेत्रकोटर, जंभिका, चिबुक-कूपिका, मानसिक एवं शृंगी तंत्रिका रोध की क्षेत्रीय शारीरिकी। पराकशेरू तंत्रिकाओं की क्षेत्रीय शारीरिकी, गुह्य तंत्रिका, मध्यम तंत्रिका, अंतः प्रकोष्ठिका तंत्रिका एवं बहिः प्रकोष्ठिका तंत्रिका- अंतर्जघिका, बहिर्जघिका एवं अंगुलि तंत्रिकाएं- कपाल तंत्रिकाएं- अधिदृढ़तानिका संज्ञाहरण में शामिल संरचनाएं- उपरिस्थ लसीका पर्व- वक्षीय, उदरीय तथा श्राणीय गुहिका के अंतरांगों की अहिस्तर शारीरिक- गतितंत्र की तुलनात्मक विशेषताएं एवं स्तनपायी शरीर की जैवयांत्रिकी में उनका अनुप्रयोग।

1.4. कुक्कुट शारीरिक-पेशी कंकाली तंत्र-श्वसन एवं उड़ने के संबंध में प्रकार्यात्मक शारीरिकी, पाचन एवं अंडोत्पादन।

1.5. भेषज गुण विज्ञान एवं भेषज बलगतिकी के कोशिकीय स्तर। तरलों पर कार्यकारी औषधें एवं विद्युत अपघट्य संतुलन। स्वसंचालित तंत्रिका पर कार्यकारी औषधें। संज्ञाहरण की आधुनिक संकल्पनाएं एवं वियोजी संज्ञाहरण। ऑटाकॉइड।। प्रतिरोगाणु एवं रोगाणु संक्रमण में रसायन चिकित्सा के सिद्धांत। चिकित्साशास्त्र में हार्मोनों का उपयोग-परजीवी संक्रमणों में रसायन चिकित्सा। पशुओं के खाद्य ऊतकों में औषध एवं आर्थिक सरोकार-अर्बुद रोगों में रसायन चिकित्सा। कीटनाशकों, पौधों, धातुओं, अधातुओं, जंतुविषों एवं कवकविषों के कारण विषालुता।

1.6. जल, वायु एवं वासस्थान के संबंध के साथ पशु स्वास्थ्य विज्ञान- जल, वायु एवं मृदा प्रदूषण का आकलन - पशु स्वास्थ्य में जलवायु का महत्व - पशु कार्य एवं निष्पादन में पर्यावरण का प्रभाव- पशु कृषि एवं औद्योगिकरण के बीच संबंध-विशेष श्रेणी के घरेलू पशुओं, यथा, सगर्भा गौ एवं शूकरी, दुधारू गाय, ब्रायलर पक्षी के लिए आवास आवश्यकताएं- पशु वासस्थान के संबंध में तनाव, श्रांति एवं उत्पादकता।

2. पशु रोग–

2.1. गोपशु, भेड़ तथा अजा, घोड़ा, शूकर तथा कुक्कुट के संक्रामक रोगों का रोगकारण, जानपादित रोग विज्ञान, रोगजनन, लक्षण, मरणोत्तर विक्षति, निदान एवं नियंत्रण।

2.2. गोपशु, घोड़ा, शूकर एवं कुक्कुट के उत्पादन रोगों का रोगकारण, जानपदित रोग विज्ञान, लक्षण, निदान, उपचार।

2.3. घरेलू पशुओं और पक्षियों के हीनता रोग।

2.4. अंतर्घट्टन, अफरा, प्रवाहिका, अजीर्ण, निर्जलीकरण, आघात, विषाक्तता जैसी अविशिष्ट दशाओं का निदान एवं उपचार।

2.5. तंत्रिका वैज्ञानिक विकारों का निदान एवं उपचार।

2.6. पशुओं के विशिष्ट रोगों के प्रति प्रतिरक्षीकरण के सिद्धांत एवं विधियां- यूथ प्रतिरक्षा- रोगमुक्त क्षेत्र शून्य रोग संकल्पना- रसायन रोग निरोध।

2.7. संज्ञाहरण- स्थानिक, क्षेत्रीय एवं सार्वदेहिक- संज्ञाहरण पूर्ण औषध प्रदान। अस्थिभंग एवं संधिच्युति में लक्षण एवं शल्य व्यतिकरण। हर्निया, चतुर्थ आमाशयी विस्थापन- सिजेरियन शस्त्रकर्म। रोमंथिका- छेदन-जनदनाशन।

2.8. रोग जांच तकनीक- प्रयोगशाला जांच हेतु सामग्री- पशु स्वास्थ्य केन्द्रों की स्थापना रोगमुक्त क्षेत्र।

3. सार्वजनिक पशु स्वास्थ्य–

3.1. पशुजन्य रोग– वर्गीकरण, परिभाषा, पशुजन्य रोगों की व्यापकता एवं पंसार में पशुओं एवं पक्षियों की भूमिका– पेशागत पशुजन्य रोग।

3.2. जानपदिक रोग विज्ञान– सिद्धांत, जानपदीय रोग विज्ञान संबंधी पदावली की परिभाषा, रोग तथा उनकी रोकथाम के अध्ययन में जानपदिक रोगविज्ञानी उपायों का अनुप्रयोग। वायु, जल तथा खाद्य जनित संक्रमणों के जानपदिक रोग विज्ञानीय लक्षण, OIE विनियम, WTO स्वच्छता एवं पादप- स्वच्छता उपाय।

3.3. पशुचिकित्सा विधिाशास्त्र– पशुगुणवत्ता सुधार तथा पशु रोग निवारण के लिए नियम एवं विनियम– पशुजनित एवं पशु उत्पाद जनित रोगों के निवारण हेतु राज्य एवं केन्द्र के नियम– SPCA – पशु चिकित्सा– विधिक जांच हेतु नमूनों के संग्रहण की सामग्रियां एवं विधियां।

4. दुग्ध तथा दुग्धोत्पाद प्रौद्योगिकी–

4.1. बाजार का दूध : कच्चे दूध की गुणता, परीक्षण एवं कोटि निर्धारण, प्रसंस्करण, परिवेष्टन, भंडारण, वितरण, विपणन, दोष एवं उनकी रोकथाम। निम्नलिखित प्रकार के दूध को बनाना: पाश्चुरीकृत, मानकित, टोन्ड, डबल टोन्ड, निर्जीवाणुकृत, समांगीकृत, पुनर्निमित पुनर्सयोजित एवं सुवासित दूध। संवर्धित दूध तैयार करना, संवर्धन तथा उनका प्रबंध, योगर्ट, दही, लस्सी एवं श्रीखंड। सुवासित एवं निर्जीवाणुकृत दूध तैयार करना। विधिक मानक। स्वच्छ एवं सुरक्षित दूध तथा दुग्ध संयंत्र उपस्कर हेतु स्वच्छता आवश्यकताएं।

4.2. दुग्ध उत्पाद प्रौद्योगिकी : कच्ची सामग्री का चयन, क्रीम, मक्खन, घी, खोया, छेना, चीज, संघनित, वाष्पित, शुष्कित दूध एवं शिशु आहार, आइसक्रीम तथा कुल्फी जैसे दुग्ध उत्पादों का प्रसंस्करण, भंडारण, वितरण एवं विपणन; उपोत्पाद, छेने के पानी के उत्पाद, छाछ (बटर मिल्क), लैक्टोज एवं केसीन। दूध उत्पादों का परीक्षण, कोटि- निर्धारण, उन्हें परखना। BIS एवं एगमार्क विनिर्देशन, विधिक, मानक, गुणता नियंत्रण एवं पोषक गुण। संवेष्टन, प्रसंस्करण एवं संक्रियात्मक नियंत्रण। डेरी उत्पादों का लागत निर्धारण।

5. मांस स्वास्थ्य विज्ञान एवं प्रौद्योगिकी–

5.1. **मांस स्वास्थ्य विज्ञान :**

5.1.1. खाद्य पशुओं की मृत्यु पूर्व देखभाल एवं प्रबंध विसंज्ञा, वध एवं प्रसाधन संक्रिया; वधशाला आवश्यकताएं एवं अभिकल्प; मांस निरीक्षण प्रक्रियाएं एवं पशुशव मांसखंडों को परखना–पशुशव मांस खंडों का कोटि निर्धारण– पुष्टिकर मांस उत्पादन में पशुचिकित्सकों के कर्तव्य और कार्य।

5.1.2. मांस उत्पादन संभालने की स्वास्थ्यकर विधियां– मांस का बिगड़ना एवं इसकी रोकथाम के उपाय– वधोपरांत मांस में भौतिक- रासायनिक परिवर्तन एवं इन्हें प्रभावित करने वाले कारक– गुणता सुधार विधियां– मांस में मिलावट एवं इसकी पहचान– मांस व्यापार एवं उद्योग में नियामक उपबंध।

5.2. **मांस प्रौद्योगिकी :**

5.2.1. मांस के भौतिक एवं रासायनिक लक्षण– मांस इमल्शन– मांसपरीक्षण की विधियां– मांस एवं मांस उत्पादन का संसाधन, डिब्बाबंदी, संवेष्टन, प्रसंस्करण एवं संयोजन।

5.3. उपोत्पाद– वधशाला उपोत्पाद एवं उनके उपयोग– खाद्य एवं अखाद्य उपोत्पाद– वधशाला उपोत्पाद के समुचित उपयोग के सामाजिक एवं आर्थिक निहितार्थ– खाद्य एवं भैषजिक उपयोग हेतु अंग उत्पाद।

5.4. कुक्कुट उत्पाद प्रौद्योगिकी- कुक्कुट मांस के रासायनिक संघटन एवं पोषक मान-वध की देखभाल तथा प्रबंध, वद की तकनीकें, कुक्कुट मांस एवं उत्पादों का निरीक्षण, परिक्षण। विधिक एवं BIS मानक। अंडों की संरचना, संघटन एवं पोषक मान। सूक्ष्मजीवी विकृति। परिरक्षण एवं अनुरक्षण। कुक्कुट मांस, अंडों एवं उत्पादों का विपणन, मूल्य वर्धित मांस उत्पाद।

5.5. खरगोश/फर वाले पशुओं की फार्मिंग- खरगोश मांस उत्पादन। फर एवं ऊन का निपटान एवं उपयोग तथा अपशिष्ट उपोत्पादों का पुनश्चक्रण। ऊन का कोटिनिर्धारण।

नृविज्ञान (Anthropology)

प्रश्न पत्र - I

1. नृविज्ञान का अर्थ, विषय क्षेत्र एवं विकास।
2. अन्य विषयों के साथ संबंध- सामाजिक विज्ञान, व्यवहारपरक विज्ञान, जीव विज्ञान आयुर्विज्ञान, भू-विषयक विज्ञान एवं मानविकी।
3. नृविज्ञान की प्रमुख शाखाएं, उनका क्षेत्र और प्रासंगिकता :
   (क) सामाजिक-सांस्कृतिक नृविज्ञान।
   (ख) जैविक नृविज्ञान।
   (ग) पुरातत्व-नृविज्ञान।
4. मानव विकास तथा मनुष्य का आविर्भाव :
   (क) मानव विकास में जैव एवं सांस्कृतिक कारक
   (ख) जैव विकास के सिद्धांत (डार्विन-पूर्व, डार्विन कालीन एवं डार्विनोत्तर)
   (ग) विकास का संश्लेषणात्मक सिद्धांत; विकासात्मक जीव विज्ञान की पदावली एवं संकल्पनाओं की संक्षिप्त रूपरेखा (डॉल का नियम, कोप का नियम, गॉस का नियम, समांतरवाद, अभिसरण, अनुकूली विकिरण एवं मोज़ेक विकास)
5. नर-वानर की विशेषताएं : विकासात्मक प्रवृत्ति एवं नर-वानर वर्गिकी;
   नर-वानर (अनुकूलन; (वृक्षीय एवं स्थली)) नर-वानर वर्गिकी;
   नर-वानर व्यवहार, तृतीयक एवं चतुर्थक जीवाश्म नर-वानर;
   जीवित प्रमुख नर-वानर; मनुष्य एवं वानर की तुलनात्मक शरीर-रचना;
   नृ संस्थिति के कारण हुए कंकालीय परिवर्तन एवं हल्के निहितार्थ।
6. जातिवृत्तीय स्थिति, निम्नलिखित की विशेषताएं एवं भौगोलिक वितरण :
   (क) दक्षिण एवं पूर्व अफ्रीका में अतिनूतन अत्यंत नूतन होमिनिड-ऑस्ट्रेलोपिथेसिन
   (ख) होमोइरेक्टस : अफ्रीका (पैरेन्प्रोपस), यूरोप (होमोइरेक्टस हीडेल बर्जेन्सिस), एशिया (होमोइरेक्टस जावानिकस, होमो इरेक्टस पेकाइनेन्सिस)
   (ग) निएडरथल मानव-ला-शापेय-ओ-सैंत (क्लासिकी प्रकार), माउंट कारमेस (प्रगामी प्रकार)
   (घ) रोडेसियन मानव
   (ड़) होमो-सैपिएन्स-क्रोमैग्नन, ग्रिमाली एवं चांसलीड।
7. जीवन के जीव- वैज्ञानिक आधार-कोशिका, DNA संरचना एवं प्रतिकृति, प्रोटीन संश्लेषण, जीन, उत्परिवर्तन, क्रोमोसोम एवं कोशिका विभाजन।

8. (क) प्रागैतिहासिक पुरातत्व विज्ञान के सिद्धांत/कालानुक्रम: सापेक्ष एवं परम काल निर्धारण विधियां।

(ख) सांस्कृतिक विकास- प्रागैतिहासिक संस्कृति की स्थूल रूपरेखा

(i) पुरापाषाण | (iv) ताम्रपाषाण

(ii) मध्यपाषाण | (v) ताम्र-कांस्य युग

(iii) नवपाषाण | (vi) लोह युग

9. संस्कृति का स्वरूप: संस्कृति और सभ्यता की संकल्पना एवं विशेषता: सांस्कृतिक सोपक्षवाद की तुलना में नृजाति केंद्रियता।

10. समाज का स्वरूप: समाज की संकल्पना; समाज एवं संस्कृति; सामाजिक संस्थाएं; सामाजिक समूह; एवं सामाजिक स्तरीकरण।

11. विवाह; परिभाषा एवं सार्वभौमिकता; विवाह के नियम (अंतर्विवाह, बहिर्विवाह, अनुलोमविवाह, अगम्यगमन निषेध); विवाह के प्रकार (एक विवाह प्रथा, बहु विवाह प्रथा, बहुपति प्रथा समूह विवाह)। विवाह के प्रकार्य; विनिमय (अधिमान्य, निर्दिष्ट एवं अभिनिषेधक); विवाह भुगतान (वधू धन एवं दहेज)।

12. परिवार: परिभाषा एवं सार्वभौमिकता; परिवार, गृहस्थी एवं गृह्य समूह; परिवार्य के प्रकार्य; परिवार के प्रकार (संरचना, रक्त-संबंध, विवाह, आवास एवं उत्तराधिकार के परिप्रेक्ष्य से); नगरीकरण, औद्योगीकरण एवं नारी अधिकारीवादी आंदोलनों का परिवार पर प्रभाव।

13. नातेदारी; रक्त संबंध एवं विवाह संबंध, वंशानुक्रम के सिद्धांत एवं प्रकार (एकरेखीय, द्वैध, द्विपक्षीय, उभयरेखीय); वंशानुक्रम समूह के रूप (वंशपरंपरा, गोत्र, फ्रेटरी, मोइटी एवं संबंधी); नातेदारी शब्दावली (वर्णनात्मक एवं वर्गीकारक); वंशानुक्रमण एवं पूरक वंशानुक्रमण; वंशानुक्रम एवं सहबंध।

14. आर्थिक संगठन: अर्थ एवं आर्थिक नृविज्ञान की प्रासंगिकता; रूपवादी एवं तत्ववादी बहस; उत्पादन, वितरण एवं समुदायों में विनिमय (अन्योन्यता, पुनर्वितरण एवं बाजार), शिकार एवं संग्रहण, मत्स्यन, स्विडेनिंग, पशुचारण, उद्यानकृषि एवं कृषि पर निर्वाह; भूमंडलीकरण एवं देशी आर्थिक व्यवस्थाएं।

15. राजनैतिक संगठन एवं सामाजिक नियंत्रण : टोली, जनजाति, सरदारी, राज एवं राज्य, सत्ता। प्राधिकार एवं वैधता की संकल्पनाएं; सरल समाजों में सामाजिक नियंत्रण, विधि एवं न्याय।

16. धर्म : धर्म के अध्ययन में नृवैज्ञानिक उपागम (विकासात्मक, मनोवैज्ञानिक एवं प्रकार्यात्मक); एकेश्वरवाद; पवित्र एवं अपावन; मिथक एवं कर्मकांड; जनजातीय एवं कृषक समाजों में धर्म के रूप (जीववाद, जीवात्मावाद, जड़पूजा, प्रकृतिपूजा एवं गर्णाचिह्नवाद); धर्म, जादू एवं विज्ञान विशिष्ट; जादुई-धार्मिक कार्यकर्त्ता (पुजारी, शमन, ओझा, ऐंद्रजालिक और डाइन)।

17. नृवैज्ञानिक सिद्धांत :

(क) क्लासिकी विकासवाद (टाइलर, मॉर्गन एवं फ्रेजर)

(ख) ऐतिहासिक विशिष्टवाद (बोआस); विसरणवाद (ब्रिटिश, जर्मन एवं अमरीकी)

(ग) प्रकार्यवाद (मैलिनोव्स्की); संरचना-प्रकार्यवाद (रैडक्लिक-ब्राउन)

(घ) संरचनावाद (लेवी स्ट्राश एवं ई लीश)

(ड़) संस्कृति एवं व्यक्तित्व (बेनेडिक्ट, मीड, लिंटन, कार्डिनर एवं कोरा-दु-बुवा)

(च) नव-विकासवाद चिल्ड, व्हाइट, स्ट्यूवर्ड, शाहलिन्स एवं सर्विस।

(छ) सांस्कृतिक भौतिकवाद (हैरिस)
(ज) प्रतीकात्मक एवं अर्थनिरूपरी सिद्धांत (टर्नर, श्नाइडडर, एवं गीर्ट्ज)।
(क) संज्ञानात्क सिद्धांत (टाइलर कांक्सिन)
(ख) नृविज्ञान में उत्तर-आधुनिकतावाद

18. संस्कृति, भाषा एवं संचार : भाषा का स्वरूप, उद्‌गम एवं विशेषताएं; वाचिक एवं अवाचिक संप्रेक्षण; भाषा प्रयोग के सामाजिक संदर्भ।

19. नृविज्ञान में अनुसंधाान पद्धतियां :
(क) नृविज्ञान में क्षेत्रकार्य परंपरा
(ख) तकनीक, पद्धति एवं कार्य विलि के बीच विभेद
(ग) दत्त संग्रहण के उपकरण: प्रक्षेण, साक्षत्मकार, अनुसूचियां, प्रश्नावली, केस अध्ययन, वंशावली, मौखिक इतिवृत्त, वूचना के द्वितीयक स्रोत, सहभागिता पद्धति।
(घ) दत्त का विश्लेषण, निर्वचन एवं प्रस्तुतीकरण।

20. मानव आनुवंशिकी- पद्धति एवं अनुप्रयोग: मनुष्य परिवार अध्ययन में आनुवंशिक सिद्धांतों के अध्ययन की पद्धतियां (वंशावली, युग्म अध्ययन, पोष्यपुत्र, सह युग्म- पद्धति, कोशिका-जननिक पद्धति, गुणसूत्री एवं केन्द्रक प्ररूप (विश्लेषण), जैसे सरायनी पद्धतियां रोधक्षमतात्मक पद्धतियां, D.N.A. प्रौद्योगिकी एवं पुनर्योगज प्रौद्योगिकी।

21. मनुष्य-परिवार अध्ययन में मेंडेलीय आनुवंशिकी, मनुष्य में एकल उपादान, बहु उपादान घातक, अवघातक एवं अनेकजीनी वंशागति।

22. आनुवंशिक बहुरूपता एवं वरण की संकल्पना, मेंडेलीय जन संख्या, हार्डी-वीन वर्ग नियम; बारंबारता में कमी लाने वाले कारण एवं परिवर्तन- विलगन, प्रवासन, वरण, अंत:प्रजनन एवं आनुवंशिक च्युति, समरक्त एवं असमरक्त समागम, आनुवंशिक भार, समरक्त एवं भगिनी-बंधु विवाहों के आनुवंशिक प्रभाव।

23. गुणसूत्र एवं मनुष्य में गुणसूत्री विपथन, क्रियाविधि
(क) संख्यात्मक एवं संरचनात्मक विपथन (अवस्थाएं)
(ख) लिंग गुणसूत्री विपथन-क्लाइनफेल्टर (XXY), टर्नर (XO), अधिजाया (XXX), अंतर्लिंग एवं अन्य संलक्षणात्मक अव्यवस्थाएं।
(ग) अलिंग सूत्री विपथन-डाउन संलक्षण, पातो, एडवर्ड एवं क्रि-दु-शां संलक्षण
(घ) मानव रोगों में आनुवंशिक अध्यंकन, आनुवंशिक स्क्रीनिंग, आनुवंशिक उपबोधन मानव DNA प्रोफाइलिंग, जीन मैपिंग एवं जीनोम अध्ययन।

24. प्रजाति एवं प्रजातिवाद, दूरीक एवं अदूरीक लक्षणों की आकारिकीय विभिन्नताओं का जीववैज्ञानिक आधार। प्रजातीय निकष, आनुवंशिकता एवं पर्यावरण के संबंध में प्रजातीय विशेषक; मनुष्य में प्रजातीय वर्गीकरण, प्रगजातीय विभेदन एवं प्रजाति संकरण का जीव वैज्ञानिक आधार।

25. आनुवंशिक चिह्नक के रूप में आयु, लिंग एवं जनसंख्या विभेद- ABO, Rh रक्तसमूह, HLA Hp, ट्रैन्सफेरिन, Gm, रक्त एन्जाइम। शरीरक्रियात्मक लक्षण- विभिन्न सांस्कृतिक एवं सामाजिक-आर्थिक समूहों में Hb स्तर, शरीर, वसा, स्पंद दर, श्वसन प्रकार्य एवं संवेदी प्रत्यक्षण।

26. पारिस्थितिक नृविज्ञान की संकल्पनाएं एवं पद्धतियां। जैव-सांस्कृतिक अनुकूलन-जननिक एवं अजननिक कारक। पर्यावरणीय दबावों के प्रति मनुष्य की शरीरक्रियात्मक अनुक्रियाएं: गर्म मरूभूमि, शीत, उच्च तंगता जलवायु।

27. जानपदिक रोग विज्ञानीय नृविज्ञान : स्वास्थ्य एवं रोग। संक्रामक एवं असंक्रामक रोग। पोषक तत्वों की कमी से संबंधित रोग।

28. मानव वृद्धि एवं विकास की संकल्पना : वृद्धि की अवस्थाएं- प्रसव पूर्व, प्रसव, शिशु, बचपन, किशोरावस्था, परिपक्वावस्था, जरत्व।
    - वृद्धि और विकास को प्रभावित करने वाले कारक: जननिक, पर्यावरणीय, जैव रासायनिक, पोषण संबंधी, सांस्कृतिक एवं सामाजिक-आर्थिक।
    - कालप्रभावन एवं जरत्व। सिद्धांत एवं प्रेक्षण-जैविक एवं कालानुक्रमिक दीर्घ आयु। मानवीय शरीर गठन एवं कायप्ररूप। वृद्धि अध्ययन की क्रियाविधियां।

29. रजोदर्शन, रजोनिवृत्ति एवं प्रजनन शक्ति की अन्य जैव घटनाओं की प्रासंगिकता। प्रजनन शक्ति के प्रतिरूप एवं विभेद।

30. जनांकिकीय सिद्धांत- जैविक, सामाजिक एवं सांस्कृतिक।

31. बहुप्रजता, प्रजनन शक्ति, जन्मदर एवं मृत्युदर को प्रभावित करने वाले जैविक एवं सामाजिक-आर्थिक कारक।

32. नृ विज्ञान के अनुप्रयोग : खेलों का नृविज्ञान, पोषणात्मक नृविज्ञान, रक्षा एवं अन्य उपकरणों की अभिकल्पना में नृविज्ञान, न्यायालयिक नृविज्ञान, व्यक्तिगत अभिज्ञान एवं पुनर्रचना की पद्धतियां एवं सिद्धांत। अनुप्रयुक्त मानव आनुवंशिकी- पितृत्व निदान, जननिक उपबोधन एवं सुजननिकी, रोगों एवं आयुर्विज्ञान में DNA प्रौद्योगिकी, जनन-जीवविज्ञान में सीरम-आनुवंशिकी तथा कोशिका-आनुवंशिकी।

प्रश्न पत्र-II

1.1 भारतीय संस्कृति एवं सभ्यता का विकास- प्रागैतिहासिक (पुरापाषाण, मध्यपाषाण, नवपाषाण तथा नवपाषाण-ताम्रपाषाण)। आद्यऐतिहासिक (सिन्धु सभ्यता) : हड़प्पा-पूर्व, हड़प्पाकालीन एवं पश्च-हड़प्पा संस्कृतियां। भारतीय सभ्यता में जनजातीय संस्कृतियों का योगदान।

1.2 शिवालिक एवं नर्मदा द्रोणी के विशेष संदर्भ के साथ भारत से पुरा-नृवैज्ञानिक साक्ष्य (रामापिथकस, शिवापिथेकस एवं नर्मदा मानव)।

1.3 भारत में नृजाति-पुरातत्व विज्ञान : नृजाति-पुरातत्व विज्ञान की संकलपना; शिकारी, रसदखोजी, मछियारी, पशुचारक एवं कृषक समुदायों एवं कला और शिल्प उत्पादक समुदायों में उत्तरजीवक एवं समांतरक।

2\. भारत की जनांकिकीय परिच्छेदिका- भारतीय जनसंख्या एवं उनको वितरण में नृजातीय एवं भाषीय तत्व। भारतीय जनसंख्या- इसकी संरचना और वृद्धि को प्रभावित करने वाले कारक।

3.1 पारंपरिक भारतीय सामाजिक प्रणाली के संरचना और स्वरूप-वर्णाश्रम, पुरूषार्थ, कर्म, ऋण एवं पुनर्जन्म।

3.2 भारत में जाति व्यवस्था- संरचना एवं विशेषताएं, वर्ण एवं जाति, व्यवस्था के उद्‌गम के सिद्धांत, प्रबल जाति, जाति गतिशीलता, जाति व्यवस्था का भविष्य, जजमानी प्रणाली, जनजाति-जाति सातत्यक।

3.3 पवित्र-मनोग्रंथि एवं प्रकृति-मनुष्य-प्रेतात्मा मनोग्रंथि।

3.4 भारतीय समाज पर बौद्ध धर्म, जैन धर्म, इस्लाम और ईसाई धर्म का प्रभाव।

4. भारत में नृविज्ञान का आविर्भाव एवं संवृद्धि- 18वीं, 19वीं एवं प्रारंभिक 20वीं शताब्दी के शास्त्रज्ञ- प्रशासकों के योगदान। जनजातीय एवं जातीय अध्ययनों में भारतीय नृवैज्ञानिकों के योगदान।

5.1 भारतीय ग्राम : भारत में ग्राम अध्ययन का महत्व; सामाजिक प्रणाली के रूप में भारतीय ग्राम; बस्ती एवं अंतर्जाति संबंधों के पारंपरिक एवं बदलते प्रतिरूप; भारतीय ग्रामों में कृषिक संबंध; भारतीय ग्रामों पर भूमंडलीकरण का प्रभाव।

5.2 भाषायी एवं धार्मिक अल्पसंख्यक एवं उनकी सामाजिक, राजनैतिक तथा आर्थिक स्थिति।

5.3 भारतीय समाज में सामाजिक-सांस्कृतिक परिवर्तन की देशीय एवं बहिर्जात प्रक्रियाएं; संस्कृतिकरण, पश्चिमीकरण, आधुनिकीकरण, छोटी एवं बड़ी परंपराओं का परस्पर-प्रभाव; पंचायतीराज एवं सामाजिक परिवर्तन; मीडिया एवं सामाजिक परिवर्तन।

6.1 भारत में जनजातीय स्थिति- जैव जननिक परिविर्तिता, जनजातीय जनसंख्या एवं उनके वितरण की भाषायी एवं सामाजिक-आर्थिक विशेषताएं।

6.2 जनजातीय समुदायों की समस्याएं- भूमि संक्रमण, गरीबी, ऋणग्रस्तता, अल्प साक्षरता, अपर्याप्त शैक्षिक सुविधाएं, बेरोजगारी, अल्परोजगारी, स्वास्थ्य तथा पोषण।

6.3 विकास परियोजनाएं एवं जनजातीय स्थानांतरण तथा पुनर्वास समस्याओं पर उनका प्रभाव। वन नीतियों एवं जनजातियों का विकास। जनजातीय जनसंख्या पर नगरीकरण तथा औद्योगीकीकरण का प्रभाव।

7.1 अनुसूचित जातियों, अनुसूचित जनजातियों एवं अन्य पिछड़े वर्गों के पोषण तथा वंचन की समस्याएं। अनुसूचित जातियों एवं अनुसूचित जनजातियों के लिए सांविधानिक रक्षोपाय।

7.2 सामाजिक परिवर्तन तथा समकालीन जनजाति समाज : जनजातियों तथा कमजोर वर्गों पर आधुनिक लोकतांत्रिक संस्थाओं, विकास कार्यक्रमों एवं कल्याण उपायों का प्रभाव।

7.3 नृ जातीयता की संकल्पना; नृजातीय द्वन्द्व एवं राजनैतिक विकास; जनजातीय समुदायों के बीच अशांति : क्षेत्रीयवाद एवं स्वायत्तता की मांग; छदम जनजातिवाद; औपनिवेशिक एवं स्वातंत्र्योत्तर भारत के दौरा जनजातियों के बीच सामाजिक परिवर्तन।

8.1 जनजातीय समाजों पर हिन्दू धर्म, बौद्ध धर्म, ईसाई धर्म, इस्लाम तथा अन्य धर्मों का प्रभाव।

8.2 जनजाति एवं राष्ट्र राज्य-भारत एवं अन्य देशों में जनजातीय समुदायों का तुलनात्मक अध्ययन।

9.1 जनजातीय क्षेत्रों के प्रशासन का इतिहास, जनजाति नीतियां, योजनाएं, जनजातीय विकास के कार्यक्रम एवं उनका कार्यान्वन। आदिम जनजातीय समूहों (PTGs) की संकल्पना, उनका वितरण, उनके विकास के विशेष कार्यक्रम। जनजातीय विकास में गैर सरकारी संगठनों की भूमिका।

9.2 जनजातीय एवं ग्रामीण विकास में नृविज्ञान की भूमिका।

9.3 क्षेत्रीयवाद, सांप्रदायिकता, नृजातीय एवं राजनैतिक आंदोलनों को समझने में नृविज्ञान का योगदान।

वनस्पति विज्ञान (Botany)

प्रश्न पत्र-I

1. **सूक्ष्मजैविकी एवं पादप रोग विज्ञान–** विषाणु, वाइरॉइड, जीवाणु, फंगाई एवं माइक्रोप्लाज्मा संरचना एवं जनन। बहुगुणन। कृषि, उद्योग, चिकित्सा तथा वायु एवं मृदा एवं जल में प्रदूषण नियंत्रण में सूक्ष्मजैविकी के अनुप्रयोग। प्रयोन एवं प्रायोन घटना। विषाणुओं, जीवाणुओं, माइक्रोप्लाज्मा, फंगाई तथा सूत्रकृमियों द्वारा होने वाले प्रमुख पादप रोग। संक्रमण और फैलाव की विधियां। संक्रमण तथा रोग प्रतिरोध के आण्विक आधार। परजीविता की कार्यिकी और नियंत्रण के उपाय। कवक आविष। मॉडल एवं रोग पूर्वानुमान, पादप संगरोध।
2. **क्रिप्टोम्स–** शैवाल, कवक, लाइकेन, ब्रायोफाइटा, टेरीडोफाइट– संरचना और जनन के विकासात्मक पहलू। भारत में क्रिप्टोगेम्स का वितरण और उनका परिस्थितिक एवं आर्थिक महत्व।
3. **पुष्पोद्भिद–** अनावृत बीजी : पूर्व अनावृत बीजी की अवधारणा। अनावृतबीजी का वर्गीकरण और वितरण। साइकेडेलीज, गिंगोऐजीज, कोनीफेरेलीज और नीटेलीज के मुख्य लक्षण, संरचना व जनन। साईकेडोफिलिकेलीज, बैन्नेटिटेलीज तथा कार्डेटेलीज का सामान्य वर्णन। भू वैज्ञानिक समयमापनी, जीवाश्म प्रकार एवं उनके अध्ययन की विधियां। आवृतबीजी; वर्गिकी, शारीरिक, भ्रूणविज्ञान, परागाणुविज्ञान और जातिवृत्त।

   वर्गिकी सोपान, वानस्पतिक नामपद्धति के अंतर्राष्ट्रीय कूट, संख्यात्मक वर्गिकी एवं रसायन–वर्गिकी, शारीरिक, भ्रूण विज्ञान एवं परागाणु विज्ञान से साक्ष्य।

   आवृत बीजियों का उद्‌गम एवं विकास।

   आवृत बीजियों के वर्गीकरण की विभिन्न प्रणालियों का तुलनात्मक विवरण, आवृत बीजी कुलों का अध्ययन– मैग्नोलिएसी, रैननकुलैसी, ब्रैसीकेसी, रोजेसी, फेबेसी, यूफर्बिएसी, मालवेसी, डिप्टेरोकार्पेसी, एपिएसी, एस्क्लेपिडिएसी, वर्बिनेसी, सोलैनेसी, रूबिएसी, कुकुरबिटेली, ऐस्टीरेसी, पोएसी, ओरकेसी, लिलिएसी, म्यूजेसी एवं ऑकिडेसी। रंध्र एवं उनके प्रकार, ग्रंथीय एवं अग्रंथीय ट्राइकोम, विसंगत द्वितीयक वृद्धि, C_3 और C_4 पौधों का शरीर। जाइलम एवं फ्लोएम विभेदन, काष्ठ शरीर।

   नर और मादा युग्मकोद्‌भिद् का परिवर्धन, परागण, निषेचन। भ्रूणपोष– इसका परिवर्धन ओर कार्य भ्रूण परिवर्धन के स्वरूप। बहुभ्रुणता, असंगजनन, परागणु विज्ञान के अनुप्रयोग, पराग भंडारण एवं टेस्ट ट्यूबनिषेचन सहित प्रयोगात्मक भ्रूण विज्ञान।
4. **पादप संसाधन विकास–** पादप ग्राम्यन एवं परिचय, कृष्ट पौधों का उद्‌भव संबंधी वैवीलोव के केंद्र, खाद्य, चारा, रेशों, मसालों, पेय पदार्थों, खाद्य तेलों, औषधियों, स्वापकों, कीटनाशियों, इमारती लकड़ी, गोंद, रेजिनों तथा रंजकों के स्रोतों के रूप में पौधे, लेटेक्स, सेलुलोस, मंड और उनके उत्पाद। इत्रसाजी, भारत के संदर्भ में नुकुलवनस्पतिकी का महत्व। ऊर्जा वृक्षारोपण, वानस्पति उद्यान और पादपालय।
5. **आकारजनन–** पूर्ण शक्तता, ध्रुवणता, सममिति और विभेदन। कोशिका, ऊतक, अंग एवं जीवद्रव्यक संवर्धन। काश्कि संकर और द्रव्य संकर। माइक्रोप्रोपेगेशन, सोमाक्लोनल विविधता एवं इनका अनुप्रयोग, पराग अगुणित, एम्ब्रियोरस्क्यू विधियां एवं उनके अनुप्रयोग।

प्रश्न पत्र - II

1. **कोशिका जैविकी–** कोशिका जैविकी की प्रतिधियां। प्राक्केंद्रकी और सुकेंद्रकी कोशिकाएं-संरचनात्मक और परासंरचनात्मक बारीकियां। कोशीका बाह्य आधात्री अथवा कोशिकाबाह्य आव्यूह (कोशीका भित्ति) तथा झिल्लियों की संरचना और कार्य-कोशिका आसंजन, झिल्ली अभिगमन तथा आशयी अभिगमन। कोशिका अंगकों (हरित लवक सूत्रकणिकाएं, ई आर, डिक्टियोसोम, राइबोसोम, अंतः काय, लयनकाय परऑक्सीसोम) की संरचना और कार्य। साइटोस्केलेटन एवं माइक्रोट्यूब्यूल्स, केन्द्रक, केन्द्रिक, केन्द्रकी रंध्र सम्मिश्र। क्रोमेटिन एवं न्यूक्लियोसोम। कोशिका संकेतन और कोशिकाग्राही। संकेत पारक्रमण। समसूत्रण और अर्धसूत्रण विभाजन, कोशिक चक्र का आण्विक आधार। गुणसूत्रों में संख्यात्मक और संरचनात्मक विभिन्नताएं तथा उनका महत्व। क्रोमेटिन व्यवसी एवं जीनों संवेष्टन, पॉलिटीन गुणसूत्र, बी-गुणसूत्र- संरचना व्यवहार और महत्व।
2. **आनुवंशिकी, आण्विक जैविकी और विकास–** आनुवंशिकी का विकास और जीन बनाम युग्नविकल्पी अवधारणा (कूट विकल्पी), परिमाणात्मक आनुवंशिकी तथा बहुकारक। अपूर्ण प्रभाविता, बहुजननिक वंशागति, बहुविकल्पी सहलग्नता तथा विनिमय- आण्विक मानचित्र (मानचित्र प्रकार्य की अवधारणा) सहित जीन मानचित्रण की विधियां। लिंग गुणसूत्र तथा लिंग सहलग्न वंशागति, लिंग निर्धारण और लिंग विभेदन का आण्विक आधार। उत्परिवर्तन (जैव रासायनिक और आण्विक आधार) कोशिकाद्रव्यी वंशागति एवं कोशिकाद्रव्यी जीन (नर बंध्यता की आनुवंशिकी सहित)।

   न्यूक्लीय अम्लों और प्रोटीनों की संरचना तथा संश्लेषण। आनुवंशिक कूट और जीन अभिव्यक्ति का नियमन। जीन नीरबता, बहुजीन कुल, जैव विकास- प्रमाण, क्रियाविधि तथा सिद्धांत। उद्भव तथा विकास में RNA की भूमिका।
3. **पादप प्रजनन, जैव प्रौद्योगिकी तथा जैव सांख्यिकी–** पादप प्रजनन की विधियां- आप्रवेश, चयन और संकरण। (वंशावली, प्रतीप संकरण, सामूहिक चयन, व्यापक (पद्धति) उत्परिर्वन, बहुगुणिता, नरबंधयता तथ संकर ओज प्रजनन। पादप प्रजनन में असंगजनन का उपयोग। DNA अनुक्रमण, आनुवंशिक इंजीनियरी- जीन अंतरण की विधियां, परजीनी सस्य एवं जैव सुरक्षा पहलु, पादप प्रजनन में आण्विक चिह्नक का विकास एवं उपयोग। उपकरण एवं तकनीक- प्रोब, दक्षिणी ब्लास्टिंग, DNA फिगर प्रिंटिंग, PCR एवं FISH। मानक विचलन तथ विचरण गुणांक (CV), सार्थकता परीक्षण, (Z-परीक्षण, T-परीक्षण तथा पाई-वर्ग परीक्षण।) प्रायिकता तथा बंटन (सामान्य, द्विपदी तथा प्वासों बंटन संबंधन तथा समाश्रयण।
4. **शरीर क्रिया विज्ञान तथा जैव रासायनिकी–** जल संबंध, खनिज पोषण तथा आयन अभिगमन, खनिज न्यूनताएं प्रकाश संश्लेषण प्रकाश रासायनिक अभिक्रियाएं, फोटो-फास्फोरिलेशन एवं कार्बन फिक्सेशन पाथवे, C_3, C_4 और CAM दिशामार्ग। फ्लोएम परिवहन की क्रियाविधि, श्वसन (किण्वन सहित अवायुजीवीय और वायुजीवीय)- इलेक्ट्रॉन अभिगमन श‍ृंखला और ऑक्सीकरण फॉस्फोरिलेशन फोटो श्वसन रसोपरासरणी सिद्धांत तथा ATP संश्लेषण। लिपिड उपापचय, नाइट्रोजन स्थिरीकरण एवं नाइट्रोजन उपापचय। किण्व, सहकिण्व, ऊर्जा-अंतरण तथा ऊर्जा-संरक्षण। द्वितीयक उपापचयजों का महत्व। प्रकाशगहियों के रूप में वर्णक (प्लैस्टिडियल वर्णक तथा पादप वर्णक) पादप संचालन दीप्तिकालिता तथा पुष्पन, बसंतीकरण, जीर्णन। वृद्धि

पदार्थ- उनकी रासायनिक प्रकृति, कृषि बागवानी में उनकी भूमिका और अनुप्रयोग, वृद्धिसंकेत, वृद्धिगतियां। प्रतिबल शरीरिकी (ताप, जल, लवणता, धातु) फल एवं बीज शारीरिकी। बीजों की प्रसुप्ति, भंडारण तथ उनका अंकुरण। फल का पकन- इसका आण्विक आधार तथा मैनिपुलेशन।

5. **परिस्थितिविज्ञान तथा पादप भूगोल–**

परितंत्र की संकल्पना, पारिस्थितिक कारक। समुदाय की अवधारणाएं और गतिकी। पादप अनुक्रमण। जीव मल की अवधारणा। परितंत्र, संरक्षण। प्रदूषण और उसका नियंत्रण (फाइटोरेमिडिएशन सहित)। पादप सूचक, पर्यावरण (संरक्षण) अधिनियम।

भारत के वनों के प्ररूप- वनों की परिस्थितिक एवं आर्थिक महत्व। वनारोपण, वनोन्मूलन तथा सामाजिक वानिकी। संकटापन्न पौधें, स्थानिकता, IUCN कोटियां, रेड डाटा बुक। जैव विविधता एवं उसका संरक्षण, संरक्षित क्षेत्र नेटवर्क, जैव विविधता, पर सम्मेलन, किसानों के अधिकार एवं बौद्धिक संपदा अधिकार, संपौषणीय विकास की संकल्पना, जैव-भू-रासायनिक चक्र, भूमंडलीय तापन एवं जलवायु पविर्तन, संक्रामक जातियां, पर्यावरणीय प्रभाव मूल्यांकन, भारत के पादप भूगोलीय क्षेत्र।

रसायन विज्ञान (Chemistry)

प्रश्न पत्र - I

1. **परमाणु संरचना–** क्वांटम सिद्धांत, हाइसेन वर्ग का अनिश्चितता सिद्धांत, श्रोडिंगर तरंग समीकरण (काल अनाश्रित) तरंग फलन की व्याख्या, एकल विमीय बॉक्स में कण, क्वांटम संख्याएं, हाइड्रोजन परमाणु तरंग फलन। S, P और D कक्षों की आकृति।
2. **रसायन आबंध–** आयनी आबंध, आयनी यौगिकों के अभिलक्षण, जालक ऊर्जा, बार्नहैबर चक्र; सह-संयोजक आबंध तथा इसके सामान्य अभिलक्षण। अणुओं में आबंध की ध्रुवणता तथा उसके द्विध्रुव आघूर्ण। संयोजी आबंध सिद्धांत, अनुनाद तथा अनुनाद ऊर्जा की अवधारणा। अणु कक्षक सिद्धांत (LCAO पद्धति); समन्यष्टि अणुओं में आबंध H_{2+}, H_2, H_{e2} से N_{e2}, NO, CO, HF एवं CN - संयोजी आबंध तथा अणुकक्षक सिद्धांतों की तुलना, आबंध कोटि, आबंध सामर्थ्य तथा आबंध लंबाई।
3. **ठोस अवस्था–** क्रिस्टल पद्धति; क्रिस्टल फलकों, जालक संरचनाओं तथा यूनिट सेल का स्पष्ट उल्लेख। ब्रेग का नियम, क्रिस्टर द्वारा X-रे विवर्तन; क्लोज़ पैकिंग (ससंकुलित रचना), अर्धव्यास अनुपात नियम, सीमांत अर्धव्यास अनुपात मानों के आकलन। NaCl, ZnS, CsCI एवं CaF_2 की संरचना। स्टाइकियोमीट्रिक तथा नॉन-स्टाइकियामीट्रिक दोष, अशुद्धता दोष, अर्धचालक।
4. **गैस अवस्था एवं परिवहन परिघटना–** वास्वविक गैसों की अवस्था का समीकरण, अंतराअणुक पारस्परिक क्रिया, गैसों का द्रवीकरण तथा कांतिक घटना, मैक्सवेल का गति वितरण, अंतराअणुक संघट्ट, दीवार पर संघट्ट तथा अभिस्पंदन, ऊष्मा चालकता एवं आदर्श गैसों की श्यानता।
5. **द्रव अवस्था–** केल्विन समीकरण, पृष्ठ तनाव एवं पृष्ठ ऊर्जा, आर्द्रक एवं संस्पर्श कोण, अंतरापृष्ठीय तनाव एवं कोशिका क्रिया।

6. **ऊष्मागतिकी–** कार्य, ऊष्मा तथा आंतरिक ऊर्जा; ऊष्मागतिकी का प्रथम नियम, ऊष्मागतिकी का दूसरा नियम; एंट्रॉपी एक अवस्था फलन के रूप में, विभिन्न प्रक्रमों में एंट्रोपी परिवर्तन, एंट्रॉपी उत्क्रमणीयता तथा अनुत्क्रमणीयता, मुक्त ऊर्जा फलन, अवस्था का ऊष्मागतिकी समीकरण, मैक्सवेल संबंध; ताप, आयतनप एवं U, H, A, G, Cp एवं Cv, α एवं α की दाब निर्भरता; J-T प्रभाव एवं व्युत्क्रमण ताप; साम्य के लिए निकष, साम्य स्थिरांक तथा ऊष्मागतिकीय राशियों के बीच संबंध, नेर्न्स्ट ऊष्मा प्रमेय तथा ऊष्मागतिकीय का तीसरा नियम।

7. **प्रावस्था साम्य तथा विलयन–** क्लासियस-क्लेपिरन समीकरण, शुद्ध पदार्थों के लिए प्रावस्था आरेख; द्विआधारी पद्धति में प्रावस्था साम्य, आंशिक मिश्रणीय द्रव-उच्चतर तथा निम्नतर क्रांतिक विलयन ताप; आंशिक मोलर राशियां, उनका महतव तथा निर्धारण, आधिक्य ऊष्मागतिकी फलन और उनकी निर्धारण।

8. **विद्युत रसायन–** प्रवल विद्युत अपघट्यों का डेबाई हुकेल सिद्धांत एवं विभिन्न साम्यता अधिगमन गुणधर्मों के लिए डेवाई हुकेल सीमांत नियम, गेल्वेनिक सेल, सान्द्रता सेल, इलेक्ट्रोकेमिकल सीरीज़, सेलों के e.m.f. का मापन और उनका अनुप्रयोग; ईंधन सेल तथा बैटरियां। इलेक्ट्रोड पर प्रक्रम; अंतरापृष्ठ पर द्विस्तर; चार्ज ट्रांस्कर की दर, विद्युतधारा घनत्व; अतिविभव; वैद्युत विश्लेषण तकनीक पोलरोग्रफ़ी, एम्परोमिति, आयन वरणात्मक इलेक्ट्रोड एवं उनके उपयोग।

9. **रसायन बलगतिकी–** अभिक्रिया दर की निर्भरता की सान्द्रता पर निर्भरता, शून्य, प्रथम, द्वितीय तथा आंशिक कोटि की अभिक्रियाओं के लिए अवकल और समांकल दर समीकरण; उत्क्रम, समान्तर, क्रमागत तथाशृंखला एवं विस्फोट; दर स्थिरांक पर ताप और दाब का प्रभाव। स्टॉप-फ्लो और रिलेक्सेशन पद्धतियों द्वारा द्रुत अभिक्रियाओं का अध्ययन। संघटन और संक्रमण अवस्था सिद्धांत।

10. **प्रकाश रसायन–** प्रकाश का अवशोषण; विभिन्न मार्गों द्वारा उत्तेजित अवस्था का अवसान; हाइड्रोजन और हैलोजन के मध्य प्रकाश रसायन अभिक्रिया और क्वांटमी लब्धि।

11. **पृष्ठी परिघटना तथा उत्प्रेरकता–** ठोस अधिशोषकों पर गैसों और विलयनों का अधिशोषण, लैंगम्यूर तथा BET अधिशोषण तथा रेखा; पृष्ठीय क्षेत्रफल का निर्धारण; विषामांगी उत्प्रेरकों पर अभिक्रिया अभिलक्षण और क्रियाविधि।

12. **जैव अकार्बनिक रसायन–** जैविक तंत्रों में धातु आयन तथा भित्ति के पार आयन गमन (आण्विक क्रियाविधि); ऑक्सीजन अपटेक प्रोटीन, साइटोक्रोम तथा फेरोडोक्सिन।

13. **समन्वय रसायन–**

(क) धातु संकुल आबंध सिद्धांत, संयोजकता आबंध सिद्धांत, क्रिस्टल फील्ड सिद्धांत और उसमें संशोधन, धातु संकुल के चुंबकीय तथा इलेक्ट्रॉनिक स्पेक्ट्रम की व्याख्या में सिद्धांतों का अनुप्रयोग।

(ख) समन्वयी यौगिकों में आइसोमोरिज्म। समनवयी यौगिकों का IUPAC नामकरण; 4 तथा 6 समायोजन वाले संकुलों का त्रिविम रसायन, किलेट प्रभाव तथा बहुनाभिकीय संकुल; पारा-प्रभाव और उसके सिद्धांत; वर्ग समतली संकुल में प्रतिस्थापनिक अभिक्रियाओं की बलगतिकी; संकुलों की तापगतिकी तथा बलगतिकी स्थिरता।

(ग) मैटल कार्बोनिलों का संश्लेषण संरचना तथा इनकी अभिक्रियात्मकता; कार्बोक्सिलेट एनियॅन, कार्बोनिल हाइड्राइड तथा मैटल नाइट्रोसिल यौगिक।

(घ) एरोमैटिक प्रणाली के संकुल, मैटल ओलेफिन संकुलों में संश्लेषण, संरचना तथा बंध एल्काइन तथा सायक्लोपेंटाडायनिक संकुल, समन्वयी असंतृप्तता; आक्सीडेटिव योगात्मक अभिक्रियाएं, निवेशन अभिक्रियाएं, प्रवाही अणु और उनका अभिलक्षणन, मैटल-मैटल आंबध तथा मैटल परमाणु गुच्छे वाले यौगिक।

14. **मुख्य समूह रसायनिकी–** बोरेन, बोराजाइन, फोस्फेजीन एवं चक्रीय फोस्फेजीन, सिलिकेट एवं सिलिकॉन, इंटरहैलोजन यौगिक; गंधक-नाइट्रोजन यौगिक, नॉबुल गैस यौगिक।

15. **F ब्लॉक तत्वों का सामान्य रसायन–** लेन्थेनाइड और एक्टीनाइड पृथक्करण, ऑक्सीकरण अवस्थाएं, चुम्बकीय तथा स्पेक्ट्रमी गुणधर्म; लेन्थेनाइड संकुचन।

प्रश्न पत्र - II

1. **विस्थापित सहसंयोजक बंध–**
ऐरोमैटिकता, प्रतिऐरोमैटिकता; एन्यूलीन; एजुलीन; ट्रोपोलोन्स, फुल्वीन, सिडनोन।

2. **(क) अभिक्रिया क्रियाविधि :** कार्बनिक अभिक्रियाओं की क्रियाविधियों के अध्ययन की सामान्य विधियां (गतिक और गैर-गतिक दोनों) समस्थानिक विधि, क्रास-ओवर प्रयोग, मध्यवर्ती ट्रेपिंग, त्रिविम-रसायन; संक्रियण ऊर्जा; अभिक्रियाओं का ऊष्मागतिकी नियंत्रण तथा गतिक नियंत्रण।

(ख) अभिक्रियाशील मध्यवर्ती : कारबोनियम आयनों तथा कारबनियनों, मुक्त मूलकों (फ्री रेडिकल) कार्बीनों बेन्जाइनों तथा नाइट्रेनों का उत्पादन, ज्यामिति, स्थिरता तथा अभिक्रिया।

(ग) प्रतिस्थापन अभिक्रियाएं : S_{N_1}, S_{N_2} एवं S_{N_i} क्रियाविधियां : प्रतिवेशी समूह भागीदारी, पाइसेल, फ्यूरन, थियोफीन, इंडोल जैसे हेट्रोसाइक्लिक यौगिकों सहित एरोमैटिक यौगिकों की इलेक्ट्रोफिलिक तथा न्यूक्लियोफिलिक अभिक्रियाएं।

(घ) विलोपन अभिक्रियाएं : E_1, E_2 तथा E_{1cb} क्रियाविधियां; सेजैफ तथा हॉफमन E_2 अभिक्रियाओं में दिक्विन्यास; पाईरोलिकटक Syn विलोपन-चुग्गीव तथा कोप विलोपन।

(ङ) संकलन अभिक्रियाएं : $C = C$ तथा $C \equiv N$ के लिए इलेक्ट्रोफिलिक संकलन; $C = O, C \equiv N$ के लिए न्यूक्लियोफिलिक संकलन, संयुग्मी ओलिफिल्स तथा कार्बोजिल्स।

(च) अभिक्रियाएं तथा पुनर्विन्यास : पिनाकोल-पिनाकोलोन, हॉफमन, बेकमन, बेयर विलिगर, फेर्वोस्की, फ्राइस, क्लेसेन, कोम, स्टीवेन्ज तथा वाग्नर-मेरबाइल पुनर्विन्यास।

(छ) एल्डोन संघनन, क्लैसेन संघनन, डीकमन, परिकन, नोवेनेजेल, विटिंग, क्लिमेंसन, वोल्फ किशनर, केनिजारों तथा फान-रीक्टर, अभिक्रियाएं, स्टॉब, बैंजोइन तथा ऐसिलोइन संघनन, फिशन इंडोलन संश्लेषण, स्क्राप संश्लेषण, विश्लर-नेपिरास्की, सैंडमेयर, रेगेर टाइमन तथा रेफॉरमास्की अभिक्रियाएं।

3. **पररंभीय अभिक्रियाएं :** वर्गीकरण और उदाहरण; वुडवर्ड-हॉफमन नियम - विद्युतचक्रीय अभिक्रियाएं, चक्रीय संकलन अभिक्रियाएं (2 + 2 एवं 4 + 2) तथा सिग्मा - अनुवर्ती विस्थापन (1, 3; 3.3 तथा 1, 5) FMO उपागम।

4. **(i) बहुलकों का निर्माण और गुणधर्म :** कार्बनिक बहुलक-पोलिएथिलीन, पोलीस्टाइरीन, पोलिविनाइल क्लोराइड, टेफलॉन, नाइलॉन, टेरीलीन, संश्लिष्ट तथा प्राकृतिक रबड़।

(ii) जैव बहुलक : प्रोटीन, DNA तथा RNA की संरचनाएं।

5. **अभिकारकों के सांश्लेषिक उपयोग :** OsO_4, HIO_4, CrO_3, $Pb(OAc)_4$, SeO_2, NBS, B_2H_6, Na, द्रव अमोनिया, NH_3, $LiALH_4$, $NaBH_4$, n-Buli एवं MCPBA.
6. **प्रकाश रसायन :** साधारण कार्बनिक योगिकों की प्रकाश रासायनिक अभिक्रियाएं, उत्तेजित और निम्नतम अवस्थाएं, एकक और त्रिक अवस्थाएं, नोरिश टाइप-I और टाइप-II अभिक्रियाएं।
7. स्पेक्ट्रमिकी सिद्धांत और संरचना के स्पष्टीकरण में उनका अनुप्रयोग।
   (क) **घूर्णी :** द्विपरमाणुक अणु; समस्थानिक प्रतिस्थापन तथा धूर्णी स्थिरांक।
   (ख) **कांपनिक :** द्विपरमाणुक आण्विक, रैखिक त्रिपरमाणुक अणु, बहु परमाणुक अणुओं में क्रियात्मक समूहों की विशिष्ट आवृत्तियां।
   (ग) **इलेक्ट्रॉनिक :** एकक और त्रिक अवस्थाएं : n π^* and $\pi\pi^*$ संक्रमण; संयुग्मित द्विआबंध तथा संयुग्मित कारबोनिकल में अनुप्रयोग-बुडवर्ड-फीशर नियम; चार्ज अंतरण स्पेक्ट्रा।
   (घ) **नाभिकीय चुम्बकीय अनुनाद (X1HNMRA) :** आधारभूत सिद्धांत; रासायनिक शिफ्ट एवं स्पिन - स्पिन अन्योन्य क्रिया एवं कपलिंग स्थिरांक।
   (ङ) **द्रव्यमान स्पेक्ट्रोमिति:** पेरैंट पीक, बेसपीक, डॉटर पीक, मेटास्टेबल पीक, मैक लैफर्टी पुनर्विन्यास।

सिविल इंजीनियरी (Civil Engineering)

प्रश्न पत्र - I

1. **इंजीनियरी यांत्रिकी पदार्थ सामर्थ्य तथा संरचनात्मक विश्लेषण–**

1.1 **इंजीनियरी यांत्रिकी :** मात्रक तथा विमाएं, SI मात्रक, सदिश, बल की संकल्पना, कण तथा दृढ़ पिण्ड संकल्पना, संगामी, असंगामी तथा समतल पर समान्तर बल, बल आघूर्ण तथ मुक्त पिण्ड आरेख, सप्रतिबंधा साम्यावस्था, कल्पित कार्य का सिद्धांत, समतुल्य बल प्रणाली।
प्रथम तथा द्वितीय क्षेत्र आघूर्ण, द्रव्यमान जड़त्व आघूर्ण। स्थैतिक घर्षण।
शुद्धगतिकी तथा गतिकी :
कार्तीय निदेशांक शुद्धगतिकी, समान तथा असमान त्वरण के अधीन गति, गुरुत्वीय गति। कणगतिकी, संवेग तथा ऊर्जा सिद्धांत, प्रत्यास्थ पिण्डों का संघटन, दृढ़ पिण्डों का घूर्णन।

1.2 **पदार्थ-सामर्थ्य :** सरल प्रतिबल तथा विकृति, प्रत्यास्थ स्थिरांक, अक्षत: भारित संपीडांग, अपरूपण बल तथा बंकन आघूर्ण, सरल बंकन का सिद्धांत, अनुप्रस्थ काट का अपरूपण प्रतिबल वितरण, समसार्थ्य धरण।
धरण विक्षेप : मैकाले विधि, मोर की आघूर्ण क्षेत्र विधि, अनुरूपण धरण विधि, एकांक भार विधि, शाफ्ट की ऐंठन, स्तंभों का प्रत्यास्थ स्थायित्व। ऑयलर, रेनकाईन तथा सीकेट सूत्र।

1.3 **संरचनात्मक विश्लेषण :** कास्टिलियानोस प्रमेय I तथा II, धरण और कील संधियुक्त केंची में प्रयुक्त संगत विकृति की एकांक भार विधि। ढाल विक्षेप, आघूर्ण वितरण।
बेलन भार और प्रभाव रेखाएं : धरण के प्रतिच्छेद पर अपरूपण बल तथा बंकन आघूर्ण के लिए प्रभाव रेखाएं। गतिशील भार प्रणाली तथा धरण चक्रमण में अधिकतम अपरूपण बल तथा बंकन आघूर्ण हेतु मानदंड। सरल आलंबित समतल कील संधियुक्त केंची हेतु प्रभाव रेखाएं।

डाट : त्रिकील, द्विकील तथा आबद्ध डाट-पर्शुका लघीयन तथा तापमान प्रभाव। विश्लेषण की आव्यूह विधि : अपरिमित धरण तथा दृढ़ ढांचों का बल विधि तथा विस्थापन विधि से विश्लेषण।

धरण तथा ढांचों का प्लास्टिक विश्लेषण : प्लास्टिक बंकन सिद्धांत, प्लास्टिक विश्लेषण, स्थैतिक प्रणाली, यांत्रिकी विधि।

असममित बंकन : जड़त्व आघूर्ण, जड़त्व उत्पाद, उदासीन अक्ष और मुख्य अक्ष की स्थिति, बंकन प्रतिबल की परिगणना।

2. **संरचना अभिकल्प : इस्पात, कंक्रीट तथा चिनाई संरचना–**

2.1 **संरचनात्मक इस्पात अभिकल्प :** संरचनात्मक इस्पात सुरक्षा गुणक और भार गुणक। कवचित, तथा वेल्डित जोड़ तथा संयोजन। तनाव तथा संपीडांग इकाइयों का अभिकल्प, संघटिक परिच्छेद का धरण, कवचित तथा वेल्डित प्लेट गर्डर, गैंद्री गर्डर, बैटन एवं लेसिंगयुक्त स्टेंचियन्स।

2.2 **कंक्रीट तथा चिनाई संरचना का अभिकल्प :** मिश्र अभिकल्प की संकल्पना, प्रबलिक संक्रीट: कार्यकारी प्रतिबल तथा सीमा अवस्था विधि से अभिकल्प - IS पुस्तिकाओं की सिफारिशों, वन-वे एवं टू-वे स्लैब की डिज़ाइन, सोपान स्लैब, आयताकार T एवं L काट के सरल एवं सतत धरन। उत्केन्द्रता सहित अथवा रहित प्रत्यक्ष भार के अंतर्गत संपीडांग इकाइयां। विलगित एवं संयुक्त नींव। केन्टीलीवन एवं काउंटर फोर्ट प्ररूप प्रतिधारक भित्ति।

जलटंकी : पृथ्वी पर रखे आयताकार एवं गोलाकार टंकियों के अभिकल्पन आवश्यकताएं। पूर्व प्रतिबलित कंक्रीट : पूर्व प्रतिबलित के लिए विधियां और प्रणालियां, स्थिरक स्थान, कार्यकारी प्रतिबल आधारित आनति के लिए परिच्छेद का विश्लेषण और अभिकल्प, पूर्व प्रतिबलित हानि।

3. **तरल यांत्रिकी, मुक्त वाहिका प्रवाह एवं द्रवचालित मशीनें–**

3.1 **तरल यांत्रिकी :** तरल गुणधर्म तथा तरल गति में उनकी भूमिका, तरल स्थैतिकी जिसमें समतल तथा वक्र सतह पर कार्य करने वाले बल भी शामिल हैं। तरल प्रवाह की शुद्धगतिकी एवं गतिकी : वेग और त्वरण, सरिता रेखाएं, सातत्य समीकरण, आघूर्णी तथा घूर्णी प्रवाह, वेग विभव एवं सरिता फलन। सांतत्य, संवेग एवं ऊर्जा समीकरण, रेवियन स्टोक्स समीकरण, आयलर गति समीकरण, तरल प्रवाह समस्याओं में अनुप्रयोग, पाइप प्रवाह, स्लूइस गेट, वियर।

3.2 **विमीय विश्लेषण एवं समरूपता :** बकिंघम Pi-प्रमेय, विमारहित प्राचल।

3.3 **स्तरीय प्रवाह :** समांतर, अचल एवं चल प्लेटों के बीच स्तरीय प्रवाह, ट्यूब द्वारा प्रवाह।

3.4 **परिसीमा परत :** चपटी प्लेट पर स्तरीय एवं विक्षुब्ध परिसीमा परत, स्तरीय उपपरत, मसृण एवं रूक्ष परिसीमाएं, विकर्ष एवं लिफ्ट।

गुणक की विविधता, जलदाब प्रवणता रेखा तथा पूर्ण ऊर्जा रेखा।

3.5 **मुक्त वाहिका प्रवाह :** समान एवं असमान प्रवाह, आघूर्ण एवं ऊर्जा संशुद्धि गुणक, विशिष्ट ऊर्जा तथा विशिष्ट बल, क्रांतिक गहराई, तीव्र परिवर्ती प्रवाह, जलोच्छाल, क्रमशः परिवर्ती प्रवाह, पृष्ठ परिच्छेदिका वर्गीकरण, नियंत्रण काट, परिवर्ती प्रवाह समीकरण के समाकलन की सोपान विधि।

3.6 **द्रवचलित यंत्र तथा जल शक्ति :** द्रवचालित टरबाइन, प्रारूप वर्गीकरण, टर्बाइन चयन, निष्पादन प्राचल, नियंत्रण, अभिलक्षण, विशिष्ट गति। जल शक्ति विकास के सिद्धांत।

4. **भू-तकनीकी इंजीनियरी–**

मृदा के प्रकार एवं संरचना, प्रवणता तथा कण आकार वितरण, गाढ़ता सीमाएं। मृदा जल कोशिकीय तथा संरचनात्मक प्रभावी प्रतिबल तथा रंध्र जल दाब, प्रयोगशाला निर्धारण, रिसन

दाब, बालू पंक अवस्था-कर्तन सामर्थ्य परीक्षण-मोर कूलांब संरचना-मृदा संहनन-प्रयोगशाला एवं क्षेत्र परीक्षण। संपीड्यता एवं संपिड्न संकल्पना-संपिड्न सिद्धांत-संपीड्यता स्थिरण विश्लेषण। भूदाब सिद्धांत एक प्रतिधारक भित्ति के लिए विश्लेषण, चादरी स्थूणाभित्ति एवं बंधनयुक्त खनन के लिए अनुप्रयोग। मृदा धारण क्षमता-विश्लेषण के उपागम-क्षेत्र परीक्षण-स्थिरण विश्लेषण-भूगमन ढाल का स्थायित्व।

मृदाओं का अवपृष्ठ खनन-विधियां।

नींव- संरचना नींव के प्रकार एवं चयन मापदंड- नींव अभिकल्प।

मापदंड- पाद एवं पाइल प्रतिबल वितरण विश्लेषण, पाइल समूह कार्य- पाइल भार परीक्षण। भूतल सुधार प्रविधियां।

प्रश्न पत्र - II

1. **निर्माण तकनीक, उपकरण, योजना और प्रबंध–**

1.1 **निर्माण तकनीक :**

इंजीनियरी सामग्री

निर्माण सामग्री के, निर्माण में उनके प्रयोग की दृष्टि से, भौतिक गुणधर्म- पत्थर, ईंट तथा टाइल, चूना, सीमेंट तथा विविध सुरखी मसाला एवं कंक्रीट। लोह सीमेंट के विशिष्ट उपयोग, तंतु प्रबलित C.C., उच्च सामर्थ्य कंक्रीट। इमारती लकड़ी : गुणधर्म एवं दोष, सामान्य संरक्षण, उपचार।

कम लागत के आवास, जन आवास, उच्च भवनों जैसे विशेष उपयोग हेतु सामग्री उपयोग एवं चयन।

1.2 **निर्माण** : ईंट, पत्थर, ब्लाकों के उपयोग के चिनाई सिद्धांत- निर्माण विस्तारण एवं सामर्थ्य अभिलक्षण। प्लास्टर, प्वाइंटिंग, रूफिंग एवं निर्माण अभिलक्षणों के प्रकार।

भवनों के सामान्य मरम्मत कार्य।

रहिवासों एवं विशेष उपयोग के लिए भवन की कार्यात्मक योजना के सिद्धांत- भवन कोड उपबंध।

विस्तृत एवं लगभग आकलन को आधारभूत सिद्धांत-विनिर्देश लेखन एवं दर विश्लेषण- स्थावर। संपत्ति मूल्यांकन के सिद्धांत।

मृदाबंध के लिए मशीनरी, कंक्रीटीकरण एवं उनका विशिष्ट उपयोग- उपकरण चयन को प्रभावित करने वाले कारक- उपकरणों की प्रचालन लागत।

1.3 **निर्माण योजना एवं प्रबंध** : निर्माण कार्यकलाप- कार्यक्रम- निर्माण उद्योग का संगठन- गुणता आश्वासन सिद्धांत।

नेटवर्क के आधाारभूत सिद्धांतों का उपयोग- CPM एवं PERT के रूप में विश्लेषण- निर्माण मॉनीटरी, लागत इष्टतमीकरण एवं संसाधन नियतन में उनका उपयोग। आर्थिक विश्लेषण एवं विधि के आधारभूत सिद्धांत।

परियोजना लाभदायकता–

वित्तीय आयोजना के बूट उपागम के आधारभूत सिद्धांत- सरल टौल नियतीकरण मानदंड।

2. **सर्वेक्षण एवं परिवहन इंजीनियरी–**

2.1 **सर्वेक्षण :** CE कार्य की दूरी एवं कोण मापने की सामान्य विधियां एवं उपकरण, प्लेन टेबल में उनका उपयोग, चक्रन सर्वेक्षण समतलन, त्रिकोणन, रूपरेखण एवं स्थलाकृति, फोटोग्राममिति एवं दूर-संवेदन के सामान्य विद्धांत।

2.2 **रेलवे इंजीनियरी :** स्थायी पथ- अवयव, प्रकार एवं उनके प्रकार्य- टर्न एवं क्रांसिंग के प्रकार्य एवं अभिकल्प घटक- ट्रैक के भूमितीय अभिकल्प की आवश्यकता- स्टेशन एवं यार्ड का अभिकल्प।

2.3 **राजमार्ग इंजीनियरी :** राजमार्ग सरेखन के सिद्धांत, सड़कों का वर्गीकरण एवं ज्यामितिक अभिकल्प अवयव एवं सड़कों के मानक। नम्य एवं दृढ़ कुट्टिम हेतु कुट्टिम संरचना, कुट्टिम के अभिकल्प सिद्धांत एवं क्रियापद्धति। प्ररूपी निर्माण विधियां एवं स्थायीकृत मृदा, WBM, बिटुमेनी निर्माण एवं CC सड़कों के लिए सामग्री। सड़कों के लिए बहिस्तल एवं अधस्तल अपवाह विन्यास- पुलिस संरचनाएं। कुट्टिम **विक्षभ** एवं उन्हें उपरिशायी द्वारा मजबूती प्रदान करना। यातायात सर्वेक्षण एवं यातायात आयोजना में उनके अनुप्रयोग- प्रणालित, इंटरसेक्शन एवं घूर्णी आदि के लिए अभिकल्प विशेषताएं- सिगनल अभिकल्प- मानक यातायात चिह्न एवं अंकन।

3. **जल विज्ञान, जल संसाधन एवं इंजीनियरी–**

3.1 **जल विज्ञान :** जलीय चक्र, अवक्षेपण, वाष्पीकरण, वाष्पोत्सर्जन, अंत: स्यदन, अधिभार प्रवाह, जलारेख, बाढ़ आवृत्ति विश्लेषण, जलाशय द्वारा बाढ़ अनुशीलन, वाहिका प्रवाह मार्गाभिगमन–मस्किंग्म विधि।

3.2 **भू जल प्रवाह :** विशिष्ट लब्धि, संचयन गुणांक, पारगम्यता गुणांक, परिरुद्ध तथा अपरिरुद्ध जलवाही स्तर, एक्विटार्ड, परिरूद्ध स्थितियों के अंतर्गत एक कूप के भीतर अरीय प्रवाह।

3.3 **जल संसाधन इंजीनियरी :** भू तथा धरातल जल संसाधन, एकल तथा बहुउद्देशीय परियोजनाएं, जलाशय की संचयन क्षमता, जलाशय हानियां, जलाशय अवसादन।

3.4 **सिंचाई इंजीनियरी :**

(क) फसलों के लिए जल की आवश्यकता : क्षयी उपयोग, कृत्ति तथा डैल्टा, सिंचाई के तरीके तथा उनकी दक्षताएं।

(ख) नहरें : नहर सिंचाई के लिए आबंटन पद्धति, नहर क्षमता, नहर की हानियां, मुख्य तथा वितरिका नहरों के सरेखन- अत्याधिक दक्ष काट, अस्तरित नहरें, उनके डिज़ाइन, रिजीम सिद्धांत, क्रांतिक अपरूपण प्रतिबल, तल भार।

(ग) जल-ग्रस्तता- कारण तथा नियंत्रण, लवणता।

(घ) नहर संरचना : अभिकल्प, दाबोच्चयता नियामक, नहर प्रपात, जलवाही सेतु अवनलिका एवं नहर विकास का मापन।

(ड़) द्विपरिवर्ती शीर्ष कार्य : पारगम्य तथा अपरागम्य नींवों पर बाधिका के सिद्धांत और डिज़ाइन, खोसला-सिद्धांत, ऊर्जा क्षय।

(च) संचयन कार्य : बांधों की किस्में, डिजाइन, दृढ़ गुरुत्व के सिद्धांत, स्थायित्व विश्लेषण।

(छ) उत्पलव मार्ग : उत्पलव मार्ग के प्रकार, ऊर्जा क्षय।

(ज) नदी प्रशिक्षण : नदी प्रशिक्षण के उद्देश्य, नदी प्रशिक्षण की विधियां।

4. **पर्यावरण इंजीनियरी–**

4.1. **जल पूर्ति :** जल मांग की प्रागुक्ति, जल की अशुद्धता उसका महत्व, भौतिक रासायनिक तथा जीवाणु विज्ञान संबंधी विश्लेषण, जल से होने वाली बीमारियां, पेय जल के लिए मानक।

4.2 **जल अंतर्ग्रहण :** जल उपचार : स्कंदन के सिद्धांत, ऊर्णन तथा सादन, मंद-, द्रुत-, दाब फिल्टर, क्लोरीनीकरण, मृदुकरण, स्वाद, गंध तथा लवणता को दूर करना।

4.3 **वाहितमल व्यवस्था :** घरेलू तथा औद्योगिक अपशिष्ट, झंझावात वाहित मल-पृथक और संयुक्त प्रणालियां, सीवरों द्वारा बहाव, सीवरों का डिज़ाइन।

4.4 **सीवेज लक्षण :** BOD, COD, ठोस पदार्थ, विलीन ऑक्सीजन, नाइट्रोजन और TOC। सामान्य जल मार्ग तथा भूमि पर निष्कासन के मानक।

4.5 **सीवेज उपचार :** कार्यकारी नियम, इकाइयां, कोष्ठ, अवसादन टैंक, धन्नापी फिल्टर, ऑकसीजन पोखर, उत्प्रेरित अवपंक प्रक्रिया, सैप्टिक टैंक, अवपंक निस्तारण, अवशिष्ट जल का पुनः चालन।

4.6 **ठोस अपशिष्ट :** गावों और शहरों में संग्रहण एवं विस्तारण, दीर्घकालीन कुप्रभावों का प्रबंध।

5. **पर्यावरणीय प्रदूषण :** अवलंबित विकास, रेडियोऐक्टिव अपशिष्ट एवं निष्कासन, उष्मीय शक्ति संयंत्रों, खानों, नदी घाटी परियोजनाओं के लिए पर्यावरण संबंधी प्रभाव मूल्यांकन वायु प्रदूषण, वायु प्रदूषण नियंत्रण अधिनियम।

वाणिज्य तथा लेखाविधि
(Commerce and Accountancy)

प्रश्न पत्र - I

भाग - 1 : लेखाकरण एवं वित्त

लेखाकरण, कराधान तथा लेखापरीक्षण

1. **वित्तीय लेखाकरण–**

वित्तीय सूचना प्रणाली के रूप में लेखाकरण; व्यवहारात्मक विज्ञान का प्रभाव/लेखाकरण, मानक, उदाहरणार्थ, मूल्याह्रास के लिए लेखाकरण, मालसूचियां, अनुसंधान एवं विकास लागतें, दीर्घावधि निर्माण संविदाएं, राजस्व की पहचान, स्थिर परिसंपत्तियां, विदेशी मुद्रा के लेन-देन, निवेश एवं सरकारी अनुदान, नकदी प्रवाह विवरण, प्रतिशेयर अर्जन।

बोनस शेयर, राइट शेयर, कर्मचारी स्टॉक विकल्प एवं प्रतिभूतियों की वापसी खरीद (बाई-बैक) समेत शेयर पूंजी लेन-देनों का लेखाकरण।

कंपनी अंतिम लेखें तैयार करना एवं प्रस्तुत करना।

कंपनियों का समामेलन, आमेलन एवं पुनर्निर्माण।

2. **लागत लेखा विधि–**

लागत लेखा विधि का स्वरूप और कार्य। लागत लेखाकरण प्रणाली का संस्थापन, आय मापन से संबंधित लागत संकल्पनाएं, लाभ आयोजना, लागत नियंत्रण एवं निर्णयन।

लागत निकालन की विधियां : जॉब लागत निर्धारण, प्रक्रिया लागत निर्धारण, कार्यकलाप आधारित लागत निर्धारण आयोजन के उपकरण के रूप में परिमाप-लागत-लाभ संबंध।

कीमत निर्धारण निर्णयों के रूप में वार्धिक विश्लेषण/विभेदक लागत निर्धारण, उत्पाद निर्णय, निर्माण या क्रय निर्णय, बंद करने का निर्णय आदि। लागत नियंत्रण एवं लागत न्यूनीकरण की प्रविधियां : योजना एवं नियंत्रण के उपकरण के रूप में बजटन। मानक लागत निर्धारण एवं प्रसरण विश्लेषण। उत्तरदायित्व लेखाकरण एवं प्रभागीय निष्पादन मापन।

3. **कराधान–**

आयकर : परिभाषाएं : प्रभार का आधार; कुल आय का भाग न बनने वाली आय। विभिन्न मदों, अर्थात् वेतन, गृह संपत्ति से आय, व्यापार या व्यवसाय से प्राप्तियां और लाभ, पूंजीगत प्राप्तियां, अन्य स्रोतों से आय, निर्धारित कुल आय में शामिल अन्य व्यक्तियों की आय। हानियों का समंजन एवं अग्रनयन।

आय के सकल योग से कटौतियां।

मूल्य आधारित कर (VAT) एवं सेवा कर से संबंधित प्रमुख विशेषताएं/उपबंध।

4. **लेखा परिक्षण–**

कंपनी लेखा परीक्षण : विभाज्य लाभों से संबंधित लेखा परीक्षा, लाभांश, विशेष जांच, कर लेखा परीक्षा।

बैंकिंग, बीमा एवं अ–लाभ संगठनों की लेखा परीक्षा; पूर्त संस्थाएं/न्यासें/संगठन।

भाग - 2 : वित्तीय प्रबंध, वित्तीय संस्थान एवं बाजार

1. **वित्तीय प्रबंध–**

वित्त प्रकार्य : वित्त प्रबंधन का स्वरूप, दायरा एवं लक्ष्य : जोखिम एवं वापसी संबंध। वित्तीय विश्लेषण के उपकरण : अनुपात विश्लेषण, निधि प्रवाह एवं रोकड़ प्रवाह विवरण।

पूंजीगत बजटन निर्णय : प्रक्रिया, विधियां एवं आकलन विधियां। जोखिम एवं अनिश्चितता विश्लेषण एवं विधियां।

पूंजी की लागत : संकल्पना, पूंजी की विशिष्ट लागत एवं तुलित औसत लागत का अभिकलन। इक्विटी पूंजी की लागत निर्धारित करने के उपकरण के रूप में CAPM वित्तीयन निर्णय : पूंजी संरचना का सिद्धांत - निवल आय (NI) उपागम। निवल प्रचालन आया (NOI) उपागम, MM उपागम एवं पारंपरिक उपागम।

पूंजी संरचना का अभिकल्पन : लिवरेज के प्रकार (प्रचालन, वित्तीय एवं संयुक्त) EBIT-EPS विश्लेषण एवं अन्य कारक।

लाभांश निर्णय एवं फर्म का मूल्यांकन : वाल्टर का मॉडेल, MM थीसिस, गोर्डन का मॉडल, लिंटनर का मॉडल। लाभांश नीति को प्रभावित करने वाले कारक।

कार्यशील पूंजी प्रबंध : कार्यशील पूंजी आयोजना। कार्यशील पूंजी के निर्धारक। कार्यशील पूंजी के घटक रोकड़, मालसूची एवं प्राप्य।

विलयनों एवं परिग्रहणों पर एकाग्र कंपनी पुनर्संचना (केवल वित्तीय प्ररिप्रेक्ष्य)।

2. **वित्तीय बाजार एवं संस्थान–**

भारतीय वित्तीय व्यवस्था : विहंगावलोकन।

मुद्रा बाजार : सहभागी, संरचना एवं प्रपत्र/वित्तीय बैंक। बैंकिंग क्षेत्र में सुधार। भारतीय रिजर्व बैंक की मौद्रिक एवं ऋण नीति। नियामक के रूप में भारतीय रिजर्व बैंक।

पूंजी बाजार : प्राथमिक एवं द्वितीयक बाजार; वित्तीय बाजार प्रपत्र एवं नवक्रियात्मक ऋण प्रपत्र; नियामक के रूप में SEBI वित्तीय सेवाएं; म्यूचुअल फंड्स, जोखिम पूंजी, साख मान अभिकरण, बीमा एवं IRDA

प्रश्न पत्र - II

भाग - 1

संगठन सिद्धांत एवं व्यवहार, मानव संसाधन प्रबंध एवं औद्योगिक संबंध संगठन सिद्धांत एवं व्यवहार

1. **संगठन सिद्धांत**

   संगठन का स्वरूप एवं संकल्पना; संगठन के बाह्य परिवेश- प्रौद्योगिकीय, सामाजिक, राजनैतिक, आर्थिक एवं विधिक; सांगठनिक लक्ष्य- प्राथमिक द्वितीयक लक्ष्य, एकल एवं बहुल लक्ष्य; उद्देश्याधारित प्रबंध/संगठन सिद्धांत का विकास : क्लासिकी, नवक्लासिकी एवं प्रणाली उपागम।

   संगठन सिद्धांत की आधुनिक संकल्पना : सांगठनिक अभिकल्प, सांगठनिक संरचना एवं सांगठनिक संस्कृति।

   सांगठनिक अभिकल्प : आधारभूत चुनौतियां; पृथकीकरण एवं एकीकरण प्रक्रिया; केंद्रीकरण एवं विकेंद्रीकरण प्रक्रिया; मानकीकरण/औपचारिकीकरण एवं परस्पर समायोजन।

   औपचारिक एवं अनौपचारिक संगठनों का समन्वय। यांत्रिक एवं सावयव संरचना।

   सांगठनिक संरचना का अभिकलपन-प्राधिकार एवं नियंत्रण; व्यावसाय एवं स्टाफ प्रकार्य, विशेषज्ञता एवं समन्वय।

   सांगठनिक संरचना के - प्रकार्यात्मक।

   आधात्री संरचना, परियोजना संरचना। शक्ति का स्वरूप एवं आधार, शक्ति के स्रोत, शक्ति संरचना एवं राजनीति। सांगठनिक अभिकल्प एवं संरचना पर सूचना प्रौद्योगिकी का प्रभाव सांगठनिक संस्कृति का प्रबंधन।

2. **संगठन व्यवहार–**

   अर्थ एवं संकल्पना; संगठनों में व्यक्ति : व्यक्तित्व, सिद्धांत, एवं निर्धारक; प्रत्यक्षण - अर्थ एवं प्रक्रिया। अभिप्रेरण : संकल्पना, सिद्धांत एवं अनुप्रयोग।

   नेतृत्व - सिद्धांत शैलियां। कार्यजीवन की गुणता (OWL) : अर्थ एवं निष्पादन पर इसका प्रभाव, इसे बढ़ाने के तरीके। गुणता चक्र (QC) - अर्थ एवं उनका महत्व। संगठनों में द्वन्द्वों का प्रबंध। लेन-देन विश्लेषण, सांगठनिक प्रभावकारिता, परिवर्तन का प्रबंध।

भाग - 2 : मानव संसाधन प्रबंध एवं औद्योगिक संबंध

1. **मानव संसाधन प्रबंध (HRM)–**

   मानव संसाधन प्रबंध का अर्थ, स्वरूप एवं क्षेत्र, मानव संसाधन आयोजना, जॉब विश्लेषण, जॉब विवरण, जॉब विनिर्देशन, नियोजन प्रक्रिया, चयन प्रक्रिया, अभिमुखीकरण एवं स्थापन, प्रशिक्षण एवं विकास प्रक्रिया, निष्पादन आकलन एवं 360° फीडबैक, वेतन एवं मजदूरी प्रशासन, जॉब मूल्यांकन, कर्मचारी कल्याण, पदोन्नतियां, स्थानांतरण एवं पृथक्करण।

2. **औद्योगिक संबंध (IR)–**

   औद्योगिक संबंध का अर्थ, स्वरूप, महत्व एवं क्षेत्र, ट्रेड यूनियनों की रचना, ट्रेड यूनियन विधान, भारत में ट्रेड यूनियन आंदोलन, ट्रेड यूनियनों की मान्यता, भारत में ट्रेड यूनियनों की समस्याएं। ट्रेड यूनियन आंदोलन पर उदारीकरण का प्रभाव।

औद्योगिक विवादों का स्वरूप : हड़ताल एवं तालाबंदी, विवाद के कारण, विवादों का निवारण एवं निपटारा। प्रबंधन में कामगारों की सहभागिता : दर्शन, तर्काधार, मौजूदा स्थिति एवं भावी संभावनाएं। न्याय निर्णय एवं सामूहिक सौदाकारी

सार्वजनिक उद्यमों में औद्योगिक संबंध, भारतीय उद्योगों में गैरहाजिरी एवं श्रमिक आवर्त एवं उनके कारण और उपचार। ILO एवं इसके प्रकाय।

अर्थशास्त्र (Economics)

प्रश्न पत्र - I

1. **उन्नत व्यष्टि अर्थशास्त्र–**

(क) कीमत निर्धारण के मार्शलियन एवं वालरासियम उपागम।

(ख) वैकल्पिक वितरण सिद्धांत : रिकार्डो, काल्डोर, कालीकी

(ग) बाजार संरचना : एकाधिकारी प्रतियोगिता, द्विअधिकार, अल्पाधिकार।

(घ) आधुनिक कल्याण मानदण्ड : परेटो हिकस एवं सितोवस्की, ऐरो का असंभावना प्रमेय, ए.के. सेन का सामाजिक कल्याण फलन।

2. **उन्नत समष्टि अर्थशास्त्र–**

नियोजन आय एवं ब्याजदर निर्धारण के उपागम : क्लासिकी, कीन्स (IS-LM) वक्र नवक्लासिकी संश्लेषण एवं नया क्लासिकी, ब्याजदर निर्धारण एवं ब्याजदर संरचना के सिद्धांत।

3. **मुद्र बैंकिंग एवं वित्त–**

(क) मुद्रा की मांग और पूर्ति : मुद्रा का मुद्रा गुणक सिद्धांत (फिशर, पीक एवं फ्राइडमैन) तथा कीन का मुद्रा के लिए मांग का सिद्धांत, बंद और खुली अर्थव्यवस्थाओं में मुद्रा प्रबंधन के लक्ष्य एवं साधन। केन्द्रीय बैंक और खजाने के बीच संबंध। मुद्रा की वृद्धि दर पर उच्चतम सीमा का प्रस्ताव।

(ख) लोक वित्त और बाजार अर्थव्यवस्था में इसकी भूमिका : पूरी के स्वीकरण में, संसाधनों का विनिधान और वितरण और संवृद्धि सरकारी राजस्व के स्रोत करों एवं उपदानों के रूप में उनका भार एवं प्रभाव। कराधान की सीमाएं, ऋण, क्राउडिंग आउट प्रभाव एवं ऋण लेने की सीमाएं। लोक व्यय एवं इसके प्रभाव।

4. **अंतर्राष्ट्रीय अर्थशास्त्र–**

(क) अंतर्राष्ट्रीय व्यापार के पुराने और नए सिद्धांत–

(i) तुलनात्मक लाभ

(ii) व्यापार शर्त एवं प्रस्ताव वक्र

(iii) उत्पाद चक्र एवं निर्णायक व्यापार सिद्धांत

(iv) व्यापार संवृद्धि के चालक के रूप में और खुली अर्थव्यवस्था में अवविकास के सिद्धांत।

(ख) संरक्षण के स्वरूप : टेरिफ एवं कोटा

(ग) भुगतान शेष समायोजन : वैकल्पिक उपागम–

(i) कीमत बनाम आय, नियत विनिमय दर के अधीन आय के समायोजन

(ii) मिश्रित नीति के सिद्धांत

(iii) पूंजी चलिष्णुता के अधीन विनिमय दर समायोजन।

(iv) विकासशील देशों के लिए तैरती (मुक्त) दरें और उनकी विवक्षा, मुद्रा (करेंसी) बोर्ड।
(v) व्यापार नीति एवं विकासशील देश।
(vi) BOP, खुली अर्थव्यवस्था समष्टि मॉडल में समायोजन तथा नीति समन्वय।
(vii) सट्टा।
(viii) व्यापार गुट एवं मौद्रिक संघ
(ix) विश्व व्यापार संगठन (WTO); TRIM, TRIPS, घरेलू उपाय, WTO बातचीत के विभिन्न चक्र।

5. **संवृद्धि एवं विकास–**
(क) संवृद्धि के सिद्धांत :
(i) हैरॅड का मॉडल
(ii) अधिशेष श्रमिक के साथ विकास का ल्यूइस मॉडल
(iii) संतुलित एवं असंतुलित संवृद्धि
(iv) मानव पूंजी एवं आर्थिक वृद्धि
(ख) कम विकसित देशों का आर्थिक विकास का प्रक्रम : आर्थिक विकास एवं संरचना परिवर्तन के विषय में मिर्डल एवं कुजमेंट्स : कम विकसित देशों के आर्थिक विकास में कृषि की भूमिका।
(ग) आर्थिक विकास तथा अंतर्राष्ट्रीय एवं निवेश, बहुराष्ट्रीयों की भूमिका।
(घ) आयोजना एवं आर्थिक विकास : बाजार की बदलती भूमिका एवं आयोजना, निजी–सरकारी साझेदारी।
(ङ) कल्याण संकेतक एवं वृद्धि के माप- मानव विकास के सूचक। आधारभूत आवश्यकताओं का उपागम।
(च) विकास एवं पर्यावरणी धारणीयता - पुनर्नवीकरणीय एवं अपुनर्नवीकरणीय संसाधन, पर्यावरणी अपकर्ष, अंतरपीढ़ो इक्विटो विकास।

प्रश्न पत्र - II

1. **स्वतंत्रतापूर्व युग में भारतीय अर्थव्यवस्था–**
भूमि प्रणाली एवं इसके परिवर्तन कृषि का वाणिज्यीकरण, अपवहन सिद्धांत, अबंधता सिद्धांत एवं समालोचना। निर्माण एवं परिवर्तन : जूट, कपास, रेलवे, मुद्रा एवं साख।

2. **स्वतंत्रता के पश्चात् भारतीय अर्थव्यवस्था–**
(क) उदारीकरण के पूर्व का युग
(i) वकील, गाडगिल एवं वी.के.वी. राव के योगदान
(ii) कृषि : भूमि सुधार एवं भूमि पट्टा प्रणाली, हरित क्रांति एवं कृषि में पूंजी निर्माण
(iii) संघटन एवं संवृद्धि में व्यापार प्रवृत्तियां, सरकारी एवं निजी क्षेत्रकों की भूमिका, लघु एवं कुटीर उद्योग।
(iv) राष्ट्रीय एवं प्रतिव्यक्ति आय : स्वरूप, प्रवृत्तियां, सकल एवं क्षेत्रकीय संघटन तथा उनमें परिवर्तन।
(v) राष्ट्रीय आय एवं वितरण को निर्धारित करने वाले स्थूल कारक, गरीबी के माप, गरीबी एवं असमानता में प्रवृत्तियां।

(ख) उदारीकरण के पश्चात् का युग

(i) नया आर्थिक सुधार एवं कृषि : कृषि एवं WTO, खाद्य प्रसंस्करण, उपदान, कृषि कीमतें एवं जन वितरण प्रणाली, कृषि संवृद्धि पर लोक व्यय का समाघात।

(ii) नई आर्थिक नीति एवं उद्योग : औद्योगिकरण निजीकरण, विनिवेश की कार्य नीति, विदेशी प्रत्यक्ष निवेश तथा बहुराष्ट्रीयों की भूमिका।

(iii) नई आर्थिक नीति एवं व्यापार : बौद्धिक संपदा अधिकार : TRIPS, TRIMS, GATS तथा नई EXIM नीति की विवक्षाएं।

(iv) नई विनिमय दर व्यवस्था : आंशिक एवं पूर्ण परिवर्तनीयता।

(v) नई आर्थिक नीति एवं लोक वित्त : राजकोषीय उत्तरदायित्व अधिनियम, बारहवां वित्त आयोग एवं राजकोषीय संघवाद तथा राजकोषीय समेकन।

(vi) नई आर्थिक नीति एवं मौद्रिक प्रणाली। नई व्यवस्था में RBI की भूमिका।

(vii) आयोजना : केन्द्रीय आयोजना से सांकेतिक आयोजना तक, विकेन्द्रीकृत आयोजना और संवृत्ति हेतु बाजार एवं आयोजना के बीच संबंध : 73वां एवं 74वां संविधान संशोधन।

(viii) नई आर्थिक नीति एवं रोजगार : रोजगार एवं गरीबी, ग्रामीण मजदूरी, रोजगार सृजन, गरीबी उन्मूलन योजनाएं, नई ग्रामीण रोजगार गारंटी योजना।

वैद्युत इंजीनियरी (Electrical Engineering)

प्रश्न पत्र - I

1. **परिपथ-सिद्धांत :** विद्युत अवयव, जाल लेखाचित्र, केल्विन धारा नियम, केल्विन वोल्टता नियम; परिपथ विश्लेषण विधियां; नोडीय विश्लेषण, आधारभूत जाल प्रमेय तथ अनुप्रयोग क्षणिका विश्लेषण : RL, RC, एवं RLC परिपथ; ज्वावक्रीय स्थायी अवस्था विश्लेषण अनुनादी परिपथ; युग्मित परिपथ; संतुलित त्रिकला परिपथ। द्विकारक जाल।

2. **संकेत एवं तंत्र :** सतत काल एवं विवक्त-काल संकेतों एवं तंत्र का निरूपण, रैखिक काल निश्चर तंत्र; संवलन; आवेग अनुक्रिया; संवलन एवं अवकल अंतर समीकरणों पर आधारित रैखिक काल निश्चर तंत्रों का समय क्षेत्र विश्लेषण। फूरिये रूपान्तर, लेप्लास रूपान्तर जैड-रूपान्तर, अंतरण फलन संकेतों का प्रतिचयन एवं उनकी प्रतिप्राप्ति। विवक्त काल तंत्रों के द्वारा तुल्यरूप संकेतों का DFT, FFT संसाधन।

3. **विद्युत चुम्बकीय सिद्धांत :** मैक्सवेल समीकरण, परिबद्ध माध्यम में तरंग संचारण। परिसीमा अवस्थाएं, समतल तरंगों का परावर्तन एवं अपवर्तन। संचरण लाइनें : प्रगामी एवं अप्रगामी तरंगें, प्रतिबाधा प्रतितुलन, स्मिथचार्ट।

4. **तुल्य एवं इलेक्ट्रॉनिकी :** अभिलक्षण एवं डायोड का तुल्य परिपथ (वृहत एवं लघु संकेत), द्विसन्धि ट्रांजिस्टर, संधि क्षेत्र प्रभाव ट्रांजिस्टर एवं धातुऑक्साइड सेमिचालक क्षेत्र प्रभाव ट्रांजिस्टर। डायोड परिपथ : कर्तन, ग्रामी, दिष्टकारी। अभिनतिकरण एवं अभिनति स्थायित्व। क्षेत्र प्रभाव ट्रांजिस्टर प्रवर्धक। धारा दर्पण, प्रवर्धन : एकल एवं बहुचरणी, अवकल, संक्रियात्मक, पुनर्निवेश एवं शक्ति। प्रबंधकों का विश्लेषण, प्रबंधकों की आवृत्ति, अनुक्रिया। संक्रियात्मक

प्रबंधक परिपथ। निस्यंदक ज्वावक्रीय दोलित्र : दोलन के लिए कसौटी, एकल ट्रांजिस्टर और संक्रियात्मक प्रवर्धक विन्यास। फलन जनित्र एवं तरंग परिपथ। रैखिक एवं स्विचन विद्युत प्रदाय।

5. **अंकीय इलेक्ट्रॉनिकी** : बूलीय बीजावली, बूलीन फलन का न्यूनतमीकरण; तर्कद्वार, अंकीय समाकलित परिपथ कुल, (DTL, TTL, ECL, MOS, CMOS)। संयुक्त परिपथ; अंकगणितीय परिपथ, कोड परिवर्तक, मल्टी प्लेक्सर एवं विकोडित्र।

   अनुक्रमिक परिपथ : चटखनी एवं थपथप, गणित्र एवं विस्थापन पंजीयक। तुलनित्र, कालनियामक बहुकंपित। प्रतिदर्श एवं धारण परिपथ, तुल्यरूप अंकीय परिवर्तक (ADC) एवं अंकीय तुल्य रूप परिवर्तक (DAC)। सेमिचालक स्मृतियां। प्रक्रमिक युक्तियों का प्रयोग करते हुए तर्क कायान्सयन (ROM, PLA, FPGA)।

6. **ऊर्जा रूपान्तरण** : वैद्युत यांत्रिकी ऊर्जा रूपान्तरण के सिद्धांत : धूर्णित मशीनों में बल आघूर्ण एवं विद्युत चुम्बकीय बल। दि.धा. मशीनें : अभिलक्षण एवं निस्पादन विश्लेषण, मोटरों का प्रारम्भन एवं गति नियंत्रण। परिणामित्र : प्रचालन एवं विश्लेषण के सिद्धांत; विनियमन दक्षता; त्रिकला परिणामित्र: त्रिकला प्रेरण मशीनें एवं तुल्यकालिक मशीनें : अभिलक्षण एवं निस्पादन विश्लेषण; गति नियंत्रण।

7. **शक्ति इलेक्ट्रॉनिकी एवं विद्युत चालन** : अर्द्धचालक शक्ति युक्तियां : डायोड, ट्रांजिस्टर, थाइरिस्टर, ट्रायक, GTO एवं धातु ऑक्साइड सामिचालक क्षेत्र प्रभाव ट्रांजिस्टर-स्थैतिक अभिलक्षण एवं प्रचालन के सिद्धांत, ट्रिगरिंग परिपथ, कला नियंत्रण दिष्टकारी, सेतु परिवर्तक : पूर्ण नियंत्रित एवं अर्द्धनियंत्रित थाईरिस्टर चापर एवं प्रतीपकों के सिद्धांत, DC-DC परिवर्तक, स्विच मोड इन्वर्टर, DC एवं AC मोटर चालन के गतिनियंत्रण की आधारभूत संकल्पना, विचरणीय चाल चालन के अनुप्रयोग।

8. **तुल्यरूप संचार** : यादृच्छिक चर : संतत, विविक्त, प्रायिकता, प्रायिकता फलन। सांख्यिकी औसत; प्रायिकता निदर्श; यादृच्छिक : संकेत एवं रव; सम रव, रव तुल्य बैंड चौड़ाई रव सहित संकेत प्रेषण, रव संकेत अनुपात, रैखिक CW मॉडुलन : आयाम - माडुलन : द्विसाइड बैंड, द्विसाइड बैंड - एकल चैनल (OsQB-SC) एवं एकल साइड बैंड। माडफलन एवं विमडुलन; कला और आवृत्ति मॉडुलन कला मॉडुलन के लिए जनन एवं संसूचन, विष्प्रबलन, पूर्व प्रबलन। संवाहक तरंग मॉडुलन, (CWM) तंत्र : परासंकरण अभिग्राही, आयाम मॉडुलन अभिग्राही, संचार अभिग्राही, आवृति मॉडुलन अभिग्राही, कला पाशित लूप, एकल साइड बैंड अभिग्राही, आयाम मॉडुलन एवं आवृति मॉडुलन अभिग्राही के लिए सिगनल-रव अनुपात गणन।

प्रश्न पत्र - II

---

1. **नियंत्रण तंत्र** : नियंत्रण तंत्र के तत्व, खंड आरेख निरूपण : खुला-पाश एवं बंद पाश तंत्र; पुनर्निवेश के सिद्धांत एवं अनुप्रयोग। नियंत्रण तंत्र अवयव। रैखिक काल निश्चर तंत्र - काल-प्रक्षेत्र एवं रूपान्तर प्रक्षेत्र विश्लेषण। स्थायित्व - राउथ हरविज कसौटी, बिन्दुपथ, बोडे आलेख एवं पोलर आलेख, नाइक्विएस्ट कसौटी, अग्रपश्चता प्रतिकारक का अभिकल्पन। सामनुपातिक PI, PID, नियंत्रण; तंत्रों का अवस्था-विचरणीय निरूपण एवं विश्लेषण।

2. **माइक्रोप्रोससर एवं माइक्रोकंप्यूटर** : PC संघटन, CPU अनुदेश सीट, रजिस्टर सेट, टाइमिंग आरेख, प्रोग्रामन, अंतरानयन, समृति अंतरापृष्ठन, IO अंतरापृष्ठन, प्रोग्रामनीय परिधीय युक्तियां।

3. **मापन एवं मापयंत्रण** : त्रुटि विश्लेषण : धारा, वोल्टता, शक्ति, ऊर्जा, शक्ति गुणक, प्रतिरोध, प्रेरकत्व, धारिता एवं आवृति का मापन, सेतु मापन। सिगनल अनुकूल परिपथ, इलेक्ट्रॉनिक मापन यंत्र : बहुमापी, केथोड किरण आसिलोस्कोप, अंकीय बोल्टमापी, आवृति गणित, Q मापी, स्पेक्ट्रम विश्लेषक, विरूपण मापी ट्रांसड्यूसर, ताप वैद्युत युग्म, थर्मिस्टर, रेखीय परिवर्तनीय अवकल ट्रांस्यूसर, विकृति प्रभावी, दाब विद्युत क्रिस्टल।

4. **शक्तितंत्र - विश्लेषण एवं नियंत्रण** : सिरोपरि संचरण लाइनों तथा केबलों का स्थायी दशा निष्पादन, सक्रिय एवं प्रतिघाती शक्ति अंतरण एवं वितरण के सिद्धांत, प्रतिइकाई राशियां, बस प्रवेश्यता एवं प्रतिबाधा आव्यूह, लोड प्रवाह; बोल्टता नियंत्रण एवं शक्ति गुणक संशोधन; आर्थिक प्रचालन; सममित घटक; सममित एवं असममित दोष का विश्लेषण। तंत्र स्थायित्व की अवधारणा; स्विंग वक्र एवं समक्षेत्र कौटी। स्थैतिक बोल्ट ऐंपियर प्रतिघाती तंत्र। उच्च वोल्टता दिष्टधारा संचरण की मूलभूत अवधारणाएं।

5. **शक्तितंत्र रक्षण** : अतिधारा, अवकल एवं दूरी रक्षण के सिद्धांत। ठोस अवस्था रिले की अवधारणा। परिपथ वियोजक। अभिकलित्र सहायता प्राप्त रक्षण; परिचय, लाइन, बस, जनित्र, परिणामित्र रक्षण, संख्यात्मक रिले एवं रक्षण के लिए अंकीय संकेत रक्षण (OsQP) का अनुप्रयोग।

6. **अंकीय संचार** : स्पंद कोड मॉडुलन, स्पंद कोड मॉडुलन, डेल्टा मॉडुलन, अंकीय मॉडुलन एवं विमॉडुलन योजनाएं : आयाम, कला एवं आवृत्ति कुंजीयन योजनाएं। त्रुटिनियंत्रण कूटकरण : त्रुटिसंसूचन एवं संशोधन रैखिक खंड कोड, संवलन कोड। सूचना माप एवं स्रोत कूट करण। आंकड़ा जाल, 7-स्तरीय वास्तुकला।

भूगोल (Geography)

प्रश्न पत्र - I

भूगोल के सिद्धांत

प्राकृतिक भूगोल-

1. **भूआकृति विज्ञान** : भूआकृति के विकास को नियंत्रित कारक; अंतर्जात एवं बहिर्जात बल, भूपर्पटी का उद्गम एवं विकास, भू-चुम्बकत्व के मूल सिद्धांत; पृथ्वी के अंतरंग की प्राकृतिक दशाएं।

   भू-अभिनति: महाद्वीपीय विस्थापन; समस्थिति; प्लेट विवर्तनकी; पर्वतोत्पत्ति के संबंध में अभिनव विचार; ज्वालामुखीयता; भूकंप एवं सूनामी; भूआकृतिक चक्र एवं दृश्यभूमि विकास की संकल्पनाएं; अनाच्छादन कालानुक्रम; जलमार्ग आकृतिविज्ञान; अपरदन पृष्ठ; प्रवणता विकास; अनुप्रयुक्त भुआकृति विज्ञान; भूजलविज्ञान; आर्थिक भूविज्ञान एवं पर्यावरण।

2. **जलवायु विज्ञान** : विश्व के ताप एवं दाब कटिबंध; पृथ्वी का तापीय बजट, वायुमंडल परिसंचरण, वायुमंडल स्थिरता एवं अनस्थिरता। भूमंडलीय एवं स्थानीय पवन; मानसून एवं जेट प्रवाह; वायु राशि एवं वाताग्रजनन; शीतोष्ण एवं उष्णकटिबंधीय चक्रवात; वर्षण के प्रकार एवं वितरण; मौसम एवं जलवायु; कोपेन, थॉनवेट एवं त्रेवार्थी का विश्व जलवायु वर्गीकरण; जलीय वक्रय; वैश्विक जलवायु परिवर्तन एवं जलवायु परिवर्तन में मानव की भूमिका एवं अनुक्रिया, अनुप्रयुक्त जलवायु विज्ञान एवं नगरी जलवायु।

3. **समुद्र विज्ञान** : अटलांटिक, हिन्द एवं प्रशांत महासागरों की तलीय स्थलाकृति; महासागरों का ताप एवं लवणता; ऊष्मा एवं लवण बजट, महासागरी निक्षेप; तरंग, धाराएं। एवं ज्वार-भाटा; समुद्री संसाधन : जीवीय, खनिज एवं ऊर्जा संसाधन; प्रवाल भितियां; प्रवाल विरंजन; समुद्र तल परिवर्तन; समुद्र नियम एवं समुद्री प्रदूषण।
4. **जीव-भूगोल** : मृदाओं की उत्पत्ति, मृदा का वर्गीकरण एवं वितरण; मृदा परिच्छेदिका; मृदा अपरदन; न्यूनीकरण एवं संरक्षण; पादप एवं जन्तुओं के वैश्विक वितरण को प्रभावित करने वाले कारक; वन अपरोपण की समस्याएं एवं संरक्षण के उपाय; सामाजिक वानिकी, कृषि वानिकी; वन्य जीवन; प्रमुख जीन पूल केंद्र।
5. **पर्यावरणीय भूगोल** : पारिस्थतिक के सिद्धांत; मानव पारिस्थितिक अनुकूलन; पारिस्थितिकी एवं पर्यावरण पर मानव का प्रभाव; वैश्विक एवं क्षेत्रीय पारिस्थितिक परिवर्तन एवं असंतुलन; पारितंत्र उनका प्रबंधन एवं संरक्षण; पर्यावरणीय निम्नीकरण, प्रबंध एवं संरक्षण; जैव विविधता एवं संपोषणीय विकास; पर्यावरणीय शिक्षा एवं विधान।

मानव भूगोल–

1. **मानव भूगोल में संदर्श** : क्षेत्रीय विभेदन; प्रादेशिक संश्लेषण; द्विभाजन एवं द्वैतवाद; पर्यावरणवाद; मात्रात्मक क्रान्ति एवं अवस्थिति विश्लेषण; उग्रसुधार, व्यावहारिक, मानवीय एवं कल्याण उपागम; भाषाएं, धर्म एवं निरपेक्षीकरण; विश्व के सांस्कृतिक प्रदेश; मानव विकास सूचक।
2. **आर्थिक भूगोल** : विश्व आर्थिक विकास : माप एवं समस्याएं विश्व संसाधान एवं उनका वितरण; ऊर्जा संकट, वृद्धि की सीमाएं, विश्व कृषि : कृषि प्रदेशाों की प्रारूपता; कृषि निवेश एवं उत्पादकता; खाद्य एवं पोषण समस्याएं; खाद्य सुरक्षा; दुर्भिक्ष:कारण, प्रभाव एवं उपचार; विश्व उद्योग; अवस्थानिक प्रतिरूप एवं समस्याएं; विश्व व्यापार के प्रतिमान।
3. **जनसंख्या एवं बस्ती भूगोल** : विश्व जनसंख्या की वृद्धि और वितरण; जनसांख्यिकी गुण; प्रवास के कारण एवं परिणाम; अतिरेक - अल्प एवं अनुकूलतम जनसंख्या की संकल्पनाएं; जनसंख्या के सिद्धांत; विश्व जनसंख्या समस्याएं और नीतियां; सामाजिक कल्याण एवं जीवन गुणवत्ता; सामाजिक पूंजी के रूप में जनसंख्या।

   ग्रामीण बस्तियों के प्रकार एवं प्रतिरूप; ग्रामीण बस्तियों में पर्यावरणीय मुद्दे; नगरीय बस्तियों का पदानुक्रम; प्रमुख शहर एवं श्रेणी आकर प्रणाली की संकल्पना; नगरों का प्रकार्यात्मक वर्गीकरण; नगरीय प्रभाव क्षेत्र; ग्राम नगर उपांत; अनुषंगी नगर; नगरीकरण की समस्याएं एवं समाधान; नगरों का संपोषणीय विकास।
4. **प्रादेशिक आयोजना** : प्रदेश की संकल्पना; प्रदेशों के प्रकार एवं प्रादेशीकरण की विधियां; वृद्धि केन्द्र एवं वृद्धि ध्रुव; प्रादेशिक असंतुलन; प्रदेशिक विकास कार्यनीतियां; प्रादेशिक आयोजना में पर्यावरणीय मुद्दे; संपोषणीय विकास के लिए आयोजना।
5. **मानव भूगोल में मॉडल, सिद्धांत एवं नियम** : मानव भूगोल में प्रणाली विश्लेषण; माल्थस का, मार्क्स का और जनसांख्यिकीय संक्रमण मॉडल; क्रिस्टालर एवं लॉश का केन्द्रीय स्थान सिद्धांत; पेरू एवं बूदेविए; वॉन थूनेन का कृषि अवस्थान मॉडल; वेबर का औद्योगिक अवस्थान मॉडल, ओस्तोव का वृद्धि अवस्था मॉडल; अंत:भूमि एवं बहि:भूमि सिद्धांत; अंतर्राष्ट्रीय सीमाएं एवं सीमांत क्षेत्र के नियम।

प्रश्न पत्र - II

भारत का भूगोल

1. **भौतिक विन्यास :** पड़ोसी देशों के साथ भारत का आंतरिक्ष संबंध; संरचना एवं उच्चावच; अपवाहतंत्र एवं जल विभाजक, भू-आकृतिक प्रदेश; भारतीय मानसून एवं वर्षा प्रतिरूप; उष्णकटिबंधीय चक्रवात एवं पश्चिमी विक्षोभ की क्रिया विधि; बाढ़ एवं अनावृष्टि; जलवायवी प्रदेश; प्राकृतिका वनस्पति; मुद्रा प्रकार एवं उनका वितरण।
2. **संसाधन :** भूमि, सतह एवं भौम जल, ऊर्जा, खनिज जीवीय एवं समुद्री संसाधन, वन एवं वन्य जीवन संसाधन एवं उनका संरक्षण, ऊर्जा संकट।
3. **कृषि :** अवसंरचना : सिंचाई, बीज, उर्वरक, विद्युत; संस्थागत कारक; जोत, भू-धारण तथा भू-सुधार; शस्यन प्रतिरूप, कृषि उत्पादकता, कृषि प्रकर्ष, फसल संयोजन, भूमि क्षमता; कृषि एवं सामाजिक वानिकी; हरित क्रांति एवं इसकी सामाजिक आर्थिक एवं पारिस्थितिक विवक्षा; वर्षाधीन खेती का महत्व; पशुधन संसाधन एवं श्वेत क्रांति; जल कृषि, रेशम कीटपालन, मधुमक्खीपालन एवं कुक्कुट पालन; कृषि प्रादेशीकरण; कृषि जलवायवी क्षेत्र; कृषि पारिस्थि. तिक प्रदेश।
4. **उद्योग :** उद्योगों का विकास; कपास, जूट, वस्त्रोद्योग, लोह एवं इस्पात एलुमिनियम, उर्वरक कागज, एवं फार्मस्युटिकल्स, ऑटोमोबाइल, कुटीर एवं कृषि आधारित उद्योगों के अव. स्थिति कारक; सार्वजनिक क्षेत्र के उपक्रमों सहित औद्योगिक घराने एवं संकुल; औद्योगिक प्रादेशीकरण; नई औद्योगिक नीतियां; बहुराष्ट्रीय कंपनियां एवं उदारीकरण; विशेष आर्थिक क्षेत्र; पारिस्थितिक - पर्यटन समेत पर्यटन।
5. **परिवहन सचार एवं व्यापार :** सड़क, रेलमार्ग, जलमार्ग, हवाईमार्ग एवं पाईपलाइन नेटवर्क एवं प्रादेशिक विकास में उनकी पूरक भूमिका; राष्ट्रीय एवं विदेशी व्यापार में पत्तनों का बढ़ता महत्व; व्यापार संतुलन; व्यापार नीति; निर्यात प्रक्रमण क्षेत्र; संचार एवं सूचना प्रौद्योगिकी में आया विकास और अर्थव्यवस्था तथा समाज पर उनका प्रभाव; भारतीय अंतरिक्ष कार्यक्रम।
6. **सांस्कृतिक विन्यास :** भारतीय समाज का ऐतिहासिक परिप्रेक्ष्य; प्रजातीय, भाषिक एवं नृजातीय विविधताएं; धार्मिक अल्पसंख्यक; प्रमुख जनजातियां, जनजातीय क्षेत्र तथा उनकी समस्याएं, सांस्कृतिक प्रदेश; जनसंख्या की संवृद्धि, वितरण एवं घनत्व; जनसांख्यिकीय गुण: लिंग अनुपात, आयु संरचना, साक्षरता दर, कार्यबल, निर्भरता अनुपात, आयुकाल; प्रवासन (अंत: प्रादेशिक तथा अंतर्राष्ट्रीय) एवं इससे जुड़ी समस्याएं; जनसंख्या समस्याएं एवं नीतियां); स्वास्थ्य सूचक।
7. **बस्ती :** ग्रामीण बस्ती के प्रकार, प्रतिरूप एवं आकारिकी, नगरीय विकास; भारतीय शहरों की आकारिकी; भारतीय शहरों का प्रकार्यातमक वर्गीकरण; नगर एवं महानगरीय प्रदेश; नव स्वप्रसार; गंदी बस्ती एवं उससे जुड़ी समस्याएं; नगर योजना; नगरीकरण की समस्याएं एवं उपचार।
8. **प्रादेशिक विकास एवं आयोजना :** भारत में प्रादेशिक आयोजना का अनुभव; पंचवर्षी योजनाएं; समन्वित ग्रामीण विकास कार्यक्रम; पंचायती राज एवं विकेन्द्रीकृत आयोजना; कमान क्षेत्र विकास; जल विभाजक प्रबंध पिछड़ा क्षेत्र, मरुस्थल, अनावृष्टि प्रवण, पहाड़ी, जनजातीय क्षेत्र विकास के लिए आयोजना; बहुस्तरीय योजना; प्रादेशिक योजना एवं द्वीप क्षेत्रों का विकास।

9. **राजनीतिक परिप्रेक्ष्य** : भारतीय संघवाद का भौगोलिक आधार; राज्य पुनर्गठन; नए राज्यों का आविर्भाव; प्रादेशिक चेतना एवं अंतर्राज्य मुद्दे; भारत की अंतर्राष्ट्रीय सीमा और संबंधित मुद्दे; सीमापार आतंकवाद; वैश्विक मामले में भारत की भूमिका; दक्षिण एशिया एवं हिन्द महासागर परिमंडल की भू-राजनीति।

10. **समकालीन मुद्दे** : पारिस्थितिक मुद्दे, पर्यावरणीय संकट, भू-स्खनल, भूकंप, सुनामी, बाढ़ एवं अनावृष्टि, महामारी; पर्यावरण से संबंधित मुद्दे; भूमि उपयोग के प्रतिरूप में बदलाव; पर्यावरणीय प्रभाव आकलन एवं पर्यावरण प्रबंधन के सिद्धांत; जनसंख्या विस्फोट एवं खाद्य सुरक्षा; पर्यावरणीय निम्नीकरण; वनोन्मूलन, मरुस्थलीकरण एवं मृदा अपरदन; कृषि एवं औद्योगिक अशांति की समस्याएं; आर्थिक विकास में प्रादेशिक असमानताएं; संपोषणीय वृद्धि एवं विकास की संकल्पना; पर्यावरणीय संचेतना; नदियों का सहवर्द्धन, भूमंडलीकरण एवं भारतीय अर्थव्यवस्था।

टिप्पणी : अभ्यार्थियों को इस प्रश्नपत्र में लिए गए विषयों से संगत एक अनिवार्य मानचित्र-आधारित प्रश्न का उत्तर देना अनिवार्य है।

भूविज्ञान (Geology)

प्रश्न पत्र - I

1. **सामान्य भूविज्ञान** : सौरतंत्र, उल्कापिंड, पृथ्वी का उद्भव एवं अंतरंग तथा पृथ्वी की आयु, ज्वालामुखी - कारण एवं उत्पाद, ज्वालामुखी पट्टियां, भूकंप - कारण, प्रभाव, भारत के भूकंपी क्षेत्र, द्वीपाभ चाप, खाइयां एवं महासागर - मध्य कटक; महाद्वीपीय अपोढ़, समुद्र अधस्तल विस्तार, प्लेट विवर्तनिकी; समस्थिति।

2. **भूआकृति विज्ञान एवं सुदूर-संवेदन** : भूआकृति विज्ञान की आधारभूत संकल्पना : अक्षय एवं मृदानिर्माण; स्थलरूप, ढाल एवं अपवाह; भूआकृतिक चक्र एवं उनकी विवक्षा; आकारिकी एवं इसका संरचनाओं तथा आश्मिकी से संबंध; तटीय भूआकृति विज्ञान; खनिज पूर्वेक्षण में भूआकृति विज्ञान के अनुप्रयोग, सिविल इंजीनियरी; जल विज्ञान एवं पर्यावरणीय अध्ययन; भारतीय उपमहाद्वीप का भूआकृति विज्ञान। वायव फोटो एवं उनकी विवक्षा-गुण एवं सीमाएं; विद्युत चुम्बकीय स्पेक्ट्रम; कक्षा-परिभ्रमण उपग्रहण एवं संवेदन प्रणालियां; भारतीय दूर संवेदन उपग्रह; उपग्रह दत्त उत्पाद; भू-विज्ञान में दूर संवेदन के अनुप्रयोग; भौगोलिक सूचना विश्वव्यापी अवस्थान प्रणालियां (GPS) - इनका अनुप्रयोग।

3. **संरचनात्मक भूविज्ञान** : भूवैज्ञानिक मानचित्रण एवं मानचित्र पठन के सिद्धांत, प्रक्षेप आरेख, प्रतिबल एवं विकृति दीर्घवृत तथा प्रत्यास्थ, सुघट्य एवं श्यन पदार्थ के प्रतिबल - विकृति संबंध; विरूपित शैली में विकृति चिह्नक; विरूपण दशाओं के अंतर्गत खनिजों एवं शैलों का व्यवहार; वलन एवं भ्रंश वर्गीकरण एवं यांत्रिकी; वलनों, शल्कनों, सरेखणों, जोड़ों तथा भ्रंशों, विषमविन्यासों का संरचनात्मक विश्लेषण; क्रिस्टल एवं विरूपण के बीच समय संबंध।

4. **जीवाश्म विज्ञान** : जाति - परिभाषा एवं नामद्धति; गुरू जीवाश्म एवं सूक्ष्म जीवाश्म; जीवाश्म संरक्षण की विधियां; विभिन्न प्रकार के सूक्ष्म जीवाश्म; सह संबंध, पेट्रोलियम अन्वेषण,

पुराजलवायवी एवं पुरासमुद्रविज्ञानीय अध्ययनों में सूक्ष्म जीवाश्मों का अनुप्रयोग; होमिनिडी एवं प्रोबोसीडिया में विकासात्मक प्रवृत्ति; शिवालिक प्राणिजात; गोंडवाना वनस्पति जात एवं प्राणिजात एवं इसका महत्व; सूचक जीवाश्म एवं उनका महत्व।

5. **भारतीय स्तरिकी :** स्तरिकी अनुक्रमों का वर्गीकरण; अश्मस्तरिक, जैवस्तरिक, कालस्तरिक एवं चुम्बकस्तरिक तथा उनका अंतर्सम्बंध/भारत के केम्ब्रियनपूर्ण शैलों का वितरण एवं वर्गीकरण; प्राणिजात, वनस्पतिजात और आर्थिक महत्व की दृष्टि से भारत की दृश्यजीवी शैलों का स्तरिक वितरण एवं अश्मविज्ञान का अध्ययन : मुख्य सीमा समस्याएं क्रैब्रियन/क्रैब्रियनपूर्व, पर्मियन/ट्राइऐसिक, केटेशियस/तृतीयक एवं प्लायोसीन/प्लीस्टोसीन; भूवैज्ञानिक अतीत में भारतीय उपमहाद्वीप में जलवायवी दशाओं, पुराभूगोल एवं अग्नेय सक्रियता का अध्ययन; भारत का स्तरिक ढांचा; हिमालय का उद्‌भव।

6. **जलभूविज्ञान एवं इंजीनियरी भूविज्ञान :** जल वैज्ञानिक चक्र एवं जल का जननिक वर्गीकरण; अवपृष्ठ जल का संचलन; वृहत ज्वार; सरंध्रता, परक्राम्यता, द्रवचालित चालकता, पारगम्यता एवं संचयन गुणांक, ऐक्विफर वर्गीकरण; शैलों की जलधारी विशेषताएं; भूजल रसायनिकी; लवणजल अंतर्वेधन; कूपों के प्रकार, वर्षाजल संग्रहण; शैलों के इंजीनियरी गुण-धर्म; बांधों, सुरंगों, राजमार्गों एवं पुलों के लिए भूवैज्ञानिक अनवेषण; निर्माण सामग्री के रूप में शैल; भूस्खलन - कारण; रोकथाम उवं पुनर्वास; भूकंपरोधी संरचनाएं।

प्रश्न पत्र - II

---

1. **खनिज विज्ञान :** प्रणालियों एवं सममिति वर्गों में क्रिस्टलों का वर्गीकरण; क्रिस्टल संरचनात्मक संकेतन की अंतर्राष्ट्रीय प्रणाली; क्रिस्टल सममिति को निरूपित करने के लिए प्रक्षेप आरेखों का प्रयोग; X-किरण क्रिस्टलिकी के तत्व।

   शैलकर विलिकेट खनिज समूहों के भौतिक एवं रासायनिक गुण; सिलिकेट का संरचनात्मक वर्गीकरण; आग्नेय एवं कायांतरित शैलों के सामान्य खनिज; कार्बोनेट, सल्फाइड एवं हेलाइड समूहों के खनिज; मृत्तिका खनिज।

   सामान्य शैलकर खनिजों के प्रकाशित गुणधर्म; खनिजों में बहुवर्णता, विलोप कोण, द्विअपवर्तन (डबल रिफ्रैक्शन, बाईरेफ्रिंजेंस), यमलन एवं परिक्षेपण।

2. **आग्नेय तथा कायांतरिक शैलिकी :** मैग्मा जनन एवं क्रिस्टलन; ऐल्बाइट; ऐनॉर्थाइट का क्रिस्टलन; डायोप्साइड- ऐनॉर्थाइट एवं डायोप्साइड - वोलास्टोनाइट - सिलिका प्रणालियां; बॉबेन का अभिक्रिया सिद्धांत; मैग्मीय विभेदन एवं स्वांगीकरण; आग्नेय शैलों के गठन एवं संरचनाओं का शैलजननिक महत्व; ग्रेनाइट, साइनाइड, डायोराइट, अल्पसिलिक एवं अत्यल्पसिलिक समूहों, चार्नोकाइट, अनॉर्थोसाइट एवं क्षारीय शैलों की शैलवर्णना एवं शैल जनन; कार्बोनेटाइट्स, डेकन ज्वालामुखी शैल क्षेत्र। कायांतरण प्ररूप एवं कारक; कायांतरी कोटियों एवं संस्तर; प्रावस्था नियम; प्रादेशिक एवं संस्पर्श कायांतरण संस्पर्श कायांतरण संलक्षणी; ACF एवं AKF आरेख; कायांतरी शैलों का गठन एवं संरचना; बालुकामय, मृण्मय एवं अल्पसिलिक शैलों का कायांतरण; खनिज समुच्चय पश्चगतिक कायांतरण; तत्वांतरण एवं ग्रेनाइटीभवन; भारत का मिग्मेटाइट, कणिकाश्म शैल प्रदेश।

3. **अवसादी शैलिकी :** अवसाद एवं अवसादी शैल निर्माण प्रक्रियाएं, प्रसंघनन एवं शिलीभवन; संखंडाश्मी एवं असंखंडाश्मी शैल - उनका वर्गीकरण, शैलवर्णना एवं निक्षेपण वातावरण;

अवसादी संलक्षणी एवं जननक्षेत्र; अवसादी संरचनाएं एवं उनका महत्व; भारी खनिज एवं उनका महत्व; भारत की अवसादी द्रोणियां।

4. **आर्थिक भूविज्ञान :** अयस्क, अयस्क खनिज एवं गैंग, अयस्क का औसत प्रतिशत, अयस्क निक्षेपों का वर्गीकरण; खनिज निक्षेपों की निर्माण प्रक्रिया; अयस्क स्थानीकरण के नियंत्रण; अयस्क गठन एवं संरचनाएं; धातु जननिक युग एवं प्रदेश; एल्युमिनियम, क्रोनियम, ताम्र, स्वर्ण, लौह, लेड, जिंक, मैगनीज, टिटैनियम, युरेनियम एवं थोरियम तथा औद्योगिक खनिजों के महत्वपूर्ण भारतीय निक्षेपों का भूविज्ञान; भारत में कोयला एवं पेट्रोलियम निक्षेप; राष्ट्रीय खनिज नीति; खनिज संसाधनों का संरक्षण एवं उपयोग; समुद्री खनिज संसाधन एवं समुद्र नियम।

5. **खनन भूविज्ञान :** पूर्वेक्षण की विधियां - भूवैज्ञानिक, भूभौतिक, भूरासायनिक एवं भू-वानस्पतिक; प्रतिचयन प्रविधियां; अयस्क निचय प्राक्कलन; धातु अयस्कों औद्योगिक खनिजों, समुद्री खनिज संसाधनों एवं निर्माण प्रस्तरों के अन्वेषण एवं खनन की विधियां; खनिज सज्जीकरण एवं अयस्की प्रसाधन।

6. **भूरासायनिकी एवं पर्यावरणीय भूविज्ञान :** तत्वों का अंतरिक्षी बाहुल्य; ग्रहों एवं उल्कापिंडों का संघटन; पृथ्वी की संरचना एवं संघटन एवं तत्वों का वितरण; लेश तत्व; क्रिस्टल रासायनिकी के तत्व - रासायनिक आबंध, समन्वय संख्या, समाकृतिकता एवं बहुरूपता; प्रारंभिक ऊष्मागतिकी।

   प्राकृतिक संकट - बाढ़, वृहत क्षरण, तटीय संकट, भूकंप एवं ज्वालामुखीय सक्रियता तथा न्यूनीकरण; नगरीकरण, खनन औद्योगिक एवं रेडियोसक्रिय अपरद निपटान, उर्वरक प्रयोग, खनन अपरद एवं फ्लाई ऐश सन्निक्षेपण के पर्यावरणीय प्रभाव; भौम एवं भू-पृष्ठ जल प्रदूषण, समुद्री प्रदूषण; पर्यावरण संरक्षण - भारत में विधायी उपाय; समुद्र तल परिवर्तन - कारण एवं प्रभाव।

इतिहास (History)

प्रश्न पत्र - I

1. **स्रोत :** पुरातात्विक स्रोत : अन्वेषण, उत्खनन, पुरालेखविद्या, मुद्राशास्त्र, स्मारक। साहित्यिक स्रोत : स्वदेशी : प्राथमिक एवं द्वितीयक; कविता, विज्ञान साहित्य, साहित्य, क्षेत्रीय भाषाओं का साहित्य, धार्मिक साहित्य। विदेशी वर्णन : यूनानी, चीनी एवं अरब लेखक।

2. **प्रागैतिहास एवं आद्य इतिहास :** भौगोलिक कारक, शिकार एवं संग्रहण (पुरापाषाण एवं मध्यपाषाण युग); कृषि का आरंभ (नवपाषाण एवं ताम्रपाषाण युग)।

3. **सिंधु घाटी सभ्यता :** उद्गम, काल, विस्तार, विशेषताएं, पतन, अस्तित्व एवं महत्व, कला एवं स्थापत्य।

4. **महापाषाणयुगीन संस्कृतियां :** सिंधु से बाहर पशुचारण एवं कृषि संस्कृतियों का विस्तार, सामुदायिक जीवन का विकास, बस्तियां, कृषि का विकास, शिल्पकर्म, मृदभांड एवं लौहउद्योग।

5. **आर्य एवं वैदिक काल :** भारत में आर्यों का प्रसार।

   वैदिक काल : धार्मिक दार्शनिक साहित्य; ऋगवैदिक काल से उत्तर वैदिक काल तक हुए रूपांतरण; राजनैतिक, सामाजिक एवं आर्थिक जीवन; वैदिक युग का महत्व; राजतंत्र एवं वर्ण व्यवस्था का क्रम विकास।

6. **महाजनपद काल :** महाजनपदों का निर्माण : गणतंत्रीय एवं राजतंत्रीय; नगर केंद्रों का उद्भव; व्यापार मार्ग; आर्थिक विकास; टंकण (सिक्का ढलाई); जैन धर्म एवं बौद्ध धर्म का प्रसार; मगधों एवं नंदों का उद्भव। ईरानी एवं मकदूनियाई आक्रमण एवं उनके प्रभाव।
7. **मौर्य साम्राज्य :** मौर्य साम्राज्य की नींव, चंद्रगुप्त, कौटिल्य और अर्थशास्त्र; अशोक; धर्म की संकल्पना; धर्मादेश; राज्य व्यवस्था; प्रशासन; अर्थव्यवस्था; कला, स्थापत्य एवं मूर्तिशिल्प; विदेशी संकर्प; धर्म; धर्म का प्रसार; साहित्य।
8. **उत्तर मौर्य काल (भारत - यूनानी, शक, कुषाण, पश्चिमी क्षत्रप) :** बाहरी विश्व से संपर्क; नगर-केंद्रों का विकास, अर्थव्यवस्था, टंकण, धर्मों का विकास, महायान, सामाजिक दशाएं, कला, स्थापत्य, संस्कृति, साहित्य एवं विज्ञान।
9. **प्रारंभिक राज्य एवं समाज; पूर्वी भारत, दकन एवं दक्षिण भारत में :** खारवेल, सातवाहन, संगमकालीन तमिलन राज्य; प्रशासन, अर्थव्यवस्था, भूमि-अनुदान, टंकण, व्यापारिक श्रेणियां एवं नगर केंद्र; बौद्ध केंद्र, संगम साहित्य एवं संस्कृति कला एवं स्थापत्य।
10. **गुप्त वंश, वाकाटक एवं वर्धन वंश :** राज्य व्यवस्था एवं प्रशासन, आर्थिक दशाएं, गुप्तकालीन टंकण, भूमि अनुदान, नगर केंद्रों का पतन, भारतीय सामंतशाही, जाति प्रथा, स्त्री की स्थिति, शिक्षा एवं शैक्षिक संस्थाएं; नालंदा, विक्रमशिला एवं वल्लभी, साहित्य, विज्ञान साहित्य, कला एवं स्थापत्य।
11. **गुप्तकालीन क्षेत्रीय राज्य :** कदंबवंश, पल्लववंश, बदामी के चालुक्यवंश; राज्य व्यवस्था एवं प्रशासन, व्यापारिक श्रेणियां, साहित्य; वैष्णव एवं शैव धर्मों का विकास। तमिल भक्ति आंदोलन, शंकराचार्य; वेदांत; मंदिर संस्थाएं एवं मंदिर स्थापत्य; पाल वंश, सेन वंश, राष्ट्रकूट वंश, परमार वंश, राज्य व्यवस्था एवं प्रशासन सांस्कृतिक पक्ष। सिंध के अरब विजेता; अलबरूनी, कल्याण के चालुक्य वंश, चोल वंश, होयशल वंश, पांडय वंश, राज्य व्यवस्था एवं प्रशासन; स्थानीय शासन; कला एवं स्थापत्य का विकास, धार्मिक संप्रदाय, मंदिर एवं मठ संस्थाएं, अग्रहार वंश, शिक्षा एवं साहित्य, अर्थव्यवस्था एवं समाज।
12. **प्रारंभिक भारतीय सांस्कृतिक इतिहास के प्रतिपाद्य :** भाषाएं एवं मूलग्रंथ, कला एवं स्थापत्य के क्रम विकास के प्रमुख चरण, प्रमुख दार्शनिक चिंतक एवं शाखाएं, विज्ञान एवं गणित के क्षेत्र में विचार।
13. **प्रारंभिक मध्यकालीन भारत, 750-1200 :**
    - राज्य व्यवस्था : उत्तरी भारत एवं प्रायद्वीप में प्रमुख राजनैतिक घटनाक्रम, राजपूतों का उद्गम एवं उदय
    - चोल वंश : प्रशासन, ग्रामीण अर्थव्यवस्था एवं समाज
    - भारतीय सामंतशाही
    - कृषि अर्थव्यवस्था एवं नगरीय बस्तियां
    - व्यापार एवं वाणिज्य
    - समाज : ब्राह्मण की स्थिति एवं नई सामाजिक व्यवस्था
    - स्त्री की स्थिति
    - भारतीय विज्ञान एवं प्रौद्योगिकी
14. **भारत की सांस्कृतिक परंपरा, 750-1200 :**
    - दर्शन : शंकराचार्य एवं वेदांत, रामानुज एवं विशिष्टाद्वैत, माध्वा एवं ब्रह्म - मीमांसा।

- धर्म : धर्म के स्वरूप एवं विशेषताएं, तमिल भक्ति, संप्रदाय, भक्ति का विकास, इस्लाम एवं भारत में इसका आगमन, सूफी मत।
- साहित्य : संस्कृत साहित्य, तमिल साहित्य का विकास, नवविकासशील भाषाओं का साहित्य, कल्हण की राजतरंगिणी, अलबरूनी का इंडिया।
- कला एवं स्थापत्य : मंदिर स्थापत्य, मूर्तिशिल्प, चित्रकला।

15. **तेरहवीं शताब्दी :**
    - दिल्ली सल्तनत की स्थापना : गोरी के आक्रमण - गोरी की सफलता के पीछे कारक
    - आर्थिक, सामाजिक एवं सांस्कृतिक परिणाम।
    - दिल्ली सल्तनत की स्थापना एवं प्रारंभिक तुर्क सुल्तान
    - सुदृढ़ीकरण : इल्तुतमिश और बलबन का शासन
16. **चौदहवीं शताब्दी :**
    - खिलजी क्रांति
    - अलाउद्दीन खिलजी : विजय एवं क्षेत्र - प्रसार, कृषि एवं आर्थिक उपाय
    - मुहम्मद तुगलक : प्रमुख प्रकल्प, कृषि उपाय, मुहम्मद तुगलक की अफसरशाही
    - फिरोज तुगलक : कृषि उपाय, सिविल इंजीनियरी एवं लोक निर्माण में उपलब्धियों, दिल्ली सल्तनत का पतन, विदेश संपर्क एवं इब्न बबूता का वर्णन
17. **तेरहवीं एवं चौदहवीं शताब्दी का समाज, संस्कृति एवं अर्थव्यवस्था :**
    - समाज : ग्रामीण समाज की रचना, शासी वर्ग, नगर निवासी, स्त्री धार्मिक वर्ग, सल्तनत के अंतर्गत जाति एवं दास प्रथा, भक्ति आंदोलन, सूफी आंदोलन
    - संस्कृति : फारसी साहित्य, उत्तर भारत की क्षेत्रीय भाषाओं का साहित्य, दक्षिण भारत की भाषाओं का साहित्य, सल्तनत स्थापत्य एवं नए स्थापत्य रूप, चित्रकला, सम्मिश्रण संस्कृति का विकास
    - अर्थव्यवस्था : कृषि उत्पादन, नगरीय अर्थव्यवस्था एवं कृषितर उत्पादन का उद्भव व्यापार एवं वाणिज्य
18. **पंद्रहवीं एवं प्रारंभिक सोलहवीं शताब्दी-राजनैतिक घटनाक्रम एवं अर्थव्यवस्था :**
    - प्रांतीय राजवंशों का उदय : बंगाल, कश्मीर (जैनुल आबदीन), गुजरात, मालवा, बहमनी
    - विजयनगर साम्राज्य
    - लोदीवंश
    - मुगल साम्राज्य, पहला चरण : बाबर एवं हुमायूं
    - सूर साम्राज्य : शेरशाह का प्रशासन
    - पुर्तगाली औपनिवेशिक प्रतिष्ठान
19. **पंद्रहवीं एवं प्रारंभिक सोलहवीं शताब्दी - समाज एवं संस्कृति :**
    - क्षेत्रीय सांस्कृतिक विशिष्टताएं
    - साहित्यिक परंपराएं
    - प्रांतीय स्थापत्य
    - विजयनगर साम्राज्य का समाज, संस्कृति, साहित्य और कला
20. **अकबर :**
    - विजय एवं साम्राज्य का सुदृढ़ीकरण

- जागीर एवं मनसब व्यवस्था की स्थापना
- राजपूत नीति
- धार्मिक एवं सामाजिक दृष्टिकोण का विकास, सुलह-ए-कुल का सिद्धांत एवं धार्मिक नीति
- कला एवं प्रौद्योगिकी को राज-दरबारी संरक्षण

21. **सत्रहवीं शताब्दी में मुगल साम्राज्य :**
    - जहांगीर, शाहजहां एवं औरंगजेब की प्रमुख प्रशासनिक नीतियां
    - साम्राज्य एवं जमींदार
    - जहांगीर, शाहजहां एवं औरंगजेब की धार्मिक नीतियां
    - मुगल राज्य का स्वरूप
    - उत्तर सत्रहवीं शताब्दी का संकट एवं विद्रोह
    - अहोम साम्राज्य
    - शिवाजी एवं प्रारंभिक मराठा राज्य

22. **सोलहवीं एवं सत्रहवीं शताब्दी में अर्थ व्यवस्था एवं समाज :**
    - जनसंख्या, कृषि उत्पादन, शिल्प उत्पादन
    - नगर, डच, अंग्रेजी एवं फ्रांसीसी कंपनियों के माध्यम से यूरोप के साथ वाणिज्य : व्यापार क्रांति
    - भारतीय व्यापार वर्ग बैंकिंग, बीमा एवं ऋण प्रणालियां
    - किसानों की दशा, स्त्रियों की दशा
    - सिख समुदाय एवं खालसा पंथ का विकास

23. **मुगल साम्राज्यकालीन संस्कृति :**
    - फारसी इतिहास एवं अन्य साहित्य
    - हिन्दी एवं अन्य धार्मिक साहित्य
    - मुगल स्थापत्य
    - मुगल चित्रकला
    - प्रांतीय स्थापत्य एवं चित्रकला
    - शास्त्रीय संगीत
    - विज्ञान एवं प्रौद्योगिकी

24. **अठारहवीं शताब्दी :**
    - मुगल साम्राज्य के पतन के कारक
    - क्षेत्रीय सामंत देश : निजाम का दकन, बंगाल, अवध
    - पेशवा के अधीन मराठा उत्कर्ष
    - मराठा राजकोषीय एवं वित्तीय व्यवस्था
    - अफगान शक्ति का उदय, पानीपत का युद्ध - 1761
    - ब्रिटिश विजय की पूर्व संध्या में राजनीति, संस्कृति एवं अर्थव्यवस्था की स्थिति

प्रश्न पत्र - II

---

1. **भारत में यूरोप का प्रवेश :** प्रारंभिक यूरोपीय बस्तियां, पुर्तगाली एवं डच, अंग्रेजी एवं फ्रांसीसी ईस्ट इंडिया कंपनियां; आधिपत्य के लिए उनके युद्ध; कर्नाटक युद्ध बंगाल - अंग्रेजों एवं बंगाल के नवाब के बीच संघर्ष; सिराज और अंग्रेज; प्लासी का युद्ध प्लासी का महत्व।

2. **भारत में ब्रिटिश प्रसार** : बंगाल – मीर जाफर एवं मीर कासिम; बक्सर का युद्ध; मैसूर; मराठा; तीन अंग्रेज – मराठा युद्ध; पंजाब।

3. **ब्रिटिश राज की प्रारंभिक संरचना** : प्रारंभिक प्रशासनिक संरचना : द्वैधशासन से प्रत्यक्ष नियंत्रण तक; रेगुलेटिंग ऐक्ट (1773); पिट्स इंडिया ऐक्ट (1784); चार्टर एक्ट (1883); मुक्त व्यापार का स्वर एवं ब्रिटिश औपनिवेशिक शासनक का बदलता स्वरूप; अंग्रेजी उपयोगितावादी और भारत।

4. **ब्रिटिश औपनिवेशिक शासन का आर्थिक प्रभाव** :
(क) ब्रिटिश भारत में भूमि – राजस्व बंदोबस्त; स्थायी बंदोबस्त; रैयतवारी बंदोबस्त; महालवारी बंदोबस्त; राजस्व प्रबंध का आर्थिक प्रभाव; कृषि का वाणिज्यीकरण; भूमिहीन कृषि श्रमिकों का उदय; ग्रामीण समाज का परिक्षीणन।
(ख) पारंपरिक व्यापार एवं वाणिज्य का विस्थापन; अनौद्योगीकरण; पारंपरिक शिल्प की अवनति; धन का अपवाह; भारत का आर्थिक रूपांतरण; टेलीग्राफ एवं डाक सेवाओं समेत रेल पथ एवं संचार जाल; ग्रामीण भीतरी प्रदेश में दुर्भिक्ष एवं गरीबी; यूरोपीय व्यापार उद्यम एवं इसकी सीमाएं।

5. **सामाजिक एवं सांस्कृतिक विकास** : स्वदेशी शिक्षा की स्थिति; इसका विस्थापन, प्राच्चविद्-आंग्लविद् विवाद, भारत में पश्चिमी शिक्षा का प्रदुर्भाव; प्रेस, साहित्य एवं लोक मत का उदय; आधुनिक मातृभाषा साहित्य का उदय; आधुनिक मातृभाषा साहित्य का उदय; विज्ञान की प्रगति; भारत में क्रिश्चियन मिश्नरी के कार्यकलाप।

6. **बंगाल एवं अन्य क्षेत्रों में सामाजिक एवं धार्मिक सुधार आंदोलन** : राममोहन राय, ब्रह्म अंदोलन; देवेन्द्रनाथ टैगोर; ईश्वरचन्द्र विद्यासागर; युवा बंगाल आंदोलन, दयानंद सरस्वती; भारत में सती, विधवा विवाह, बाल विवाह आदि समेत सामाजिक सुधार आंदोलन; आधुनिक भारत के विकास में भारतीय पुनर्जागरण का योगदान; इस्लामी पुनरूद्धार वृत्ति – फाराइजी एवं वहाबी आंदोलन।

7. **ब्रिटिश शासन के प्रति भारत की अनुक्रिया** : रंगपुर ढींग (1783), कोल विद्रोह (1832), मालाबार में मोपला विद्रोह (1841-1920), सन्थाल हुल (1855), नील विद्रोह (1859-60), दकन विप्लव (1875), एवं मुंडा उल्गुलान (1899-1900) समेत 18वीं एवं 19वीं शताब्दी में हुए किसान आंदोलन एवं जनजातीय विप्लव; 1857 का महाविद्रोह – उद्गम, स्वरूप, असफलता के कारण, परिणाम; पश्च 1857 काल में किसान विप्लव के स्वरूप में बदलाव; 1920 और 1930 के दशकों में हुए किसान आंदोलन।

8. भारतीय राष्ट्रीयता के जन्म के कारक; संघों की राजनीति; भारतीय राष्ट्रीय कांग्रेस की बुनियाद; कांग्रेस के जन्म कें संबंध में सेफ्टी वाल्व का पक्ष; प्रारंभिक कांग्रेस के कार्यक्रम एवं लक्ष्य; प्रारंभिक कांग्रेस नेतृत्व की सामाजिक रचना; नरम दल एवं गरम दल; बंगाल का विभाजन (1905); बंगाल में स्वदेशी आंदोलन; स्वदेशी आंदोलन के आर्थिक एवं राजनैतिक परिप्रेक्ष्य; भारत में क्रांतिकारी उग्रपंथ का आरंभ।

9. गांधी का उदय; गांधी के राष्ट्रवाद का स्वरूप; गांधी का जनाकर्षण; रौलेट सत्याग्रह; खिलाफत आंदोलन; असहयोग आंदोलन; असहयोग आंदोलन के समाप्त होने के बाद से सविनय अवज्ञा आंदोलन के प्रारंभ होने तक की राष्ट्रीय राजनीति; सविनय अवज्ञा आंदोलन के दो चरण; साइमन कमिशन; नेहरू रिपोर्ट; गोलमेज परिषद्; राष्ट्रवाद और किसान आंदोलन; राष्ट्रवाद एवं श्रमिक वर्ग आंदोलन; महिला एवं भारतीय युवा तथा भारतीय राजनीति में छात्र (1855-1947);

1937 का चुनाव तथा मंत्रालयों का गठन; क्रिप्स मिशन; भारत छोड़ो आंदोलन; वैवेल योजना; केबिनेट मिशन।

10. औपनिवेशिक भारत में 1858 और 1935 के बीच सांविधानिक घटनाक्रम।

11. राष्ट्रीय आंदोलन की अन्य कड़ियां - क्रांतिकारी : बंगाल, पंजाब, महाराष्ट्र, यू.पी., मद्रास प्रदेश, भारत से बाहर। वामपक्ष; कांग्रेस के अंदर का वाम पक्ष; जवाहर लाल नेहरू, सुभाष चन्द्र बोस, कांग्रेस समाजवादी पार्टी, भरतीय कम्यूनिष्ट पार्टी, अन्य वामदल।

12. अलगाववाद की राजनीति; मुस्लिम लीग; हिन्दू महासभा; सांप्रदायिकता एवं विभाजन की राजनीति; सत्ता का हस्तांतरण; स्वतंत्रता।

13. एक राष्ट्र के रूप में सुदृढ़ीकरण; नेहरू की विदेश नीतिः भारत और उसके पड़ोसी (1935-1947); क्षेत्रीयवाद एवं क्षेत्रीय असमानता; भारतीय रियासतों का एकीकरण; निर्वाचन की राजनीति में रियासतों के नरेश (प्रिंस) : राष्ट्रीय भाषा का प्रश्न।

14. 1947 के बाद जाति एवं नृजातित्व; उत्तर-औपनिवेशिक निर्वाचन - राजनीति में पिछड़ी जातियां एवं जनजातियां; दलित आंदोलन।

राजनीति; उत्तर औपनिवेशिक भारत में पारिस्थितिकी एवं पर्यावरण नीति; विज्ञान की तरक्की।

16. **प्रबोध एवं आधुनिक विचार :**
    - (i) प्रबोध के प्रमुख विचार : कांट, रूसो
    - (ii) उपनिवेशों में प्रबोध : प्रसार
    - (iii) समाजवादी विचारों का उदय (मार्क्स तक); मार्क्स के समाजवाद का प्रसार

17. **आधुनिक राजनीति के मूल स्रोत :**
    - (i) यूरोपीय राज्य प्रणाली
    - (ii) अमेरिकी क्रांति एवं संविधान
    - (iii) फ्रांसीसी क्रांति एवं उसके परिणाम, 1789-1815
    - (iv) अब्राहम लिंकन के संदर्भ के साथ अमरीकी सिविल युद्ध एवं दासता का उन्मूलन।
    - (v) ब्रिटिश गणतंत्रात्मक राजनीति, 1815-1850, संसदीय सुधार, मुक्त व्यापारी, चार्टरवादी।

18. **औद्योगिकरण :**
    - (i) अंग्रेजी औद्योगिक क्रांति : कारण एवं समाज पर प्रभाव
    - (ii) अन्य देशों में औद्योगीकरण : यू.एस.ए. जर्मनी, रूप, जापान
    - (iii) औद्योगिकरण एवं भूमंडलीय

19. **राष्ट्र राज्य प्रणाली :**
    - (i) 19वीं शताब्दी में राष्ट्रवाद का उदय
    - (ii) राष्ट्रवाद : जर्मनी और इटली में राज्य निर्माण।
    - (iii) पूरे विश्व में राष्ट्रीयता के आविर्भाव के समक्ष साम्राज्यों का विघटन।

20. **साम्राज्यवाद एवं उपनिवेशवाद :**
    - (i) दक्षिण एवं दक्षिण - पूर्व एशिया
    - (ii) लातीनी अमरीका एवं दक्षिण अफ्रीका
    - (iii) ऑस्ट्रेलिया
    - (iv) साम्राज्यवाद एवं मुक्त व्यापार : नवसाम्राज्यवाद का उदय।

21. **क्रांति एवं प्रतिक्रांति :**
    - (i) 19वीं शताब्दी यूरोपीय क्रांतियां

(ii) 1917-1921 की रूसी क्रांति

(iii) फासीवाद प्रतिक्रांति, इटली एवं जर्मनी

(iv) 1949 की चीनी क्रांति

22. विश्व युद्ध :

(i) संपूर्ण युद्ध के रूप में प्रथम एवं द्वितीय विश्व युद्ध : सामाजीय निहितार्थ

(ii) प्रथम विश्व युद्ध : कारण एवं परिणाम

(iii) द्वितीय विश्व युद्ध : कारण एवं परिणाम

23. द्वितीय विश्व युद्ध के बाद का विश्व :

(i) दो शक्तियों का आविर्भाव

(ii) तृतीय विश्व एवं गुटनिरपेक्षता का आविर्भाव

(iii) संयुक्त राष्ट्र संघ एवं वैश्विक विवाद

24. औपनिवेशिक शासन से मुक्ति :

(i) लातीनी अमरीका - बोलीवर

(ii) अरब विश्व - मिश्र

(iii) अफ्रीका - रंगभेद से गणतंत्र तक

(iv) दक्षिण पूर्व एशिया - वियतनाम

25. वि-औपनिवेशीकरण एवं अल्पविकास :

(i) विकास के बाधक कारक : लातीनी अमरीका, अफ्रीका

26. यूरोप का एकीकरण :

(i) यूद्धोत्तर स्थापनाएं; NATO एवं यूरोपीय समुदाय (यूरोपियन कम्युनिटी)

(ii) यूरोपीय समुदाय (यूरोपियन कम्युनिटी) का सुदृढ़ीकरण एवं प्रसार

(iii) यूरोपियाई संघ

27. आधुनिक राजनीति के मूल स्रोत :

(i) सोवियत साम्यवाद एवं सोवियत यूनियन को निपात तक पहुंचाने वाले कारक, 1985-1991

(ii) पूर्वी यूरोप में राजनैतिक परिवर्तन 1989-2001

(iii) शीत युद्ध का अंत एवं अकेली महाशक्ति के रूप में US का उत्कर्ष।

विधि (Law)

प्रश्न पत्र - I

सांविधिक एवं प्रशासनिक विधि–

1. संविधान एवं संविधानवाद : संविधान के सुस्पष्ट लक्षण।
2. मूल अधिकार - लोकहित याचिका, विधिक सहायता, विधिक सेवा प्राधिकरण।
3. मूल अधिकार - निदेशक तत्व तथा मूल कर्तव्यों के बीच संबंध।
4. राष्ट्रपति की संवैधानिक स्थिति तथा मंत्रिपरिषद् के साथ संबंध।
5. राज्यपाल तथा उसकी शक्तियां।
6. उच्चतम न्यायालय तथा उच्च न्यायालय :

(क) नियुक्ति तथा स्थानांतरण।

(ख) शक्तियां, कार्य एवं अधिकारिता।

7. केंद्र, राज्य एवं स्थानीय निकाय :

(क) संघ तथ राज्यों के बीच विधायी शक्तियों का वितरण।

(ख) स्थानीय निकाय।

(ग) संघ, राज्यों तथा स्थानीय निकायों के बीच प्रशासनिक संबंध।

(घ) सर्वोपरि अधिकार - राज्य संपत्ति - सामान्य संपत्ति - समुदाय संपत्ति।

8. विधायी शक्तियां, विशेषाधिकार एवं उन्मुक्ति।

9. संघ एवं राज्य के अधीन सेवाएं :

(क) भर्ती एवं सेवा शर्तें, सांविधानिक सुरक्षा; प्रशासनिक अधिकरण।

(ख) संघ लोक सवो आयोग एवं राज्य लोक सेवा आयोग - शक्ति एवं कार्य।

(ग) निर्वाचन आयोग - शक्ति एवं कार्य।

10. आपात उपबंध।

11. संविधान संशोधन।

12. नैसर्गिक न्याय के सिद्धांत अविर्भूत होती प्रवृत्तियां एवं न्यायिक उपागम।

13. प्रत्यायोजित विधान एवं इसकी संविधानिकता

14. शक्तियों एवं संविधानिक शासन का पृथक्करण।

15. प्रशासनिक कर्रवाई का न्यायिक पुनर्विलोकन।

16. ओम्बड्समैन : लोकायुक्त, लोकपाल आदि।

अंतर्राष्ट्रीय विधि–

1. अंतर्राष्ट्रीय विधि की प्रकृति तथा परिभाषा।
2. अन्तर्राष्ट्रीय विधि तथा राष्ट्रीय विधि के बीच संबंध।
3. राज्य मान्यता तथा राज्य उत्तराधिकार।
4. समुद्र नियम - अन्तर्देशीय जलमार्ग, क्षेत्रीय समुद्र, समीपस्थ परिक्षेत्र, महाद्वीपीय उपतट, अनन्य आर्थिक परिक्षेत्र तथ महासमुद्र।
5. व्यक्ति : राष्ट्रीयता, राज्य हीनता - मानवाधिकार तथा उनके प्रवर्तन के एिल उपलब्ध प्रक्रियाएं।
6. राज्यों की क्षेत्रीय अधिकारिता - प्रत्यर्पण तथा शरण।
7. संधियां - निर्माण, उपयोजन, पर्यवसान और आरक्षण।
8. संयुक्त राष्ट्र - इसके प्रमुख अंग, शक्तियां, कृत्य और सुधार।
9. विवादों का शांतिपूर्ण निपटारा - विभिन्न तरीके।
10. बल का विधिपूर्ण आश्रय : आक्रमण, आत्मरक्षा, हस्तक्षेप।
11. अंतर्राष्ट्रीय मानववादी विधि के मूल सिद्धांत - अंतर्राष्ट्रीय सम्मेलन एवं समकालीन विकास।
12. परमाणु अस्त्रों के प्रयोग की वैधता; परमाणु अस्त्रों के परीक्षण पर रोक-परमाणवीय अप्रसार संधि, सी.टी.बी.टी.।
13. अंतर्राष्ट्रीय आंतकवाद, राज्यप्रवर्तित आतंकवाद, अपहरण, अंतर्राष्ट्रीय आपराधिक न्यायालय।
14. नए अंतर्राष्ट्रीय आर्थिक आदेश तथा मौद्रिक विधि, WTO, TRIPS, GATT, IMF, विश्व बैंक
15. मानव पर्यावरण का संरक्षण तथा सुधार - अंतर्राष्ट्रीय प्रयास।

प्रश्न पत्र - II

अपराध विधि–

1. अपराधिक दायित्व के सामान्य सिद्धांत : अपराधिक मन:स्थिति तथा अपराधिक कार्य। सांविधिक अपराधों में आपराधिक मन:स्थिति।
2. दंड के प्रकार एवं नई प्रवृत्तियां जैसे कि मृत्यु दंड उन्मूलन
3. तैयारियां तथा आपराधिक प्रयास
4. सामान्य अपवाद
5. संयुक्त तथा रचनात्मक दायित्व
6. दुस्प्रेरण
7. आपराधिक षड्यंत्र
8. राज्य के प्रति अपराध
9. लोक शांति के प्रति अपराध
10. मानव शरीर के प्रति अपराध
11. संपत्ति के प्रति अपराध
12. स्त्री के प्रति अपराध
13. मानहानि
14. भ्रष्टाचार निवारण अधिनियम 1988
15. सिविल अधिकार संरक्षण अधिनियम, 1955 एवं उत्तरवर्ती विधायी विकास
16. अभिवयन सौदा

अपकृत्य विधि–

1. प्रकृति तथा परिभाषा।
2. त्रुटि तथा कठोर दायित्व पर आधारित दायित्व; आत्यांतिक दायित्व।
3. प्रातिनिधिक दायित्व, राज्य दायित्व सहित।
4. सामान्य प्रतिरक्षा।
5. संयुक्त अपकृत्य कर्ता
6. उपचार
7. उपेक्षा
8. मानहानि
9. उपताप (न्यूसेंस)
10. षड्यंत्र
11. अप्राधिकृत बंदीकरण
12. विद्वेषपूर्ण अभियोजन
13. उपभोक्ता संरक्षण अधिनियम (1986)

संविदा विधि और वाणिज्यिक विधि–

1. संविदा का स्वरूप और निर्माण/ई–संविदा।
2. स्वतंत्र सम्मति को दूषित करने वाले कारक।
3. शून्य, शून्यकरणीय अवैध और अपरिवर्तनीय करार

4. संविदा का पालन तथा उन्मोचन
5. संविदाकल्प
6. संविदा भंग के परिणाम
7. क्षतिपूर्ति, गारंटी एवं बीमा संविदा
8. अभिकरण संविदा
9. माल की बिक्री तथा अवक्रय (हायर परचेज)
10. भागीदारी का निर्माण तथा विघटन
11. परक्राम्य लिखत अधिनियम, 1881
12. माध्यस्थम् तथा सुलह अधिनियम, 1996
13. मानक रूप संविदा

समकालीन विधिक विकास–

1. लोकहित याचिका
2. बौद्धिक संपदा अधिकार - संकल्पना, प्रकार/संभावनाएं।
3. सूचना प्रौद्योगिकी विधि, जिसमें साइबर विधियां शामिल हैं, संकल्पना, प्रयोजन/संभावनाएं।
4. प्रतियोगिता विधि - संकल्पना, प्रयोग/संभावनाएं
5. वैकल्पिक विवाद समाधान - संकल्पना, प्रकार/संभावनाएं।
6. पर्यावरणीय विधि से संबंधित प्रमुख कानून।
7. सूचना का अधिकार अधिनियम।
8. संचार माध्यमों (मीडिया) द्वारा विचारण।

निम्नलिखित भाषाओं का साहित्य

नोट :

(1) उम्मीदवार को संबद्ध भाषा में कुछ या सभी प्रश्नों के उत्तर देने पड़ सकते हैं।

(2) संविधान की आठवीं अनुसूची में सम्मिलित भाषाओं के संबंध में लिपियां वहीं होंगी जो प्रधान परीक्षा से संबद्ध I के खंड II (ख) में दर्शाई गई हैं।

(3) उम्मीदवार ध्यान दें कि जिन प्रश्नों के उत्तर किसी विशिष्ट भाषा में नहीं देने हैं उनके उत्तरों को लिखने के लिए वे उसी माध्यम को अपनाएं जोकि उन्होंने निबंध, सामान्य अध्ययन तथा वैकल्पिक विषयों के लिए चुना है।

असमिया (Assamese)

प्रश्न पत्र - I

(उत्तर असमिया में लिखने होंगे)

खंड - (क)

भाषा–

(क) असमिया भाषा के उद्गम और विकास का इतिहास–भारतीय–आर्य भाषाओं में उसका स्थान इसके इतिहास के विभिन्न काल–खंड।

(ख) असमिया गद्य का विकास।

(ग) असमिया भाषा के स्वर और व्यंजन-प्राचीन भारतीय आर्यों से चली आ रही असमिया पर बलाघात के साथ स्वनिक परिवर्तन का नियम।

(घ) असमिया शब्दावली एवं इसके स्रोत।

(ड़) भाषा का रूप विज्ञान-क्रिया रूप-पूर्वाश्रयी निर्देशन एवं आधिकपदीय पर प्रत्यय।

(च) बोलीगत वैविध्य-मानक-बोलचाल एवं विशेष रूप से कामरूपी बोली।

(छ) उन्नीसवीं शताब्दी तक विभिन्न युगों में असमिया लिपियों का विकास।

खंड - (ख)

साहित्यिक अलोचना के सिद्धांत : नई समीक्षा।

(क) साहित्यिक आलोचना के सिद्धांत : नई समीक्षा।

(ख) विभिन्न साहित्यिक विधाएं।

(ग) असमिया में साहित्यिक रूपों का विकास।

(घ) असमिया में साहित्यिक आलोचना का विकास।

(ड़) चर्यागीतों के काल से असमिया साहित्य के इतिहास की बिल्कुल प्रारंभिक प्रवृत्तियां और उनकी सामाजिक-सांस्कृतिक पृष्ठभूमि; आदि असमिया-शंकरदेव से पहले-शंकरदेव- शंकरदेव के बाद-आधुनिक काल (ब्रिटिश आगमन के बाद से) स्वातंत्र्योत्तर काल। वैष्णव काल, गोनाकी एवं स्वातंत्र्योत्तर काल पर विशेष बल दिया जाता है।

प्रश्न पत्र - II

इस प्रश्न पत्र में निर्धारित मूल पाठ्य पुस्तकों को पढ़ना अपेक्षित होगा और ऐसे प्रश्न पूछे जाएंगे जिनसे अभ्यर्थी की आलोचनात्मक योग्यता की परीक्षा हो सके।

खंड - (क)

रामायण (केवल अयोध्या कांड)	माधव कंदी द्वारा।
पारिजात-हरण	शंकरदेव द्वारा
रासक्रीड़ा	शंकरदेव द्वारा (कीर्तन धोष से)
बरगीत	माधवदेव द्वारा
राजसूय	माधवदेव द्वारा
कथा-भागवत	बैकुण्ठनाथ भट्टाचार्य द्वारा (पुस्तक I एवं II)

गुरू चरित-कथा (केवल शंकरदेव का भाग)-संपादक: महेश्वर नियोग।

खंड - (ख)

मोर जीवन स्मरण	लक्ष्मीनाथ बेज़बरूआ द्वारा
कृपाबर बराबरुआ, काकतर, तोला	लक्ष्मीनाथ बेज़बरूआ द्वारा
प्रतिमा	चंद्र कुमार अगरवाला।
गांवबूढ़ा	पद्मनाथ गोहेन बरूआ द्वारा।
मनोमती	रजनीकांत बोरदोलोई द्वारा।
पुरणी असमिया साहित्य	बानीकांत काकती द्वारा
कारिआंग लिगिरी	ज्योति प्रसाद अगरवाला द्वारा
जीबनार बातत	बीना बरूआ (बिरिंचि कुमार (बरूवा) द्वारा
मृत्युंजय	बीरेन्द्र कुमार भट्टाचार्य द्वारा
सम्राट	नवकांत बरूआ द्वारा।

बांगला (Bengali)

प्रश्न पत्र - I

भाषा और साहित्य का इतिहास
(उत्तर बांगला में लिखने होंगे)

खंड - (क)

बांगला भाषा के इतिहास के विषय-

1. आद्य भारोपीय से बांगला तक का कालानुक्रमिक विकास (शाखाओं सहित वंशवृक्ष एवं अनुमानित तिथियां)।
2. बांगला इतिहास के विभिन्न चरण (प्राचीन, मध्य एवं नवीन) एवं उनकी भाषा विज्ञान-संबंधी विशिष्टताएं।
3. बांगला की नीतियां एवं उनके विभेदक लक्षण।
4. बांगला शब्दावली के तत्व।
5. बांगला गद्य-साहित्य के रूप-साधु एवं पतित।
6. अपिनिहिति (विप्रकर्ष), अभिश्रुति (उम्लाइट), मूर्धन्यीभवन (प्रतिवेष्टन), नासिक्यीभवन (अनुनासिकृत), समीभवन (समीकरण), सादृश्य (एनेलोजी), स्वरागम (स्वर सन्निवेश) आदि स्वरागम, मध्य स्वरागम अथवा स्वर भक्ति, अंत्य स्वरागम, स्वर संगति (वावल हार्मनी), y - श्रुति एवं w - श्रुति।
7. मानकीकरण की समस्याएं तथा वर्ण माला और वर्तनी तथा लिप्यंतरण ओर रोमनीकरण का सुधार।
8. आधुनिक बांगला का स्वनिमविज्ञान, रूपविज्ञान और वाक्य विन्यास। (आधुनिक बांगला की ध्वनियां, समुच्चयबोधक, शब्द रचनाएं, समास, मूल वाक्य अभिरचना।

खंड - (ख)

1. बांगला साहित्य का काल विभाजन : प्राचीन बांगला एवं मध्यकालीन बांगला।
2. आधुनिक तथा पूर्व-आधुनिक-पूर्व बांगला साहित्य के बीच अंतर से संबंधित विषय।
3. बांगला साहित्य आधुनिकता के अभ्युदय के आधार तथा कारण।
4. विभिन्न मध्यकालीन बांगला रूपों का विकास : मंगल काव्य, वैष्णव गीतिकाव्य, रूपांतरित आख्यान (रामायण, महाभारत, भागवत) एवं धार्मिक जीवनचरित।
5. मध्यकालीन बांगला साहित्य में धर्म निरपेक्षता का स्वरूप।
6. उन्नीसवीं शताब्दी के बांगला काव्य में आख्यानक एवं गीतिकाव्यात्मक प्रवृत्तियां।
7. गद्य का विकास।
8. बांगला नाटक साहित्य (उन्नीसवी शताब्दी, टैगोर, 1944 के उपरांत के बांगला नाटक)।
9. टैगोर एवं टैगोरोत्तर।
10. कथा साहित्य, प्रमुख लेखक : (बंकिमचन्द्र, टैगोर, शरतचन्द्र, विभूतिभूषण, ताराशंकर, माणिक)
11. नारी एवं बांगला साहित्य : सर्जक एवं सृजित।

प्रश्न पत्र - II

विस्तृत अध्ययन के लिए निर्धारित पुस्तकें
(उत्तर बांगला में लिखने होंगे)

खंड - (क)

1. **वैष्णव पदावली :** (कलकत्ता विश्वविद्यालय) विद्यापति, चंडीदास, ज्ञानदास, गोविन्ददास एवं बलरामदास की कविताएं।
2. **चंडीमंगल :** मुकुन्द द्वारा कालकेतु वृतान्त, (साहित्य अकादमी)।
3. **चैतन्य चरितामृत :** मध्य लीला, कृष्णदास कविराज रचित (साहित्य अकादमी)
4. **मेघनादवध काव्य :** मधुसूदन दत्त रचित।
5. **कपालकुण्डला :** बंकिमचंद्र चैटर्जी रचित।
6. **समय एवं बंगदेशेर कृषक :** बंकिमचंद्र चटर्जी रचित।
7. **सोनार तारी :** रवीन्द्रनाथ टैगोर रचित।
8. **छिन्नपत्रावली :** रवीन्द्रनाथ टैगोर रचित।

खंड - (ख)

9. **रक्तकरवी :** रवीन्द्रनाथ टैगोर रचित।
10. **नबजातक :** रवीन्द्र टैगोर रचित।
11. **गृहदाह :** शरतचन्द्र चटर्जी रचित।
12. **प्रबंध संग्रह :** भाग-1, प्रथम चौधरी रचित।
13. **अरण्यक :** विभूतिभूषण बनर्जी रचित।
14. **कहानियां :** माणिक बंद्योपाध्याय रचित : अताशी मापी, प्रागैतिहासिक, होलुद-पोरा, सरीसृप, हारानेर, नटजमलाई, छोटो-बोकुलपुरेर जात्री, कुष्ठरोगीर बौऊ, जाके घुश दिते होय।
15. **श्रेष्ठ कविता :** जीवनाचंद दास रचित।
16. **जानौरी :** सतीनाथ भदुड़ी रचित।
17. **एवं इंद्रजीत :** बादल सरकार रचित।

अंग्रेजी (English)

इस पाठ्यक्रम के दो प्रश्न पत्र होंगे। इसमें निर्धारित पाठ्यपुस्तकों में से निम्नलिखित अवधि के अंग्रेजी साहित्य का मूल अध्ययन अपेक्षित होगा जिससे उम्मीदवार की समीक्षा क्षमता की जांच हो सके।

प्रश्न पत्र-I : 1600-1900

प्रश्न पत्र-II : 1900-1990

प्रत्येक प्रश्न पत्र में दो प्रश्न अनिवार्य होंगे :

(क) एक लघु टिप्पणी प्रश्न सामान्य अध्ययन से संबंधित विषय पर होगा और

(ख) गद्य तथा पद्य दोनों के अनदेखे उद्धरणों का आलोचनात्मक विश्लेषण होगा।

प्रश्न पत्र - I

(उत्तर अंग्रेजी में लिखने होंगे)

विस्तृत अध्ययन के लिए पाठ नीचे दिए गए हैं। अभ्यर्थियों से निम्नलिखित विषयों तथा घटनाओं के विस्तृत ज्ञान की अपेक्षा की जाएगी : दि रिनेसां; एलिजाबेथन एण्ड जेकोवियन ड्रामा मेटाफिजीकल पोयट्री; दि एपिक एण्ड दि मोक एपिक; नवक्लासिकीवाद; सैटायर; दि रोमान्टिक मूवमेंट; दि राइज़ ऑफ दि नावेल; दि विक्टोरियन एज।

खंड - (क)

1. विलियम शेक्सपियर : किंगलियर और दि टैम्पैस्ट
2. जान डन : निम्नलिखित कविताएं–
   (i) केनोनाईजेशन
   (ii) डेथ बी नाइट प्राउड
   (iii) दि गुड मोरो
   (iv) ऑन हिज मिस्ट्रेज गोइंग टु बेड
   (v) दि रैलिक
3. जॉन मिल्टन–पैराडाइज लॉस्ट I, II, IV, IX
4. अलेक्जेंडर पोप - दि रेप आफ दि लॉक
5. विलियम वर्डस्वर्थ - निम्नलिखित कविताएं :
   - ओड आन इंटिमेशंस आफ इम्मोरटैलिटी
   - टिंटर्न एबे
   - थ्री यीअर्स शी ग्रियू
   - शी ड्वेल्ट अमंग अनट्रोडन वेज़
   - माइकेल
   - रेजोज्यूशन एंड इंडिपेंडेंस
   - दि वर्ल्ड इज टू मच विद अस
   - मिल्टन दाउ शुड्स्ट बी लिविंग एट दिस आवर
   - अपॉन वेस्टमिन्सटर ब्रिज
6. अल्फ्रेड टेनीसन : इन मेमोरियम
7. हैनरिक इब्सेन : ए हॉल्स हाउस

खंड - (ख)

1. जोनाथन स्विफ्ट ट्रेवल्स
2. जैन ऑस्टन - प्राइड एंड प्रेजुडिस
3. हेनरी फील्डिंग - टॉम जॉन्स
4. चार्ल्स डिकन्स - हाई टाइम्स
5. जार्ज इलियट - दि मिल आन दि फ्लोस
6. टामस हार्डी - टेस ऑफ दि डि अर्बरविल्स
7. मार्क ट्रवेन - दि एडवेंचर्स ऑफ हकलबैरी फिन।

प्रश्न पत्र - II

(उत्तर अंग्रेजी में लिखने होंगे)

विस्तृत अध्ययन के लिए पाठ नीचे दिए गए हैं। अभ्यर्थियों से निम्नलिखित विषयों और आंदोलनों का यथेष्ट ज्ञान भी अपेक्षित होगा :

आधुनिकतावाद : पोयट्स आफ दि थर्टीज; दि स्ट्रीम ऑफ कांशसनेस नावेल; एब्सर्ड ड्रामा; उपनिवेशवाद तथा उत्तर-उपनिवेशवाद; अंग्रेजी में भारतीय लेखन; साहित्य में मार्क्सवाद, मनोविश्लेषणात्मक और नारीवादी दृष्टियां; उत्तर-आधुनिकवाद।

खंड - (क)

1. विलियम बटलर यीट्स : निम्नलिखित कविताएं–
   - ईस्टर 1916
   - ऐस प्रेयर फार माई डाटर
   - दि टावर
   - लीडा एण्ड दि स्वान
   - लेपिस लेजुली
   - बाईजेंटियम
   - दि सैकंड कमिंग
   - सेलिंग टु बाइजेंटियम
   - अमंग स्कूल चिल्ड्रन
   - मेरू
   - द सैकेन्ड कमिंग
2. टी.एस. इलियट : निम्नलिखित कविताएं–
   - दि लव सोंग आफ जे. अल्फ्रेड प्रूफाक
   - जर्नी आफ दि मेजाई
   - बर्न्ट नार्टन
3. डब्ल्यू एच आडेन : निम्नलिखित कविताएं–
   - पार्टीशन
   - इन मेमोरी डबल्यू बी. यीट्स
   - दि अननोन सिटिजन
   - पेटीशन
   - म्यूजी दे व्यू आर्टस
   - ले यूअर स्लीपिंग हैड, माई लव
   - सैप्टेम्बर 1, 1939
4. जॉन आसबोर्न : लुक बैक इन एंगर
5. सैम्युअल बैकेट : वेटिंग फार गोडो
6. फिलिप लारकिन : निम्नलिखित कविताएं–
   - नैक्स्ट
   - डिसैप्शन्स
   - डेज़
   - प्लीज
   - आफ्टरनून्स
7. ए.के. रामानुजन : निम्नलिखित कविताएं–
   - लुकिंग फार ए कजर आन ए स्विंगए
   - आफ मदर्स, उमंग अदर थिंग्स
   - स्माल - स्केल रिफ्लैक्शन्स
   - ओबिचुएरी
   - रिवर
   - लव पोयम फार ए वाईफ-1
   - ऑन ए ग्रेट हाउस

(ये सभी कविताएं आर पार्थसारथी द्वारा सम्पादित तथ आक्सफोर्ड यूनिवर्सिटी प्रेस, नई दिल्ली द्वारा प्रकाशित, दसवीं-बीसवीं शताब्दी के भारतीय कविताओं के संग्रह में उपलब्ध हैं)

खंड - (ख)

1. जोसफ कोनरेड : लार्ड जिम
2. जेम्स ज्वायस : पोट्रेट आफ दि आर्टिस्ट ऐज़ ए यंग मैन
3. डी.एच. लारेंस : सन्स एण्ड लवर्स
4. ई.एम. फोर्स्टर : ए पैसेज टु इंडिया
5. वर्जीनिया वूल्फ : मिसेज डेलोव
6. राजा राव : कांथापुरा
7. वी.एस. नायपाल : ए. हाउस फर मिस्ट बिस्वास

गुजराती (Gujarati)

प्रश्न - I

(उत्तर गुजराती में लिखने होंगे)

खंड - (क)

गुजराती भाषा : स्वरूप तथा इतिहास–

1. गुजराती भाषा का इतिहास : आधुनिक भारतीय आर्य भाषा के पिछले एक हजार वर्ष के विशेष संदर्भ में
2. गुजराती भाषा की महत्वपूर्ण विशेषताएं : स्वनिम विज्ञान, रूप विज्ञान तथा वाक्य विन्यास
3. प्रमुख बोलियां : सूरती, पाटणी, चरोतरी तथा सौराष्ठी

गुजराती साहित्य का इतिहास–

मध्युगीन :

4. जैन परम्परा
5. भक्ति परम्परा : सगुण तथा निर्गुण (ज्ञानमार्गी)
6. गैर समप्रदायवादी परम्परा (लौकिक परम्परा)

आधुनिक :

7. सुधारक युग
8. पंडित युग
9. गांधी युग
10. अनुगांधी युग
11. आधुनिक युग

खंड - (ख)

साहित्यिक स्वरूप (निम्नलिखित साहित्यिक स्वरूपों की प्रमुख विशेषताएं, इतिहास और विकास)–

(क) मध्ययुग :

1. वृतान्त : रास, आख्यान तथा पद्यवार्ता
2. गीतिकाव्य : पद

(ख) लोक साहित्य :

3. मवई

(ग) आधुनिक :

4. कथा साहित्य : उपन्यास तथा कहानी।
5. नाटक
6. साहित्यिक निबंध
7. गीतिकाव्य

(घ) आलोचना :

8. गुजराती की सैद्धांतिक आलोचना के इतिहास
9. लोक परम्परा में नवीनतम अनुसंधान

प्रश्न पत्र - II

(उत्तर गुजराती में लिखने होंगे)

इस प्रश्न पत्र में निर्धारित पाठ्य पुस्तकों का मूल अध्ययन अपेक्षित होगा और ऐसे प्रश्न पूछे जाएंगे जिससे उम्मीदवार की समीक्षा क्षमता की जांच हो सके।

खंड - (क)

1. **मध्ययुग :**
   - (i) वसंत विलास फागु : अज्ञातकृत
   - (ii) कादम्बरी : भालण
   - (iii) सुदामा चरित्र : प्रेमानंद
   - (iv) चंद्र चंद्रावतीनी वार्ता : शामल
   - (v) अखेगीता : अखो
2. **सुधारक युग तथा पंडित युग :**
   - (vi) मारी हकीकत : नर्मदाशंकर दवे
   - (vii) फरबसवीरा : दलपतराम
   - (viii) सरस्वती चंद्र-भाग 1 : गोवर्धनराम त्रिपाठी
   - (ix) पूर्वालाप : 'कांत' (मणिशंकर रत्नाजी पट्ट)
   - (x) राइनों पर्वत : रमणभाई नीलकंठ

1. **गांधी युग तथा अनुगांधी युग :**
   - (i) हिन्द स्वराज : मोहनदास करमचंद गांधी
   - (ii) पाटणनी प्रभुता : कन्हैयालाल मुंशी
   - (iii) काव्यनी शक्ति : राम नारायण विश्वनाथ पाठक
   - (iv) सौराष्ट्रनी रसधार-भाग 1 : फवेरचंद मेघाणी
   - (v) मानवीनी मवाई : पन्नालाल पटेल
   - (vi) ध्वनि : राजेन्द्र शाह
2. **आधुनिक युग :**
   - (vii) सप्तपदी : उमाशंकर जोशी
   - (viii) जनान्तिके : सुरेश जोशी
   - (ix) अश्वत्थामा : सितान्शु यशरचंद्रे

हिन्दी (Hindi)

प्रश्न पत्र - I

(उत्तर हिन्दी में लिखने होंगे)

खंड - (क)

1. **हिन्दी भाषा और नागरी लिपि का इतिहास :**
   - (i) अपभ्रंश, अवहट्ट और प्रारंभिक हिन्दी का व्याकरणिक तथा अनुप्रयुक्त स्वरूप।

(ii) मध्यकाल में ब्रज और अवधी का साहित्यिक भाषा के रूप में विकास।

(iii) सिद्धनाथ साहित्य, खुसरो, संत साहित्य, रहीम आदि कवियों और दक्खिनी हिन्दी में खड़ी बोली का प्रारंभिक स्वरूप।

(iv) उन्नीसवीं शताब्दी में खड़ी बोली और नागरी लिपि का विकास।

(v) हिन्दी भाषा और नागरी लिपि का मानकीकरण।

(vi) स्वतंत्रता आन्दोलन के दौरान राष्ट्रीय भाषा के रूप में हिन्दी का विकास।

(vii) भारतीय संघ की राजभाषा के रूप में हिन्दी का विकास।

(viii) हिन्दी भाषा का वैज्ञानिक और तकनीक विकास।

(ix) हिन्दी की प्रमुख बोलियां और उनका परस्पर संबंध।

(x) नागरी लिपि की प्रमुख विशेषताएं और उसके सुधार के प्रयास तथा मानक हिन्दी का स्वरूप।

(xi) हिन्दी की व्याकरणिक संरचना।

खंड - (ख)

2. **हिन्दी साहित्य का इतिहास :**

1. हिन्दी साहित्य की प्रासंगिकता और महत्त्व तथा हिन्दी साहित्य के इतिहास-लेखन
2. हिन्दी साहित्य के इतिहास के निम्नलिखित चार कालों की साहित्यिक प्रवृत्तियां–

(क) आदिकाल : सिद्ध, नाथ और रासो साहित्य।

प्रमुख कवि : चंदबरदाई, खुसरो, हेमचन्द्र, विद्यापति।

(ख) भक्ति काल : संत काव्य धारा, सूफी काव्यधारा, कृष्ण भक्तिधारा और राम भक्तिधारा।

प्रमुख कवि : कबीर, जायसी, सूर और तुलसी।

(ग) रीतिकाल : रीतिकाव्य, रीतिबद्धकाव्य, रीतिमुक्त काव्य

प्रमुख कवि : केशव, बिहारी, पदमाकर और घनानंद।

(घ) आधुनिक काल :

क. नवजागरण, गद्य का विकास, भारतेन्दु मंडल

ख. **प्रमुख लेखक :** भारतेन्दु, बाल कृष्ण भट्ट और प्रताप नारायण मिश्र।

ग. आधुनिक हिन्दी कविता की मुख्य प्रवृत्तियां।

छायावाद, प्रगतिवाद, प्रयोगवाद, नई कविता, नवगीत, समकालीन कविता और जनवादी कविता।

प्रमुख कवि–

मैथिली शरण गुप्त, जय शंकर 'प्रसाद', सूर्यकांत त्रिपाठी 'निराला', महादेवी वर्मा, रामधारी सिंह 'दिनकर', सच्चिदानंद वात्स्यायन 'अज्ञेय', गजानन माधव मुक्तिबोध, नागार्जुन।

कथा साहित्य–

क. उपन्यास और यथार्थवाद

ख. हिन्दी उपन्यासों का उद्‌भव और विकास

ग. **प्रमुख उपन्यासकार :** प्रेमचन्द्र, जैनेन्द्र, यशपाल, रेणु और भीष्म साहनी।

घ. हिन्दी कहानी का उद्‌भव और विकास

ड. **प्रमुख कहानीकार :** प्रेमचन्द्र, जयशंकर 'प्रसाद', सच्चिदानंद वात्स्यायन, 'अज्ञेय' मोहन राकेश और कृष्णा सोबती।

नाटक और रंगमंच–

क. हिन्दी नाटक का उद्भव ओर विकास

ख. **प्रमुख नाटककार** : भारतेन्दु, जयशंकर 'प्रसाद', जगदीश चंद्र माथुर, रामकुमार वर्मा, मोहन राकेश।

ग. हिन्दी रंगमंच का विकास।

आलोचना–

क. हिन्दी आलोचना का उद्भव और विकास

सैद्धांतिक, व्यावहारिक, प्रगतिवादी, मनोविश्लेषणवादी आलोचना और नई समीक्षा।

ख. **प्रमुख आलोचक**

रामचन्द्र शुक्ल, हजारीप्रसाद द्विवेदी, रामविलास शर्मा और नागेन्द्र।

हिन्दी गद्य की अन्य विधाएं–

ललित निबन्ध, रेखाचित्र, संस्मरण, यात्रा वृतान्त।

प्रश्न पत्र - II

(उत्तर हिन्दी में लिखने होंगे)

खंड - (क)

इस प्रश्न पत्र में निर्धारित मूल पाठ्य पुस्तकों को पढ़ना अपेक्षित होगा और ऐसे प्रश्न पूछे जाएंगे जिनसे अभ्यर्थी की आलोचनात्मक क्षमता की परीक्षा हो सके।

1.	कबीर	: कबीर ग्रंथावली (आरंभिक 100 पद)
	संपादक	: श्याम सुन्दरदास
2.	सूरदास	: भ्रमरगीत सार (आरंभिक 100 पद)
	संपादक	: रामचंद्र शुक्ला
3.	तुलसीदास	: रामचरित मानस (सुंदर काण्ड)
		कवितावली (उत्तर काण्ड)
4.	जायसी	: पदमावत (सिंहलद्वीप खण्ड और नागमती वियोग खण्ड)
	संपादक	: श्याम सुन्दरदास
5.	बिहारी	: बिहारी रत्नाकर (आरंभिक 100 दोहे)
	संपादक	: जगन्नाथ दास रत्नाकार
6.	मैथिलीशरण गुप्त	: भारत भारती
7.	जयशंकर 'प्रसाद'	: कामायनी (चिंता और श्रद्धा सर्ग)
8.	सूर्यकांत त्रिपाठी 'निराला'	: राग-विराग (राम की शक्ति पूजा और कुकुरमुत्ता)
	संपादक	: राम बिलास शर्मा
9.	रामधारी सिंह दिनकर	: कुरूक्षेत्र
10.	अज्ञेय	: आंगन के पार द्वार (असाध्य वीणा)
11.	मुक्ति बोध	: ब्रह्मराक्षस
12.	नागार्जुन	: बादल को घिरते देखा है, अकाल और उसके बाद, हरिजन गाथा।

खंड - (ख)

1. भारतेन्दु : भारत दुर्दशा
2. मोहन राकेश : आषाढ़ का एक दिन
3. रामचंद्र शुक्ल : चिंतामणि (भाग-1), (कविता क्या है, श्रद्धा और भक्ति)।
4. निबंध निलय : डॉ. सत्येन्द्र। संपादक
   बाल कृष्ण भट्ट, प्रेमचन्द्र, गुलाब राय, हजारीप्रसाद द्विवेदी, राम विलास शर्मा, अज्ञेय, कुबेर नाथ राय।
5. प्रेमचंद : गोदान, प्रेमचंद की सर्वश्रेष्ठ कहानियां।
   संपादक : अमृत राय
6. प्रसाद : स्कंदगुप्त
7. यशपाल : दिव्या
8. फणीश्वरनाथ रेणु : मैला आंचल
9. मन्नू भण्डारी : महाभोज
10. एक दुनिया सामानान्तर, (सभी कहानियां) संपादक : राजेन्द्र यादव।

कश्मीरी (Kashmiri)

प्रश्न पत्र - I

(उत्तर कश्मीरी में लिखने होंगे)

खंड - (क)

1. कश्मीरी भाषा के वंशानुगत संबंध : विभिन्न सिद्धांत
2. घटना क्षेत्र तथा बोलियां (भौगोलिक/सामाजिक)
3. **स्वनिमविज्ञान तथा व्याकरण :**
   (i) स्वर व व्यंजन व्यवस्था
   (ii) विभिन्न कारक विभक्तियों सहित संज्ञाएं तथा सर्वनाम
   (iii) क्रियाएं : विभिन्न प्रकार एवं काल
4. **वाक्य संरचना :**
   (i) साधारण, कर्तृवाच्य व घोषणात्मक कथन :
   (ii) समन्वय
   (iii) सापेक्षीकरण

खंड - (ख)

1. 14वीं शताब्दी में कश्मीरी साहित्य (सामाजिक-(सांस्कृति) तथा बौद्धिक पृष्ठीभूमि; लाल दयाद तथा शेईखुल आलम के विशेष संदर्भ सहित)।
2. उन्नीसवीं शताब्दी का कश्मीरी साहित्य (विभिन्न विधाओं का विकास : वत्सन; गज़ल तथा मसनवी।
3. बीसवीं शताब्दी के पूर्वार्द्ध में कश्मीरी साहित्य (महजूर तथा आजार के विशेष संदर्भ सहित; विभिन्न साहित्यिक प्रभाव)।
4. आधुनिक कश्मीरी साहित्य (कहानी, नाटक, उपन्यास तथा नज़्म के विकास के विशेष संदर्भ सहित)।

प्रश्न पत्र - II

(उत्तर कश्मीरी में लिखने होंगे)

खंड - (क)

1. उन्नीसवीं शताब्दी तक के कश्मीरी काव्य का गहन अध्ययन–
   (i) लाल दयाद
   (ii) शेईखुल आलम
   (iii) हब्बा खातून
2. कश्मीरी काव्य : 19वीं शताब्दी
   (i) महमूद गामी (वत्सन)
   (ii) मकबूल शाह (जुलरेज)
   (iii) रसूल मीर (गज़लें)
   (iv) अब्दुल अहमद नदीम (नात)
   (v) कृष्णजू राजदान (शिव लगुन)
   (vi) सूफी कवि (पाठ्य पुस्तक **संगलाब**-प्रकाशन-कश्मीरी विभाग, कश्मीरी विश्वविद्यालय)।
3. बीसवीं शताब्दी का कश्मीरी काव्य पाठ्य पुस्तक-**आजिच काशिर शायरी**, प्रकाश-कश्मीरी विभाग, कश्मीर विश्वविद्यालय।
4. साहित्यिक समालोचना तथा अनुसंधान कार्य : विकास एवं विभिन्न प्रवृत्तियां।

खंड - (ख)

1. कश्मीरी कहानियों का विश्लेषणात्मक अध्ययन।
   (i) **'अफसाना मज़मुए'** - प्रकाशन-कश्मीरी विभाग, कश्मीर विश्वविद्यालय
   (ii) **'काशुर अफसाना अज़'** - प्रकाशन-साहित्य अकादमी।
   (iii) **'हमासर काशुर अफसाना'** - प्रकाशन-साहितय इकादमी।
   केवल निम्नलिखित कहानी लेखक :
   अख्तर मोहि-उद्दीन, अमीन कामिल, हरिकृष्ण कौल, हृदय कौल भारती, बंसी निर्दोष, गुलशन माजिद।
2. **कश्मीरी उपन्यास :**
   (i) जीएन गोहर का मुजरिम
   (ii) मारून-इवानइलिचन (टॉलस्टाय की **'द डेथ आफ इलिच'** का कश्मीरी अनुवाद (कश्मीरी विभाग द्वारा प्रकाशित)।
3. **कश्मीरी नाटक :**
   (i) हरि कृष्ण कौल का **'नाटुक करिव बंद'**
   (ii) **ऑक एंगी नाटुक**, सेवा मोतीलाल कीमू, साहित्य अकादमी द्वारा प्रकाशित।
   (iii) **राजि इडिपस अनु**, नज़ी मुनावर, साहित्य अकादमी द्वारा प्रकाशित।
4. कश्मीरी लोक साहित्य :
   (i) **काशुर लुकि थियेटर**, लेखक-मोहम्म सुभान भगत-प्रकाशन, कश्मीरी विभाग, कश्मीर विश्वविद्यालय।
   (ii) **काशिरी लुकी बीथ** (सभी अंक) जम्मू एवं कश्मीर सांस्कृतिक अकादमी द्वारा प्रकाशित।

मैथिली (Maithili)

प्रश्न पत्र - I

मैथिली भाषा और साहित्य का इतिहास

सभी प्रश्नों का उत्तर मैथिली भाषा में देना होगा।

<u>खंड - (क)</u>

मैथिली भाषा का इतिहास–

1. भारोपीय भाषा-परिवार में मैथिली का स्थान।
2. मैथिली भाषा का उद्‌भव और विकास (संस्कृत, प्राकृत अवहट्ट, मैथिली)।
3. मैथिली भाषा का कालिक विभाजन (आदिकाल, मध्यकाल, आधुनिक काल)।
4. मैथिली एवं इसकी विभिन्न उपभाषाएं।
5. मैथिली एवं अन्य पूर्वांचलीय भाषाओं से सम्बंध (बंगला, असमिया, उड़िया)।
6. तिरहुता लिपि का उद्‌भव और विकास।
7. मैथिली में सर्वनाम और क्रियापद।

<u>खंड - (ख)</u>

मैथिली साहित्य का इतिहास–

1. मैथिली साहित्य की पृष्ठभूमि (धार्मिक, आर्थिक, सामाजिक, सांस्कृतिक)।
2. मैथिली साहित्य का काल-विभाजन।
3. प्राक् विद्यापति साहित्य।
4. विद्यापति और उनकी परम्परा।
5. मध्यकालीन मैथिली नाटक (कीर्तनिया नाटक, अंकीया नाट, नेपाल में रचित मैथिली नाटक)।
6. मैथिली लोकसाहित्य (लोकगाथा, लोकगीत, लोकनाट्य, लोककथा)।
7. आधुनिक युग में विभिन्न साहित्यिक विधाओं का विकास।
   (क) प्रबंधकाव्य (ख) मुक्तककाव्य
   (ग) उपन्यास (घ) कथा
   (ङ) नाटक (च) निबंध
   (छ) समीक्षा (ज) संस्मरण
   (झ) अनुवाद
8. मैथिली पत्र-पत्रिकाओं का विकास।

प्रश्न पत्र - II

सभी प्रश्नों का उत्तर मैथिली भाषा में देना होगा।

इस प्रश्न पत्र में निर्धारित मूल पाठ्यपुस्तकों को पढ़ना अपेक्षित होगा और ऐसे प्रश्न पूछे जाएंगे जिनसे अभ्यर्थी को आलोचनात्मक क्षमता की परीक्षा हो सके।

<u>खंड - (क)</u>

1. विद्यापति गीतशती-प्रकाशक-साहित्य अकादमी, नई दिल्ली (गीत संख्या 1 से 50 तक)
2. गोविन्ददास भजनावली-प्रकाशक-मैथिली अकादमी, पटना (गीत संख्या 1 से 25 तक)

3. कृष्णजन्म-मनबोध।
4. मिथिलाभाषा रामायण-चन्दा झा (सुन्दरकाण्ड मात्र)।
5. रमेश्वरचरित मिथिला रामायण-लालदास (बालकाण्ड मात्र)।
6. कीचक वध-तन्त्रनाथ झा।
7. दत्त-वती-सुरेन्द्र झा 'सुमन' (प्रथम और द्वितीय सर्ग मात्र)।
8. चित्रा-यात्री।
9. समकालीन मैथिली कविता-प्रकाशक साहित्य अकादमी, नई दिल्ली।

खंड - (ख)

10. वर्णरत्नाकार - ज्योतिश्वर (द्वितीय कल्लोख मात्र)
11. खट्टर ककाक तरंग - हरिमोहन झा।
12. लोरिक-विजय-मणिपद्म।
13. पृथ्वीपुत्र - ललित।
14. भफाइत चाहक जिनगी - सुधांशु 'शेखर' चौधरी।
15. कृति राजकमल - प्रकाशक-मैथिली अकादमी, पटना (आरंभ से दस कथा तक)।
16. कथा-संग्रह-प्रकाशक-मैथिली अकादमी, पटना।

संस्कृत (Sanskrit)

प्रश्न पत्र - I

तीन प्रश्नों का उत्तर संस्कृत में दिया जाना चाहिए। शेष प्रश्नों के उत्तर या तो संस्कृत में अथवा उम्मीदवार द्वारा परीक्षा के लिए चुने गये भाषा माध्यम में दिये जाने चाहिए।

खंड - (क)

1. संज्ञा, संधि, कारक, समास, कर्तरि और कर्मणी वाच्य (वाच्य प्रयोग) पर विशेष बल देते हुए व्याकरण की प्रमुख विशेषताएं (उत्तर संस्कृत में दिया जाना चाहिए)
2. (क) वैदिक संस्कृत भाषा की मुख्य विशेषताएं।
   (ख) शास्त्रीय संस्कृत भाषा के प्रमुख लक्षण।
   (ग) भाषा वैज्ञानिक अध्ययन में संस्कृत का योगदान।
3. सामान्य ज्ञान–
   (क) संस्कृत का साहित्यिक इतिहास।
   (ख) साहित्यिक आलोचना की प्रमुख प्रवृत्तियां।
   (ग) रामायण
   (घ) महाभारत
   (ड़) साहित्य विधाओं का उद्भव और विकास।

महाकाव्य	चम्पू
रूपक (नाटक)	खंड काव्य
कथा	मुक्तक काव्य
आख्यायिका	

खंड - (ख)

4. भारतीय संस्कृति का सार, निम्नलिखित पर बल देते हुए :

(क) पुरुषार्थ (ख) संस्कार

(ग) वर्णाश्रम व्यवस्था (घ) कला और ललित कला

(ङ) तकनीकी विज्ञान

5. भारतीय दर्शन की प्रवृत्तियां

(क) मीमांसा (ख) वेदांत (ग) न्याय

(घ) वैशेषिक (ङ) सांख्य (च) योग

(छ) बुद्ध (ज) जैन (झ) चार्वाक

6. संस्कृत में संक्षिप्त निबंध।

7. अनदेखा पाठांश और प्रश्न; इसका उत्तर संस्कृत में देना होगा।

टिप्पणी : खंड ''क'' के भाग-2 से खंड ''ख'' के भाग-6 से एक-एक प्रश्न अनिवार्य हैं तथा उत्तर संस्कृत में देना होगा।

प्रश्न पत्र - II

वर्ग 4 से प्रश्न का उत्तर केवल संस्कृत में देना होगा। वर्ग 1, 2 और 3 के प्रश्नों के उत्तर या तो संस्कृत में अथवा उम्मीदवार द्वारा चुने गये भाषा माध्यम में देने होंगे।

खंड - (क)

निम्नलिखित समुच्चयों का सामान्य अध्ययन :

वर्ग - 1

(क) रघुवंशम् – कालिदास

(ख) कुमारसंभवम् – कालिदास

(ग) किरातार्जुनीयम् – भारवि

(घ) शिशुपालवधम् – माघ

(ङ) नैषध चरितम् – श्रीहर्ष

(च) कादम्बरी – बाणभट्ट

(छ) दशकुमार चरितम् – दंडी

(ज) शिवराज्योद्‌यम् – एस.बी. वारनेकर

वर्ग - 2

(क) ईशावास्योपनिषद

(ख) भगवद्‌गीता

(ग) बाल्मीकि रामायण का सुंदरकांड

(घ) कौटिल्य का अर्थशास्त्र

वर्ग - 3

(क) स्वप्नवासवदत्तम् – भास

(ख) अभिज्ञान शाकुन्तलम् – कालिदास

(ग) मृच्छकटिकम् – शूद्रक

(घ) मुद्राराक्षसम् – विशाखदत्त

(ङ) उत्तररामचरितम् – भवभूति
(च) रत्नावली – श्रीहर्षवर्धन
(छ) वेणीसंहारम – भट्टानारायण।

वर्ग - 4

निम्नलिखित पर संस्कृत में संक्षिप्त टिप्पणियां लिखें :

(क) मेघदूतम् – कालिदास
(ख) नीतिशतकम् – भर्तृहरि
(ग) पंचतंत्र – विष्णुशर्मा
(घ) राजतंरगिणी – कल्हण
(ङ) हर्षचरितम् – बाणभट्ट
(च) अमरूकशतकम् – अमरूक
(छ) गीतगोविंद्म – जयदेव

खंड (ख)

इस खंड में निम्नलिखित पाठ्य पुस्तकों का पढ़ना अपेक्षित होगा।
(वर्ग 1 और 2 प्रश्नों के उत्तर केवल संस्कृत में देने होंगे। वर्ग 4 एवं 4 प्रश्नों के उत्तर संस्कृत में अथवा उम्मीदरवार द्वारा चुने गये भाषा माध्यम में देने होंगे।

वर्ग - 1

(क) रघुवंशम् – सर्ग 1, श्लोक 1 से 10
(ख) कुमारसंभवम् – सर्ग 1 श्लोक से 10
(ग) किरातार्जुनीयम् – सर्ग 1, श्लोक से 10

वर्ग - 2

(क) ईशावास्पोपनिषद् – श्लोक 1, 2, 4, 6, 7, 15 और 18
(ख) भागवत्गीता अध्याय – II - श्लोक 13 से 25
(ग) बाल्मीकि का सुंदरकांड सर्ग 15, श्लोक 15 से 30
(गीता प्रेस संस्करण)

(वर्ग 1 और 2 से प्रश्नों के उत्तर केवल संस्कृत में देने होंगे)।

वर्ग - 3

(क) मेघदूतम् - श्लोक 1 से 10
(ख) नीतिशतकम् - श्लोक 1 से 10
(डी.डी. कौसाम्बी द्वारा सम्पादित, भारतीय विद्या भवन प्रकाशन)
(ग) कादम्बरी - शुकनासोपदेश (केवल)

वर्ग - 4

(क) स्वप्नवासवदतम् - अंक VI
(ख) अभिज्ञानशाकुन्तलम् – अंक VI श्लोक 15 से 30 (एम. आर. काले संस्करण)
(ग) उत्तररामचरितम् – अंक 1, श्लोक 31 से 47 (एम. आर. काले संस्करण)

बोडो

प्रश्न पत्र - I

बोडो भाषा एवं साहित्य का इतिहास

(उत्तर बोडो भाषा में लिखें)

खंड-क

बोडो भाषा का इतिहास

1. स्वदेश, भाषा परिवार, इसकी वर्तमान स्थिति एवं असमी के साथ इसका पारस्परिक संपर्क।
2. (क) स्वनिम: स्वर तथा व्यंजन स्वनिम । (ख) ध्वनियाँ।
3. रूपविज्ञान : लिंग, कारक एवं विभक्तियाँ, बहुवचन प्रत्यय, व्युत्पन्न, क्रियार्थक प्रत्यय।
4. शब्द समूह एवं इनके स्रोत।
5. वाक्य विन्यास : वाक्यों के प्रकार, शब्द क्रम।
6. प्रारम्भ से बोडो भाषा को लिखने में प्रयुक्त लिपि का इतिहास।

खंड-ख

बोडो भाषा का इतिहास

1. बोडो लोक साहित्य का सामान्य परिचय।
2. धर्म प्रकारकों का योगदान।
3. बोडो साहित्य का काल विभाजन।
4. विभिन्य विधाओं का आलोचनात्मक विश्लेषण (काव्य, उपन्यास, लघु-कथा तथा नाटक)
5. अनुवाद साहित्य ।

प्रश्न-पत्र-II

इस प्रश्न-पत्र में निर्धारित पाठ्य-पुस्तकों का मूल अध्ययन अपेक्षित होगा और परीक्षा में उम्मीदवार की आलोचनात्मक योग्यता को जांचने वाले प्रश्न पूछे जाएंगे।

(उत्तर बोडो भाषा में ही लिखें)

खंड-क

बोडो भाषा का इतिहास

(क) खोन्थई-मेथई (मादाराम ब्रह्मा तथा रूपनाथ ब्रह्मा द्वारा संपादित)
(ख) हथोरखी-हला (प्रमोदचंद्र ब्रह्मा द्वारा संपादित)
(ग) बोरोनी गुडी सिब्साअर्ब अरोज : मादाराम ब्रह्मा द्वारा
(घ) राजा नीलांबर-द्वरेन्द्र नाथ बासुमतारी
(ङ) बिबार (गद्य खंड)(सतीशचन्द्र बासुमतारी द्वारा संपादित)

खंड-ख

(क) गिबी बिठाई (आइदा नवी) : बिहुराम बोडो
(ख) रादाब : समर ब्रह्मा चौधरी
(ग) ओखरंग गोगसे नंगोऊ : ब्रजेन्द्र कुमार ब्रह्मा
(घ) बैसागु अर्व हरिमू : लक्षेश्वर ब्रह्मा
(ङ) ग्वादान बोडो : मनोरंजन लहारी
(च) जुजैना ओर : चितरंजन मुचहारी
(छ) म्वीहूर : धरानिधर वारी
(ज) होर बड़ी रव्वम्सी : कमल कुमार ब्रह्मा
(झ) जओलिया दीवान : मंगल संह होजावरी
(ण) हागरा गुदुनीम्वी : नीलकमल ब्रह्मा।

डोगरी (Dogari)

प्रश्न-पत्र-I

डोगरी भाषा एवं साहित्य का इतिहास

(उत्तर डोगरी भाषा में लिखे जाएं)

खंड-क

डोगरी भाषा का इतिहास :

1. डोगरी भाषा की उत्पत्ति एवं विकास : विभिन्न अवस्थाओं में।
2. डोगरी एवं इसकी बोलियां भाषाई सीमाएं।
3. डोगरी भाषा के विशिष्ट लक्षण।
4. डोगरी भाषा की संरचना।

(क) ध्वनि संरचना।
खंडीय स्वर एवं व्यंजन
अखंडीय: दीर्घता, बलाघात, नासिक्यरंजन, सुर एवं संधि

(ख) डोगरी का पदरचना विज्ञान।
(i) रूप रचना वर्ग : लिंग, वचन, कारक, पुरुष, काल एवं वाच्य।
(ii) शब्द निर्माण : उपसर्गों, मध्सप्रत्ययों तथा प्रत्ययों का उपयोग।
(iii) शब्द समूह : तत्सम, तद्भव, विदेशीय एवं देशज।

(ग) वाक्य संरचना : सर्वांग वाक्य-उनके प्रकार तथा अवयय, डोगरी वाक्यविन्यास में अन्वय तथा अन्विति।

5. डोगरी भाषा एवं लिपि : डोगरे/डोगरा अक्खर, देवनागरी तथा फारसी।

खंड-ख

डोगरी साहित्य का इतिहास:

1. स्वतंत्रता-पूर्व डोगरी साहित्य का संक्षिप्त विवरण : पद्य एव गद्य।
2. आधुनिक डोगरी काव्य का विकास तथा डोगरी काव्य के मुख्य रूझान।

3. डोगरी लघुकथा का विकास, मुख्य-रूझान तथा प्रमुख लघु-कथा लेखक।
4. डोगरी उपन्यास का विकास, मुख्य-रूझान तथा डोगरी उपन्यासकारों का योगदान।
5. डोगरी नाटक का विकास तथा प्रमुख नाटककारों का योगदान।
6. डोगरी गद्य का विकास, निबंध, संस्मरण एवं यात्रावृत।
7. डोगरी लोक साहित्य का परिचय लोकगीत, लोककथाएं तथा लोक गाथाएं।

प्रश्न-पत्र-II

डोगरी साहित्य का पाठालोचन
(उत्तर डोगरी में लिखे जाएं)
खंड-क

पद्य

1. आजादी पैहले दी डोगरी कविता
   निम्नलिखित कवि :-
   देवी दित्ता लक्खु, गंगा राम, रामधन, हरदत्त, पहाड़ी गांधी बाबा कांशी राम तथा परमानंद अलमस्त।
2. आधुनिक डोगरी कविता, आजादी बाद दी डोगरी कविता
   निम्नलिखित कवि :
   किशन स्मैलपुरी, तारा स्मैलपुरी, मोहन लाल सपोलिया, यश शर्मा, के. एस. मधुकर, पद्मा सचदेवा, जितेन्द्र ऊधमपुरी, चरण सिंह तथा प्रकाश प्रेमी।
3. शीराजा डोगरी सं. 102 गज़ल अंक
   निम्नलिखित शायर :
   राम लाल शर्मा, वेद पाल दीप, एन. डी. जाम्वाल, शिव राम दीप, अश्विनी मगोत्रा तथा वीरेन्द्र केसर
4. शीरजा डोगरी सं. 107 गज़ल अंक
   निम्नलिखित कवि :
   आर. एन. शास्त्री, जितेन्द्र ऊधमपुरी, चंपा शर्मा तथा दर्शन दर्शी
5. शम्भूनाथ शर्मा द्वारा रचित 'रामायण' (महाकाव्य) (अयोध्या काण्ड तक)।
6. दीनू भाई पन्त द्वारा रचित 'वीर गुलाब' (खण्ड काव्य)।

खण्ड-ख

गद्य

1. अजबणी डोगरी कहानी
   निम्नलिखित लघु कथा लेखक :-
   मदन मोहन शर्मा, नरेन्द्र खजूरिया तथा बी.पी. साठे।
2. अजकणी डोगरी कहानी भाग-II
   निम्नलिखित लघु कथा लेखक :-
   वेद राही, नरसिंह देव जम्वाल, ओम गोस्वामी, छत्रपाल, ललित मगोत्रा, चमन अरोड़ा तथा रतन केसर।
3. कथा कुंज भाग-II
   निम्नलिखित कथा लेखक :-
   ओम विद्यार्थी, चम्पा शर्मा तथा कृष्ण शर्मा।

4. बंधु शर्मा द्वारा रचित 'मील पत्थर' (लघु कथा संग्रह)।
5. देश बंधु डोगरा नूतन द्वारा रचित 'कैदी' (उपन्यास)।
6. ओ.पी. शर्मा सारथी द्वारा रचित 'नंगा रुक्ख' (उपन्यास)।
7. मोहन सिंह द्वारा रचित 'न्या' (नाटक)।
8. सतरंग (एकांकी नाटक संग्रह)
   निम्नलिखित नाटककार :
   विश्वनाथ खजूरिया, राम नाथ शास्त्री, जितेन्द्र शर्मा, ललित मगोत्रा तथा मदन मोहन शर्मा।
9. डोगरी ललित निबंध
   निम्नलिखित लेखक :-
   विश्वनाथ खजूरिया, नारायण मिश्रा, बालकृष्ण शास्त्री, विश्वनाथ, श्याम लाल शर्मा, लक्ष्मी नारायण, डी.सी. प्रशान्त, वेद घई, कुंवर वियोगी।

कन्नड़

प्रश्न-पत्र-1

(उत्तर कन्नड़ में लिखने होंगे)

खण्ड-क

(क) **कन्नड़ भाषा का इतिहास**

भाषा क्या है? भाषा की सामान्य विशेषताएं।

द्रविड़ भाषा परिवार और इसके विशिष्ट लक्षण : कन्नड़ भाषा की प्राचीनता। उसके विकास के विभिन्न चरण।

कन्नड़ भाषा की नीतियां : क्षेत्रीय और सामाजिक1 कन्नड़ भाषा के विकास के विभिन्न पहलू: स्वनिमिक और अर्थगत परिवर्तन।

भाषा आदान।

(ख) **कन्नड़ साहित्य का इतिहास**

प्राचीन कन्नड़ साहित्य: प्रभाव और प्रवृतियां। निम्नलिखित कवियों का अध्ययन:

पंपा, जन्न, नागचंद्र, : पंपा से रत्नाकर वर्णी तक इन निर्दिष्ट कवियों का विषय वस्तु, रूप विधान और अभिव्यंजना की दृष्टि में अध्ययन।

मध्ययुगी कन्नड़ साहित्य : प्रभाव और प्रवृत्तियां।

वचन साहित्य: बासवन्ना अक्क महादेवी।

मध्ययुगीन कवि: हरिहर राघवंक, कुमारव्यास।

दारा साहित्य: पुरन्दर और कनक।

संगतया: रत्नाकर वर्णी

(ग) आधुनिक कन्नड़ साहित्य : प्रभाव प्रवृत्तियां और विचार-धाराएं। नवोदय, प्रगतिशील, नव्य, दलित और बन्दय।

खण्ड-ख

(क) **काव्यशास्त्र और साहित्यक आलोचना**

कविता की परिभाषा और संकल्पनाएं: शब्द, अर्थ, अलंकार, रीति, रस, ध्वनि, औचित्य।

रस सूत्र की व्याख्याएं।

साहित्यिक आलोचना की आधुनिक प्रवृत्तियां: रूपवादी, ऐतिहासिक, मार्क्सवादी, नारीवादी, उत्तर-औपनिवेशिक आलोचना।

(ख) **कर्नाटक का सांस्कृतिक इतिहास**

कर्नाटक की संस्कृति में राजवंशों का योगदान: साहित्यिक संदर्भ में बदामी और कल्याणी के चालुक्यों, राष्ट्रकुटों, हौशल्या और विजयनगर के शासकों का योगदान।

कर्नाटक के प्रमुख धर्म और उनका सांस्कृतिक योगदान कर्नाटक की कलाएं: साहित्यक संदर्भ में मूर्तिकला, वास्तुकला, चित्रकला, संगीत, नृत्य।

कर्नाटक का एकीकरण और कन्नड़ साहित्य पर इसका प्रभाव।

प्रश्न-पत्र-2

(उत्तर कन्नड़ में लिखने होंगे)

इस प्रश्न-पत्र में निर्धारित मूल पाठ्य-पुस्तकों को पढ़ना अपेक्षित होगा और ऐसे प्रश्न पूछे जाएंगे जिसमें उम्मीदवारों की आलोचनात्मक योग्यता की परीक्षा हो सके।

खण्ड-क

(क) **प्राचीन कन्नड़ साहित्य**

1. पंपा का विक्रमार्जुन विजय (सर्ग 12 तथा 13), (मैसूर विश्वविद्यालय प्रकाशन)।
2. बद्‌दराघने (सुकुमारस्वामैया काथे, विद्युतचोरन काथे)।

(ख) **मध्ययुगीन कन्नड़ साहित्य**

1. वचन काम्मत, 'संपादक: के. मास्लसिद्‌दप्पा, के. आर. नागराज' (बंगलौर विश्वविद्यालय, प्रकाशन)।
2. जनप्रिय कनकसम्पुत, संपादक: डी. जवारे गौड़ा (कन्नड़ एंड कल्चर डायरेक्टोरेट, बंगलौर)।
3. नम्बियन्नाना रागाले, संपादक : डी. एन. श्रीकांतैय (ता. वैम. स्मारक ग्रंथ माले, मैसूर)।
4. कुमारव्यास भारत: कर्ण पर्व (मैसूर विश्वविद्यालय)।
5. भारतेश वैभव संग्रह, संपादक: ता. सु. शाम राव (मैसूर विश्वविद्यालय)।

खण्ड-ख

(क) **आधुनिक कन्नड़ साहित्य**

1. **काव्य :** होसगन्नड़ कविते, संपादक: जी. एच. नायक (कन्नड़ साहित्य परिशतु, बंगलौर)।
2. **उपन्यास :** बैलाद जीव-शिवराम कारंत (माधवी-अनुपमा निरंजन औडालाल-देवानुरू महादेव)।
3. **कहानी :** कन्नड़ सन्न काथेगलु, संपादक: जी. एच. नायक (साहित्य अकादमी, नई दिल्ली)।
4. **नाटक :** शुद्र तपस्वी-कुवेम्पु।
   तुगलक-गिरीश कर्नाड
5. **विचार साहित्य :** देवरू-ए, एन. मूर्ति राव (प्रकाशक : डी. वी. के. मूर्ति, मैसूर)।

(ख) **लोक साहित्य**

1. जनपद स्वरूप: डा. एच. एम. नायक (ता. वैम स्मारक ग्रंथ माले, मैसूर)।

2. जनपद गीतांजलि : संपादक : डी. जवारे गौड़ा (प्रकाशक : साहित्य अकादमी, नई दिल्ली)।
3. कन्नड़ जनपद काथेगालु-संपादक : जे. एस. परमशिवैया (मैसूर विश्वविद्यालय)।
4. बीड़ि मक्कालु बैलेडो : संपादक : कालेगौड़ा नागवारा (प्रकाशक: बंगलौर विश्वविद्यालय)।
5. सविरद् औगातुगालू- संपादक। एस. जी. इमरापुर ।

कोंकणी

प्रश्न-पत्र-1

(उत्तर कोंकणी में लिखने होंगे)

खण्ड-क

कोंकणी भाषा का इतिहासः

(1) भाषा का उद्‌भव और विकास तथा इस पर पड़ने वाले प्रभाव।

(2) कोंकणी भाषा के मुख्य रूप तथा उनकी भाषाई विशेषताएं।

(3) कोंकणी भाषा में व्याकरण तथा शब्दकोष संबंधी कार्यकारक, क्रिया विशेषण, अव्यय तथा वाच्य के अध्ययन सहित।

(4) पुरानी मानक कोंकणी, नयी मानक कोंकणी तथा मानकीकरण की समस्याएं।

खण्ड-ख

कोंकणी साहित्य का इतिहास :

उम्मीदवारों से अपेक्षा की जाएगी कि वे कोंकणी साहित्य तथा उसकी सामाजिक और सांस्कृतिक पृष्ठभूमि से भली-भाँति परिचित हों तथा इससे उठने वाली समस्याओं तथा मुद्दों पर विचार करने में सक्षम हों।

कोंकणी साहित्य का इतिहास-प्राचीनतम संभावित स्रोत से लेकर वर्तमान काल तक तथा मुख्य कृतियों, लेखकों और आंदोलनों सहित।

(i) कोंकणी साहित्य के उत्तरोत्तर निर्माण की सामाजिक और सांस्कृतिक पृष्ठभूमि।

(ii) आदिकाल से आधुनिक काल तक कोंकणी साहित्य पर पड़ने वाले भारतीय और पाश्चात्य प्रभाव।

(iii) विभिन्न क्षेत्रों और साहित्यक विद्यार्थी में उभरने वाली आधुनिक प्रवृत्तियाँ-कोंकणी लोकसाहित्य के अध्ययन सहित।

प्रश्न पत्र-2

(उत्तर कोंकणी में लिखने होंगे)

कोंकणी साहित्य की मूलपाठ

विषयक समालोचना

यह प्रश्न-पत्र इस प्रकार तैयार किया जाएगा कि उम्मीदवार की आलोचना तथा विश्लेषण क्षमता की जांच हो सके।

उम्मीदवारों से कोंकणी साहित्य के विस्तृत परिचय की अपेक्षा की जाएगी और देखा जाएगा कि उन्होंने निम्नलिखित पाठ्य-पुस्तकों को मूल में पढ़ा है अथवा नहीं।

खण्ड क-गद्य

1. (क) **कोंकणी मनसगंगोत्री** (पद्य के अलावा) प्रो. ओलिविचिन्हो गोम्स द्वारा संपादित।
(ख) **ओल्ड कोंकणी लैंग्वेज एंड लिट्रेचर, दी पोर्चुगीज रोलः** प्रो. ओलिचिन्हो गोम्स द्वारा संपादित।
2. (क) **ओट्मी डेन्वचरक** : ए. वी. डा. क्रुज़ का उपन्यास।
(ख) **वडोल आनी वरेम** : एंटोनियो पटेरा का उपन्यास।
(ग) **डेवाचे कुरपेन** : वी. जे. पी. सल्दाना का उपन्यास।
3. (क) **वज्रलिखानी**- शेनॉय गौइम-बाबः (शांताराम वर्डे वल्खलिकर द्वारा संपादित संग्रह)
(ख) **कोंकणी ललित निबंध** : श्याम वेरेंकर द्वारा संपादित निबंध संग्रह।
(ग) **तीन दशकम** : चंद्रकांत केणि द्वारा संपादित संग्रह।
4. (क) **डिमांड** : पुंडलीक नाइक का नाटक।
(ख) **कादम्बिनी : ए मिसलेनी आफ माडर्न प्रोजः** प्रो. ओ. जे. एफ, गोम्स तथा श्रीमती पी. एस. तद्कोदकर द्वारा संपादित।
(ग) **रथा त जे ओ घुदियो**- श्रीमती जयंती नाईक।

खण्ड ख-गद्य

1. (क) **इवअणि मोरीः** एहुआर्डो ब्रुंनो डिसूजा द्वारा रचित काव्य।
(ख) **अब्रवंचम यज्ञदान** : लुईस मेस्केरेनहास।
2. (क) **गोडडे रामायण** : आर. के. राव द्वारा संपादित।
(ख) **रत्नाहार I एंड II क्लेक्शन आफ पोयम्सः** आर. वी. पंडित द्वारा संपादित।
3. (क) **जयो जुयो-पोयम्सः** मनोहर एल. सरदेसाई।
(ख) **कनादी माटी कोंकणी कवि** : प्रताप नाईक द्वारा संपादित कविता संग्रह।
4. (क) **अदृष्टाचे कल्ले** : पांडुरंग भंगुई द्वारा रचित कविताएं।
(ख) **यमन** : माधव बोरकर द्वारा रचित कविताएं।

मलयालम्

प्रश्न-पत्र-I

उत्तर मलयालम में लिखने होंगे

खण्ड-क

1. **मलयालम भाषा की प्रारंभिक अवस्थाः**
1.1 विभिन्न सिद्धान्त : प्राकू द्रविड़ियन, तमिल, संस्कृत से उद्भव।
1.2 तमिल तथा मलयालम का संबंध ए. आर. राजराज वर्मा के छः लक्षण (नया)।
1.3 पाट्टु संप्रदाय-परिभाषा, रामचरितम, परवर्ती पाट्टु कृतियां-निराणम कृतियां तथा कृष्ण गाथा।
2. **निम्नलिखित की भाषाई विशेषताएंः**
2.1 मणिप्रवालम-परिभाषा। मणि प्रवालम में लिखी प्रारम्भिक कृतियों की भाषा -चम्पू, संदेशकाव्य, चन्द्रोत्सव, छुट-पुट कृतियां, परिवर्ती मणिप्रवाल कृतियाँ-मध्ययुगीन चम्पू एवं आट्ट कथा।

2.2 लोक गाथा-दक्षिणी तथा उत्तरी गाथाएं, माम्पिला गीत।

2.3 प्रारंभिक मलयालम गद्य-भाषा कौटलीयम, ब्रह्मांड पुराणम अट्ट-प्रकारम, क्रम दीपिका तथा नम्बियांन तमिल।

3. **मलयालम का मानकीकरण**

3.1 पाणा, किलिपाट्टू तथा तुल्लल की भाषा की विशेषताएं।

3.2 स्वदेशी तथा यूरोपीय मिशनरियों का मलयालम को योगदान।

3.3 समकालीन मलयालम की विशेषताएँ: प्रशासनिक भाषा के रूप में मलयालम। विज्ञान तथा प्रौद्योगिकी साहित्य की भाषा-जन की भाषा।

खण्ड-ख

साहित्य का इतिहास

4. **प्राचीन तथा मध्ययुगीन साहित्य:**

4.1 पाट्टू राम चरितम्, निराणम कृतियाँ एवं कृष्ण गाथा।

4.2 मणिप्रवालम-अटटू कथा, चंपू आदि प्रारंभिक तथा मध्ययुगीन मणिप्रवाल कृतियाँ।

4.3 लोक साहित्य।

4.4 किलिपाट्टु, तूल्लल तथा महाकाव्य।

5. **आधुनिक साहित्य-कविता**

5.1 वैणमणि कवि तथा समकालीन कवि।

5.2 स्वच्छन्दतावाद का आगमन-कवियत्र का काव्य-आशान, उल्लूर तथा वल्लतौल।

5.3 कवित्रय के बाद की कविता।

5.4 मलयालम कविता में आधुनिकतावाद।

6. **आधुनिक साहित्य-गद्य**

6.1 नाटक

6.2 उपन्यास

6.3 लघु कथा

6.4 जीवनी, यात्रा वर्णन, निबंध और समालोचना।

प्रश्न-पत्र-II

उत्तर मलयालम में लिखने होंगे

इस प्रश्न-पत्र में निर्धारित पाठ्य पुस्तकों का मूल अध्ययन अपेक्षित होगा और परीक्षा में उम्मीदवार की आलोचनात्मक क्षमता को जांचने वाले प्रश्न पूछे जाएंगे।

खंण्ड-क

भाग-1

1. रामचरितम-पटलम -1

1.2 कण्णश्श रामायणम्-बालाकण्डम प्रथम 25 पद्य

1.3 उण्णुनीति संदेशम्-पूर्व भागम् 25 श्लोक, प्रस्तावना सहित

1.4 महाभारतम्: किलिप्पाट्टु-भीष्म पर्वम्

भाग-2

2.1 कुमारन् आशन-चिंता अवस्थियाय सीता

2.2 वेलोप्पिल्ली-कुटियोषिक्कल

2.3 जी. शंकर कुरूप-पेरून्तच्चन
2.4 एन. वी. कृष्ण वारियार-तिवंदिपिले पाट्टु

भाग-3

3.1 ओ. एन. वी. भूमिक्कोरु चरम् गीतिम्
3.2 अय्यप्पा पणिक्कर-कुरूक्षेत्रम
3.3 आक्किट्टम पंडत्ते मेश्शांति
3.4 आट्टूर अट्टूर रवि वर्मा-मेघरूप

खंड-ख

भाग-4

4.1 ओ. चंतु मेनन इंदुलेखा
4.2 तकषि-चेम्मीन
4.3 ओ. वी. विजयन-खसाक्किन्टे इतिहासम्

भाग-5

5.1 एम. टी. वासुदेवन नायर-वानप्रस्थम (संग्रह)
5.2 एन. एस. माधवन-हिग्विता (संग्रह)
5.3 सी. जे. थामस-1128-इल क्राइम 27

भाग-6

6.1 कुट्टिकृष्णमारार-भारत पर्यटनम्
6.2 एम. के. सानू-नक्षत्रंलगलुटे स्नेहभाजनम्
6.3 वी. टी. भट्टात्तिरिपाद-कण्णीरूप किनावुम

मणिपुरी

प्रश्न-पत्र-I

उत्तर मणिपुरी में लिखने होंगे

खण्ड-क

भाषा

(क) मणिपुरी भाषा की सामान्य विशेषताएं और उसके विकास का इतिहास, उत्तर-पूर्वी भारत की तिब्बती-बर्मी भाषाओं के बीच मणिपुरी भाषा का महत्व तथा स्थान, मणिपुरी भाषा के अध्ययन में नवीनतम विकास, प्राचीन मणिपुरी लिपि का अध्ययन और विकास।

(ख) मणिपुरी भाषा की महत्वपूर्ण विशेषताएं:

(i) **स्वर विज्ञान:** स्वनिम (फोनीम), स्वर, व्यंजन, संयोजन, स्वरक, व्यंजन समूह और इनका प्रादुर्भाव-अक्षर-इसकी संरचना, स्वरूप तथा प्रकार।

(ii) **रूप विज्ञान:** शब्द श्रेणी, धातु तथा इसके प्रकार, प्रत्यय और इसके प्रकार, व्याकरणिक श्रेणियां-लिंग, संख्या, पुरुष, कारक, काल और इनके विभिन्न पक्ष। संयोजन की प्रक्रिया (समास और संधि)।

(iii) **वाक्य विन्यास:** शब्द क्रम, वाक्यों के प्रकार, वाक्यांश और उप-वाक्यों का गठन।

भाग-ख

(क) **मणिपुरी साहित्य का इतिहासः**

आरंभिक कालः (सत्रहवीं शताब्दी तक) सामाजिक तथा सांस्कृतिक पृष्ठभूमि, विषयवस्तु, कार्य की शैली तथा रीति।

मध्यकालः (अठारहवीं तथा उन्नीसवीं शताब्दी) सामाजिक, धार्मिक तथा राजनीतिक पृष्ठभूमि, विषयवस्तु, कार्य की शैली तथा रीति।

आधुनिक कालः प्रमुख साहित्यक रूपों का विकास विषयवस्तु, रीति और शैली में परिवर्तन।

(ख) **मणिपुरी लोक साहित्यः**

दंतकथा, लोक कथा, लोक गीत, गाथा, लोकोक्ति तथा पहेली।

(ग) **मणिपुरी संस्कृति के विभिन्न पक्षः**

हिन्द् पूर्व मणिपुरी आस्था, हिन्दुत्वा आगमन और समन्वयवाद की प्रक्रिया, प्रदर्शन कला-लाई हरोवा, महारस, स्वदेशी खेल-सगोल कांगजेई, खोंग कांगजेई कांग।

प्रश्न-पत्र-II

उत्तर मणिपुरी में लिखने होंगे

इस प्रश्न पत्र में निर्धारित पाठ्य पुस्तकों का मूल अध्ययन अपेक्षित है और प्रश्नों का स्वरूप ऐसा होगा जिससे अभ्यर्थी की आलोचनात्मक योग्यता की परीक्षा हो सके।

भाग-क

प्राचीन तथा मध्यकालीन मणिपुरी साहित्य

(क) प्राचीन मणिपुरी साहित्य

1. ओ. मोगेश्वर सिंह (सं.) — नुमित कप्पा
2. एम. गौराचंद्र सिंह (सं.) — थ्वनथवा हिरण
3. एन. खेलचंद्र सिंह (सं.) — नौथिंगकांग फम्बल काबा
4. एम, चंद्र सिंह (सं.) — पंथोचबी खोंगल

(ख) **मध्यकालीन मणिपुरी साहित्य**

1. एम. चंद्र सिंह (सं.) — समसोक गांबा
2. आर. के. स्नेहल सिंह (सं.) — रामायण आदि कांड
3. एन. खेलचंद्र सिंह (सं.) — धनंजय लाइबू निंग्बा
4. ओ. भोगेश्वर सिंह (सं.) — चंद्रकीर्ति जिला चंगबा

भाग-ख

आधुनिक मणिपुरी साहित्य

(क) कविता तथा महाकाव्य

(1) कविता

(ख) मणिपुरी शेरेंग (प्रकाशन) मणिपुरी साहित्य परिषद् 1988 (सं.)

1. ख. चोबा सिंह — पी थदोई, लैमगी चेकला आमदा लोकटक
2. डॉ. एल. कमल सिंह — निर्जनता, निरब राजनी
3. ए. मीना केतन सिंह — कामाल्दा नोग्गमलखोडा

4. एल. समरेन्द्र सिंह — इंगामी नोंग ममंग लेकाई थम्बल सतले
5. ई. नीलकांत सिंह — मणिपुर, लमंगनबा
6. श्री बीरेन — तंगखुल हुई
7. थ. इवापिशाक — अनौबा थंगलाबा जिबा

(ग) **कान्बी शेरेंग (प्रकाशन) मणिपुर विश्वविद्यालय 1988 (सं.)**

1. डॉ. एल. कमल सिंह — बिस्वा-प्रेम
2. श्री बीरेन — चफट्रबा लेइगी येन
3. थ. इबोपिशाक — नरक पाताल पृथ्वी

महाकाव्य

1. ए, दोरेन्द्र नीति सिंह — कांसा बोघा
2. एच. अंगनघल सिंह — खंबा-थोईबी शेरेंग (सन-सेनबा, लेई लंगबा, शामू खोंगी विचार)

(III) **(नाटक)**

1. एस. ललित सिंह — अरेप्पा मारुप
2. जी. सी. टोंगब्रा — मैट्रिक पास
3. ए. समरेन्द्र — जज साहेब की इमंग

(ख) **उपन्यास, कहानी तथा गद्यः**

(I) **उपन्यास**

1. डॉ. एल. कमल सिंह — माधवी
2. एच. अंगनधल सिंह — जहेरा
3. एच. गुणे सिंह — लामन
4. पाछा मीटेई — इम्फाल आमासुंग मैगी इशिंग, नुंगसीतकी फिबस

(II) **कहानी**

(क) काम्बी वरिमचा (प्रकाशन) मणिपुर विश्वविद्यालय 1997 (सं.)

1. आर. के. शीतलजीत सिंह — कमला कमला
2. एम. के. बिनोदिनी सिंह — आइगी थाअद्रबा हीट्प लालू
3. ख. प्रकाश — वेनम शारेंग

(ख) परिषद् की खांगतलाबा वरिमचा (प्रकाशन) मणिपुरी साहित्य परिषद् 1994 (सं.)

1. एस. नीलबिर शास्त्री — लोखात्पा
2. आर. के. इलंगबा — करिनुंगी

(ग) अनौबा मणिपुर वरिमचा (प्रकाशन)-दि कल्चरल फोरम मणिपुर 1992 (सं.)

1. एन. कुंजमोहन सिंह — इजात तनबा
2. ई. दीनमणि — नंगथक खोंगनांग

(III) **गद्य**

(क) **वारेंगी सकलोन (इ्यू पार्ट) प्रकाशन- दि कल्चरल फोरम मणिपुर 1992 (सं.)**

1. चौबा सिंह : खंबा-थोइविगी वारी अमासुंग महाकाव्य

(ख) **कांची वारेंग (प्रकाशन)-मणिपुर विश्वविद्यालय 1998 (सं.)**

1. बी. मणिसन शास्त्री — फाजबा

2. चं. मणिहर सिंह — लाई-हरौबा

(ग) **अपुनबा वारेंग (प्रकाशन)-मणिपुर विश्वविद्यालय 1996 (सं.)**

1. च. पिशक सिंह — समाज अमासुंग संस्कृति
2. एम. के. बिनोदिनी — थोईबिदु वेरोहोइदा
3. एरकि न्यूटन — कलगी महोसा (आई. आर. बाबू द्वारा अनुदित)

(घ) **मणिपुर वारेंग (प्रकाशन)- दि कल्चरल फोरम मणिपुर 1999 (सं.)**

1. एम. कृष्णमोहन सिंह — लान

मराठी

प्रश्न-पत्र-I

उत्तर मराठी में लिखने होंगे

खण्ड-क

(भाषा और लोक विद्या)

(क) भाषा का स्वरूप और कार्य

(मराठी के संदर्भ में)

भाषा-संकेतन प्रणाली के रूप में : लेंगुई और परौल, अधारभूत कार्य, काव्यात्मक भाषा, मानक भाषा तथा बोलियां, सामाजिक प्राचल के अनुसार भाषाई-परिवर्तन तेरहवीं तथा सत्रहवीं शताब्दी में मराठी की भाषाई विशेषताएं

(ख) **मराठी की बोलियां**

अहिराणी, बऱ्हदी, डांगी

(ग) **मराठी व्याकरण**

शब्द-भेद (पार्ट्स ऑफ स्पीच), कारक व्यवस्था (केस सिस्टम), प्रयोग विचार (वाच्य)

(घ) **लोक विद्या के स्वरूप और प्रकार**

(मराठी के विशेष संदर्भ में) लोकगीत, लोककथा, लोकनाट्य

खण्ड-(ख)

(साहित्य का इतिहास और साहित्यक आलोचना)

(क) **मराठी साहित्य का इतिहास**

1. **प्रारंभ से 1818 ई. तक:** महानुभव लेखक, वरकारी, कवि, पंडित कवि, शाहिर्स, बाखर साहित्य के विशेष संदर्भ में।
2. **1850 ई. से 1990 तक:** काव्य, कथा साहित्य (उपन्यास और कहानी), नाटक और प्रमुख साहित्य धाराओं के विशेष संदर्भ में तथा रोमांटिक, यथार्थवादी, आधुनिकतावादी, दलित, ग्रामीण और नारीवादी आंदोलनों के विकास के विशेष संदर्भ में।

(ख) **साहित्यिक आलोचना**

1. साहित्य का स्वरूप और कार्य।
2. साहित्य का मूल्यांकन।
3. आलोचना का स्वरूप, प्रयोजन और प्रक्रिया।
4. साहित्य, संस्कृति और समाज।

प्रश्न-पत्र-II

उत्तर मराठी में लिखने होंगे

निर्धारित साहित्यिक रचनाओं का मूल पाठ विषयक अध्ययन

इस प्रश्न-पत्र में निर्धारित मूल पाठ्य-पुस्तकों का पढ़ना अपेक्षित होगा और इनमें अभ्यर्थी की आलोचनात्मक योग्यता को जांचने वाले प्रश्न पूछे जाएंगे।

खंड-क

(काव्य)

(1) "स्मृति स्थल"
(2) महात्मा जोतिबा फुले : "शेतकारियाचा आसुद", "सार्वजनिक सत्यधर्म"
(3) एस. वी. केतकर : "ब्राह्मण कन्या"
(4) पी. के. अत्रे : "शास्टांग नमस्कार"
(5) शरच्चंद मुक्तिबोध: "जाना हे बोलातु जेथे"
(6) अद्धव शैल्के : "शीलन"
(7) बाबू राव बागुल : "जेव्हा मी जात चोरली होती"
(8) गौरी देशपांडे : "एकेक पान गालाव्या"
(9) पी. आई. सोनकाम्बले "आठवनीन्चे पक्षी"

खंड-क

(गद्य)

(1) नामदेवान्ची अभंगवाणी
सम्पा, इनामदार, रेलेकर, मिराजकर, माडर्न बुक डिपो, पुणे
(2) "पेन्जान"
सम्पा. - एम. एन. अदवन्त साहित्य प्रसाद केन्द्र, नागपुर
(3) दमयन्ती स्वयंवर
द्वारा-रघुनाथ पंडित
(4) बालकविंची कविता
द्वारा-बालकवि
(5) विशाखा
द्वारा-कुसुमाग्रज
(6) मृदगंध
द्वारा-विन्दा करन्दीकर
(7) जाहिरनामा
द्वारा-नारायण सुर्वे
(8) संध्या कालचे कविता
द्वारा-प्रेस
(9) यां सत्तेत जीव रमात नाही
द्वारा-नामदेव ढसाल

नेपाली

प्रश्न-पत्र-1

उत्तर नेपाली में लिखने होंगे

खंड-क

1. नई भारतीय आर्य भाषा के रूप में नेपाली भाषा के उद्भव और विकास का इतिहास।
2. नेपाली व्याकरण और स्वनिम विज्ञान के मूल सिद्धांत:
   (i) संज्ञा रूप और कोटियां: लिंग, वचन, कारक, विशेषण, सर्वनाम, अव्यय।
   (ii) क्रिया रूप और कोटियां: काल, पक्ष, वाच्य, धातु, प्रत्यय।
   (iii) नेपाली स्वर और व्यंजन।
3. नेपाली भाषा की प्रमुख बोलियां।
4. नेपाली आंदोलन (जैसे हलन्त बहिष्कार, झारोवाद आदि) के विशेष संदर्भ में नेपाली का मानकीकरण तथा आधुनिकीकरण।
5. भारत में नेपाली भाषा का शिक्षण-सामाजिक सांस्कृतिक पक्षों के विशेष संदर्भ में इसका इतिहास और विकास।

खण्ड-ख

1. भारत में विकास के विशेष संदर्भ में नेपाली साहित्य का इतिहास।
2. साहित्य की मूल अवधारणाएं तथा सिद्धांत: काव्य/साहित्य, काव्य प्रयोजन साहित्यक विधाएं, शब्द शक्ति, रस, अलंकार, त्रासदी, कामदी, सौंदर्यशास्त्र, शैली-विज्ञान।
3. प्रमुख साहित्यक प्रवृत्तियां तथा आंदोलन-स्वच्छंदतावाद, यथार्थवाद, अस्तित्ववाद, आयमिक आंदोलन, समकालीन नेपाली लेखन, उत्तर-आधुनिकतावाद।
4. नेपाली लोक साहित्य (केवल निम्नलिखित लोक स्वरूप)-सवाई, झाव्योरी सेलो संगिनी, लहरी।

प्रश्न पत्र-2

उत्तर नेपाली में लिखने होंगे

इस प्रश्न-पत्र में निर्धारित मूल पाठ्य-पुस्तकों को पढ़ना अपेक्षित होगा और इसका प्रारूप इस प्रकार तैयार किया जाएगा जिसमें अभ्यर्थी को आलोचनात्मक योग्यता की परीक्षा हो सके।

खण्ड-क

1. सांता ज्ञान्डिल दास-**उदय लहरी**
2. लेखनाथ पोडायल-**तरूण तापसी** (केवल III, V, VI, XII, XV, XVIII विश्राम)
3. आगम सिंह गिरि-**जालेको प्रतिबिम्ब: रोयको प्रतिध्वनि** (केवल निम्नलिखित कविताएं-प्रसावको, चिच्याहत्संग ब्यूझेको एक रात, छोरोलई, जालेको प्रतिबिम्ब: रोयको प्रतिध्वनि, हमरो आकाशमणी पानी हुन्छा उज्यालो, तिहार)।
4. हरिभक्त कटवाल-**यो जिन्दगी खाई के जिन्दगी:** (केवल निम्नलिखित कविताएं- जीवन; एक दृष्टि, यो जिन्दगी खाई के जिन्दगी, आकाश तारा के तारा, हमिलाई निरधो नासमझा, खाई मन्याता याहां, आत्मादुतिको बलिदान को)।
5. बालकृष्णसाना-**प्रहलाद**

6. मनबहादुर मुखिया–**अंध्यारोमा बांचनेहारू** (केवल निम्नलिखित एकांकी "अंध्यारोमा बांचनेहारू", "सुस्केय")।

खण्ड-ख

1. इंद्र सुन्दास-**सहारा**
2. लिलबहादुर छेत्री-**ब्रह्मपुत्र को छेत्रछाऊ**
3. रूप नारायण सिन्हा-**कथा नवरत्न** (केवल निम्नलिखित कहानियां-बिटेका कुरा, जिम्मेवारी कास्को, धनमातिमको सिनेमा–स्वप्न, विध्वस्त जीवन)।
4. इंद्रबहादुर रॉय–**बिपना कटिपया:** (केवल निम्नलिखित कहानियां–रातभरि हुरि चलयों, जयमया अफृमत्र लेखमाणी अईपुग, भागी, घोप बाबू, छुट्याइयों।
5. सानू लामा-**कथा संपद** (केवल निम्नलिखित कहानियां-स्वास्नी मांछे, खानी तरमा एक दिन फुरबाले गौन छाड्यो, असिनाको मांछे)।
6. लक्ष्मी प्रसाद देवकोटा-**लक्ष्मी निबंध संग्रह** (केवल निम्नलिखित निबंध-श्री गणेशाय नमः नेपाली साहित्य को इतिहासभा, सर्वश्रेष्ठ पुरुष, कल्पना, कला रा जीवन, यथा बुद्धिमान की गुरु)।
7. रामाकृष्ण शर्मा–**दासगोरखा** (केवल निम्नलिखित निबंध-कवि, समाज रा साहित्य, साहित्य मा सापेक्षता, साहित्यिक, रूचिको प्रौढ़ता: नेपाली साहित्य की प्रगति)।

उड़िया

प्रश्न-पत्र-1

उत्तर नेपाली में लिखने होंगे

खंड-क

उड़िया भाषा का इतिहास

(i) उड़िया भाषा का उद्‌भव और विकास, उड़िया भाषा पर ऑस्ट्रिक, द्रविड़, फारसी–अरबी तथा अंग्रेजी का प्रभाव।

(ii) **स्वनिकी तथा स्वनिम विज्ञान:** स्वर, व्यंजन, उड़िया ध्वनियों में परिवर्तन के सिद्धांत।

(iii) **रूप विज्ञान:** रूपिम (निर्वाध, परिबद्ध, समास और सम्मिश्र), व्युत्पतिपरक तथा विभक्ति प्रधान प्रत्यय, कारक विभक्ति, क्रिया संयोजन।

(iv) **काव्य रचना:** वाक्यों के प्रकार और उनका रूपान्तरण, वाक्यों की संरचना।

(v) **शब्दार्थ विज्ञान:** शब्दार्थ, शिष्टोक्ति में परिवर्तन के विभिन्न प्रकार।

(vi) वर्तनी, व्याकरणिक प्रयोग तथा वाक्यों की संरचना में सामान्य अशुद्धियां।

(vii) उड़िया भाषा में क्षेत्रीय भिन्नताएं (पश्चिमी, दक्षिणी और उत्तरी उड़िया) तथा बोलियां (भात्री और देसिया)।

खण्ड-ख

उड़िया साहित्य का इतिहास

(i) विभिन्न कालों में उड़िया साहित्य की ऐतिहासिक पृष्ठभूमि (सामाजिक, सांस्कृतिक तथा राजनैतिक)।

(ii) प्राचीन महाकाव्य, अलंकृत काव्य तथा पदावलियां।

(iii) उड़िया साहित्य का विशिष्ट संरचनात्मक स्वरूप (कोइली, चौतिसा, पोई, चोपदी, चम्पू)।

(iv) काट्‌य, नाटक, कहानी, उपन्यास, निबंध तथा साहित्यिक समालोचना की आधुनिक प्रवृत्तियां।

प्रश्न पत्र-2

उत्तर उड़िया में लिखने होंगे

पाठ्य-पुस्तकों का आलोचनात्माक अध्ययन

इस प्रश्न पत्र में मूल पाठ्य-पुस्तकों को पढ़ना अपेक्षित होगा तथा अभ्यर्थी की आलोचनात्मक योग्यता की परीक्षा ली जाएगी।

खण्ड-क

काव्य

1. सरल दास: **शान्ति पर्व–महाभारत से (प्राचीन)**
2. जगनाथ दास: **भागवत, ग्याहरवां स्कंध जादू अवधूत सम्वाद**

(मध्यकालीन)

3. दीनाकृष्ण दास: **राख कल्लोल**-(16 तथा 34 छंद)
4. उपेन्द्र भांजा: **लावण्यवती**-(1 तथा 2 छंद)

(आधुनिक)

5. राधानाथ राय: **चंद्रभागा**
6. मायाधर मानसिंह: **जीवन चिता**
7. सचिदान्नद राउतराय: **कविता-(1962)**
8. रामाकान्त रथा: **सप्तम ॠतु**

खण्ड-ख

नाटक

9. मनोरजन दास: **काठ घोड़ा**
10. विजय मिश्रा: **ताता निरंजन**

उपन्यास

11. फकीर मोहन सेनापति: **छमना अथगुन्थ**
12. गोपीनाथ मोहनी: **दानापानी**

कहानी

13. सुरेन्द्र मोहनी: **मरलारा मृत्यु**
14. मनोज दास: **लक्ष्मीश अभिसार**

निबंध

15. चितरंजन दास: **तरंग-आं-ताद्धित** (प्रथम पांच निबंध)
16. चंद्र शेखर रथ: **मन सत्यधर्म काहूद्दी** (प्रथम पांच निबंध)

पंजाबी

प्रश्न पत्र-1

उत्तर पंजाबी में गुरमुखी लिपि में लिखने होंगे

भाग-क

(क) **पंजाबी भाषा का उद्भवः** विकास के विभिन्न चरण और पंजाबी भाषा में नूतन विकासः पंजाबी स्वर विज्ञान की विशेषताएं तथा इसकी तानों का अध्ययनः स्वर एवं व्यंजन का वर्गीकरण।

(ख) **पंजाबी रूप विज्ञानः** वचन-लिंग प्रणाली (सजीव एवं असजीव)। उपसर्ग, प्रत्यय एवं परसर्गों की विभिन्न कोटियां । पंजाबी शब्द-रचनाः तत्सम, तद्भव रूपः वाक्य विन्यास, पंजाबी में कर्ता एवं कर्म का अभिप्रायः संज्ञा एवं क्रिया पदबंध।

(ग) **भाषा एवं बोलीः** बोली एवं व्यक्ति बोली का अभिप्रायः पंजाबी की प्रमुख बोलियांः पोथोहारी, माझी, दोआबी, मालवी, पुआधिः सामाजिक स्तरीकारण के आधार पर वाक् परिवर्तन की विधिमान्यता, तानों के विशेष संदर्भ में विभिन्न बोलि के विशिष्ट लक्षण। भाषा एवं लिपिः गुरमुखी का उद्भव और विकासः पंजाबी के लिए गुरमुखी की उपयुक्तता।

(घ) **शास्त्रीय पृष्ठभूमिः** नाथ जोगी सहित।
मध्यकालीन साहित्यः गुरमत, सूफी, किस्सा एवं वार, जनमसाखियां।

भाग-ख

(क) **आधुनिक प्रवृत्तियांः** रहस्यवादी, स्वच्छंदतावादी, प्रगतिवादी एवं **नव-रहस्यवादी** (वीर सिंह, पूरण सिंह, मोहन सिंह, अमृता प्रीतम, बाबा बलवन्त, प्रीतम सिंह, सफीर, जे.एस. नेकी)।
प्रयोगवादीः (जसवीर सिंह अहलूवालिया, रविन्दर रवि, अजायब कमाल)।
सौंदर्यवादीः (हरभजन सिंह, तारा सिंह)।
नव-प्रगतिवादीः (पाशा, जगतार, पातर)।

(ख) **लोक साहित्यः** लोक गीत, लोक कथाएं, पहेलियां, कहावतें।
महाकाव्यः (वीर सिंह, अवतार सिंह आजाद, मोहन सिंह)।
गीतिकाव्यः (गरू, सूफी और आधुनिक गीतकार-मोहन सिंह, अमृता प्रीतम, शिवकुमार, हरभजन सिंह)।

(ग) **नाटकः** (आई. सी. नंदा, हरभजन सिंह, बलवंत गार्गी, एस. एस. सेखों, चरण दास सिद्धू)।
उपन्यासः (वीर सिंह, नानक सिंह, जसवंत सिंह कॅवल, करतार सिंह दुग्गल, सुखबीर, गुरदयाल सिंह, दलीप कौर टिवाणा, स्वर्ण चंदन)।
कहानीः (सुजान सिंह, के. एस. विर्क, प्रेम प्रकाश, वरयाम संधु)।

(घ) **सामाजिक, सांस्कृतिक और साहित्यिक प्रभावः** संस्कृत, फारसी, और पश्चिमी।
निबंधः (पूरण सिंह, तेजा सिंह, गुरबख्श सिंह)।
साहित्यक आलोचनाः (एस. एस. शेखों, अतर सिंह, बिशन सिंह, हरभजन सिंह, नजम हुसैन सैयद)।

प्रश्न-पत्र-2

उत्तर पंजाबी में गुरमुखी लिपि में लिखने होंगे

इस प्रश्नपत्र में निर्धारित मूल पाठ्य पुस्तकों को पढ़ना अपेक्षित होगा और इसका प्रारूप इस प्रकार तैयार किया जाएगा जिससे अभ्यर्थी की आलोचनात्मक योग्यता की परीक्षा हो सके।

भाग-क

(क) **शेख फरीदः** आदि ग्रंथ में सम्मिलित संपूर्ण वाणी।

(ख) **गुरु नानकः** जप जी, बारामाह, आसा दी वार।

(ग) **बुल्ले शाहः** काफियां।

(घ) **वारिस शाहः** हीर।

भाग-ख

(क) **शाह मोहम्मद:** जंगनामा (जंग सिघान ते फिरगियान) धनी राम चात्रिक (कवि): चंदन वारी, सूफी खान, नवांजहां।

(ख) **नानक सिंह (उपन्यासकार):** चिट्टा लहू, पवित्र पापी, एक मयान दो तलवारां।

(ग) **गुरुबख्श सिंह (निबंधकार):** जिन्दगी दी रास, नवां शिवाला, मेरियां अभूल यादां।
बलराज साहनी (यात्रा-विवरण): मेरा रूसी सफरनामा, मेरा पाकिस्तानी सफरनामा।

(घ) **बलवंत गार्गी (नाटककार):** लोहा कुट्ट, धूनी दी अग्ग, सुल्तान रजिया।
संत सिंह सेखों (आलोचक): साहित्यार्थ प्रसिद्ध पंजाबी कवि, पंजाबी कवि शिरोमणि।

संताली

प्रश्न पत्र-I

(उत्तर संताली में लिखने होंगे)

खण्ड-क

भाग-I संताली भाषा का इतिहास

1. प्रमुख आस्ट्रिक भाषा परिवार, आस्ट्रिक भाषाओं की संख्या तथा क्षेत्र विस्तार।
2. संताली की व्याकरणिक संरचना।
3. संताली भाषा की महत्वपूर्ण विशेषताएं:
ध्वनि विज्ञान, रूप विज्ञान, वाक्य विज्ञान, अर्थ विज्ञान, अनुवाद विज्ञान तथा कोश विज्ञान।
4. संताली भाषा का अन्य भाषाओं का प्रभाव।
5. संताली भाषा पर मानकीकरण।

भाग-II संताली साहित्य का इतिहास

1. संताली साहित्य के इतिहास के निम्नलिखित चार कालों की साहित्यिक प्रवृत्तियां।

(क) आदिकाल सन् 1854 ई. के पूर्व का साहित्य।
(ख) मिशनरी काल सन् 1855 ई. से सन् 1889 ई. तक का साहित्य।
(ग) मध्य काल सन् 1890 ई. से सन् 1946 ई. तक का साहित्य।
(घ) आधुनिक काल सन् 1947 ई. से अब तक का साहित्य।

2. संताली साहित्य के इतिहास में लेखन की परम्परा।

खण्ड-ख

साहित्यिक स्वरूप:-निम्नलिखित साहित्यिक स्वरूपों की प्रमुख विशेषताएं, इतिहास और विकास

भाग-I संताली में लोक साहित्य: गीत, कथा, गाथा, लोकोक्तियां, मुहावरे, पहेलियां एवं कुदुम।

भाग-II संताली में शिष्ट साहित्य

1. पद्य साहित्य का विकास एवं प्रमुख कवि।
2. गद्य साहित्य का विकास एवं प्रमुख लेखक:
(क) उपन्यास एवं प्रमुख उपन्यासकार।

(ख) कहानी एवं प्रमुख कहानीकार।
(ग) नाटक एवं प्रमुख नाटककार।
(घ) आलोचना एवं प्रमुख आलोचक।
(ड़) ललित निबंध, रेखाचित्र, संस्मरण, यात्रा वृतान्त आदि-प्रमुख लेखक।

संताली साहित्यकार:

श्याम सुन्दर हेम्ब्रम, पं. रघुनाथ मुरम, बाड़हा बेसरा, साधु रामचाँद मुरम, नारायण **सोरेन** 'तोड़े सुतोम', सारदा प्रसाद किरकु, रघुनाथ टुडू, कालीपद सोरेन, साकला सोरेन, दिगम्बर, हाँसदा, आदित्य मित्र 'संताली', बाबूलाल मुरम 'आदिवासी', यदुमनी बेसरा, अर्जुन हेम्ब्रम कृष्ण चन्द्र टुडू, रूप चाँद हाँसदा, कलेन्द्र नाथ माण्डी, महादेव हाँसदा, गौर चन्द्र मुरमू, ठाकुर प्रसाद मुरमू, हर प्रसाद मुरमू, उदय नाथ मांझी, परिमल हेम्ब्रम, धीरेन्द्रे नाथ वारके, श्याम चरण हेम्ब्रम, दमयन्ती बेसरा, टी. के. रापाज, बोयहा विश्वनाथ टुडू।

भाग-III संताली में सांस्कृतिक विरासतः

रीति रिवाज, पर्व-त्योहार एवं संस्कार (जन्म, विवाह एंव मृत्यु)।

संताली

प्रश्न-पत्र-II

(उत्तर संताली में लिखने होंगे)

खण्ड-क

इस प्रश्न-पत्र में निर्धारित पाठ्य-पुस्तकों का मूल अध्ययन आवश्यक है। परीक्षा में उम्मीदवार की आलोचनात्मक क्षमता को जांचने वाले प्रश्न पूछे जाएंगे।

भाग-1 प्राचीन साहित्य

गद्य

1. खेरवाल बोंसा धोरोम पुथी-मांझी रामदास टुडू "रसिका"।
2. मारे हापडामको रेबाक काथा-एल. ओ. स्क्रेपसंरूड।
3. जोमसिम बिन्ती लिटा-मंगल चन्द्र तुइकूलुमाड. सोरेन।
4. माराड. बुरू बिनती-कानाईलाल टुडू।

पद्य

1. काराम सेरेब-नुनकू सोरेन।
2. देवी दासांय सेरेत्र-मानिन्द हांसबा।
3. होड सेरेब-डबलि. बी. अबीर।
4. बाहा सेरेत्र-बलराम टुडू।
5. दोड सेरेत्र-पद्मश्री भागवत मुरमू ठाकुर।
6. होर सेरेत्र-रघुनाथ मुरमू।
7. सोरोंस सेरेत्र-बाबुलाल मुरमू 'आदिवासी'।
8. मोडे सिब मोडे त्रिदा-रूप चाँद हाँसदा:।
9. जुडासी माडवा लातार-तेज नारायण मुरमू।

खण्ड-ख

आधुनिक साहित्य

भाग-I कविता

1. ओनोडहें बाहाय डालवाक्-पाउल जुझार सोरेन।
2. असाड बिनती-नारायण सोरेन 'तोड़े सुताम'।
3. चाँद माला-गोरा चाँद टुडू।
4. अनतो बाहा माला-आदित्य मित्र 'संताली'।
5. तिरयी तेताड़-हरिहर हाँसदा:।
6. सिसिरजोन राड़-ठाकुर प्रसाद मुरंमू।

भाग-II उपन्यास

1. हाडमावाक्आतो-आर. कार्सटियार्स (अनुवादक-आर. आर. किस्कू रापाज)।
2. सानू साती-चन्द्र मोहन हाँसद।
3. आतू आडाके-डोमन हाँसदा:।
4. आजोस गाडा ढिप रे-नाथनियल मुरमू।

भाग-III कहानी

1. नियोन गाडा-रूपचाँद हाँसदा: एवं यदुमनी बेसरा।
2. माया जाल-डोमन साहु 'समीर' एवं पद्मश्री भागवत मुर्मू 'ठाकुर'।

भाग-IV नाटक

1. खेरवाड़ बिर-पं. रघुनाथ मुरमू।
2. जुरी खातिर-डा. कृष्ण चन्द्र टुडू।
3. बिरसा बिर-रबिलाला टुडू।

भाग-V जीवन साहित्य

1. **संताल को रेन मायाड. गोहाको-डा. विश्वनाथ हाँसदा।**

सिन्धी

प्रश्न पत्र-I

(उत्तर सिंधी अरबी अथवा देवनागरी लिपि में लिखना होगा)

खण्ड-क

1. (क) सिंधी भाषा का उद्भव और विकास-विभिन्न विद्वानों के मत।
   (ख) स्वर विज्ञान, आकृति विज्ञान एवं वाक्य विन्यास के साथ सिंधी भाषा के सहित सिंधी की महत्वपूर्ण भाषा वैज्ञानिक विशेषताएं।
   (ग) सिंधी भाषा की प्रमुख बोलियां।
   (घ) विभाजन के पहले और विभाजन के बाद की अवधियों में सिंधी शब्दावली और उनके विकास के चरण।

(ङ) सिंधी की विभिन्न लेखन प्रणालियों (लिपियों) का ऐतिहासिक अध्ययन।

(च) विभाजन के बाद अन्य भाषाओं और सामाजिक स्थितियों के प्रभाव के चलते भारत में सिंधी भाषा की संरचना में परिवर्तन।

खण्ड-ख

2. **विभिन्न युगों के सामाजिक-सांस्कृतिक संदर्भ में सिंधी-साहित्यः**

(क) लोक साहित्य समेत सन् 1350 ई. तक का प्रारंभिक मध्यकालीन साहित्य।

(ख) सन् 1350 ई. से 1850 ई. तक का परवर्ती मध्यकालीन साहित्य।

(ग) सन् 1850 ई. से 1947 ई. तक का पुनर्जागरण काल।

(घ) आधुनिक काल सन् 1947 ई. से आगे।

(आधुनिक सिंधी साहित्य की साहित्यिक विधाएं और कविता, नाटक, उपन्यास, कहानी निबंध, साहित्यिक आलोचना, जीवनी, आत्मकथा, संस्मरण और यात्रा विवरणों में प्रयोग)।

प्रश्न पत्र-II

(उत्तर सिंधी अरबी अथवा देवनागरी लिपि में लिखना होगा)

इस प्रश्न-पत्र में निर्धारित मूल पाठ्य-पुस्तकों को पढ़ना अपेक्षित होगा और इसका प्रारूप इस प्रकार किया जाएगा जिससे अभ्यर्थी की आलोचनात्मक योग्यता की परीक्षा हो सके।

खण्ड-क

इस खंड में पाठ्य पुस्तकों की सप्रसंग व्याख्याएं और आलोचनात्मक विश्लेषण होंगे।

I. काव्य

(क) ''शाह जो चूण्डा शायर '', संपादक : एच. आई. सदरानगणी; साहित्य अकादमी द्वारा प्रकाशित (प्रथम सौ पृष्ठ)।

(ख) ''साचल जो चूण्ड कलाम'' संपादक : कल्याण बी. आडवाणी; साहित्य अकादमी द्वारा प्रकाशित (सिर्फ कापिस)।

(ग) ''सामी-ए-जा चंद श्लोक''; संपादकः बी. एच. नागराणी; साहित्य अकादमी द्वारा प्रकाशित (प्रथम सौ पृष्ठ)।

(घ) ''शायर-ए-बेवास''; किशिनचंद बेवास (सिर्फ सामुन्डी सिपुन भाग)।,

(ङ) ''रौशन छंवरो''; नारायण श्याम।

(च) ''विरहंगे खानपोई जी सिंधी शायर जी चूण्ड''; संपादकः एच. आई. सदरानगणी; साहित्य अकादमी द्वारा प्रकाशित।

II. नाटक

(क) ''बेहतरीन सिंधी नाटक'' (एकांकी) एम. ख्याल द्वारा संपादित; गुजरात सिंधी अकादमी द्वारा प्रकाशित।

''काको कालूमल'' (पूर्णावधि नाटक): मदन जुमाणी।

खण्ड-ख

इस खंड में पाठ्य-पुस्तकों की सप्रसंग व्याख्याएं और आलोचनात्क विश्लेषण होंगे।

(क) पाखीअरा बालार खान विछड़ूया (उपन्यास) गोविन्द माल्ही।

(ख) सत् दीन्हण (उपन्यास): कृशिन सतवाणी।

(ग) चूण्ड सिंधी कहानियां (कहानियां) भाग-III; संप्रादक: प्रेम प्रकाश; साहित्य अकादमी द्वारा प्रकाशित

(घ) ''बंधन'' (कहानियां) सुंदरी उत्तमचंदानी।

(ङ) ''बेहतरीन सिंधी मजमून'' (निबंध); संप्रादक: हीरो ठाकुर; गुजरात साहित्य अकादमी द्वारा प्रकाशित।

(च) ''सिंधी तनकीद'' (आलोचना); संप्रादक: वासवानी; साहित्य अकादमी द्वारा प्रकाशित।

(छ) ''मुमहीनजी हयाती-ए-जा-सोना रूपा वर्का'' (आत्मकथा); पोपाटी हीरानंदानी।

(ज) ''हा.चोइथ्रम गिडवानी'' (जीवनी): विष्णु शर्मा।

तमिल

प्रश्न-पत्र-1

उत्तर तमिल में देने होंगे

खंड-क

भाग-1: तमिल भाषा का इतिहास

प्रमुख भारतीय भाषा परिवार-भारतीय भाषाओं में, विशेषकर द्रविड़ परिवार में तमिल कास्थान-द्रविड़ भाषाओं की संख्या तथा क्षेत्र विस्तार।

संगम साहित्य की भाषा-मध्यकालीन तमिल: पल्लव युग की भाषा के संदर्भ-संज्ञा, क्रिया, विशेषण का ऐतिहासिक अध्ययन-तमिल में काल सूचक प्रत्यय तथा कारक चिह्न।

तमिल भाषा में अन्य भाषाओं से शब्द ग्रहण-क्षेत्रीय तथा सामाजिक बोलियां-तमिल में लेखन की और बोलचाल की भाषा में अंतर।

भाग-2: तमिल साहित्य का इतिहास

तोलकाप्पियम-संगम साहित्य-अकम और पुरम की काव्य विधाएं-संगम साहित्य की पंथनिरपेक्ष विशेषताएं-नीतिपरक साहित्य का विकास; सिलप्पदिकारम और मणिमेखलै।

भाग-3: भक्ति साहित्य (आलवार और नायनमार)-

आलवारों के साहित्य में सखी भाव (ब्राइडल मिस्टिरिज)-छुटपुट साहित्यिक विधाएं (तट्टु, उला, परणि, कुरवंजि)।

आधुनिक तमिल साहित्य के विकास के सामाजिक कारक: उपन्यास, कहानी और आधुनिक कविता-आधुनिक लेखन पर विभिन्न राजनीतिक विचारधाराओं का प्रभाव।

खण्ड-(ख)

भाग-1: तमिल के अध्ययन में नई प्रवृत्तियां

समालोचना के उपागम: सामाजिक, मनोवैज्ञानिक, ऐतिहासिक, तथा नैतिक-समालोचना का प्रयोग-साहित्य के विविध उपादान: उल्लरै (लक्षणा), तोणमम (मिथक), (ओतुरूवगम) (कथा रूपक), अगंदम (व्यंग्य), मेयप्पाडु, पडियम (बिंब), कुरियीडु (प्रतीक), इरूण्मै (अनेकार्थकता)- तुलनात्मक साहित्य की अवधारणा-तुलनात्मक साहित्य के सिद्धांत।

भाग-2: तमिल में लोक साहित्य

गाथाएं, गीत, लोकोक्तियां और पहेलियां-तमिल लोक गाथाओं का समाज वैज्ञानिक अध्ययन। अनुवाद की उपयोगिता-तमिल की कृतियों का अन्य भाषाओं में अनुवाद-तमिल में पत्रकारिता का विकास।

भाग-3: तमिल की सांस्कृतिक विरासत

प्रेम और युद्ध की अवधारणा-अरम की अवधारणा-प्राचीन तमिलों द्वारा युद्ध में अपनाई गई नैतिक संहिता। पांचों लिणै क्षेत्रों की प्रथाएं, विश्वास, रीति-रिवाज तथा उपासना विधि।

उत्तर-संगम साहित्य में अभिव्यक्त सांस्कृतिक परिवर्तन-मध्यकाल में सांकृतिक सम्मिश्रण (जैन तथा बौद्ध)। पल्लव, परवर्ती चौल तथा नायक के विभिन्न युगों में कलाओं और वास्तुकला का विकास। तमिल समाज पर विभिन्न राजनीतिक, सामाजिक, धार्मिक तथा सांस्कृतिक आंदोलनों का प्रभाव। समकालीन तमिल समाज के सांस्कृतिक परिवर्तन में जन माध्यमों की भूमिका।

तमिल

प्रश्न-पत्र-2

उत्तर तमिल में लिखने होंगे

इस प्रश्न-पत्र में निर्धारित पाठ्य-पुस्तकों का मूल अध्ययन आवश्यक है। परीक्षा में उम्मीदवार की आलोचनात्मक क्षमता को जांचने वाले प्रश्न पूछे जाएंगे।

खण्ड-क

भाग-1 : प्राचीन साहित्य

1. कुरून्तोकै (1 से 25 तक कविताएं)
2. पुरनानूरू (182 से 200 तक कविताएं)
3. तिरूक्कुरल (तोरूल पाल: अरसियलुम अमैच्चियलुम) (इरैमाट्चि से अवेअंजामै तक)

भाग-2 : महाकाव्य

1. सिलप्पदिकारम (मदुरै कांडम)
2. कंब रामायणम् (कुंभकर्णन वदै पडलम)

भाग-3 : भक्ति साहित्य

1. तिरूवाचक 'र' म : नीतल विण्णप्पम
2. विरूप्पावे (सभी-पद)

खण्ड-ख

आधुनिक साहित्य

भाग-1 : कविता

1. भारतियार : कण्णन पाट्टु
2. भारती दासन : कुटुम्ब विलक्कु
3. ना. कामरासन : करूप्पु मलरकल

गद्य

1. मु. वरदराजनार : अरमुम अरसियलुम
2. सी. एन. अण्णादुरै : ऐ, तालन्द तमिलनगम।

भाग-2 : उपन्यास, कहानी और नाटक

1. अकिलन : चित्तिरप्पावै
2. जयकांतन : गुरूकपीडम

भाग-3 : लोक साहित्य

1. मत्तुप्पाट्टन कतै : न. वानमामलै (सं.) प्रकाशनः मदुरै कामराज विश्वविद्यालय, मदुरै
2. मलैयरूवि : कि. वा. जगत्राथन (सं.)
   प्रकाशन : सरस्वती महल, तंजाऊर

तेलुगु

उत्तर तेलुगु में लिखने होंगे

खण्ड-क : भाषा

1. द्रविड़ भाषाओं में तेलुगु का स्थान और इसकी प्राचीनता-तेलुगु, तेलुगु और आंध्र का व्युत्पति - आधारित इतिहास।
2. आद्य-द्रविड़ से प्राचीन तेलुगु तक और प्राचीन तेलुगु से आधुनिक तेलुगु तक स्वर रूपज्ञानीय, व्याकरणिक और वाक्यगत स्तरों में मुख्य भाषायी परिवर्तन।
3. कलासिकी तेलुगु की तुलना में बोलचाल की व्यावहारिक तेलुगु का विकास-औपचारिक और कार्यात्मक दृष्टि से तेलुगु भाषा की व्याख्या।
4. तेलुगु भाषा पर अन्य भाषाओं का प्रभाव।
5. तेलुगु भाषा का आधुनिकीकरण :

(क) भाषायी तथा साहित्यिक आंदोलन और तेलुगु भाषा के आधुनिकीकरण में उनकी भूमिका।

(ख) तेलुगु भाषा के आधुनिकीकरण में प्रचार माध्यमों की भूमिका (अखबार, रेडियो, टेलिविज़न आदि)।

(ग) वैज्ञानिक और तकनीकी सहित विभिन्न विमर्शों के बीच तेलुगु भाषा में नए शब्द गढ़ते समय पारिभाषिकी और क्रियाविधि से संबंधित समस्याएं।

6. तेलुगु भाषा की बोलियां-प्रादेशिक और और सामाजिक भिन्नताएं तथा मानकीकरण की समस्याएं।
7. वाक्य-विन्यास-तेलुगु वाक्यों के प्रमुख विभाजन सरल, मिश्रित और संयुक्त वाक्य-संज्ञा और क्रिया-विधेयन-नामिकीकरण और संबंधीकरण की प्रक्रियाएं-प्रत्यक्ष और परोक्ष प्रस्तुतीकरण-परिवर्तन प्रक्रियाएं।
8. अनुवाद की समस्यााएं-सांस्कृतिक, सामाजिक और मुहावरा-संबंधी अनुवाद की विधियां-अनुवाद के क्षेत्र में विभिन्न दृष्टिकोण-साहत्यिक तथा अन्य प्रकार के अनुवाद-अनुवाद के विभिन्न उपयोग।

खण्ड-ख : साहित्य

1. नान्नय-पूर्व काल में साहित्य-मार्ग और देसी कविता।
2. नान्नय-काल-आंध्र महाभारत की ऐतिहासिक और साहत्यिक पृष्ठभूमि।
3. शेष कवि और उनका योगदान-द्विपाद, सातक, रागद, उदाहरण।
4. तिक्कन और तेलुगु साहित्य में तिक्कन का स्थान।

5. एरेना और उनकी साहित्यिक रचनाएं-नवन सोमन और काव्य के प्रति उनका नया दृष्टिकोण।
6. श्रीनाथ और पोतन-उनकी रचनाएं तथा योगदान।
7. तेलुगु साहित्य में भक्ति कवि-तल्लपक अन्नामैया, रामदासु त्यागैया।
8. प्रबंधों का विकास-काव्य और प्रबंध।
9. तेलुगु साहित्य की दक्खिनी विचारधारा-रघुनाथ नायक, चेमाकुर वेंकटकवि और महिला कवि -साहित्य-रूप जैसे यक्षगान, गद्य और पदकविता।
10. आधुनिक तेलुगु साहित्य-रूप-उपन्यास, कहानी, नाटक, नाटिका और काव्य रूप।
11. साहित्यिक आंदोलन: सुधार आंदोलन, राष्ट्रवाद, नवक्लासिकीवाद, स्वच्छन्दतावाद और प्रगतिवादी, क्रांतिकारी आंदोलन।
12. दिगम्बरकाबुलु, नारीवादी और दलित साहित्य।
13. लोकसाहित्य के प्रमुख विभाजन-लोक कलाओं का प्रस्तुतीकरण।

प्रश्न-पत्र-2

उत्तर तेलुगु में लिखने होंगे

इस प्रश्न-पत्र में निर्धारित मूल पाठ्य-पुस्तकों का अध्ययन अपेक्षित होगा और ऐसे प्रश्न पूछे जाएगे जिससे अभ्यर्थी की निम्नलिखित विषयों से सम्बन्धित आलोचनात्मक क्षमता की जांच हो सके:

(i) सौंदर्यपरक दृष्टिकोण-रस, ध्वनि, वक्रोक्ति और औचित्य-रूप संबंधी और संरचनात्मक-बिम्ब योजना और प्रतीकवाद।

(ii) समाज शास्त्रीय, ऐतिहासिक, आदर्शवादी और मनोवैज्ञानिक दृष्टिकोण।

खण्ड क

1. नान्नय-दुष्यंत चरित्र (आदि पर्व चौथा सर्ग छंद 5-109)
2. तिक्कन-श्री कृष्ण रायबरामु (उद्योग पर्व-तीसरा सर्ग छंद 1-144)
3. श्रीनाथ-गुना निधि कथा (कासी खंडम-चोथा सर्ग छंद 76-133)
4. पिंगली सुरन-सुगत्रि सलिनुलकथा (कलापुर्णोदयामु-चौथा सर्ग छंद 60-142)
5. मोल्ला-रामायनामु (अवतारिक सहित बाल कांड)
6. कसुल पुरुषोत्तम कवि-आंध्र नायक सतकामु।

खण्ड ख

7. गुर्जद अप्पा राव-अनिमुत्थालु (कहानियां)
8. विश्वनाथ सत्यनारायण-आंध्र प्रशस्ति
9. देवुलापल्लि कृष्ण शास्त्री-कृष्णपक्षम (उर्वशी और प्रवसम को छोड़कर)
10. श्री श्री महाप्रस्थानम्
11. जशुवा-गब्बिलम (भाग-1)
12. श्री नारायण रेड्डी-कर्पूरवसन्ता रायालु
13. कनुपरति वरलक्षम्मा-शारदा लेखालु (भाग-1)
14. आत्रेय-ए. जी. ओ.
15. रच कोंड विश्वनाथ शास्त्री-अल्पजीवी

उर्दू (Urdu)

प्रश्न पत्र - I

(उत्तर उर्दू में लिखने होंगे)

खंड (क)

उर्दू भाषा का विकास :

(क) भारतीय-आर्य भाषा का विकास-
- (i) प्राचीन भारतीय-आर्य
- (ii) मध्ययुगीन भारतीय-आर्य
- (iii) अर्वाचीन भारतीय-आर्य

(ख) पश्चिमी हिन्दी तथा इसकी बोलियां, जैसे ब्रजभाषा, खड़ी बोली, हरियाणावी, कन्नौजी, बुंदेली। उर्दू भाषा के उद्‌भव से संबंधित सिद्धांत।

(ग) दक्खिनी उर्दू-उद्‌भव और विकास-इसकी महत्वपूर्ण भाषा मूलक विशेषताएं।

(घ) उर्दू भाषा के सामाजिक और सांस्कृतिक आधार और उनके विभेदक लक्षण; लिपि, स्वर, विज्ञान, आकृति विज्ञान, शब्द भंडार।

खंड - (ख)

(क) विभिन्न विधाएं और उनका विकास-
- (i) **कविता :** गज़ल, मसनवी, क़सीदा, मर्सिया, रूबाई, जदीदा नज्म।
- (ii) **गद्य :** उपन्यास, कहानी, दास्तान, नाटक, इंशाइया, खुतूत, जीवनी।

(ख) निम्नलिखित की महत्वपूर्ण विशेषताएं-
- (i) दक्खिनी, दिल्ली और लखनऊ शाखाएं।
- (ii) सर सैयद आन्दोलन, स्वच्छंदतावादी आन्दोलन, प्रगतिशील आन्दोलन, आधुनिकतावाद।

(ग) साहित्यिक आलोचना और उसके विकासः हाली, शिबली, क्लीमुद्दीन अहमद, एहतेशाम, हुसैन, आले अहमद सुरूर।

(घ) निबन्ध लेख (साहित्यिक और कल्पना प्रधान विषयों पर)

प्रश्न पत्र - II

(उत्तर उर्दू में लिखने होंगे)

इस प्रश्न पत्र में निर्धारित मूल पाठ्य पुस्तकों को पढ़ना अपेक्षित होगा और इसका प्रारूप इस प्रकार तैयार किया जाएगा जिससे अभ्यर्थी की आलोचनात्मक योग्यता की परीक्षा हो सके।

खंड - (क)

1. मीर अम्मान – बागोबहार
2. गालिब – इन्तिखाब-ए-खुतूत-ए गालिब
3. मोहम्मद हुसैन आजाद – नैरंग-ए-ख्याल
4. प्रेमचंद – गोदान
5. राजेन्द्र सिंह बेदी – अपने दुःख मुझे दे दो
6. अबुल कलाम आजाद – गुबार-ए-खातिर

खंड - (ख)

1. मीर – इन्तिखाव-ए-मीर (संपादक : अब्दुल हक)
2. मीर हसन – सहरूल बयां
3. ग़ालिब – दीवान-ए-ग़ालिब
4. इकबाल – बाल-ए-ज़िबरैल
5. फिराक – गुल-ए-नग़मा
6. फ़ैज – दस्त-ए-सबा
7. अखतरुलामीन – बिंत-ए-लम्हात

नोट : पाठकों की सुविधा हेतु क्षेत्रीय भाषाओं (अहिन्दी) के साहित्यों के पाठ्यक्रम यहां हटा दिए गए हैं।

प्रबंध (Management)

अभ्यर्थी को प्रबंध की विज्ञान और कला के रूप में संकल्पना और विकास का अध्ययन करना चाहिए और प्रबंध के अग्रणी विचारकों के योगदान को आत्मसात करना चाहिए तथा कार्यनीतिक एवं प्रचालनात्मक परिवेश को दृष्टिगत रखते हुए इसकी संकल्पनाओं को वास्तविक शासन एवं व्यवसाय निर्णयन में प्रयोग में लाना चाहिए।

प्रश्न पत्र - I

1. **प्रबंधकीय कार्य एवं प्रक्रिया** : प्रबंध की संकल्पना एवं आधार, प्रबंध चिंतन का विकास; प्रबंधकीय कार्य - आयोजना, संगठन, नियंत्रण; निर्णयन; प्रबंधक की भूमिका, प्रबंधकीय कौशल; उद्यमवृत्ति; नवप्रवर्तन प्रबंध; विश्वव्यापी वातावरण में प्रबंध, नम्य प्रणाली प्रबंधन; सामाजिक उत्तरदायित्व एवं प्रबंधकीय आचारनीति; प्रक्रिया एवं ग्राहक अभिनिव्यास; प्रत्यक्ष एवं अप्रत्यक्ष मूल्यशृंखला पर प्रबंधकीय प्रक्रियाएं।
2. **संगठनात्मक व्यवहार एवं अभिकल्प** : संगठनात्मक व्यवहार का संकल्पनात्मक निदर्श; व्यष्टि प्रक्रियाएं - व्यक्तित्व, मूल्य एवं अभिवृत्ति, प्रत्यक्षण, अभिप्रेरण, अधिगम एवं पुनर्वलन, कार्य तनाव एवं तनाव प्रबंधन; संगठन व्यवहार की गति की - सत्ता एवं राजनीति द्वन्द्व एवं वार्ता, नेतृत्व प्रक्रिया एवं शैलियां संप्रेषण; संगठनात्मक प्रक्रियाएं - निर्णयन, कृत्यक अभिकल्प; संगठनिक अभिकल्प के क्लासिकी, नवक्लासिकी एवं आपात उपागम; संगठनात्मक सिद्धांत एवं अभिकल्प - संगठनात्मक, संस्कृति, सांस्कृतिक अनेकता प्रबंधन, संगठन अधिगम; संगठनात्मक परिवर्तन एवं विकास; ज्ञान आधारित उद्यम - प्रणालियां एवं प्रक्रियाएं) जालतंत्रित एवं आभासी संगठन।
3. **मानव संसाधन प्रबंधन** : मानव संसाधन की चुनौतियां; मानव संसाधन प्रबंधन के कार्य; मानव संसाधन प्रबंध की भावी चुनौतियां; मानव संसाधानों का कार्यनीतिक प्रबंध; मानव संसाधन आयोजना; कृत्यक विश्लेषण; कृत्यक मूल्यांकन, भर्ती एवं चयन; प्रशिक्षण एवं चयन; प्रशिक्षण एवं विकास, पदोन्नति एवं स्थानांतरण; निष्पादन प्रबंध; प्रतिकर प्रबंध एवं लाभ; कर्मचारी मनोबल एवं उत्पादकता; संगठनात्मक वातावरण एवं औद्योगिक संबंध प्रबंध; मानव संसाधन लेखाकरण एवं लेखा परीक्षा; मानव संसाधन सूचना प्रणाली; अंतर्राष्ट्रीय मानव संसाधन प्रबंध।

4. **प्रबंधक के लिए लेखाकरण** : वित्तीय लेखाकरण - संकल्पना महत्व एवं क्षेत्र, सामान्यतया स्वीकृत सिद्धांत, तुलनपत्र के विश्लेषण एवं व्यवसाय आय मापन के विशेष संदर्भ में वित्तीय विवरणों को तैयार करना, सामग्री सूची मूल्यांकन एवं मूल्यह्रास, वित्तीय विवरण विश्लेषण, निधि प्रवाह विश्लेषण, नकदी प्रवाह विवरण, प्रबंध लेखकरण - संकल्पना, आवश्यकता, महत्व एवं क्षेत्र; लागत लेखाकर - अभिलेख एवं प्रक्रियाएं, लागत लेजर एवं नियंत्रण लेखाएं, वित्तीय एवं लागत लेखाओं के बीच समाधान एवं समाकलन; ऊपरी लागत एवं नियंत्रण, कृत्यक एवं प्रक्रिया लागत आकलन, बजट एवं बजटीय नियंत्रण, निष्पादन बजटन, शून्यधारित बजटन, संगत लागत - आकलन एवं निर्णयन लागत - आकलन, मानक लागत - आकलन एवं प्रसरण विश्लेषण, सीमांत लागत आकलन एवं अवशोषण लागत - आकलन।

5. **वित्तीय प्रबंध** : वित्त कार्य के लक्ष्य; मूल्य एवं प्रति लाभ की संकल्पनाएं; बांडों एवं शेयरों का मूल्यांकन; कार्यशील पूंजी का प्रबंध; प्राक्कलन एवं वित्तीयन; नकदी, प्राप्यों, सामग्री सूची एवं चालू देयताओं का प्रबंधन; पूंजी लागत, पूंजी बजटन; वित्तीय एवं प्रचालन लेवरेज; पूंजी संरचना अभिकल्प; सिद्धांत एवं व्यवहार; शेयरधारक मूल्य सृजन; लाभांश नीति, निगम वित्तीय नीति एवं कार्यनीति, निगम कुर्की एवं पुनर्संरचना कार्यनीति प्रबंध; पूंजी एवं मुद्रा बाजार; संस्थाएं एवं प्रपत्र; पट्टे पर देना, किराया खरीद एवं जोखिम पूंजी; पूंजी बाजार विनियमन; जोखिम एवं प्रतिलाभ : मोर्टफोलियो सिद्धांत, CAPM; APT; वित्तीय व्युत्पन्न : विकल्प फ्यूचर्स, स्वैप; वित्तीय क्षेत्रक में अभिनव सुधार।

6. **विपणन प्रबंध** : संकल्पना, विकास एवं क्षेत्र; विपणन कार्यनीति सूत्रीकरण एवं विपणन योजना के घटक; बाजार का खंडीकरण एवं लक्ष्योन्मुखन; प्रण्य का अवस्थानन एवं विभेदन; प्रतियोगिता विश्लेषण; उपभोक्ता बाजार विश्लेषण; औद्योगिक क्रेता व्यवहार; बाजार अनुसंधान; उत्पाद कार्यनीति; कीमत निर्धारण कार्यनीतियां; विपणन सरणियों का अभिकल्पन एवं प्रबंधन; एकीकृत विपणन संचार; ग्राहक संतोष का निर्माण, मूल्य एवं प्रतिधारण; सेवाएं एवं अ-लाभ विपणन; विपणन में आचार, ग्राहक सुरक्षा, इंटरनेट विपणन, खुदरा प्रबंध; ग्राहक संबंध प्रबंध; साकल्यवादी विपणन की संकल्पना।

प्रश्न पत्र - II

---

1. **निर्णयन की परिमाणात्मक प्रविधियां** : वर्णनात्मक सांख्यिकी : सारणीबद्ध, आलेखीय एवं सांख्यिकी विधियां, प्रायिकता का विषय प्रवेश, असंतत एवं संतत प्रायिकता बंटन, आनुमानिक सांख्यिकी - प्रतिदर्शी बंटन, केन्द्रीय सीमा प्रमेय, माध्यों एवं अनुपातों के बीच अंतर के लिए परिकल्पना परीक्षण, समष्टि प्रसरणों के बारे में अनुमान, काई - स्क्वैयर एवं ANOVA, सरल सहसंबंध एवं समाश्रयण, कालश्रेणी एवं पूर्वानुमान, निर्णय सिद्धांत, सूचकांक; रैखिक प्रोग्रामन - समस्या सूत्रीकरण, प्रसमुच्चय विधि एवं आलेखीय हल, सुग्रहिता विश्लेषण।

2. **उत्पादन एवं व्यापार प्रबंध** : व्यापार प्रबंध के मूलभूत सिद्धांत; उत्पादनार्थ आयोजना; समस्त उत्पादन आयोजना, क्षमता आयोजना, संयंत्र अभिकल्प : प्रक्रिया आयोजना, संयंत्र आकार एवं व्यापार मान, सुविधााओं का प्रबंधन; लाईन संतुलन; उपकरण प्रतिस्थापन एवं अनुरक्षण; उत्पादन नियंत्रण; पूर्तिश्रृंखला प्रबंधन - विक्रेता मूल्यांकन एवं लेखापरीक्षा; गुणता प्रबंधन; सांख्यिकी प्रक्रिया नियंत्रण, षड सिग्मा, निर्माण प्रणालियों में नम्यता एवं स्फूर्ति; विश्व श्रेणी का निर्माण;

परियोजना प्रबंधन संकल्पनाएं, अनुसंधान एवं विकास प्रबंध, सेवा व्यापार प्रबंध; सामग्री प्रबंधन की भूमिका एवं महत्व, मूल्य विश्लेषण निर्माण अथवा क्रय निर्णयन; सामग्री सूची नियंत्रण, अधिकतम खुदरा कीमत; अपशेष प्रबंधन।

3. **प्रबंध सूचना प्रणाली** : सूचना प्रणाली का संकल्पनात्मक आधार; सूचना सिद्धांत; सूचना प्रणाली प्रकार; प्रणाली विकास - प्रणाली एवं अभिकल्प विहंगावलोकन; प्रणाली विकास प्रबंध जीवन - चक्र, ऑनलाइन एवं वितरित परिवेशों के लिए अभिकल्पन; परियोजना कार्यान्वयन एवं नियंत्रण; सूचना प्रौद्योगिकी की प्रवृतियां; आंकड़ा संसाधन प्रबंधन - आंकड़ा आयोजना; DOsQ एवं RDBMS; उद्यम संसाधन आयोजना (ERP), विशेष प्रणाली, E-बिजनेस आर्किटेक्चर, ई-गवर्नेस, सूचना प्रणाली आयोजना, सूचना प्रणाली में नम्यता; उपयोक्ता संबद्धता; सूचना प्रणाली का मूल्यांकन।

4. **सरकार व्यवसाय अंतरापृष्ठ** : व्यवसाय में राज्य की सहभगिता, भारत में सरकार, व्यवसाय एवं विभिन्न वाणिज्य मंडलों तथा उद्योग के बीच अन्योन्यक्रिया; लघु उद्योगों के प्रति सरकार की नीति; नए उद्यम की स्थापना हेतु सरकार की अनुमति; जन वितरण प्रणाली; कीमत एवं वितरण पर सरकारी नियंत्रण; उपभोक्ता संरक्षण अधिनियम (CPA) एवं उपभोक्ता अधिकारों के संरक्षण के संरक्षण में स्वैच्छिक संस्थाओं की भूमिका; सरकार की नई औद्योगिक नीति; उदारीकरण अ-विनियमन एवं निजीकरण; भारतीय योजना प्रणाली; पिछड़े क्षेत्रों के विकास के संबंध मं सरकारी नीति; पर्यावरण संरक्षण हेतु व्यवसाय एवं सरकार के दायित्व; निगम अभिशासन; साइबर विधियां।

5. **कार्यनीतिक प्रबंध** : अध्ययन क्षेत्र के रूप में व्यवसाय नीति; कार्यनीतिक प्रबंध का स्वरूप एवं विषय क्षेत्र, सामरिक आशय, दृष्टि उद्देश्य एवं नीतियां; कार्यनीतिक आयोजना प्रक्रिया एवं कार्यान्वयन; परिवेशीय विश्लेषण एवं आंतरिक विश्लेषण, SWOT विश्लेषण, कार्यनीतिक विश्लेषण हेतु उपकरण एवं प्रविधियां - प्रभाव आव्यूह : अनुभव वक्र, BCG आव्यूह, GEC बहुलक, उद्योग विश्लेषण, मूल्य शृंखला की संकल्पना; व्यवसाय प्रतिष्ठान की कार्यनीतक परिच्छेदिका; प्रतयोगिता विश्लेषण हेतु ढांचा; व्यवसाय प्रतिष्ठान का प्रतियोगी लाभ; वर्गीय प्रतियोगी कार्यनीतियां; विकास कार्यनीति - विस्तार, समाकलन एवं विशाखन; क्रोड़ सक्षमता की संकल्पना, कार्यनीतिक नम्यता; कार्यनीति पुनराविस्कार; कार्यनीति एवं संरचना; मुख्य कार्यालक एवं परिषद; टर्नअराउंड प्रबंधन; प्रबंधन एवं कार्यनीतिक परिवर्तन; कार्यनीतिक सहबंध; विलयन एवं अधिग्रहण; भारतीय संदर्भ में कार्यनीति एवं निगम विकास।

6. **अंतर्राष्ट्रीय व्यवसाय** : अंतर्राष्ट्रीय व्यवसाय परिवेश : माल एवं सेवाओं में व्यापार के बदलते संघटन; भारत का विदेशी व्यापार; नीति एवं प्रवृतियां; अंतर्राष्ट्रीय व्यापार का वित्त पोषण; क्षेत्रीय आर्थिक सहयोग; FTA; सेवा प्रतिष्ठानों का अंतर्राष्ट्रीयकरण; अंतर्राष्ट्रीय उत्पादन; अंतर्राष्ट्रीय कंपनियों व्यवसाय प्रबंध; अंतर्राष्ट्रीय कराधान; विश्वव्यापी प्रतियोगिता एवं प्रौद्योगिकीय विकास; विश्वव्यापी ई-व्यापार; विश्वव्यापी सांगठनिक संरचना अभिकल्पन एवं नियंत्रण; बहुसांस्कृतिक प्रबंध; विश्वव्यापी व्यवसास कार्यनीति; विश्वव्यापी विपणना कार्यनीति; निर्यात प्रबंध; निर्यात आयात प्रक्रियाएं; संयुक्त उपक्रम; विदेश निवेश; विदेशी प्रत्यक्ष निवेश एवं विदेशी पोर्टफोलियो निवेश; सीमापार विलयन एवं अंतर्राष्ट्रीय बैकिंग, बाह्य ऋण प्रबंधन; देश जोखिम विश्लेषण।

गणित (Mathematics)

प्रश्न पत्र - I

1. **रैखिक बीजगणित :** R एवं C सदिश समष्टियां, रैखिक अश्रितता एवं स्वतंत्रता, उपसमष्टियां, आधार, विमा, रैखिक रूपांतरण, कोटि एवं शून्यता, रैखिका रूपांतरण का आव्यूह, आव्यूहों की बीजावली, पंक्ति एवं स्तंभ समानयन, सोपानक रूप, संर्वागसमता एवं समरूपता, आव्यूह की कोटि आव्यूह का व्युत्क्रम, रैखिक समीकरण प्रणाली का हल, अभिलक्षणिक मान एवं अभिलक्षणिक सदिश, अभिलक्षणिक बहुपद, केले-हैमिल्टन प्रमेय, सममित विषम सममित, हर्मिटी, विषय हर्मिटी, लांबिक एवं ऐकिक आव्यूह एवं उनके अभिलक्षणिक मान।
2. **फलन :** वास्तविक संख्याएं, वास्तविक चर के फलन, सीमा, सांतत्य, अवकलनीयता, माध्यमान प्रमेय, शेषफलों के साथ टेलर का प्रमेय, अनिर्धारिता रूप, उच्चिष्ठ एवं अल्पिष्ठ अनंतस्पर्शी वक्र अनुरेखण, दो या तीन चरों के फलन : सीमा, सांतत्य, आंशिक अवकलज, उच्चिष्ठ एवं अल्पिषष्ठ, लाग्रांज की गुणक विधि, जैकोबी, निश्चित समाकलों की रीमान परिभाषा, अनिश्चित समाकल, अनंत (इन्फिनिट एवं इंप्रॉपर) अवकल, द्विधा एवं त्रिधा समाकल (केवल मूल्यांकन प्रविधियां; क्षेत्र, पृष्ठ एवं आयतन।
3. **विश्लेषिक ज्यामिति :** त्रिविमाओं में कार्तीय एवं ध्रुवीय निर्देशांक, त्रि-चरों में द्वितीय घात समीकरण, विहित रूपों में लघुकरण, सरल रेखाएं, दो विषमतलीय रेखाओं के बीच की लघुतम दूरी, समतल, गोलक, शंकु, बेलन, परवलपज, दीर्घवृत्तज, एक या दो पृष्ठों अतिपरवलयज एवं उनके गुणधर्म।
4. **साधारण अवकल समीकरण :** अवकल समीकरणों का संरूण, प्रथम कोटि एवं प्रथम घात का समीकरण, समाकलन गुणक, लंबकोणीय संछेदी, प्रथमघात का नहीं किन्तु प्रथम कोटि का समीकरण, क्लेरो का समीकरण, विचित्र हल, नियत गुणांक वाले द्वितीय एवं उच्चतर कोटि के रैखिक समीकरण, पूरक फलन, विशेष समाकल एवं व्यापक हल, चर गुणांक वाले द्वितीय कोटि के रैखिक समीरकण, आयलर-कौशी समीकरण, प्राचल विचरण विधि का प्रयोग कर पूण्र हल का निर्धारण जब एक हल ज्ञात हो।

   लाप्लास एवं व्युत्क्रम लाप्लास रूपांतर एवं उनके गुणधर्म, प्रारंभिक फलनों के लाप्लास रूपांतर, नियत गुणांक वाले द्वितीय कोटि रैखिक समीकरणों के लिए प्रारंभिक मान समस्याओं पर अनुप्रयोग।
5. **गतिकी एवं स्थैतिकी :** ऋजुरेखीय गति, सरल आवर्तगति, समतल में गति, प्रक्षेय (प्रोजक्टाइल), व्यवरोध गति, कार्य एवं ऊर्जा का संरक्षण केपलर नियम, केंद्रीय बल के अंतर्गत कक्षाएं, कण निकाय का संतुलन, कार्य एवं स्थितिज ऊर्जा घर्षण, साधारण कटनरी, कल्पित कार्य का सिद्धांत, संतुलन का स्थायित्व, तीन विमाओं में बल संतुलन।
6. **सदिश विश्लेषण :** अदिश और सदिश क्षेत्र, अदिश चर के सदिश क्षेत्र का अवकलन, कार्तीय एवं बेलनाकार निर्देशांकों में प्रवणता, अपसरण एवं कर्ल, उच्चतर कोटि अवकलन, सदिश तत्समक एवं सदिश समीकरण

   ज्यामिति अनुप्रयोग : आकाश में वक्र, वक्रता एवं ऐंठन, सेरेट-फ्रेनेट के सूत्र।

   गैस एवं स्टोक्स प्रमेय, ग्रीन का तत्समक।

प्रश्न पत्र - II

1. **बीजगणित :** समूह, उपसमूह, चक्रीय समूह, सहसमुच्चय, लाग्रांज़ प्रमेय, प्रसामान्य उपसमूह, विभाग समूह, समूहों की समाकारिता, आधारी तुल्याकारिता प्रमेय, क्रमचय समूह, केली प्रमेय। वलय, उपवलय एवं गुणजावली, वलयों की समाकारिता, पूर्णांकीय प्रांत, मुख्य गुणजावली प्रांत, यूक्लिडीय प्रांत एवं अद्वितीय गुणनखंड प्रांत, क्षेत्र, विभाग क्षेत्र।
2. **वास्तविक विश्लेषण :** न्यूनतम उपरिसीमा गुणधर्म वाले क्रमित क्षेत्र के रूप में वास्तविक संख्या निकाय, अनुक्रम, अनुक्रम सीमा, कौशी अनुक्रम, वास्तविक रेखा की पूर्णता, श्रेणी एवं इसका अभिसरण, वास्तविक एवं सम्मिश्र दो की श्रेणियों का निरपेक्ष तथा सप्रतिबंध अभिसरण, श्रेणी का पुनर्विन्यास।

   फलनों का सांतत्य एवं एकसमान सांतत्य संहत समुच्चयों पर सांतत्य फलनों के गुणधर्म। रीमान समाकल, अनंत समाकल, समाकलन-गणित के मूल प्रमेय, फलनों के अनुक्रमों तथा श्रेणियों के लिए एक-समान अभिसरण, सांतत्य, अवकलनीयता एवं समाकलीनयीता, अनेक (दो या तीन) चरों के फलनों के आंशिक अवकलज, उच्चिष्ठ एवं अल्पिष्ठ।
3. **सम्मिश्र विश्लेषण :** विश्लेषिक फलन, कौशी-रीमान समीकरण, कौशी प्रमेय, कौशी का समाकल सूत्र, विश्लेषिक पुलन का घात श्रेणी निरूपण, टेलर श्रेणी, विचित्रताएं, लोरां श्रेणी, कौशी अवशेष प्रमेय, समाकलन।
4. **रेखिक प्रोग्रामन :** रैखिक प्रोग्रामन समस्याएं, आधारी हल, आधारी सुसंगत हल एवं इष्टतम हल, हलों की आलेखी विधि एवं एकधा विधि, द्वैतता, परिवहन तथा नियतन समस्याएं।
5. **आंशिक अवकलन समीकरण :** तीन विमाओं में पृष्ठकुल एवं आंशिक अवकल समीकरण संरूपण, प्रथम कोटि के रैखिककल्प आंशिक अवकल समीकरणों के हल, कौशी अभिलक्षण विधि, नियत गुणांकों वाले द्वितीय कोटि के रैखिक आंशिक अवकल समीकरण, विहित रूप, कंपित तंतु का समीकरण, ताप समीकरण, लाप्लास समीकरण एवं उनके हल।
6. **संख्यात्मक विश्लेषण एवं कंप्यूटर प्रोग्रामन :** संख्यात्मक विधियां, द्विविभाजन द्वारा एक चर के बीजगणितीय तथा अबीजीय समीकरणों का हल, रेगुला फाल्सि तथा न्यूटन-राफसन विधियां, गाउसीय निराकरण एवं गाउस-जॉडर्न (प्रत्यक्ष), ग्राउस-सीडेल (पुनरावर्ती) विधियां द्वारा रैखिक समीकरण निकाय का हल। न्यूटन का (अग्र तथा पश्च) अंतर्वेशन, लाग्रांज का अंतर्वेशन। संख्यात्मक समाकलन : समलंबी नियम, सिंपसन नियम, गाउसीय क्षेत्रकलन सूत्र।

   साधारण अवकल समीकरणों का संख्यात्मक हल : आयलर तथ रंगा-कुट्ट विधियां। कम्प्यूटर प्रोग्रामन : द्विआधरी पद्धति, अंकों पर गणितीय तथा तर्कसंगत संक्रियाएं, अष्ट आधारी तथा षोडस आधारी पद्धतियां, दशमलव पद्धति से एवं दशमलव पद्धति में रूपांतरण, द्विआधारी संख्याओं की बीजावली।

   कम्प्यूटर प्रणाली के तत्व तथा मेमरी की संकल्पना, आधारी तर्कसंगत द्वारा तथा सत्य सारिणियां, बूलीय, बीजावली, प्रसामान्य रूप।

   अचिन्हित पूर्णांकों, चिन्हित पूर्णांकों एवं वास्तविक, द्विपरिशुद्धता वास्तविक तथा दीर्घ पूर्णांकों का निरूपण। संख्यात्मक विश्लेषण समस्याओं के लिए कलनविधि और प्रवाह संपित्र।
7. **यांत्रिकी एवं तरल गतिकी :** व्यापीकृत निर्देशांक, डीऐलबर्ट सिद्धांत एवं लांग्राज समीकरण, हैमिल्टन समीकरण, जड़तत्व आघूर्ण, दो विमाओं में दृढ़ पिंडों की गति।

सांतत्व समीकरण, अश्यान प्रवाह के लिए आयलर का गति समीरकण, प्रवाह रेखाएं, कण का पथ, विभव प्रवाह, द्विविमीय तथा अक्षत : सममित गति, उद्गम तथा अभिगम भ्रमित गति, श्यान तरल के लिए नैवियर-स्टोक समीकरण।

यांत्रिक इंजीनियरी (Mechanical Engineering)

प्रश्न पत्र - I

1. यांत्रिकी :

1.1 दृढ़ पिंडों की यांत्रिकी

आकाश में साम्यवस्था का समीकरण एवं इसका अनुप्रयोग, क्षेत्रफल के प्रामि एवं द्वितीय आघूर्ण, घर्षण की सरल समस्याएं, समतल गति के लिए काणों की शुद्धगतिकी, प्रारंभिक गण गतिकी।

1.2 विरूपणीय पिंडों की यांत्रिकी

व्यापीकृत हुक का नियम एवं इसका अनुप्रयोग, अक्षीय प्रतिबल पर अभिकल्प समस्याएं, अपरूपण प्रतिबल एवं आधारक प्रतिबल, गतिक भारत के लिए सामग्री के गुण, दंड में बंकन अपरूपण एवं प्रतिबल, मुख्य प्रतिबलों एवं विकृतियों का निर्धारण-विश्लेषिक एवं आलेखी, संयुक्त एवं मिश्रित प्रतिबल, द्विअक्षीय प्रतिबल-तनु भित्तिक दाब भाण्ड, गतिक भार के लिए पदार्थ व्यवहार एवं अभिकल्प कारक, केवल बंकल एवं मरोड़ी भार के लिए गोल शैफ्ट का अभिकल्प, स्थैतिक निर्धारी समस्याओं के लिए दंड का विक्षेप, भंग के सिद्धांत।

2. इंजीनियरी पदार्थ :

ठोसों की आधारभूत संकल्पनाएं एवं संरचना, सामान्य लोह एवं अलोह पदार्थ एवं उनके अनुप्रयोग, स्टीलों का ताप उपचार, अधातु-प्लास्टिक, सेरेमिक, संमिश्र पदार्थ एवं नैनोपदार्थ।

3. यंत्रों का सिद्धांत :

समतल-क्रियाविधियों का शुद्धगतिक एवं गतिक विश्लेषण, केम, गियर एवं अधिचक्रिक गियरमालाएं, गतिपालक चक्र, अधिनियंत्रक, दृढ़ घूर्णकों का संतुलन, एकल एवं बहुसिलिंडरी इंजन, यांत्रिक यंत्र का रैखिक कंपन विश्लेषण (एकल स्वातंत्रण कोटि), क्रांतिक चाल एवं शैफ्ट का आवर्तन।

4. निर्मण का विज्ञान :

4.1 निर्माण प्रक्रम : यंत्र औजार इंजीनियरी-व्यापारी बल विश्लेषण, टेलर का औजार आयु समीकरण, रूढ़ मशीनन, NC एवं CNC मशीनन प्रम, जिग एवं स्थायिक।

अरूढ़ मशीनन-EDM एवं ECM पराश्रव्य, जल प्रधार मशीनन, इत्यादि लेजर एवं प्लाज्मा के अनुप्रयोग, ऊर्जा दर अवकलन।

रूपण एवं वेल्डन प्रक्रम-मानक प्रक्रम।

मापिकी - अन्वायोजनों एवं सहिष्णुताओं की संकल्पना, औजार एवं प्रमाण, तुलनित्र, लंबाई का निरीक्षण, स्थिति, परिच्छेदिका एवं पृष्ठ संपूर्ति।

4.2 निर्माण प्रबंध : तंत्र अभिकल्प : फैक्टरी अवस्थिति-सरल OR मॉडल, अभिन्यास-पद्धति आधारित, इंजीनियरी आर्थिक विश्लेषण एवं भंग के अनुप्रयोग-उत्परादावरण, प्रक्रम वरण एवं क्षमता आयोजना के लिए विश्लेषण भी, पूर्व निर्धारित समय मानक।

प्रणाली आयोजना : समाश्रयण एवं अपघटन पर आधारित पूर्वकथन विधियां, बहु मॉडल एवं प्रासंभव्य समन्वायोजन रेखा का अभिकल्प एवं संतुलन सामग्री सूची प्रबंध-ओदश काल एवं आदेश मात्रा निर्धारण के लिए प्रायिकतात्मक सामग्री सूची मॉडल, JIT प्रणाली, युक्तिमय उद्मीकरण, अंतर-संयंत्र संभारतंत्र।

5. **तंत्र संक्रिया एवं नियंत्रण :**

कृत्यकशाला के लिए अनुसूचक कलन विधि, उत्पाद एवं प्रक्रम गुणता नियंत्रण के लिए सांख्यिकीय विधियों का अनुप्रयोग, माध्य, परास, दूषित प्रतिशतता, दोषों की संख्या एवं प्रतियूनिट दोष के लिए नियंत्रण चार्ट अनुप्रयोग, गुणता लागत प्रणालियां, संसाधन, संगठन एवं परियोजना जोखिम का प्रबंधन।

प्रणाली सुधार : कुल गुणता प्रबंध, नम्यकृष एवं दक्ष संगठनों का विकास एवं प्रबंधन जैसी प्रणालियों का कार्यान्वयन।

प्रश्न पत्र - II

---

1. **उष्मागतिकी, गैस गतिकी एवं टर्बो यंत्र :**

1.1 उष्मागतिकी के प्रथम नियम एवं द्वितीय नियम की आधारभूत संकल्पनाएं, ऐन्ट्रॉपी एवं प्रतिक्रमणीयता की संकल्पना, उपलब्धता एवं अनुपलब्धता तथा अप्रतिक्रमणीयता।

1.2 तरलों का वर्गीकरण एवं गुणधर्म, अंसपीडय एवं संपीडय तरल प्रवाह, मैक संख्या का प्रभाव एवं संपीडयता, सातत्व संवेग एवं ऊर्जा समीकरण, प्रसामान्य एवं तिर्यक प्रघात, एक विमीय समऐंट्रॉपी प्रवाह, तरलों का नलिका में घर्षण एवं ऊर्जा अंतरण के साथ प्रवाह।

1.3 पंखों, ब्लोअरों एवं संपीड़ित्रों से प्रवाह, अक्षीय एवं अपकेंन्द्री प्रवाह विन्यास, पंखों एवं संपीड़ित्रों का अभिकल्प, संपीडनों और टारबाइन सोपानी की सरल समस्याएं, विवृत एवं संवृत चक्र गैस टरबाइन, गैस टरबाइन में किया गया कार्य, पुनः ताप एवं पुनर्जनन।

2. **ऊष्मा अंतरण :**

2.1 चालन ऊष्मा अंतरण-सामान्य चालन समीकरण-लाप्लास, प्वासों एवं फरिए समीकरण, चालन का फूरिए नियम, सरल भित्ति ठोस एवं खोखले बेलन तथा गोलकों पर लगा एक विमीय स्थायी दशा ऊष्मा चालन।

2.2 संवहन ऊष्मा अंतरण-न्यूटन का संवहन नियम, मुक्त एवं प्रणोदित संवहन, चपटे तल पर असंपीडय तरल के स्तरीय एवं विक्षुब्ध प्रवाह के दौरान ऊष्मा अंतरण, नसेल्ट संख्या, जलगतिक एवं उष्मीय सीमांतपरत एवं उनकी मोटाई की संकल्पनाएं, प्रांटल संख्या, ऊष्मा एवं संवेग अंतरण के बीच अनुरूपता-रेनॉल्ड्स, कोलबर्न, प्रांटन अनुरूपताएं, क्षैतिज नलिकाओं से स्तरीय एवं विक्षुब्ध प्रवाह के दौरान ऊष्मा अंतरण, क्षैतिज एवं ऊर्ध्वाधर तलों से मुक्त संवहन।

2.3 कृष्णिका विकिरण-आधारभूत विकिरण नियम, जैसे कि, स्टीफेन-बोल्ट्जमैन, प्लांक वितरण, वीन स्थापन आदि।

2.4 आधारभूत ऊष्मा विनिमयित्र विश्लेषण, ऊष्मा विनिमयितत्रों का वर्गीकरण।

3. **अंतर्दहन इंजिन :**

3.1 वर्गीकरण, संक्रिया के ऊष्मागतिक चक्र, भंग शक्ति, सूचित शक्ति, यांत्रिक दक्षता, ऊष्मा समायोजन चादर, निष्पादन अभिक्षण का निर्वचन, पेट्रोल, गैस एवं डीजल इंजिन।

3.2 SI एवं CI इंजिनों में दहन, सामान्य एवं असामान्य दहन, अपस्फोटन पर कार्यशील प्राचलों का प्रभाव, अपस्फोटन का न्यूनीकरण, SI एवं CI इंजिनों के लिए दहन प्रकोष्ठ के प्रकार, योजक, उत्सर्जन।

3.3 अंतर्दहन इंजिनों की विभिन्न प्रणालियां-ईंधन, स्नेहन, शीतन एवं संचरण प्रणालियां, अंतर्दहन इंजिनों में विकल्पनी ईंधन।

4. भाप इंजीनियरी :

4.1 भाग जनन-अशोधित रैंकिन चक्र विश्लेषण, आधुनिक भाप बॉयलर, क्रांतिक एवं अधिक्रांतिक दाबों पर भाप, प्रवात उपस्कर, प्राकृतिक एवं कृत्रिम प्रवात, बॉयलर ईंधन, ठोस, द्रव एवं गैसीय ईंधन, भाप टरबाइन-सिद्धांत, प्रकार, संयोजन, आवेग एवं प्रतिक्रिया टरबाइन, अक्षीय प्रणोद।

4.2 भाप तुंड- अभिसारी एवं अपसारी तुंड में भाप का प्रवाह, आर्द्र, संतृप्त एवं अधितप्त जैसी विभिन्न प्रारंभिक भाप दशाओं के साथ, अधिकतम निस्सरण के लिए कंठ पर दाब, पश्चदाब विचरण का प्रभाव, तुंडों में भाप का अधिसंतृप्त प्रवाह, विलसन रेखा।

4.3 आंतरिक एवं बाह्य अप्रतिक्रम्यता के साथ रैंकिन चक्र, पुनस्ताप गुणक, पुनस्तापन एवं पुनर्जनन, अधिनियंत्रण विधियां, पश्च दाब एवं उपनिकासन टरबाइन।

4.4 भाप शक्ति संयंत्र-संयुक्त चक्र शक्ति जनन, उष्मा पुनः प्राप्ति भाप जनित्र (HRSG) तप्त एवं अतप्त, सहजनन संयंत्र।

5. प्रशीतन एवं वातानुकूलन :

5.1 वाष्प संपीडन प्रशीतन चक्र - p-H एवं T-s आरेखों पर चक्र, पर्यावरण अनुकूली प्रशीतक द्रव्य-R 134a, R 123, वाष्पित्र, द्रवणित्र, प्रसरण साधन जैसे तंत्र, सरल वाष्प अवशोषण तंत्र।

5.2 आर्द्रतामिति-गुणधर्म, प्रक्रम, लेखाचित्र, संवेद्य तापन एवं शीतन, आर्द्रीकरण एवं अनार्द्रीकरण प्रभावी तापक्रम, वातानुकूलन भार परिकलन, सरल वाहिनी अभिकल्प।

चिकित्सा विज्ञान (Medical Science)

प्रश्न पत्र - I

1. मानव शरीर : उपरि एवं अधोशाखाओं, स्कंधसंधियों, कूल्हे एवं कलाई में रक्त एवं तंत्रिका संभरण समेत अनुप्रयुक्त शरीर। सकलशरीर, सक्तसंभरण एवं जिह्वा का लिंफीय अपवाह, थायरॉइड, स्तन ग्रंथि, जठर, यकृत, प्रॉस्टेट, जननग्रंथि एवं गर्भाशय।

डायाफ्राम, पेरीनियम एवं वंक्षणप्रदेश का अनुप्रयुक्त शरीर।

वृक्क, मूत्राशय, गर्भाशय नलिकाओं, शुक्रवाहिकाओं का रोगलक्षण शरीर।

भ्रूणविज्ञान : अपरा एवं अपरा रोध, हृदय, आंत्र, वृक्क, गर्भाशय, डिंबग्रंथि, वृषण का विकास एवं उनकी सामान्य जन्मजात असामान्यताएं।

कन्द्रीय एवं परिसरीय स्वसंचालित तंत्रिका तंत्र :

मस्तिष्क के निलयों, प्रमष्तिस्कमेरू द्रव के परिभ्रमण का सकल एवं रोगलक्षण शरीर, तंत्रिका मार्ग एवं त्वचीय संवेदन, श्रवण एवं दृष्टि विक्षति, कपाल तंत्रिकाएं, वितरण एवं रोगलाक्षणिक महत्व, स्वसंचालित तंत्रिका तंत्र के अवयव।

2. मानव शरीर क्रिया विज्ञान : अवेग का चालन एवं संचरण, संकुचन की क्रियाविधि,

पत्रिका-पेशीय संचरण, प्रतिवर्त, संतुलन नियंत्रण, संस्थिति एवं पेशी-तान, अवरोही मार्ग, अनुमस्तिष्क के कार्य, आधारी गंडिकाएं, निद्रा एवं चेतना का क्रियाविज्ञान।

अंतःस्रावी तंत्रः हार्मोन क्रिया की क्रियाविधि, रचना श्रवण, परिवहन, उपापचय, पैंक्रियाज एवं पीयूष ग्रंथि के कार्य एवं श्रवण नियमन।

जनन तंत्र का क्रिया विज्ञान : आर्तवचक्र, स्तन्यस्रवण, सगर्भता।

रक्ततः विकास, नियमन एवं रक्तकोशिकाओं का परिणाम, हृदयवाहिका, हृदयनिस्पादन, रक्तदाब, हृदयवाहिका कार्य का नियमन।

3. **जैव रसायन :**

अंगकार्य परीक्षण-यकृत, वृक्क, थायरॉइड

प्रोटीन संश्लेषण

निर्बन्धन विखंड दैर्ध्य बहुरूपता (RFLP)

पॉलीमेरेज श्रृंखला प्रतिक्रिया (PCR)

रेडियो-इम्यूनोऐस (RIA)

4. **विकृति विज्ञान :** थोथ एवं विरोहण, वृद्धि विक्षोभ एवं केन्सर, रहयूमैटिक एवं इस्कीमिक हृदय रोग एवं डायबिटी मेलिटस का विकृतिजनन एवं ऊतकाविकृति विज्ञान।

सुदम्य, दुर्दम, प्राथमिक एवं विक्षेपी दुर्दमता में विभेदन, श्वसजीन्य कार्सिनोमा का विकृतिजनन एवं ऊतकविकृति विज्ञान, स्तर कार्सिनोमा, मुख केंसर, ग्रीवा केंसर, ल्यूकीमिया, यकृत सिरोसिस, स्तवकवृक्कशोध, यक्ष्मा, तीव्र अस्थि- मज्जाशोध का हेतु, विकृतिजनन एवं ऊतक विकृति विज्ञान।

5. **सूक्ष्मजैविकी :**

देहद्रवी एवं कोशिका माध्यमिक रोगक्षमता

निम्नलिखित रोग कारक एवं उनका प्रयोगशाला निदान :

-मेंनिंगोकॉक्कस सालमोनेला

-शिंगेला, हर्पीज, पीलियो

& HIV/AIOsQ, मलेरिया, ई-हिस्टोलिटिका, गियार्डिया

-केंडिडा, क्रिप्टोकॉक्कस, ऐम्पर्जिलस

6. **भेषजगुण विज्ञान :**

निम्नलिखित औषधों के कार्य के क्रियाविधि एवं पार्श्वप्रभावः

-ऐन्टिपायरेटिक्स एवं नाल्जेसिक्स, ऐन्टिबायोटिक्स, ऐन्टिमलेरिया, ऐन्टिकालाजार, ऐन्टिडायाबोटिक्स

-ऐन्टिहापरटेंसिव, ऐन्टिडाइयूरेटिक्स, सामान्य एवं हृद वासोडिलेटर्स, ऐन्टिवाइरल ऐन्टिपैरासिटिक, ऐन्टिफंगल, इम्यूनोसप्रशैंट्स

-ऐन्टिकेंसर

7. **न्यास संबंधी औषध एवं विष विज्ञान :**

क्षति एवं घावों की न्यायसंबंधी परीक्षा, रक्त एवं शुद्ध धब्बों की परीक्षा, विषाक्तता, शामक, अतिमात्रा, फांसी, डूबना, जलना DNA एवं फिंगरप्रिंट अध्ययन।

प्रश्न पत्र - II

---

1. **सामान्य कायचिकित्सा :**

टेटेनस, रैबीज, AIOsQ, डेंग्यू, काला-आजार, जापानी एन्सेफेलाइटिस का हेतु, रोग लक्षण विशेषताएं, निदान एवं प्रबंधन (निवारण सहित) के सिद्धांत।

निम्नलिखित के रोगलक्षण विशेषताएं, निदान एवं प्रबंधन के सिद्धांत-

इस्कीमिक हृदय रोग, फुफ्फुस अंतः शल्यता

श्वसनी अस्थमा

फुफ्फुसावरणी निःसरणी, यक्ष्मा, अपावशोषण संलक्षण, अम्ल पेप्टिक रोग, विषाणुज यकृतशोथ एवं यकृत सिरोसिस।

स्तवकवृक्कशोथ एवं गोणिकावृक्कशोध, वृक्कपात, अपवृक्कीय संलक्षण, वृक्कवाहिका, अतिरिक्तदाब, डायबिटीज मेलिटस के उपद्रव स्कंदनविकार, ल्यूकीमिया, अव-एवं-अति-थॉयरॉइडिज्म, मेनिन्जायटिस एवं एन्सेफेलाइटिस, चिकित्सकीय समस्याओं में इमेजिंग, अल्ट्रासांड, ईको कार्डियोग्राम, CT स्केन, CRI।

चिंता एवं अवसाद मनोविक्षिप्त एवं विखंडित-मनस्कता तथा E.C.T.।

2. **बालरोग विज्ञान :**

रोगप्रतिरोधीकरण, बेबी-फ्रेंडलीय अस्पताल, जन्मजात श्याव हृदय रोग श्वसन विक्षोभ संलक्षण, श्वसनी-फुफ्फुसशोथ, प्रमस्तिष्कीय नवजात कामला, IMNCI वर्गीकरण एवं प्रबंधन, PEM कोटिकरण एवं प्रबंध IARI एवं पांच वर्ष से छोटे शिशुओं की प्रवाहिका एवं उसका प्रबंध।

3. **त्वचा विज्ञान :**

सोरिएसिस, एलर्जिक डर्मेटाइटिस; स्केबीज, विटिलिगो, स्टीवसन-जॉनसन संलक्षण, लाइकेन प्लेनस।

4. **सामान्य शल्य चिकित्सा :**

खंडतालु खंडोष्ठ की रोगलक्षण विशेषता, कारण एवं प्रबंध के सिद्धांत।

स्वरतंत्रीय अर्बुद, मखु एवं ईसोफेगस अबुंद।

परिधीय धमनी रोग, वैरिकोज वेन्स, महाधमनी संकुचन थायरॉयड, अधिवृक्क ग्रंथि के अर्बुद।

फोड़ा, केंसर, स्वन का तंतुग्रंथि अर्बुद एवं ग्रंथिलता।

पेप्टिक अल्सर रक्तस्राव, आंत्र यक्ष्मा, अल्सरेटिव कोलाइटिस, जठर केंसर वृक्क मास, प्रोस्टेट केंसर, हीमोथैरैक्स, पित्ताशय, वृक्क, यूरेटर एवं मूत्राशय की पथरी, रेक्टम, एनस, एनस केनल, पित्ताशय एवं पित्तवाहिनी की शल्य दशाओं का प्रबंध।

स्प्लीनोमेगैली, कॉलीसिस्टाइटिस, पोर्टज अतिरिक्तदाब, यकृत फोड़ा, पेरीटोनाइटिस, पैक्रियाज शीष कार्सिनोमा।

रीढ़ विभंग, कोली विभंग एवं अस्थिटयूमर, एंडोस्कोपी।

लैप्रोस्कोपिक सर्जरी

5. **प्रसूति विज्ञान एवं परिवार नियोजन समेत स्त्री रोग विज्ञान :**

सगर्भता का निदान

प्रसव प्रबंध, तृतीय चरण के उपद्रव, प्रसवपूर्ण प्रसवोत्तर रक्त स्राव, नवजात का पुनरूज्जीवन, असामान्य स्थिति एवं कठिन प्रसव का प्रबंध, कालपूर्व (प्रसव) नवजात का प्रबंध।

अरक्तता का निदान एवं प्रबंध।

सगर्भता का प्रीएक्लैंप्सिया एवं टॉक्सीमिया, रजोनिवृत्युत्तर संलक्षण का प्रबंध, इंट्रा-यूटेरीन

युक्तियां, गोलियां, टयूबेक्टॉमी एवं वैसेक्टॉमी।
सगर्भता का चिकित्सकीय समापन जिसमें विधिक पहलू शामिल हैं।
ग्रीवा केंसर।
ल्यूरोटिया, श्रोणि वेदना, वंध्यता, डिसफंक्शनल यूटेरीन रक्तस्राव (DUB), अमीनोरिया, यूटेरस का तंतुपेशी अर्बुद एवं भ्रंश।

6. **समुदाय कायचिकित्सा (निवारक एवं सामाजिक कायचिकित्सा) :**
सिद्धांत, प्रणाली, उपागम एवं जानपादिक रोग विज्ञान का मापन; पोषण, पोषण संबंधी रोग/विकार एवं पोषण कार्यक्रम स्वास्थ्य सूचना संग्रहण, विश्लेषण एवं प्रस्तुति निम्नलिखित के नियंत्रण/उन्मूलन के लिए राष्ट्रीय कार्यक्रमों के उद्देश्य, घटक एवं क्रांतिक विश्लेषण :
मलेरिया, कालाआजार, फाइलेरिया एवं यक्ष्मा; HIV/AIOsQ, यौन संकृमित रोग एवं डेंगू स्वास्थ्य देखभाल प्रदाय प्रणाली का क्रांतिक मूल्यांकन
स्वास्थ्य प्रबंधन एवं प्रशासन; तकनीक, साधन, कार्यक्रम कार्यान्वयन एवं मूल्यांकन जनन एवं शिशु स्वास्थ्य के उद्देश्य, घटक, लक्ष्य एवं स्थिति, राष्ट्रीय ग्रामीण स्वास्थ्य मिशन एवं सहस्त्राब्दी विकास लक्ष्य।
अस्पताल एवं औद्योगिक अपशिष्ट प्रबंध।

दर्शनशास्त्र (Philosophy)

प्रश्न पत्र - II

दर्शन का इतिहास एवं समस्याएं–

1. प्लेटों एवं अरस्तू: प्रत्यय; द्रव्य; आकार एवं पुद्गल; कार्यकरण भाव; वास्तविकता एवं शक्यता।
2. तर्कबुद्धिवाद (देकार्त, स्पिनोजा, लीबनिज); देकार्त की पद्धति एवं असंदिग्ध ज्ञान; द्रव्य; परमात्मा; मन-शीर द्वैतवाद; नियतत्ववाद एवं स्वातंत्रय।
3. इंद्रियानुभव वाद (लॉक, बर्कले, ह्यूम) : ज्ञान का सिद्धांत; द्रव्य एवं गुण; आत्मा एवं परमात्मा; संशयवाद।
4. कांट: संश्लेषात्मक प्रागनुभविक निर्णय की संभवता; दिक् एवं काल; पदार्थ; तर्कबुद्धि प्रत्यय; विप्रतिषेध; परमात्मा के अस्तित्व के प्रमाणों की मीमांसा।
5. हीगेल: द्वंद्वात्मक प्रणाली; रमप्रत्ययवाद।
6. मूर, रसेल एवं पूर्ववर्ती विट्जेन्स्टीन: सामान्य बुद्धि का मंडन; प्रत्ययवाद का खंडन; तार्किक परमाणवाद, तार्किक रचना; अपूर्ण प्रतीक; अर्थ का चित्र सिद्धांत, उक्ति एवं प्रदर्शन।
7. तार्किक प्रत्यक्षवाद: अर्थ का सत्यापन सिद्धांत; तत्वमीमांसा का अस्वीकार; अनिवार्य प्रतिज्ञापित का भाषिक सिद्धांत।
8. उत्तरवर्ती विट्गेंस्टीन: अर्थ एवं प्रयोग; भाषा-खेल; व्यक्ति भाषा की मीमांसा।
9. संवृतिशास्त्र (हर्सल): प्रणाली; सार सिद्धांत; मनोविज्ञानपरता का परिहार।
10. अस्तित्वपरकतावाद (कीर्कगार्द, सार्त्र हीडेगर) : अस्तित्व एवं सार; वरण, उत्तर दायित्व एवं प्रामाणिक अस्तित्व; विश्वनिसत् एवं कालसत्ता।
11. क्वाइन एवं स्ट्रॉसन: इंद्रियानुभववाद की मीमांसा; मूल विशिष्ट एवं व्यक्ति का सिद्धांत,
12. चार्वाक: ज्ञान का सिद्धांत; अतींद्रिय सत्वों का अस्वीकार।

13. जैनदर्शन: सत्ता का सिद्धांत; सप्तभंगी न्याय; बंधन एवं मुक्ति।
14. बौद्धदर्शन संप्रदाय: प्रतीत्यसमुत्पाद; क्षणिकवाद, नैरात्म्यवाद।
15. न्याय-वैशेषिक: पदार्थ सिद्धांत; आभास सिद्धांत; प्रमाण सिद्धांत; आत्मा, मुक्ति; परमात्मा; परमात्मा के अस्तित्व के प्रमाण; कार्यकारण-भाव का सिद्धांत, सृष्टि का परमाणुवादी सिद्धांत।
16. सांख्य: प्रति; पुरूष; कार्यकारण-भाव; मुक्ति।
17. योग; चित्त; चित्तवृत्ति; क्लेश; समाधि; केवल्य।
18. मीमांसा; ज्ञान का सिद्धांत।
19. वेदांत संप्रदाय: ब्रह्मन; ईश्वर; आत्मन; जीव; जगत; माया; अविद्या; अभ्यास; मोक्ष; अपृथक सिद्धि; पंचविधभेद।
20. अरविंद; विकास, प्रतिविकास; पूर्ण योग।

प्रश्न पत्र - II

सामाजिक-राजनैतिक दर्शन–

1. सामाजिक एवं राजनैतिक आदर्श: समानता, न्याय, स्वतंत्रता।
2. प्रभुसत्ता: आस्टिन बोदां, लास्की, कौटिल्य।
3. व्यक्ति एवं राज्य: अधिकार; कर्त्तव्य एवं उत्तरदायित्व।
4. शासन के प्रकार : राजतंत्र; धर्मतंत्र एवं लोकतंत्र।
5. राजनैतिक विचारधाराएं : अराजकतावाद; मार्क्सवाद एवं समाजवाद।
6. मानववाद; धर्मनिरपेक्षतावाद; बहुसंस्कृतिवाद।
7. अपराध एवं दंड : भ्रष्टाचार, व्यापक हिंसा, जातिसंहार, प्राणदंड।
8. विकास एवं सामाजिक उन्नति।
9. लिंग भेद : स्त्रीभ्रूण हत्या, भूमि एवं संपत्ति अधिकार; सशक्तिकरण।
10. जाति भेद : गांधी एवं अंबेडकर।

धर्मदर्शन–

1. ईश्वर की धारणा : गुण; मनुष्य एवं विश्व के संबंध (भारतीय एवं पाश्चात्य)।
2. ईश्वर के अस्तित्व के प्रमाण और उसकी मीमांसा (भारतीय एवं पाश्चात्य)।
3. आशुभ की समस्या।
4. आत्मा : अमरता; पुनर्जन्म एवं मुक्ति।
5. तर्कबुद्धि; श्रुति एवं आस्था।
6. धार्मिक अनुभव : प्रकृति एवं वस्तु (भारतीय एवं पाश्चात्य)।
7. ईश्वर रहित धर्म।
8. धर्म एवं नैतिकता।
9. धार्मिक शुचिता एवं परम सत्यता की समस्या।
10. धार्मिक भाषा की प्रकृति : सादृश्यमूलक एवं प्रतीकात्मक; संज्ञानवादी एवं निस्संज्ञानवादी।

भौतिकी (Physics)

प्रश्न पत्र - I

1. **(क) कण यात्रिकी :**
गतिनियम, ऊर्जा एवं संवेग का संरक्षण, घुर्णी फ्रेम पर अनुप्रयोग, अपकेंद्री एवं कोरियालिस त्वरण; केंद्रीय बल के अंतर्गत गति; कोणीय संवेग का संरक्षण, केप्लर नियम; क्षेत्र एवं विभव; गोलीय पिन्डों के कारण गुरूत्व क्षेत्र एवं विभव; गौस एवं प्वासों समीकरण, गुरूत्व स्वऊर्जा; द्विपिन्ड समस्या; समानीत द्रव्यमान; रदरफोर्ड प्रकीर्णन; द्रव्यमान केंद्र एवं प्रयोगशाला संदर्भ फ्रेस।

(ख) दृढ़ पिन्डों की यांत्रिकी :
कणनिकाय; द्रव्यमान केंद्र, कोणीय संवेग, गति समीकरण; ऊर्जा, संवेग एवं कोणीय संवेग के संरक्षण प्रमेय; प्रत्यास्था एवं अप्रत्यास्थ संघट्टन; दृढ़ पिंड; स्वातंत्रय कोटियां, आयलर प्रमेय, कोणीय वेग, कोणीय संवेग, जड़त्व आघूर्ण समांतर एवं अभिलंब अक्षों के प्रमेय, घूर्णन हेतु गति की समीकरण; आण्विक घूर्णन (दृढ़ पिन्डों के रूप में); द्वि एवं त्रि - परमाण्विक अणु, पुरस्मरण गति, भ्रमि, घूर्णाक्षस्थापी।

(ग) संतत माध्यमों की यांत्रिकी :
प्रत्यास्थता, हुक का नियम एवं समदैशक ठोसों के प्रत्यास्थतांक तथा उनके अंतर्सबंध; प्रवाहरेखा (स्तरीय), श्यानता, प्वाजय समीकरण, बरनूली समीकरण, स्टोक नियम एवं उसके अनुप्रयोग।

(घ) विशिष्ट आपेक्षिकता :
माइकलसन - मोर्ले प्रयोग एवं इसकी विवक्षाएं; लॉरेंज रूपांतरण-दैर्ध्य-संकुलचन, कालवृद्धि, आपेक्षिकीय वेगों का येाग, विपथन तथा डॉप्लर प्रभाव, द्रव्यमान-ऊर्जा संबंध, क्षय प्रक्रिया से सरल अनुप्रयोग; चतुर्विमीय संवेग सदिश; भौतिकी के समीकरणों के सहप्रसरण।

2. **तरंग एवं प्रकाशिकी-**

(क) तरंग : सरल आवर्त गति, गति अवमंदित दोलन, प्रणोदित दोलन तथा अनुवाद; विस्पंद; तंतु में स्थिर तरंगें, स्पंदन तथा तरंग संचायिकाएं; प्रावस्था तथा समूह वेग; हाईजन के सिद्धांत से परावर्तन तथा अपवर्तन।

(ख) ज्यामितीय प्रकाशिकी : फरमैट के सिद्धांत से परावर्तन तथा अपवर्तन के नियम, उपाक्षीय प्रकाशिकी में आव्यूह पद्धति - पतले लेंस के सूत्र, निस्पंद तल, दो पतले लेंसों की प्रणाली, वर्ग तथा गोलीय विपथन।

(ग) व्यतिकरण : प्रकाश का व्यतिकरण - यंग का प्रयोग, न्यूटन वलय, तनु फिल्मों द्वारा व्यतिकरण, माइकल्सन व्यतिकरणमापी; विविध किरणपुंज व्यतिकरण एवं फैब्री-पेरट व्यतिकरणमापी।

(घ) विवर्तन : फ्रानहोफर विवर्तन - एकल रेखाछिद्र, द्विरेखाछिद्र, विवर्तन प्रेटिंग, विभेदन क्षमता; वित्तीय द्वारक द्वारा विवर्तन तथा वायवीय पैटर्न; फ्रेसनेल विवर्तन; अर्द्ध आवर्तन जोन एवं जोन प्लेट, वृत्तीय द्वारक।

(ड़) ध्रुवीकरण एवं आधुनिक प्रकाशिकी : रेखीय तथ वृत्तीय ध्रुवित प्रकाश का उत्पादन तथा अभिज्ञान; द्विअपवर्तन, चतुर्थांश तरंग प्लेट; प्रकाशीय संक्रियता; रेशा प्रकाशिकी के सिद्धांत, क्षीणन; स्टेप इंडेक्स तथा परवलयिक इंडेक्स तंतुओं में स्पंद परिक्षेपण; पदार्थ परिक्षेपण, एकल रूप रेशा; लेसर - आइनस्टाइन A तथा B गुणांक, रूबी एवं हीलियम नियॉन लेसर लेसर

प्रकाश की विशेषताएं - स्थानिक तथा कालिक संबद्धता; लेसर किरण पुंजों का फोकसन; लेसर क्रिया के लिए त्रिस्तरीय योजना; होलोग्राफी एवं सरल अनुप्रयोग।

3. **स्थिर विद्युत एवं चुम्बकत्व–**

(क) **विद्युत एवं स्थिर चुंबकीय** : स्थिर वैद्युत में लाप्लास एवं प्वासों समीकरण एवं उनके अनुप्रयोग; आवेश निकाय की ऊर्जा, अदिश विभव का बहुध्रुव प्रसार; प्रतिबिम्ब विधि एवं उसका अनुप्रयोग; द्विध्रुव के कारण विभव एवं क्षेत्र, बाह्य क्षेत्र में द्विध्रुव पर बल एवं बल आघूर्ण। परावैद्युत ध्रुवण; परिसीमा - मान समस्या का हल - एकसमान वैद्युत क्षेत्र में चालन एवं परवैद्युत गोलक; चुंबकीय कोश, एकसमान चुंबकित गोलक, लोह चुंबकीय पदार्थ, शैथिल्य, ऊर्जाह्रास।

(ख) **धारा विद्युत** : किरचॉफ नियम एवं उनके अनुप्रयोग; बायो-सवार्ट नियम, ऐम्पियर नियम, फराडे नियम, लेंज नियम; स्व एवं अन्योन्य प्रेरकत्व; प्रत्यावर्ती धारा (AC) परिपथ में माध्य एवं वर्गमाध्य मूल (rms) मान, RL एवं C घटक वाले DC एवं AC- परिपथ; श्रेणीबद्ध एवं समांत अनुवाद; गुणता कारक; परिणामित्र के सिद्धांत।

4. **विद्युतचुंबकीय तरंगें एवं कृष्णिका विकिरण–**

विस्थापन धारा एवं मैक्सवेल के समीकरण; निर्वात में तरंग समीकरण, प्वाइंटिंग प्रमेय; सदिश एवं अदिश विभव; विद्युत चुंबकीय क्षेत्र प्रदिश, मैक्सवेल समीकरणों का सहप्रसरण; समदैशिक परावैद्युत में तरंग समीकरण, दो परावैद्युतों की परिसीमा पर परावर्तन तथा अपवर्तन; फ्रेसनल संबंध; पूर्ण आंतरिक परावर्तन; प्रसामान्य एवं असंगत वर्ण विक्षेपण; रेले प्रकीर्णन; कृष्णिका विकिरण एवं प्लैंक विकिरण नियम, स्टीफन - बोल्ट्जमैन नियम, वियेन विस्थापन नियम एवं रेले - जीन्स नियम।

5. **तापीय एवं सांख्यिकीय भौतिकी–**

(क) **ऊष्मागतिकी** : ऊष्मागतिकी का नियम, उत्क्रम्य तथा अप्रतिक्रम्य प्रक्रम, एन्ट्रॉपी, समतापी, रूद्धोष्म, समदाब, समआयतन प्रक्रम एवं एन्ट्रॉपी परिवर्तन; ओटो एवं डीजल इंजिन, गिब्स प्रावस्था नियम एवं रासायनिक विभव, वास्तविक गैस अवस्था के लिए वांडरवाल्स समीकरण, क्रांतिक स्थिरांक, आण्विक वेग का मैक्सवेल बोल्ट्जमान वितरण, परिवहन परिघटना, समविभाजन एवं वीरियल प्रमेय; ठोसों की विशिष्ट ऊष्मा ड्यूलां - पेती, आइंस्टाइन, एवं डेबी सिद्धांत; मैक्सवेल संबंध एवं अनुप्रयोग; क्लासियस क्लेपरॉन समीकरण, रूद्धोष्म विचुंबकन, जूल केल्विन प्रभाव एवं गैसों का द्रवण।

(ख) **सांख्यिकीय भौतिकी** : स्थूल एवं सूक्ष्म अवस्थाएं, सांख्यिकीय बंटन, मैक्सवेल-बोल्टजमान, बोस-आइंस्टाइन एवं फर्मी-दिराक बंटन, गैसों की विशिष्ट ऊष्मा एवं कृष्णिका विकिरण में अनुप्रयोग; नकारात्मक ताप की संकल्पना।

प्रश्न पत्र - II

1. **क्वांटम यांत्रिकी** : कण तरंग द्वैतता, श्रोडिंगर समीकरण एवं प्रत्याशामान; अनिश्चितता सिद्धांत, मुक्तकण, बॉक्स में कण, परिमिति कूप में कण के लिए एक विमीय श्रोडिंगर समीकरण रोधिका द्वारा परावर्तन एवं संरचण; त्रिविमीय बॉक्स में कण, अवस्थाओं का घनत्व, धातुओं का मुक्त इलेक्ट्रॉन सिद्धांत, कोणीय संवेग, हाइड्रोजन परमाणु; अर्द्ध प्रचक्रण कण, पाउली प्रचक्रण आव्यूहों के गुणधर्म।

2. **परमाण्विक एवं आण्विक भौतिकी :** स्टर्न-गर्लेक प्रयोग, इलेक्ट्रॉन प्रचक्रण, हाइड्रोजन परमाणु की सूक्ष्म संरचना; L-S युग्मन, J-J युग्मन, परमाणु अवस्था का स्पेक्ट्रमी संकेतन, जीमान प्रभाव; फ्रैंक कंडोन सिद्धांत एवं अनुप्रयोग; द्विपरमाणुक अणु के घूर्णनी, कांपनिक एवं इलेक्ट्रॉनिक स्पेक्ट्रमों का प्राथमिक सिद्धांत; रमन प्रभाव एवं आण्विक संरचना; लेसर रमन स्पेक्ट्रमिकी; खगोलिकी में उदासीन हाइड्रोजन परमाणु, आण्विक हाइड्रोजन एवं आण्विक हाइड्रोजन ऑयन का महत्व; प्रतिदीप्ति एवं स्फुरदीप्ति; NMR एवं EPR का प्राथमिक सिद्धांत एवं अनुप्रयोग, लैम्बसृति की प्राथमिक धारणा एवं इसका महत्व।
3. **नाभिकीय एवं कण भौतिकी :** मूलभूत नाभिकीय गुणधर्म - आकार, बंधन ऊर्जा, कोणीय संवेग, समता, चुंबकीय आघूर्ण; आनुभविक द्रव्यमान सूत्र एवं अनुप्रयोग, द्रव्यमान परवलय; ड्यूटेरॉन की मूल अवस्था, चुंबकीय आघूर्ण एवं अकेंद्रीय बल; नाभिकीय बलों का मेसॉन सिद्धांत, नाभिकीय बलों की प्रमुख विशेषताएं; नाभिक का कोश मॉडल - सफलताएं एवं सीमाएं; बीटाह्रास मे समता का उल्लंघन; गामा ह्रास एवं आंतरिक रूपांतरण, मासबौर स्पेक्ट्रमिकी की प्राथमिक धारणा, नाभिकीय अभिक्रियाओं का Q मान; नाभिकीय विखंडन एवं संलयन, ताराओं में ऊर्जा उत्पादन; नाभिकीय रियेक्टर। मूल कणों का वर्गीकरण एवं उनकी अन्योन्यक्रियाएं; संरक्षण नियम; हैड्रॉनों की क्वार्क संरचना; क्षीण वैद्युत एवं प्रबल अन्योन्य क्रिया क्षेत्र - क्वांटा; बलों के एकीकरण की प्राथमिक धारणा; न्यूट्रिनों की भौतिकी।
4. **ठोस अवस्था भौतिकी, यंत्र एवं इलेक्ट्रॉनिकी :** पदार्थ की क्रिस्टलीय एवं अक्रिस्टलीय संरचना; विभिन्न क्रिस्टल निकाय, आकाशी समूह; क्रिस्टल संरचना निर्धारण की विधियां; X-किरण विवर्तन, क्रमवीक्षण एवं संचरण इलेक्ट्रॉन सूक्ष्मदर्शी; ठोसों का पट्ट सिद्धांत - चालक, विद्युतरोधी एवं अर्द्धचालक; ठोसों के तापीय गुणधर्म, विशिष्ट ऊष्मा, डेबी सिद्धांत; चुंबकत्व; प्रति, अनु एवं लोह चुंबकत्व; अतिचालकता के अवयव, माइस्नर प्रभाव, जोसेफसन संधि एवं अनुप्रयाग; उच्च तापक्रम अतिचालकता की प्राथमिक धारणा। नैज एवं बाह्य अर्द्धचालक; p-n-p एवं n-p-n ट्रांजिस्टर, प्रवर्धक एवं दोलित्र, संक्रियात्मक प्रवर्धक; FET, JFET एवं MOSFET; अंकीय इलेक्ट्रॉनिकी - बूलीयन तत्समक, डी मॉर्गन नियम, तर्क द्वार एवं सत्यम सारणियां; सरल तर्क परिपथ; ऊष्म प्रतिरोधी, सौर सेल; माइक्रोप्रोसेसर एवं आंकीक कम्प्यूटरों के मूल सिद्धांत।

राजनीति विज्ञान एवं अंतर्राष्ट्रीय संबंध
(Political Science and International Relations)

प्रश्न पत्र - I

राजनैतिक सिद्धांत एवं भारतीय राजनीति–

1. राजनैतिक सिद्धांत : अर्थ एवं उपागम।
2. राज्य के सिद्धांत : उदारवादी, नवउदारवादी, मार्क्सवादी, बहुवादी, पश्च-उपनिवेश एवं नारी-अधिकारवादी।
3. न्याय : रॉल के न्याय के सिद्धांत के विशेष संदर्भ में न्याय के संप्रत्यय एवं इसके समुदायवादी समालोचक।

4. समानता : सामाजिक, राजनैतिक एवं आर्थिक समानता एवं स्वतंत्रता के बीच संबंध; सकारात्मक कार्य।
5. अधिकार : अर्थ एवं सिद्धांत; विभिन्न प्रकार के अधिकार; मानवाधिकार की संकल्पना।
6. लोकतंत्र : क्लासिकी एवं समकालीन सिद्धांत; लोकतंत्र के विभिन्न मॉडल - प्रतिनिधिक, सहभागी एवं विमर्शी।
7. शक्ति, प्राधान्य, विचारधारा एवं वैधता की संकल्पना।
8. राजनैतिक विचारधाराएं : उदारवाद, समाजवाद, मार्क्सवाद, फासीवाद, गांधीवाद एवं नारी-अधिकारवाद।
9. भारतीय राजनैतिक चिंतन : धर्मशास्त्र, अर्थशास्त्र, बौद्ध परंपराएं; सर सैयद अहमद खान, श्री अरविंद, एम.के. गांधी, बी.आर. अम्बेडकर, एम.एन. रॉय।
10. पाश्चात्य राजनैतिक चिंतन : प्लेटो अरस्तू, मैकियावेली, हॉब्स, लॉक, जॉन एस. मिल, मार्क्स, ग्राम्स्की, हान्ना आरेन्ट।

भारतीय शासन एवं राजनीति–

1. **भारतीय राष्ट्रवाद :**

   (क) भारत के स्वाधीनता संग्राम की राजनैतिक कार्यनीतियां : संविधानवाद से जन सत्याग्रह, असहयोग, विनय अवज्ञा एवं भारत छोड़ो; उग्रवादी एवं क्रांतिकारी आंदोलन, किसान एवं कागार आंदोलन।

   (ख) भारतीय राष्ट्रीय आंदोलन के परिप्रेक्ष्य : उदारवादी, समाजवादी एवं मार्क्सवादी; उग्रमानवतावादी एवं दलित।
2. **भारत के संविधान का निर्माण :** ब्रिटिश का रिक्थ; विभिन्न सामाजिक एवं राजनैतिक परिप्रेक्ष्य।
3. **भारत के संविधान की प्रमुख विशेषताएं :** प्रस्तावना, मौलिक अधिकार तथा कर्त्तव्य, नीति निर्देशक सिद्धांत, संसदीय प्रणालीय एवं संशोधन प्रक्रिया; न्यायिक पुनर्विलोकन एवं मूल संरचना सिद्धांत।
4. **(क) संघ सरकार के प्रधान अंग :** कार्यपालिका, विधायिका एवं सर्वोच्च न्यायालय की विचरित भूमिका एवं वास्तविक कार्यप्रणाली।

   (ख) राज्य सरकार के प्रधान अंग : कार्यपालिका, विधायिका एवं उच्च न्यायालयों की विचारित भूमिका एवं वास्तविक कार्यप्रणाली।
5. **आधारिक लोकतंत्र :** पंचायती राज एवं नगर शासन; 73 में तथा 74 में संशोधनों का महत्व; आधारित आंदोलन।
6. **सांविधिक संस्थाएं/आयोग :** निर्वाचन आयोग, नियंत्रक एवं महालेखा परीक्षक, वित्त आयोग, संघ लोक सेवा आयोग, राष्ट्रीय अनुसूचित जातियां आयोग, राष्ट्रीय महिला आयोग, राष्ट्रीय मानवाधिकार आयोग, राष्ट्रीय अल्पसंख्यक आयोग, राष्ट्रीय पिछड़ा वर्ग आयोग।
7. **संघराज्य पद्धति :** सांविधानिक उपबंध, केन्द्र राज्य संबंधों का बदलता स्वरूप, एकीकरणवादी प्रवृत्तियां एवं क्षेत्रीय आकांक्षाएं; अंतर-राज्य विवाद।
8. **योजना एवं आर्थिक विकास :** नेहरूवादी एवं गांधीवादी परिप्रेक्ष्य, योजना की भूमिका एवं

निजी क्षेत्र, हरित क्रांति, भूमि सुधार एवं कृषि संबंध, उदारीकरण एवं आर्थिक सुधार।

9. भारतीय राजनीति में जाति, धर्म एवं नृजातीयता।
10. **दल प्रणाली :** राष्ट्रीय एवं क्षेत्रीय राजनैतिक दल, दलों के वैचारिक एवं सामाजिक आधार, बहुदलीय राजनीतिक स्वरूप; दबाव समूह, निर्वाचक आचरण की प्रवृत्तियां, विधायकों के बदलते सामाजिक - आर्थिक स्वरूप।
11. **सामाजिक आंदोलन :** नागरिक स्वतंत्रताएं एवं मानवाधिकार आंदोलन; महिला आंदोलन, पर्यावरण आंदोलन।

प्रश्न पत्र - II

तुलनात्मक राजनीति तथा अंतर्राष्ट्रीय संबंध

तुलनात्मक राजनैतिक विश्लेषण एवं अंतर्राष्ट्रीय राजनीति

1. तुलनात्मक राजनीति : स्वरूप एवं प्रमुख उपागम; राजनैतिक अर्थव्यवस्था एवं राजनैतिक समाजशास्त्रीय परिप्रेक्ष्य; तुलनात्मक प्रक्रिया की सीमाएं।
2. तुलनात्मक परिप्रेक्ष्य में राज्य; पूंजीवादी एवं समाजवादी अर्थव्यवस्थाओं में राज्य के बदलते स्वरूप एवं उनकी विशेषताएं तथा उन्नत औद्योगिक एवं विकासशील समाज।
3. राजनैतिक प्रतिनिधान एवं सहभागिता : उन्नत औद्योगिक एवं विकासशील समाजों में राजनैतिक दल, दबाव समूह एवं सामाजिक आंदोलन।
4. भूमंडलीकरण : विकसित एवं विकासशील समाजों से प्राप्त अनुक्रियाएं।
5. अंतर्राष्ट्रीय संबंधों के अध्ययन के उपागम : आदर्शवादी, यथार्थवादी, मार्क्सवादी, प्रकार्यवादी, एवं प्रणाली सिद्धांत।
6. अंतर्राष्ट्रीय संबंधों में आधारभूत संकल्पनाएं : राष्ट्रीय हित, सुरक्षा एवं शक्ति; शक्तिसंतुलन एवं प्रतिरोध; राष्ट्रीय कर्ता एवं सामूहिक सुरक्षा; विश्व पूंजीवादी अर्थव्यवस्था एवं भूमंडलीकरण।
7. बदलती अंतर्राष्ट्रीय राजनीतिक व्यवस्था :
   (क) महाशक्तियों का उदय; कार्यनीतिक एवं वैचारिक द्विधुरीयता, शस्त्रीकरण की होड़ एवं शीत युद्ध; नाभिकीय खतरा।
8. अंतर्राष्ट्रीय आर्थिक व्यवस्था का उद्भव : ब्रेटनवुड से विश्व व्यापार संगठन तक। समाजवादी अर्थव्यवस्थाएं तथा पारस्परिक आर्थिक सहायता परिषद (CMEA); नव अंतर्राष्ट्रीय आर्थिक व्यवस्था की तृतीय विश्व की मांग; विश्व अर्थव्यवस्था का भूमंडलीकरण।
9. संयुक्त राष्ट्र : विचारित भूमिका एवं वास्तविक लेखा-जोखा; विशेषीकृत संयुक्त राष्ट्र अभिकरण - लक्ष्य एवं कार्यकरण; संयुक्त राष्ट्र सुधारों की आवश्यकता।
10. विश्व राजनीति का क्षेत्रीयकरण : EU, ASEAN, APEC, SAARC, NAFTA।
11. समकालीन वैश्विक सरोकार : लोकतंत्र, मानवाधिकार, पर्यावरण, लिंग न्याय, आतंकवाद, नाभिकीय प्रसार।

भारत तथा विश्व–

1. भारत की विदेश नीति : विदेशनीति के निर्धारक; नीति निर्माण की संस्थाएं; निरंतरता एवं परिवर्तन।
2. गुट निरपेक्षता आंदोलन को भारत का योगदान : विभिन्न चरण; वर्तमान भूमिका।
3. भारत और दक्षिण एशिया :

(क) क्षेत्रीय सहयोग : SAARC - पिछले निष्पादन एवं भावी प्रत्याशाएं।

(ख) दक्षिण एशिया मुक्त व्यापार क्षेत्र के रूप में।

(ग) भारत की पूर्व अभिमुखन नीति।

(घ) क्षेत्रीय सहयोग की बाधाएं : नदी जल विवाद; अवैध सीमा पार उत्प्रवासन; नृजातीय द्वंद्व एवं उपप्लव; सीमा विवाद।

4. भारत एवं वैश्विक दक्षिण : अफ्रीका एवं लातीनी अमेरिका के साथ संबंध : NIEO एवं WTO वार्ताओं के लिए आवश्यक नेतृत्व की भूमिका।
5. भारत एवं वैश्विक शक्ति केन्द्र : संयुक्त राज्य अमेरिका, यूरोप संघ (EU), जापान चीन और रूस।
6. भारत एवं संयुक्त राष्ट्र प्रणाली : संयुक्त राष्ट्र शान्ति अनुरक्षण में भूमिका; सुरक्षा परिषद् में स्थायी सदस्यता की मांग।
7. भारत एवं नाभिकीय प्रश्न : बदलते प्रत्यक्षण एवं नीति।
8. भारतीय विदेश नीति में हाल के विकास : अफगानिस्तान में हाल के संकट पर भारत की स्थिति, इराक एवं पश्चिम एशिया; US एवं इजराइल के साथ बदले संबंध; नई विश्व व्यवस्था की दृष्टि।

मनोविज्ञान (Psychology)

प्रश्न पत्र - I

मनोविज्ञान के आधार

1. **परिचय** : मनोविज्ञान की परिभाषा। मनोविज्ञान का ऐतिहासिक पूर्ववृत्त एवं 21वीं शताब्दी में प्रवृत्तियां। मनोविज्ञान एवं वैज्ञानिक पद्धति, मनोविज्ञान का अन्य सामाजिक और प्राकृतिक विज्ञानों से संबंध; सामाजिक समस्याओं में मनोविज्ञान का अनुप्रयोग।
2. **मनोविज्ञान की पद्धति** : अनुसंधान के प्रकार - वर्णनात्मक, मूल्यांकनी, नैदानिक एवं पूर्वानुमानिक अनुसंधान पद्धति : प्रेक्षण, सर्वेक्षण, व्यक्ति अध्ययन एवं प्रयोग, प्रयोगात्मक तथा अप्रयोगात्मक अभिकल्प की विशेषताएं। परीक्षण सदृश अभिकल्प; केंद्रीय समूह चर्चा, विचारावेश, आधार सिद्धांत उपागम।
3. **अनुसंधान प्रणालियां** : मनोवैज्ञानिक अनुसंधान में मुख्य चरण (समस्या कथन, प्रक्कल्पना निरूपण, अनुसंधान अभिकल्प, प्रतिचयन, आंकड़ा संग्रह के उपकरण, विश्लेषण एवं व्याख्या तथा विवरण लेखन। मूल के विरूद्ध अनुप्रयुक्त अनुसंधान, आंकड़ा संग्रह की विधियां (साक्षात्कार, प्रेक्षण, प्रश्नावली), अनुसंधान अभिकल्प (कार्योत्तर एवं प्रयोगात्मक), सांख्यिकी प्रविधियों का अनुप्रयोग (टी-परीक्षण, द्विमार्गी एनोवा, सहसंबंध, समाश्रयण एवं फैक्टर विश्लेषण), पद अनुक्रिया सिद्धांत।

मानव व्यवहार का विकास : वृद्धि एवं विकास : विकास के सिद्धांत, मानव व्यवहार को निर्धारित करने वाले आनुवंशिक एवं पर्यावरणीय कारकों की भूमिका; समाजीकरण में सांस्कृतिक प्रभाव; जीवन विस्तृति विकास-अभिलक्षण; विकासात्मक कार्य; जीवन विसृति के प्रमुख चरणों में मनोवैज्ञानिक स्वास्थ्य का संवर्धन।

5. **संवेदन, अवधान और प्रत्यक्षण** : संवेदन : सीमा की संकल्पना, निरपेक्ष एवं न्यूनतक

बोध-भेद देहली, संकेत उपलंभन एवं सतर्कता; अवधान को प्रभावित करने वाले कारक जिसमें विन्यास एवं उद्दीपन अभिलक्षण शामिल हैं। प्रत्यक्षण की परिभाषा और संकल्पना, प्रत्यक्षण में जैविक कारक; प्रात्यक्षिक संगठन-पूर्व अनुभवों का प्रभाव; प्रात्यक्षिक रक्षा-सांतराल एवं गहनता प्रत्यक्ष को प्रभावित करने वाले कारक, आमाप आकलन एवं प्रात्यक्षिक तत्परता। प्रत्यक्षण की सुग्राह्यता, अतीन्द्रिय प्रत्यक्षण, संस्कृति एवं प्रत्यक्षण, अवसीम प्रत्यक्षण।

6. **अधिगम :** अधिगम की संकल्पना तथा सिद्धांत (व्यवहारवादी, गेस्टाल्टवादी एवं सूचना प्रक्रमण मॉडल)। विलाप, विभेद एवं सामान्यीकरण की प्रक्रिया; कार्यक्रमबद्ध अधिगम, प्रायिकता अधिगम, आत्म अनुदेशात्मक अधिगम; प्रबलीकरण की संकल्पनाएं, प्रकार एवं सारणियां, पलायन, परिहार एवं दंड, प्रतिरूपण एवं सामाजिक अधिगम।

7. **स्मृति :** संकेतन एवं स्मरण; अल्पावधि स्मृति, दीर्घावधि स्मृति, संवेदी, प्रतिमापरक स्मृति, अनुसरण स्मृति, मल्टिस्टोर मॉडल, प्रक्रमण के स्तर; संगठन एवं स्मृति सुधार की स्मरणजनक तकनीक; विस्मरण के सिद्धांत; क्षय, व्यक्तिकरण एवं प्रत्यानयन विफलन; अधिस्मृति; स्मृतिलोप; आघातोत्तरा एवं अभिघातपूर्ण।

8. **चिंतन एवं समस्या समाधान :** पियाजे का संज्ञानात्मक विकास का सिद्धांत; संकल्पना निर्माण प्रक्रम; सूचना प्रक्रमण, तर्क एवं समस्या समाधान, समस्या समाधान में सहायक एवं बाधाकारी कारक, समस्या समाधान की विधियां; सृजनात्मक चिंतन एवं सृजनात्मकता का प्रतिपोषण; निर्णयन एवं अधिनिर्णय को प्रभावित करने वाले कारक; अभिनव प्रवृत्तियां।

9. **अभिप्रेरण तथा संवेग :** अभिप्रेरण संवेग के मनोवैज्ञानिक एवं शरीरक्रियात्मक आधार, अभिप्रेरण तथा संवेग का मापन; अभिप्रेरण एवं संवेग का व्यवहार पर प्रभाव; बाह्य एवं अंतर अभिप्रेरण; अंतर अभिप्रेरण को प्रभावित करने वाले कारक; संवेगात्मक सक्षमता एवं संबंधित मुद्दे।

10. **बुद्धि एवं अभिक्षमता :** बुद्धि एवं अभिक्षमता की संकल्पना, बुद्धि का स्वरूप एवं सिद्धांत - स्पियरमैन, थर्सटन, गलफोर्ड बर्नान, स्टेशनबर्ग एवं जे.पी. दास; संवेगात्मक बुद्धि, सामाजिक बुद्धि, बुद्धि एवं अभिक्षमता का मापन, बुद्धिलब्धि की संकल्पना, विचलन बुद्धिलब्धि, बुद्धिलब्धि स्थिरता; बहु बुद्धि का मापन; तरल बुद्धि एवं स्टिलित बुद्धि।

11. **व्यक्तित्व :** व्यक्तित्व की संकलपना तथा परिभाषा; व्यक्तित्व के सिद्धांत (मनोविश्लेषणात्मक, सामाजिक-सांस्कृतिक, अंतवैयक्तिक, विकासात्मक, मानवतावादी, व्यवहारवादी विशेष गुण एवं जाति उपागम); व्यक्तित्व का मापन (प्रक्षेपी परीक्षण, पेंसिल-पेपर परीक्षण); व्यक्तित्व के प्रति भारतीय दृष्टिकोण; व्यक्तित्व विकास हेतु प्रशिक्षण। नवीनतम उपागम जैसे कि बिग-5 फैक्टर सिद्धांत; विभिन्न परंपराओं में स्व को बोध।

12. **अभिवृत्तियां, मूल्य एवं अभिरूचियां :** अभिवृत्तियों, मूल्यों एवं अभिरूचियों की परिभाषाएं; अभिवृत्तियों के घटक; अभिवृत्तियों का निर्माण एवं अनुरक्षण; अभिवृत्तियों; मूल्यों एवं अभिरूचियों का मापन। अभिवृति परिवर्तन के सिद्धांत, मूल्य प्रतिपोषण की विधियां। रूढ़ धारणाओं एवं पूर्वाग्रहों का निर्माण, अन्य के व्यवहार को बदलना, गुणारोप के सिद्धांत, अभिनव प्रवृत्तियां।

13. **भाषा एवं संज्ञापन :** मानव भाषा-गुण, संरचना एवं भाषागत सोपान; भाषा - अर्जन - पूर्वानुकूलता, क्रांतिक अवधि, प्राक्कल्पना; भाषा विकास के सिद्धांत (स्कीनर, चोम्स्की); संज्ञापन की प्रक्रिया एवं प्रकार; प्रभावपूर्ण संज्ञापन एवं प्रशिक्षण।

14. **आधुनिक समकालीन मनोविज्ञान में मुद्दे एवं परिप्रेक्ष्य :** मनोवैज्ञानिक प्रयोगशाला एवं मनोवैज्ञानिक परीक्षण में कम्प्यूटर अनुप्रयोग; कृत्रिम बुद्धि; साइकोसाइबरनेटिक्स; चेतना-नींद

जागरण कार्यक्रमों का अध्ययन; स्वप्न, उद्दीपनवंचन, ध्यान, हिप्नोटिक/औषध प्रेरित दशाएं; अतीन्द्रिय प्रत्यक्षण; अंतरीन्द्रिय प्रत्यक्षण मिथ्याभास अध्ययन।

प्रश्न पत्र - II

मनोविज्ञान : विषय और अनुप्रयोग

1. **व्यक्तिगत विभिन्नताओं का वैज्ञानिक मापन :** व्यक्तिगत भिन्नताओं का स्वरूप, मानकीकृत मनोवैज्ञानिक परीक्षणें की विशेषताएं और संरचना, मनोवैज्ञानिक परीक्षणों के प्रकार; मनोवैज्ञानिक परीक्षणें के उपयोग, दूरूपयोग तथा सीमाएं। मनोवैज्ञानिक परीक्षाओं के प्रयोग में नीतिकारक विषय।
2. **मनोवैज्ञानिक स्वास्थ्य तथा मानसिक विकार :** स्वास्थ्य-अस्वास्थ्य की संकल्पना, सकारात्मक स्वास्थ्य, कल्याण, मानसिक विकार (चिंता विकार, मन:स्थिति विकास सीजोफ्रेनिया तथा भ्रमिक विकार, व्यक्तित्व विकार, तात्विक दुर्व्यवहार विकास), मानसिक विकारों के कारक तत्व, सकारात्मक स्वास्थ्य, कल्याण, जीवनशैली तथा जीवन की गुणवत्ता को प्रभावित करने वाले कारक।
3. **चिकित्सात्मक उपागम :** मनोगतिक चिकित्साएं। व्यवहसार चिकित्साएं; रोगी केंद्रित चिकित्साएं, संज्ञानात्मक चिकित्साएं। देशी चिकित्साएं (योग, ध्यान)। जैव पुनर्निवेश चिकित्सा। मानसिक रूग्णता की रोकथाम तथा पुनर्स्थापना। क्रमिक स्वास्थ्य प्रतिपोषण।
4. **कार्यात्मक मनोविज्ञान तथा संगठनात्मक व्यवहसार :** कार्मिक चयन तथा प्रशिक्षण। उद्योग में मनोवैज्ञानिक परीक्षणों का उपयोग प्रशिक्षण तथा मानव संसाधन विकास। कार्य-अभिप्रेरण सिद्धांत-हर्ज वर्ग, मास्लो, एडम ईक्विटी सिद्धांत, पोर्टर एवं लावलर, ब्रूम; नेतृत्व तथा सहभागी प्रबंधन। विज्ञापन तथा विपणन। दबाव एवं इसका प्रबंधन; श्रमदक्षता शास्त्र, उपभोक्ता मनोविज्ञान, प्रबंधकीय प्रभाविता, रूपांतरण नेतृत्व, संवेदनशीलता प्रशिक्षण, संगठनों में शक्ति एवं राजनीति।
5. **शैक्षिक क्षेत्र में मनोविज्ञान का अनुप्रयोग :** अध्यापन-अध्ययन प्रक्रिया को प्रभावी बनाने में मनोवैज्ञानिक सिद्धांत। अध्ययन शैलियां। प्रदत्त, मंदक, अध्ययन-हेतु-अक्षम और उनका प्रशिक्षण। स्मरण शक्ति बढ़ाने तथा बेहतर शैक्षणिक उपलब्धि के लिए प्रशिक्षण व्यक्तित्व विकास तथा मूल शिक्षा। शैक्षिक, व्यावसायिक मार्गदर्शन तथा जीविकोपार्जन परामर्श। मार्गदर्शन कार्यक्रमों में प्रभावी कार्यनीतियां।
6. **सामुदायिक मनोविज्ञान :** सामुदायिक मनोविज्ञान की परिभाषा और संकल्पना। सामाजिक कार्यकलाप में छोटे समूहों की उपयोगिता। सामाजिक चेतना की जागृति और सामाजिक समस्याओं को सुलझाने की कार्यवाही। सामाजिक परिवर्तन के लिए सामूहिक निर्णय लेना और नेतृत्व प्रदान करना। सामाजिक परिवर्तन के लिए प्रभावी कार्य नीतियां।
7. **पुनर्वास मनोविज्ञान :** प्राथमिक, माध्यमिक तथा तृतीयक निवारक कार्यक्रम। मनोवैज्ञानिकी की भूमिका-शारीरिक, मानसिक तथा सामाजिक रूप से चुनौती प्राप्त व्यक्तियों, जैसे वृद्ध व्यक्तियों के पुनर्वासन के लिए सेवाओं का आयोजन। पदार्थ दुरूपयोग, किशोर अपराध, आपराधिक व्यवहार से पीड़ित व्यक्तियों का पुनर्वास। हिंसा के शिकार व्यक्तियों का पुनर्वास। HIV/AIOsQ रोगियों का पुनर्वास। सामाजिक अभिकरणों की भूमिका।

8. **सुविधावंचित समूहों पर मनोविज्ञान का अनुप्रयोग :** सुविधावंचित, वंचित की संकल्पनाएं, सुविधावंचित तथा वंचित समूहों सामाजिक, भौतिक, सांस्कृतिक तथा आर्थिक परिणाम। सुविधावंचितों का विकास की ओर शिक्षण तथा अभिप्रेरण। सापेक्ष एवं दीर्घकालिक वंचन।
9. **सामाजिक एकीकरण की मनोवैज्ञानिक समस्या :** सामाजिक एकीकरण की संकल्पना। जाति, वर्ग, धर्म भाषा विवादों और पूर्वाग्रह की समस्या। अंतर्समूह तथा बहिर्समूह के बीच पूर्वाग्रह का स्वरूप तथा अभिव्यक्ति। ऐसे विवादों और पूर्वाग्रहों के कारक तत्व। विवादों और पूर्वाग्रहों से निपटने के लिए मनोवैज्ञानिक नीतियां। सामाजिक एकीकरण पाने के उपाय।
10. **सूचना प्रौद्योगिकी और जनसंचार में मनोविज्ञान का अनुप्रयोग :** सूचना प्रौद्योगिकी और जन-संचार-गूंज का वर्तमान परिदृश्य और मनोवैज्ञानिकों की भूमिका। सूचना प्रौद्योगिकी और जन संचार क्षेत्र में कार्य के लिए मनोविज्ञान व्यवसायियों का चयन और प्रशिक्षण। सूचना प्रौद्योगिकी और जन-संचार माध्यम से दूरस्थ शिक्षण। ई-कॉमर्स के द्वारा उद्यमशीलता। बहुस्तरीय विपणन, दूरदर्शन का प्रभाव एवं सूचना प्रौद्योगिकी में अभिनव विकास के मनोवैज्ञानिक परिणाम।
11. **मनोविज्ञान तथा आर्थिक विकास :** उपलब्धि, अभिप्रेरण तथा आर्थिक विकास। उद्यमशील व्यवहार की विशेषताएं। उद्यमशीलता तथा आर्थिक विकास के लिए लोगों का अभिप्रेरण तथा प्रशिक्षण। उपभोक्ता अधिकार तथा उपभोक्ता संचेतना। महिला उद्यमियों समेत युवाओं में उद्यमशीलता के संवर्धन के लिए सरकारी नीतियां।
12. **पर्यावरण तथा संबद्ध क्षेत्रों में मनोविज्ञान का अनुप्रयोग :** पर्यावरणीय मनोविज्ञान-ध्वनि प्रदूषण तथा भीड़भाड़ के प्रभाव जनसंख्या मनोविज्ञान - जनसंख्या विस्फोटन और उच्च जनसंख्या घनत्व के मनोवैज्ञानिक परिणाम। छोटे परिवार के मानदंड का अभिप्रेरण। पर्यावरण के अवक्रमण पर द्रुत वैज्ञानिक और प्रौद्योगिकीय विकास का प्रभाव।
13. **मनोविज्ञान के अन्य अनुप्रयोग :**

    (क) सैन्य मनोविज्ञान : चयन, प्रशिक्षण, परामर्श में प्रयोग के लिए रक्षा कार्मिकों के लिए मनोवैज्ञानिक परीक्षणों की रचना; सकारात्मक स्वास्थ्य संवर्धन के लिए रक्षा कार्मिकों के साथ कार्य करने के लिए मनोवैज्ञानिकों का प्रशिक्षण; रक्षा में मानव-इंजीनियरी।

    (ख) खेल मनोविज्ञान : एथलीटों एवं खेलों के निष्पादन में सुधार में मनोवैज्ञानिक हस्तक्षेप, व्यष्टि एवं टीम खेलों में भाग लेने वाले व्यक्ति।

    (ग) समाजोन्मुख एवं समाजविरोधी व्यवहार पर संचार माध्यमों का प्रभाव।

    (घ) आतंकवाद का मनोविज्ञान।
14. **लिंग का मनोविज्ञान :** भेदभाव के मुद्दे, विविधता का प्रबंधन, ग्लास सीलिंग प्रभाव, स्वतः भविष्योक्ति, नारी एवं भारतीय समाज।

लोक प्रशासन (Public Administration)

प्रश्न पत्र - I

प्रशासनिक

1. **प्रस्तावना :** लोक प्रशासन का अर्थ, विस्तार तथा महत्व, विल्सन के दृष्टिकोण से लोक

प्रशासन, विषय का विकास तथा इसकी वर्तमान स्थिति, नया लोक प्रशासन, लोक विकल्प उपागम, उदारीकरण की चुनौतियां, निजीकरण, भूमंडलीकरण; अच्छा अभिशासन : अवधारणा तथा अनुप्रयोग, नया लोक प्रबंध।

2. **प्रशासनिक चिंतन** : वैज्ञानिक प्रबंध आंदोलन, क्लासिकी सिद्धांत, वेबर का नौकरशाही मॉडल, उसकी आलोचना और वेबर पश्चात् का विकास, गतिशील प्रशासन (मेयो पार्कर फॉले), मानव संबंध स्कूल (एल्टोन मेयों तथा अन्य), कार्यपालिका के कार्य (सी.आई. बर्नार्ड), सइमन निर्णयन सिद्धांत, भागीदारी प्रबंधक (मैक ग्रेगर, आर. लिकर्ट, सी. आर्जीरिस।

3. **प्रशासनिक व्यवहार** : निर्णयन प्रक्रिया एवं तकनीक, संचार, मनोबल, प्रेरणा सिद्धांत-अंतर्वस्तु, प्रक्रिया एवं समकालीन; नेतृत्व सिद्धांत; पारंपरिक एवं आधुनिक।

4. **संगठन** : सिद्धांत : प्रणाली, प्रासंगिकता; संरचना एवं रूप : मंत्रालय तथा विभाग, निगम, कंपनियां, बोर्ड तथा आयोग - तदर्थ तथा परामर्शदाता निकाय मुख्यालय तथा क्षेत्रीय संबंध नियामक प्राधिकारी; लोक-निजी भागीदारी।

5. **उत्तरदायित्व तथा नियंत्रण** : उत्तरदायित्व और नियंत्रण की संकल्पनाए, प्रशासन, पर विधायी, कार्यकारी और न्यायिक नियंत्रण। नागरिक तथा प्रशासन; मीडिया की भूमिका, हित समूह, स्वैच्छिक संगठन, सिविल समाज, नागरिकों का अधिकार-पत्र (चार्टर)। सूचना का अधिकार, सामाजिक लेखा परीक्षा।

6. **प्रशासनिक कानून** : अर्थ, विस्तार और महत्व, प्रशासनिक विधि पर Dicey, प्रत्यायोजित विधान - प्रशासनिक अधिकरण।

7. **तुलनात्मक लोक प्रशासन** : प्रशासनिक प्रणालियों पर प्रभाव डालने वाले ऐतिहासिक एवं समाज वैज्ञानिक कारक; विभिन्न देशों में प्रशासन एवं राजनीति; तुलनात्मक लोक प्रशासन की अद्यतन स्थित; पारिस्थितिकी एवं प्रशासन; रिग्सियन माडल एवं उनके आलोचक।

8. **विकास गतिकी** : विकास की संकलपना; विकास प्रशासन की बदलती परिच्छेदिका; 'विकास विरोधी अभिधारणा'; नौकरशाही एवं विकास; शक्तिशाली राज्य बनाम बाजार विवाद; विकासशील देशों में प्रशासन पर उदारीकरण का प्रभाव; महिला एवं विकास स्वसहायता समूह आंदोलन।

9. **कार्मिक प्रशासन** : मानव संसाधन विकास का महत्व, भर्ती प्रशिक्षण, जीविका विकास, हैसियत वर्गीकरण, अनुशासन, निष्पादन मूल्यांकन, पदोन्नति, वेतन तथा सेवा शर्तें, नियोक्ता-कर्मचारी संबंध, शिकायत निवारण क्रिया विधि, आचरण संहिता, प्रशासनिक आचार-नीति।

10. **लोकनीति** : नीति निर्माण के माडल एवं उनके आलोचक, संप्रत्ययीकरण की प्रक्रियाएं, आयोजना, कार्यान्वयन, मानीटरन, मूल्यांकन एवं पुनरीक्षा एवं उनकी सीमाएं; राज्य सिद्धांत एवं लोकनीति सूत्रण।

11. **प्रशासनिक सुधार तकनीकें** : संगठन एवं पद्धति, कार्य अध्ययन एवं कार्य प्रबंधन; ई-गवर्नेस एवं सूचना प्रौद्योगिकी; प्रबंधन सहायता उपकरण जैसे कि नेटवर्क विश्लेषण MIS, PERT, CPM।

12. **वित्तीय प्रशासन :** वित्तीय तथा राजकोषीय नीतियां, लोक उधार ग्रहण तथा लोक ऋण। बजट प्रकार एवं रूप, बजट - प्रक्रिया, वित्तीय जवाबदेही, लेखा तथा लेखा परीक्षा।

प्रश्न पत्र - II

भारतीय प्रशासन

1. **भारतीय प्रशासन का विकास :** कौटिल्य का अर्थशास्त्र, मुगल प्रशासन; राजनीति एवं प्रशासन में ब्रिटिश शासन का रिक्थ-लोक सेवाओं का भारतीयकरण, राजस्व प्रशासन, जिला प्रशासन, स्थानीय स्वशासन।
2. **सरकार का दार्शनिक एवं सांविधानिक ढांचा :** प्रमुख विशेषताएं एवं मूल्य धारिकाएं; संविधानवाद; राजनैतिक संस्कृति; नौकरशाही एवं लोकतंत्र; नौकरशाही एवं विकास।
3. **सार्वजनिक क्षेत्र के उपक्रम :** आधुनिक भारत में सार्वजनिक क्षेत्र; सार्वजनिक क्षेत्र उपक्रमों के रूप; स्वायत्ता, जवाबदेही एवं नियंत्रण की समस्याएं; उदारीकरण एवं निजीकरण का प्रभाव।
4. **संघ सरकार एवं प्रशासन :** कार्यपालिका, संसद, विधायिका - संरचना, कार्य, कार्य प्रक्रियाएं; हाल की प्रवृत्तियां; अंतराशासकीय संबंध; केबिनेट सचिवालय, प्रधानमंत्री कार्यालय; केंद्रीय सचिवालय, मंत्रालय एवं विभाग; बोर्ड, आयोग, संबद्ध कार्यालय; क्षेत्र संगठन।
5. **योजनाएं एवं प्राथमिकताएं :** योजना मशीनरी; योजना आयोग एवं राष्ट्रीय विकास परिषद् की भूमिका, रचना एवं कार्य; 'संकेतात्मक' आयोजना; संघ एवं राज्य स्तरों पर योजना निर्माण प्रक्रिया; संविधान संशोधन (1992) एवं आर्थिक विकास तथा सामाजिक न्याय हेतु विकेंद्रीकरण आयोजना।
6. **राज्य सरकार एवं प्रशासन :** संघ राज्य प्रशासनिक, विधायी एवं वित्तीय संबंध; वित्त आयोग की भूमिका; राज्यपाल; मुख्यमंत्री; मंत्रिपरिषद्; मुख सचिव; राज्य सचिवालय; निदेशालय।
7. **स्वतंत्रता के बाद से जिला प्रशासन :** कलेक्टर की बदलती भूमिका; संघ - राज्य - स्थानीय संबंध; विकास प्रबंध एवं विधि एवं अन्य प्रशासन के विध्यर्थ; जिला प्रशासन एवं लोकतांत्रिक विकेंद्रीकरण।
8. **सिविल सेवाएं :** सांविधानिक स्थिति; संरचना, भर्ती, प्रशिक्षण एवं क्षमता निर्माण; सुशासन की पहल; आचरण संहिता एवं अनुशासन; कर्मचारी संघ; राजनीतिक अधिकार; शिकायत निवारण क्रियाविधि; सिविल सेवा की तटस्थता; सिविल सेवा सक्रियतावाद।
9. **वित्तीय प्रबंध :** राजनीतिक उपकरण के रूप में बजट; लोक व्यय पर संसदीय नियंत्रण; मौद्रिक एवं राजकोषीय क्षेत्र में वित्त मंत्रालय की भूमिका; लेखाकरण तकनीक; लेखापरीक्षा; लेखा महानियंत्रक एवं भारत नियंत्रक महालेखा परीक्षक की भूमिका।
10. **स्वतंत्रता के बाद से हुए प्रशासनिक सुधार :** प्रमुख सरोकार; महत्वपूर्ण समितियां एवं आयोग; वित्तीय प्रबंध एवं मानव संसाधन विकास में हुए सुधार; कार्यान्वयन की समस्याएं।
11. **ग्रामीण विकास :** स्वतंत्रता के बाद से संस्थान एवं अभिकरण; ग्रामीण विकास कार्यक्रम; फोकस एवं कार्यनीतियां; विकेंद्रीकरण पंचायती राज; 73वीं संविधान संशोधन।
12. **नगरीय स्थानीय शासन :** नगरपालिका शासन : मुख्य विशेषताएं, संरचना, वित्त एवं समस्या क्षेत्र, 74वां संविधान संशोधन; विश्वव्यापी स्थानीय विवाद; नया स्थानिकतावाद; विकास गतिकी, नगर प्रबंध के विशेष संदर्भ में राजनीति एवं प्रशासन।
13. **कानून व्यवस्था प्रशासन :** ब्रिटिश रिक्थ; राष्ट्रीय पुलिस आयोग; जांच अभिकरण; विधि व्यवस्था बनाए रखने तथा उपप्लव एवं आतंकवाद का सामना करने में पैरामिलिटरी बलों समेत केंद्रीय एवं राज्य अभिकरणों की भूमिका; राजनीति एवं प्रशासन का अपराधीकरण; पुलिस लोक संबंध; पुलिस में सुधार।
14. **भारतीय प्रशासन में महत्वपूर्ण मुद्दे :** लोक सेवा में मूल्य; नियामक आयोग; राष्ट्रीय

मानवाधिकार आयोग; बहुदलीय शासन प्रणाली में प्रशासन की समस्याएं; नागरिक प्रशासन अंतराफलक; भ्रष्टाचार एवं प्रशासन; विपदा प्रबंधन।

समाजशास्त्र (Sociology)

प्रश्न पत्र - I

समाजशास्त्र के मूलभूत सिद्धांत

1. **समाजशास्त्र : विद्याशाखा–**

(क) यूरोप में आधुनिकता एवं सामाजिक परिवर्तन तथा समाजशास्त्र का आविर्भाव।

(ख) समाजशास्त्र का विषय-क्षेत्र एवं अन्य सामाजिक विज्ञानों से इसकी तुलना।

(ग) समाजशास्त्र एवं सामान्य बोध।

2. **समाजशास्त्र विज्ञान के रूप में–**

(क) विज्ञान, वैज्ञानिक पद्धति एवं समीक्षा।

(ख) अनुसंधान क्रियाविधि के प्रमुख सैद्धांतिक तत्व।

(ग) प्रत्यक्षवाद एवं इसकी समीक्षा।

(घ) तथ्य, मूल्य एवं उद्देश्यपरकता।

(ड़) अ-प्रत्यक्षवादी क्रियाविधियां।

3. **अनुसंधान पद्धतियां एवं विश्लेषण–**

(क) गुणात्मक एवं मात्रात्मक पद्धतियां।

(ख) दत्त संग्रहण की तकनीक।

(ग) परिवर्त, प्रतिचयन, प्राक्कल्पना, विश्वसनीयता एवं वैधता।

4. **समाजशास्त्री चिंतक–**

(क) कार्लमार्क्स-ऐतिहासिक भौतिकवाद, उत्पादन विधि, विसंबंधन, वर्ग संघर्ष।

(ख) इमाईल दुर्खीम-रम विभाजन, सामाजिक तथ्य, आत्महत्या, धर्म एवं समाज।

(ग) मैक्स वेबर-सामाजिक क्रिया, आदर्श प्रारूप, सत्ता, अधिकारीतंत्र, प्रोटेस्टैंट नीतिशास्त्र और पूंजीवाद की भावना।

(घ) तालकॉट पार्सन्स-सामाजिक व्यवस्था, प्रतिरूप परिवर्त।

(ङ) रॉबर्ट के मर्टन-अव्यक्त तथा अभिव्यक्त प्रकार्य, अनुरूपता एवं विसामान्यता, संदर्भ समूह।

(च) मीड-आत्म एवं तादात्म्य।

5. **स्तरीकरण एवं गतिशीलता–**

(क) संकल्पनाएं- समानता, असमानता, अधिक्रम, अपवर्जन, गरीबी एवं वंचन।

(ख) सामाजिक स्तरीकरण के सिद्धांत- संरचनात्मक प्रकार्यवादी सिद्धांत, मार्क्सवादी सिद्धांत, वेबर का सिद्धांत।

(ग) आयाम- वर्ग, स्थिति, समूहों, लिंग, नृजातीयता एवं प्रजाति का सामाजिक स्तरीकरण।

(घ) सामाजिक गतिशीलता- खुली एवं बंद व्यवस्थाएं, गतिशीलता के प्रकार, गतिशीलता के श्रोत एवं कारण।

6. **कार्य एवं आर्थिक जीवन–**

(क) विभिन्न प्रकार के समाजों में कार्य का सामाजिक संगठन- दास समाज, सामंती समाज, औद्योगिक/पूंजीवादी समाज।

(ख) कार्य का औपचारिक एवं अनौपचारिक संगठन।

(ग) श्रम एवं समाज।

7. **राजनीति एवं समाज–**

(क) सत्ता के समाजशास्त्री सिद्धांत।

(ख) सत्ता प्रव्रजन, अधिकारीतंत्र, दबाव समूह, राजनैतिक दल।

(ग) राष्ट्र, राज्य, नागरिकता, लोकतंत्र, सिविल समाज, विचारधारा।

(घ) विरोध, आंदोलन, सामाजिक आंदोलन, सामूहिक क्रिया, क्रांति।

8. **धर्म एवं समाज–**

(क) धर्म के समाजशास्त्रीय सिद्धांत।

(ख) धार्मिक कर्म के प्रकार : जीववाद, एकतत्ववाद, बहुतत्ववाद, पंथ, उपासना पद्धतियां।

(ग) आधुनिक समाज में धर्म : धर्म एवं विज्ञान, धर्मनिर्पेक्षीकरण, धार्मिक पुन:प्रवर्तनवाद, मूलतत्ववाद।

9. **नातेदारी की व्यवस्थाएं–**

(क) परिवार, गृहस्थी, विवाह।

(ख) परिवार के प्रकार एवं रूप।

(ग) वंश एवं वंशानुक्रम।

(घ) पितृतंत्र एवं श्रम का लिंगाधारित विभाजन।

(ड़) समसामयिक प्रवृत्तियां।

10. **आधुनिक समाज में सामाजिक परिवर्तन–**

(क) सामाजिक परिवर्तन के समाजशास्त्रीय सिद्धांत।

(ख) विकास एवं पराश्रितता।

(ग) सामाजिक परिवर्तन के कारक।

(घ) शिक्षा एवं सामाजिक परिवर्तन।

(ड़) विज्ञान, प्रौद्योगिकी एवं सामाजिक परिवर्तन।

प्रश्न पत्र - II

भारतीय समाज : संरचना एवं परिवर्तन

क. भारतीय समाज का परिचय–

(i) भारतीय समाज के अध्ययन के परिप्रेक्ष्य :

(क) भारतीय विद्या (जी.एस. घुर्ये)

(ख) संरचनात्मक प्रकार्यवाद (एम.एन. श्रीनिवास)।

(ग) मार्क्सवादी समाजशास्त्र (ए.आर. देसाई)

(ii) भारतीय समाज पर औपनिवेशिक शासन का प्रभाव :

(क) भारतीय राष्ट्रवाद की सामाजिक पृष्ठभूमि।

(ख) भारतीय परंपरा का आधुनिकीकरण।

(ग) औपनिवेशिक काल के दौरान विरोध एवं आंदोलन।

(घ) सामाजिक सुधार।

ख. सामाजिक संरचना–

(i) ग्रामीण एवं कृषिक विचार एवं ग्राम अध्ययन।

(क) भारतीय ग्राम का विचार एवं ग्राम अध्ययन।

(ख) कृषिक सामाजिक संरचना- पट्टेदारी प्रणाली का विकास, भूमि सुधार।

(ii) जाति व्यवस्था :

(क) जाति व्यवस्था के अध्ययन के परिप्रेक्ष्य-(जी.एस. धुर्ये, एम.एन. श्रीनिवास, लुई ड्यूमां, आन्द्रे बेतेय।)

(ख) जाति व्यवस्था के अभिलक्षण

(ग) अस्पृश्यता- रूप एवं परिप्रेक्ष्य।

(iii) भारत में जनजातीय समुदाय :

(क) परिभाषीय समस्याएं।

(ख) भौगोलिक विस्तार।

(ग) औपनिवेशिक नीतियां एवं जनजातियां।

(घ) एकीकरण एवं स्वायत्ता के मुद्दे।

(iv) भारत में सामाजिक वर्ग :

(क) कृषि वर्ग संरचना।

(ख) औद्योगिक वर्ग संरचना।

(ग) भारत में मध्यम वर्ग।

(v) भारत में नातेदारी की व्यवस्थाएं :

(क) भारत में वंश एवं वंशानुक्रम।

(ख) नातेदारी व्यवस्थाओं के प्रकार।

(ग) भारत में परिवार एवं विवाह।

(घ) परिवार घरेलू आयाम।

(ड़) पितृतंत्र, हकदारी एवं श्रम का लिंगाधारित विभाजन।

(vi) धर्म एवं समाज :

(क) भारत में धार्मिक समुदाय।

(ख) धार्मिक अल्पसंख्यकों की समस्याएं।

ग. भारत में सामाजिक परिवर्तन –

(i) भारत में सामाजिक परिवर्तन की दृष्टियां :

(क) विकास आयोजन एवं मिश्रित अर्थव्यवस्था का विचार।

(ख) संविधान, विधि एवं सामाजिक परिवर्तन।

(ग) शिक्षा एवं सामाजिक परिवर्तन।

(ii) भारत में ग्रामीण एवं कृषिक रूपांतरण :

(क) ग्रामीण विकास कार्यक्रम, समुदाय विकास कार्यक्रम, सहकारी संस्थाएं, गरीब उन्मूलन योजनाएं।

(ख) हरित क्रांति एवं सामाजिक परिवर्तन

(ग) भारतीय कृषि एवं उत्पादन की बदलती विधियां।
(घ) ग्रामीण मजदूर, बंधुआ एवं प्रवासन की समस्याएं।

(iii) भारत में औद्योगिकीकरण एवं नगरीकरण :

(क) भारत में आधुनिक उद्योग का विकास।
(ख) भारत में नगरीय बस्तियों की वृद्धि।
(ग) श्रमिक वर्ग : संरचना, वृद्धि, वर्ग संघटन।
(घ) अनौपचारिक क्षेत्रक, बाल श्रमिक।
(ङ) नगरी क्षेत्रों में गंदी बस्ती एवं वंचन।

(iv) राजनीति एवं समाज :

(क) राष्ट्र लोकतंत्र एवं नागरिकता।
(ख) राजनैतिक दल, दबाव समूह, सामाजिक एवं राजनैतिक प्रव्रजन।
(ग) क्षेत्रीयतावाद एवं सत्ता का विकेंद्रीकरण।
(घ) धर्मनिरपेक्षीकरण।

(v) आधुनिक भारत में सामाजिक आंदोलन :

(क) कृषक एवं किसान आंदोलन।
(ख) महिला आंदोलन।
(ग) पिछड़ा वर्ग एवं दलित आंदोलन।
(घ) पर्यावरणीय आंदोलन
(ङ) नृजातीयता एवं अभिज्ञान आंदोलन।

(vi) जनसंख्या गतिकी :

(क) जनसंख्या आकार, वृद्धि संघटन एवं वितरण।
(ख) जनसंख्या वृद्धि के घटक : जन्म, मृत्यु, प्रवासन।
(ग) जनसंख्या नीति एवं परिवार नियोजन।
(घ) उभरते हुए मुद्दे : कालप्रभावन, लिंग अनुपात, बाल एवं शिशु मृत्युदर, जनन स्वास्थ्य।

(vii) सामाजिक रूपांतरण की चुनौतियां :

(क) विकास का संकट : विस्थापन, पर्यावरणीय समस्याएं एवं संपोषणीयता।
(ख) गरीबी, वंचन एवं असमानताएं।
(ग) जाति द्वन्द्व।
(घ) नृजातीय द्वन्द्व, सांप्रदायिकता, धार्मिक पुनः प्रवर्तनवाद।
(च) असाक्षरता तथा शिक्षा में समानताएं।

सांख्यिकी (Statistics)

प्रश्न पत्र - I

1. प्रायिकता :

प्रतिदर्श समष्टि एवं अनुवृत्त, प्रायिकता माप एवं प्रायिकता समष्टि, फलन के रूप में यादृच्छिक चर, यादृच्छिक चर का बंटन फलन, असंतत एवं संतत-प्ररूप यादृच्छिकचर, प्रायिकता द्रव्यमान फलन,

प्रायिकता घनत्व-फलन, सदिशमान यादृच्छिकचर, उपांत एवं संप्रतिबंध बंटन, अनुवृत्तों का एवं यादृच्छिक चरों का प्रसंभाव्य स्वातंत्र्य, यादृच्छिक चर की प्रत्याशा एवं आघूर्ण, सप्रतिबंध प्रत्याशा, यादृच्छिक चर का अनुक्रम में अभिसरण, बंटन में, प्रायिकता में p-th माध्य में, एवं लगभग हर जगह, उनका निकष एवं अंतर्संबंध, शेबीशेव असमिका तथा खिंशिन का वृहद् संख्याओं का दुर्बल नियम, वृहद् संख्याओं का प्रबल नियम एवं कोल्मोगोराफ प्रमेय, प्रायिकता जनन फलन, आधुर्ण जनन फलन, अभिलक्षण फलन, प्रतिलोमन प्रमेय, केंद्रीय सीमा प्रमेय के लिंडरबर्ग एवं लेवी प्ररूप, मानक असंतत एवं संतत प्रायिकता बंटन।

2. सांख्यिकी अनुमिति :

संगति, अनभिनतता, दक्षता, पूर्णता, सहायक आंकड़े, गुणनखंडन - प्रमेय, बंटन चरघातांकी कुल और इसके गुणधर्म, एकसमान अल्पतम-प्रसरण (अनभिनत (UMVU) आकलन, राव-ब्लैकवेल एवं लेहमैन-शीफ प्रमेय, एकल प्राचल के लिए क्रेमर-राव असमिका, आघूर्ण विधियों द्वारा आकलन, अधिकतम संभाविता, अल्पमत वर्ग, न्यूनतम काई-वर्ग एवं रूपांतरित न्यूनतम काई-वर्ग, अधिकतम संभाविता एवं अन्य आकलकों के गुणधर्म, उपगामी दक्षता, पूर्व एवं पश्च बंटन, हानि फलन, जोखिम फलन एवं अल्पमहिष्ठ आकलक, बेज आकलक।

अयादृच्छिकृत तथा यादृच्छिकीकृत परीक्षण, कृांतिक फलन, MP परीक्षण, नेमैन-पिअर्सन प्रमेयिका, UPM परीक्षण, एकदिष्ट संभाविता अनुपात, समरूप एवं अनभिनत परीक्षण, एकल प्राचल के लिए UMPU परीक्षण, संभाविता अनुपात परीक्षण एवं इसका उपगामी बंटन। विश्वास्यता परिबंध एवं परीक्षणों के साथ इसका संबंध।

समंजन-सुष्ठुता एवं इसकी संगति के लिए कोल्मोगोरोफ परीक्षण, चिह्न परीक्षण एवं इसका इष्टतमत्व। विलकॉक्सन चिन्हित-कोटि परीक्षण एवं इसकी संगति, कोल्मोगोरोफ-स्मिरनोफ द्वि-प्रतिदर्श परीक्षण, रन परीक्षण, विलकॉक्सन-मेन व्हिटनी परीक्षण एवं माध्यिका परीक्षण, उनकी संगति तथा उपगामी प्रसामान्यता।

वाल्ड का SPRT एवं इसके गुणधर्म, बर्नूली, प्वासों, प्रसामान्य एवं चरघातांकी बंटनों के लिए प्राचलों के बारे में परीक्षणों के लिए OC एवं ASN फलन। वाल्ड का मूल तत्समक।

3. रैखिक अनुमिति एवं बहुचर विश्लेषण:

रैखिक सांख्यिकीय निदर्श न्यूनतमवर्ग सिद्धांत एवं प्रसरण विश्लेषण, गॉस-मारकोफ सिद्धांत, प्रसामान्य समीकरण, न्यूनतमवर्ग आकलन एवं उनकी परिशुद्धता, एकमार्गी, द्विमार्गी एवं त्रिमार्गी वर्गीकृत न्यास में न्यूनतमवर्ग सिद्धांत-पर आधारित अंतराल आकल तथा सार्थकता परीक्षण, समाश्रयण विश्लेषण रैखिक समाश्रयण, वक्ररेखी समाश्रयण एवं लांबिक बहुपद, बहुसमाश्रयण, बहु एव आंशिक सहसंबंध, प्रसारण एवं सहप्रसरण घटक आकलन, बहुचर प्रसामान्य बंटन, महालनोबिस-D^2 एवं हॉटेलिंग T^2 आंकड़े तथा उनका अनुप्रयोग एवं गुणधर्म, विविक्तिकर विश्लेषण, विहित सहसंबंध, मुख्य घटक विश्लेषण।

4. प्रतिचयन सिद्धांत एवं प्रयोग अभिकल्प :

स्थिर-समष्टि एवं अधि-समष्टि उपागमों की रूपरेखा, परिमित समष्टि प्रतिचयन के विविक्तकारी लक्षण, प्रायिकता प्रतिचयन अभिकल्प, प्रतिस्थापन के साथ या उसके बिना सरल यादृच्छिक प्रतिचयन, स्तरिक यादृच्छिक प्रतिचयन, क्रमद्ध प्रतिचयन एवं इसकी क्षमता, गुच्छ प्रतिचयन, द्विचरण एवं

बहुचरण प्रतिचयन, एक या दो सहायक चर शामिल करते हुए आकलन की अनुपात एवं समाश्रयण विधियां, द्विप्रावस्था प्रतिचयन, प्रतिस्थापन के साथ या उसके बिना आमाप आनुपातिक प्रायिकता, हैंसेन-हरविट्ज एवं हॉरविट्ज-थॉम्पसन आकलनक, हॉरविट्ज-थॉम्पसन, आकलन के संदर्भ में ऋणेतर प्रसरण आकलन, अप्रतिचयन त्रुटियां। नियम प्रभाव निदर्श (द्विमार्गी वर्गीकरण) यादृच्छिक एवं मिश्रित प्रभाव निदर्श (प्रतिसेल समान प्रेक्षण के साथ द्विमार्गी वर्गीकरण) CRD, RBD, LSD एवं उनके विश्लेषण, अपूर्ण ब्लॉक अभिकल्प, लांबिकता एवं संतुलन की संकल्पनाएं BIBD, अप्राप्त क्षेत्रक प्रविधि, बहु-उपादानी प्रयोग तथा बहु-उपादानी प्रयोग में 2^n एवं 3^2 संकरण, विभक्त क्षेत्र एवं सरल जालक अभिकल्पना, आंकड़ा रूपांतरण डंकन की बहुपरासी परीक्षण।

प्रश्न पत्र - II

1. औद्योगिक सांख्यिकी : प्रक्रिया एवं उत्पाद नियंत्रण, नियंत्रण , चार्टों का सामान्य सिद्धांत, चरों एवं गुणों के लिए विभिन्न प्रकार के नियंत्रण चार्ट, X, R, , s, p, np एवं C चार्ट, संचयी योग चार्ट। गुणों के लिए एकशः, द्वियाः बहुक एवं अनुक्रमिक प्रतिचयन योजनाएं, OC, ASN, AOQ एवं ATI व उत्पादक एवं उपभोक्ता जोखिम की संकल्पनाएं, AQL, LPTD एवं AOQL, चरों के लिए प्रतिचयन योजना, डॉज-रोमिंग सरणियों का प्रयोग।

विश्वास्यता की संकल्पना, विफलता दर एवं विश्वास्यता फलन, श्रेणियों, समांतर प्रणालियों एवं अन्य सरल विन्यासों की विश्वास्यता, नवीकरण घनत्व एवं नवीकरण फलन, विफलता प्रतिदर्श : चरघातांकी, वीबुल, प्रसामान्य, लॉग प्रसामान्य।

आयु परीक्षण में समस्याएं, चरघातांकी निदर्शों के लिए खंडवर्जित एवं रूंदित प्रयोग।

2. इष्टतमीकरण प्रविधियांः संक्रिया विज्ञान में विभिन्न प्रकार के निदर्श, उनकी रचना एवं हल की सामान्य विधियां, अनुकार एवं मॉण्टे-कार्लो विधियां, रैखिक प्रोग्राम (LP) समस्या का सूत्रीकरण, सरल LP निदर्श एवं इसका आलेखीय हल, प्रसमुच्चय प्रक्रिया, कृत्रिम चरों के साथ M-प्रविधि एवं द्विप्रावस्था विधि, LP का द्वैध सिद्धांत एवं इसकी आर्थिक विवक्षा, सुग्राहिता विश्लेषण, परिवहन एवं नियतन समस्या, आयतीय खेल, दो-व्यक्ति शून्य योग खेल, हल विधियां (आलेखीय एवं बीजीय)।

ह्रासशील एवं विकृत पदों का प्रतिस्थापन, समूह एवं व्यष्टि प्रतिस्थापन नीतियां, वैज्ञानिक सामग्री-सूची प्रबंधन की संकल्पना एवं सामग्री सूची समस्याओं की विश्लेषी संरचना, अग्रता काल के साथ या उसके बिना निर्धारणात्मक एवं प्रसंभाव्य मांगों के साथ सरल निदर्श, डैम प्ररूप के विशेष संदर्भ के साथ भंडारण निदर्श।

समांगी विविक्त काल मार्कोव श्रृंखलाएं, संक्रमण, प्रायिकता आव्यूह, अवस्थाओं एवं अभ्यतिप्राय प्रमेयों का वर्गीकरण, समांगी सतत काल, मार्कोव श्रृंखला, प्वासों प्रक्रिया, प्रक्ति सिद्धांत के तत्व M/M/1, M/M/K, G/M/1 एवं M/G/1 पंक्तियां।

कम्प्यूटरों पर SPSS जैसे जाने माने सांख्यिकीय सॉफ्टवेयर पैकेजों का प्रयोग कर सांख्यिकीय समस्याओं के हल प्राप्त करना।

3. मात्रात्मक अर्थशास्त्र एवं राजकीय आंकड़े : प्रवृत्ति, निर्धारण, मौसमी एवं चक्रकीय घटक, बॉक्स-जेन्किस विधि, अनुपनत श्रेणी परीक्षण, ARIMA प्रवृत्ति, निर्धारण, मौसमी एवं चक्रीय घटक, बॉक्स-जेन्किंस विधि, निदर्श एवं स्वसमाश्रयी तथा गतिमान माध्य घटकों का क्रम निर्धारण,

पूर्वानुमान। सामान्यतः प्रयुक्त सूचकांक - लास्पियर, पाशे एवं फिशर के आदर्श सूचकांक, श्रृंखला आधार सूचकांक, सूचकांकों के उपयोग और सीमाएं, थोक कीमतों, उपभोक्ता कीमतों, कृषि उत्पादन एवं औद्योगिक उत्पादन के सूचकांक, सूचकांकों के लिए परीक्षण - आनुतिकता, काल - विपर्यय, उपादान उत्क्रमण एवं वृत्तीय।

सामान्य रैखिक निदर्श, साधारण न्यूनतम वर्ग एवं सामान्यीकृत वर्ग, प्राक्कलन विधियां, बहुसरेखता की समस्या, बहुसरेखा के परिणाम एवं हल, स्वसहसंबंध एवं इसका परिणाम, विक्षोभों की विषम विचालिता एवं इसका परीक्षण, विक्षोभों के स्वातंत्र्य का परीक्षण, संरचना की संकल्पना एवं युगपत समीकरण निदर्श, अभिनिर्धारण समस्या - अभिज्ञेयता की कोटि एवं क्रम प्रतिबंध, प्राक्कलन की द्विप्रावस्था न्यूनतम वर्ग विधि।

भारत में जनसंख्या, कृषि, औद्योगिक उत्पादन, व्यापार एवं कीमतों के संबंध में वर्तमान राजकीय सांख्यिकी प्रणाली, राजकीय आंकड़े ग्रहण की विधियां, उनकी विश्वसनीयता एवं सीमाएं, ऐसे आंकड़ों वाले मुख्य प्रकाशन, आंकड़ों के संग्रहण के लिए जिम्मेदार विभिन्न राजकीय अभिकरण एवं उनके प्रमुख कार्य।

4. जनसांख्यिकी एवं मनोमिति : जनगणना, पंजीकरण, NSS एवं अन्य सर्वेक्षणों से जनसांख्यिकीय आंकड़े, उनकी सीमाएं एवं उपयोग, व्याख्या, जन्म मरण दरों एवं अनुपातों की रचना एवं उपयोग, जननक्षमता की माप, जनन दरें, रूग्णता दर, मानकीकृत मृत्युदर, पूर्ण एवं संक्षिप्त वय सारणियां, जन्म मरण आंकड़ों एवं जनगणना विवरणियों से वय सारणियों की रचना, वय सारणियों के उपयोग, वृद्धिघात एवं अन्य जनसंख्या वृद्धि, वृद्धि घात वक्र समंजन, जनसंख्या प्रक्षेप, स्थिर जनसंख्या स्थिरकल्प जनसंख्या, जनसांख्यिकीय प्राचलों के आकलन में प्रविधियां, मृत्यु के कारण के आधार पर मानक वर्गीकरण, स्वास्थ्य सर्वेक्षण एवं अस्पताल आंकड़ों का उपयोग।

मापनियों एवं परीक्षणों के मानकीकरण की विधियां, Z समंक, मानक समंक, T समंक, शततमक समंक, बुद्धि लब्धि एवं इसका मापन एवं उपयोग, परीक्षण समंकों की वैधता एवं विश्वसनीयता एवं इसका निर्धारण, मनोमिति में उपादान विश्लेषण एवं पथविश्लेषण का उपयोग।

प्राणि विज्ञान (Zoology)

प्रश्न पत्र - I

1. अरज्जुकी एवं रज्जुकी :

(क) विभिन्न फाइलों का उपवर्गों तक वर्गीकरण एवं संबंध; एसीलोमेटा और सीलोमेटा; प्रोटोस्टोम एवं ड्यूटेरोस्टोम, बाइलेटरेलिया एवं रेडिएटा, प्रोटिस्टा पैराजोआ, ओनिकोफोरा तथा हेमिकॉरडाटा का स्थान; सममिति।

(ख) प्रोटोजोआ : गमन, पोषण एवं जनन, जिंग पैरामीशियम, मॉनोसिस्टिम प्लाज्मोडियम तथा **लीशमेनिया** के साामान्य लक्षण एवं जीवन-वृत्त।

(ग) पोरिफेरा : कंकाल, नालतंत्र तथा जनन।

(घ) नीडेरिया : बहुरूपता; रक्षा संरचनाएं तथा उनकी क्रियाविधि; प्रवाल भित्तियां और उनका निर्माण, मेटाजेनेसिस, ओबीलिया और औरीलिया के सामान्य लक्षण एवं जीवन-वृत्त।

(ङ) प्लैटिहेल्मिंथीज़ : पराजीवी अनुकूलन; फैसिओला तथा टीनिया के सामान्य लक्षण एवं जीवन-वृत तथा उनके रोगजनक लक्षण।

(च) नेमेट्हेल्मेंथीज़ : एस्केरिस एवं बुचेरेरिया के सामान्य लक्षण, जीवन वृत्त तथा परजीवी अनुकूलन।

(छ) एनेलीडा : सीलोम और विखंडता, पॉलीकीटों में जीवन - विधियां, नैरीस (नीऐंथीस), केंचुआ (फेरिटिमा) तथा जोंक के सामान्य लक्षण तथा जीवन-वृत्त।

(ज) आर्थ्रोपोडा : क्रस्टेशिया में डिंबप्रकार और परजीविता, आर्थ्रोपोडा (झींगा, तिलचट्टा तथा बिच्छू) में दृष्टि और श्वसन; कीटों (तिलचट्टा, मच्छर, मक्खी, मधुमक्खी तथा तितली) में मुखांगों का रूपांतरण, कीटों में कायांतरण तथा इसका हार्मोनी नियमन दीमकों तथा मधुमक्खियों का सामाजिक व्यवहार।

(झ) मोलस्का : अशन, श्वसन, गमन, लैमेलिडेन्स, पाइला, तथा सीपिया के सामान्य लक्षण एवं जीवन वृत्त, गैस्ट्रोपोडों में ऐठन तथा अव्यावर्तन।

(ञ) एकाइनोडर्मेटा : अशन, श्वसन, गमन, डिम्ब प्रकार, एस्टीरियस के सामान्य लक्षण तथा जीवन वृत्त।

(ट) प्रोटोकॉर्डेटा : रज्जकियों का उद्‌भव, ब्रैंकियोस्टोमा तथा हर्डमानिया के सामान्य लक्षण तथा जीवन वृत्त।

(ठ) पाइसीज : श्वसन, गमन तथा प्रवासन।

(ड) एम्फिबिया : चतुष्पादों का उद्‌भव, जनकीय देखभाल, शावकांतरण।

(ढ) रेप्टीलिया वर्ग : सरीसृपों की उत्पत्ति, कररोटि के प्रकार, स्फेनोडॉन तथा मगरमच्छों का स्थान।

(ण) एवीज़; पक्षियों का उद्‌भव, उड्डयन - अनुकूलन तथा प्रवासन।

(त) मैमेलिया : स्तनधारियों का उद्‌भव, दंतविन्यास, अंडा देने वाले स्तनधारियों, कोष्ठधारी, स्तनधारियों, जलीय स्तनधारियों तथा प्राइमेटों के सामान्य लक्षण, अंतः श्रावी ग्रंथियां (पीयूष ग्रंथि, अवटु ग्रंथि, अधिवृक्क ग्रंथि, अग्न्याशय, जनन ग्रंथि) तथा उनमें अंतर्संबंध।

(थ) कशेरूकी प्राणियों के विभिन्न तंत्रों का तुलनात्मक, कार्यात्मक शरीर (अध्यावरण तथा इसके व्युत्पाद, अंतः कंकाल, चलन अंग, पाचन तंत्र, श्वसन तंत्र, हृदय तथा महाधमनी चापों सहित परिसंचारी तंत्र, मूत्र - जनन तंत्र, मस्तिष्क तथा ज्ञानेन्द्रियां (आंख तथा कान)।

2. पारिस्थितिकी :

(क) जीवमंडल : जीवमंडल की संकल्पना, बायोम, जैवभूरसायन चक्र, ग्रीन हाउस प्रभाव सहित वातावरण में मानव प्रेरित परिवर्तन, पारिस्थितिक अनुक्रम, जीवोम तथा ईकोटोन। सामुदायिक पारिस्थितिकी।

(ख) पारितंत्र की संकल्पना, पारितंत्र की संरचना एवं कार्य, पारितंत्र के प्रकार, पारिस्थितिक अनुक्रम, पारिस्थितिक अनुकूलन।

(ग) समष्टि, विशेषताएं, समष्टि गतिकी, समष्टि स्थिरीकरण।

(घ) प्राकृतिक संसाधनों के जैव विविधता एवं विविधता संरक्षण।

(ड) भारत का वन्य जीवन।

(च) संपोषणीय विकास के लिए सुदूर सुग्राहीकरण।

(छ) पर्यावरणीय जैव निम्नीकरण, प्रदूषण तथा जीवमंडल पर इसके प्रभाव एवं उसकी रोकथाम।

3. जीव पारिस्थितिकी :

(क) व्यवहार : संवेदी निस्यंदन, प्रतिसंवेदिता चिह्न उद्दीपन, सीखना एवं स्मृति, वृत्ति, अभ्यास, प्रानुकूलन, अध्यंकन।

(ख) चालन में हार्मोन की भूमिका, संचेतन प्रसार में फीरोमोनों की भूमिका; गोपकता, परभक्षी पहचान, परभक्षी तौर-तरीके, प्राइमेटों में सामाजिक सोपान, कीटों में सामाजिक संगठन।

(ग) अभिविन्यास, संचालन, अभीगृह, जैविक लय; जैविक नियतकालिकता, ज्वारीय, ऋतुपरक तथा दिवसप्राय लय।

(घ) यौन द्वन्द्व, स्वार्थपरता, नातेदारी एवं परोपकारिता समेत प्राणी-व्यवहार के अध्ययन की विधियां।

4. आर्थिक प्राणि विज्ञान :

(क) मधुमक्खी पालन, रेशमकीट पालन, लाखकीट पालन, शफरी संवर्ध, सीप पालन, झींगा पालन, कृमि संवर्ध।

(ख) प्रमुख संक्रामक एवं संचरणीय रोग (मलेरिया, फाइलेरिया, क्षय रोग, हैजा तथा एड्स), उनके वाहक, रोगाणु तथा रोकथाम।

(ग) पशुओं तथा मवेशियों के रोग, उनके रोगाणु (हेलमिन्थस) तथा वाहक (चिंचड़ी, कुटकी, टेबेनस, स्टोमोक्सिस)।

(घ) गन्ने के पीड़क (पाइरिल परपुसिएला), तिलहन का पीड़क (ऐकिया जनाटा) तथा चावल का पीड़क (सिटोफिलस ओरिजे)।

(ड) पारजीनी जंतु।

(च) चिकित्सकीय जैव प्रौद्योगिकी, मानव आनुवंशिक रोग एवं आनुवंशिक काउंसलिंग, जीन चिकित्सा।

(छ) विधि जैव प्रौद्योगिकी।

5. जैवसांख्यिकी :

प्रयोगों की अभिकल्पना; निराकरणी परिकल्पना; सह-संबंध, समाश्रयण, केन्द्रीय प्रवृत्ति का वितरण एवं मापन, काई-स्कवेयर, विद्यार्थी टी - टेस्ट, एफ - टेस्ट (एकमार्गी तथा द्विमार्गी एफ टेस्ट)।

6. उपकरणीय पद्धति :

(क) स्पेक्ट्रमी प्रकाशमापित्र प्रावस्था विपर्यास एवं प्रतिदीप्ति सूक्ष्म दर्शिकी, रेडियोएक्टिव अनुरेखक, द्रुत अपकेंद्रित, जेल एलेक्ट्रोफोरेसिस, PCR, ALISA, FISH एवं गुणसूत्र पेंटिंग।

(ख) इलेक्ट्रॉन सूक्ष्मदर्शी (TEM, SEM)।

प्रश्न पत्र - II

---

1. कोशिका जीव विज्ञान

(क) कोशिका तथा इसके कोशिकाओं (केंद्रक, प्लाज्मा, झिल्ली, माइटोकौंड्रिया, गॉल्जीकाय, अंतर्द्रव्यी जालिका, राइबोसोम तथा लाइसोसोम्स) की संरचना एवं कार्य, कोशिका - विभाजन (समसूत्री और अर्द्धसूत्री), समसूत्री तर्कु तथा समसूत्री तंत्र, गुणसूत्र गति, क्रोमोसोम प्रकार पॉलिटीन एवं लैंव्रश, क्रोमैटिन की व्यवस्था, कोशिकाचक्र नियमन।

(ख) न्यूक्लीइक अम्ल सांस्थितिकी, DNA अनुकल्प, DNA प्रतिकृति, अनुलेखन, RNA प्रक्रमण, स्थानांतरण, प्रोटीन चलन एवं परिवहन।

2. आनुवंशिकी

(क) जीन की आधुनिक संकल्पना, विभक्त जीन, जीन - नियमन, आनुवंशिकी - कूट।

(ख) लिंग गुणसूत्र एवं उनका विकास, ड्रोसोफिला तथा मानव में लिंग - निर्धारण।

(ग) वंशागति के मेंडलीय नियम, पुनर्योजन, सहलग्नता, बहुयुग्म विकल्पी, रक्त समूहों की आनुवंशिकी, वंशावली विश्लेषण, मानव में वंशागत रोग।

(घ) उत्परिवर्तन तथा उत्परिवर्तजनन।

(ङ) पुनर्योगज DNA प्रौद्योगिकी, वाहकों के रूप में प्लैज़मिड्स, कॉसमिड्स, कृत्रिम गुणसूत्र, पारजीनी, DNA क्लोनिंग तथा पूर्ण क्लोनिंग (सिद्धांत तथा क्रिया पद्धति)।

(च) प्रोकैरियोट्स तथा यूकैरियोट्स में जीन नियमन तथा जीन अभिव्यक्ति।

(छ) संकेत अणु, कोशिका मृत्यु, संकेतन पथ में दोष तथा परिणाम।

(ज) RFLP, RAPD एवं AFLP तथा फिगरप्रिंटिंग में अनुप्रयोग, राइबोजाइम प्रौद्योगिकी, मानव जीनोम परियोजना, जीनोमिक्स एवं प्रोटोमिक्स।

3. विकास

(क) जीवन के उद्भव के सिद्धांत।

(ख) विकास के सिद्धांत; प्राकृतिक वरण, विकास में उत्परिवर्तन की भूमिका, विकासात्मक प्रतिरूप, आण्विक ड्राइव, अनुहरण, विभिन्नता, पृथक्करण एवं जाति उद्भवन।

(ग) जीवाश्म आंकड़ों के प्रयोग से घोड़े हाथी तथा मानव का विकास।

(घ) हार्डी - बीनबर्ग नियम।

(ङ) महाद्वीपीय विस्थापन तथा प्राणियों का वितरण।

4. वर्गीकरण - विज्ञान

(क) प्राणिवैज्ञानिक नामावली, अंतर्राष्ट्रीय नियम, क्लैडिस्टिक्स, आण्विक वर्गिकी एवं जैव विविधता।

5. जीव रसायन

(क) कार्बोहाइड्रेटों, वसाओं, वसाअम्लों एवं कोलेस्टेरॉल, प्रोटीनों एवं अमीनोअम्लों न्यूक्लिइक अम्लों की संरचना एवं भूमिका। बायो एनर्जेटिक्स।

(ख) ग्लाइकोलाइसिस तथा क्रेब्स चक्र, ऑक्सीकरण तथा अपचयन, ऑक्सीकरणों फास्फोरिलेशन, ऊर्ज संरक्षण तथा विमोचन APT चक्र, चक्रीय AMP - इसकी संरचना तथा भूमिका।

(ग) हार्मोन वर्गीकरण (स्टेराइड तथा पेप्टाइड हार्मोन), जैव संश्लेषण तथा कार्य।

(घ) एंजाइम : क्रिया के प्रकार तथा क्रिया विधियां।

(ङ) विटामिन तथा को-एंजाइम।

(च) इम्यूनोग्लोब्यूलिन एवं रोधक्षमता।

6. कार्यिकी (स्तनधारियों के विशेष संदर्भ में)

(क) रक्त की संघटना तथा रचक, मानव में रक्त समूह तथा 'RH' कारक, स्कंदन के कारक तथा क्रिया विधि; लोह उपापचय, अम्ल क्षारक साम्य, तापनियमन, प्रतिस्कंदक।

(ख) हीमोग्लोबिन : रचना प्रकार एवं ऑक्सीजन तथा कार्बनडाईऑक्साइड परिवहन में भूमिका।

(ग) पाचन एवं अवशोषण : पाचन में लार ग्रंथियों, यकृत, अग्न्याशय तथा आंत्र ग्रंथियों की भूमिका।

(घ) उत्सर्जन : नेफ्रान तथा मूत्र विरचन का नियमन; परसरण नियमन एवं उत्सर्जी उत्पाद।

(ङ) पेशी : प्रकार, कंकाल पेशियों की संकुचन की क्रिया विधि, पेशियों पर व्यायाम का प्रभाव।

(च) न्यूरॉन : तंत्रिका आवेग – उसका चालन तथा अंतर्ग्रंथनी संचरण : न्यूरोट्रांसमीटर।

(छ) मानव में दृष्टि, श्रवण तथा घ्राणबोध।

(ज) जनन की कार्यिकी, मानव में यौवनारंभ एवं रजोनिवृति।

7. परिवर्धन जीवविज्ञान :

(क) युग्मक जनन; शुक्र जनन, शुक्र की रचना, मैमेलियन शुक्र की पात्रे एवं जीवे धारिता। अंड जनन, पूर्ण शक्तता, निषेचन, मार्फोजेनेसिस एवं मार्फोजेन, ब्लास्टोजेनेसिस, शरीर अक्ष रचना की स्थापना, फेट मानचित्र, मेंढक एवं चूजे में गेस्टुलेशन, चूजे में विकासाधीन जीन, अंगातरक जीन, आंख एवं हृदय का विकास, स्तनियों में अपरा।

(ख) कोशिका वंश परंपरा, कोशिका – कोशिका अन्योन्य क्रिया, आनुवंशिक एवं प्रेरित विरूपजनकता, एंफीविया में कायांतरण के नियंत्रण में वायरोक्सिन की भूमिका, शावकीजनन एवं चिरभ्रूणता, कोशिका मृत्यु, कालप्रभावन।

(ग) मानव में विकासीय जीन, पात्र निषेचन एवं भ्रूण अंतरण, क्लोनिंग।

(घ) स्टेमकोशिका : श्रोत, प्रकार एवं मानव कल्याण में उनका उपयोग।

(ङ) जाति अवर्तन नियम।

IAS/ICS की भर्ती प्रक्रिया

खण्ड-ख

संघ लोक सेवा आयोग, सिविल सेवा (प्रारंभिक) परीक्षा का आयोजन करता है जो सिविल सेवा परीक्षा तथा भारतीय वन सेवा परीक्षा हेतु आवेदन करने वाले उम्मीदवारों के लिए एक समान होता है। सिविल सेवा (प्रधान) परीक्षा तथा भारतीय वन सेवा (प्रधान) परीक्षा हेतु उम्मीदवारों के चयन के लिए यह स्क्रीनिंग प्रणाली की तरह कार्य करता है।

रिक्तियों की संख्या में परिवर्तन हो सकता है यदि कैडर नियंत्रण प्राधिकरण से निश्चित रिक्ति संख्या का निर्धारण होता है। सरकार द्वारा सुनिश्चित किए गए रिक्तियों के संदर्भ में अनुसूचित जाति, अनुसूचित जनजाति, अन्य पिछड़ा वर्ग (OBC) तथा शारीरिक रूप से विकलांग श्रेणियों हेतु आरक्षण का लाभ प्रदान किया जाएगा।

सिविल सेवा परीक्षा 201 .... की महत्त्वपूर्ण तिथियाँ

- अधिसूचना की तिथि .... अप्रैल, 201 ......
- आवेदन की अंतिम तिथि .... मई, 201 ....
- सिविल सेवा (प्रा०) परीक्षा तिथि .... अगस्त, 201 ....
- सिविल सेवा (मुख्य) परीक्षा तिथि .... दिसम्बर, 201 ......

परीक्षा केंद्र

(I) सिविल सेवा (प्रारंभिक) परीक्षा हेतु केंद्र

अगरतला	चण्डीगढ़	गोरखपुर	कोहिमा	पुद्दुचेरी	तिरुपति
आगरा	चेन्नई	गुड़गाँव	कोलकाता	पुणे	उदयपुर
अजमेर	कोयम्बटूर	ग्वालियर	कोझिकोड (कालीकट)	रामपुर	वाराणसी
अहमदाबाद	कटक	हैदराबाद	लखनऊ	राजकोट	वेल्लौर
आइजोल	देहरादून	इम्फाल	लुधियाना	राँची	विजयवाड़ा
अलीगढ़	दिल्ली	इंदौर	मदुरई	संबलपुर	विशाखपत्तनम
इलाहाबाद	धरवाड़	ईटानगर	मुम्बई	शिलांग	वांरगल
अनंतपुर	दिसपुर	जबलपुर	मैसूर	शिमला	
औरंगाबाद	फरीदाबाद	जयपुर	नागपुर	सिलीगुड़ी	
बेंगलुरु	गंगटोक	जम्मू	नवी मुम्बई	श्रीनगर	
बरेली	गौतम बुद्धनगर	जोधपुर	पणजी (गोवा)	थाणे	
भोपाल	गया	जोरहाट	पटना	तिरुवनंतपुरम	
बिलासपुर	गाजियाबाद	कोच्चि	पोर्ट ब्लेयर	तिरुचिरापल्ली	

(II) सिविल सेवा (प्रधान) परीक्षा हेतु केंद्र

अहमदाबाद	भोपाल	देहरादून	जयपुर	मुंबई	शिलांग
आइजोल	चंडीगढ़	दिल्ली	जम्मू	पटना	शिमला
इलाहाबाद	चेन्नई	दिसपुर (गुवाहाटी)	कोलकाता	रायपुर	तिरूवनंतपुरम
बेंगलुरु	कटक	हैदराबाद	लखनऊ	राँची	विजयवाड़ा

पात्रता की शर्तें :

(i) राष्ट्रीयता :

(1) भारतीय प्रशासनिक सेवा और भारतीय पुलिस सेवा का उम्मीदवार भारत का नागरिक अवश्य हो.

(2) अन्य सेवाओं के उम्मीदवार को या तो

(क) भारत का नागरिक होना चाहिए, या

(ख) नेपाल की प्रजा, या

(ग) भूटान की प्रजा, या

(घ) ऐसा तिब्बती शरणार्थी जो भारत में स्थायी रूप से रहने के इरादे से पहली जनवरी, 1962 से पहले भारत आ गया हो, या

(ङ) कोई भारतीय मूल का व्यक्ति जो भारत में स्थायी रूप से रहने के इरादे से पाकिस्तान, वर्मा, श्रीलंका, पूर्वी अफ्रीकी देशों, कीनिया, उगांडा, संयुक्त गणराज्य तंजानिया, जाम्बिया, मालावी, जैरे, इथियोपिया तथा वियतनाम से प्रव्रजन करके आया हो,

परन्तु (ख), (ग), (घ) और (ङ) वर्गों के अंतर्गत आने वाले उम्मीदवार के पास भारत सरकार द्वारा जारी किया गया पात्रता (एलिजीबिलिटी) प्रमाणपत्र होना चाहिए।

एक शर्त यह भी है कि उपर्युक्त (ख), (ग) और (घ) वर्गों के उम्मीदवार भारतीय विदेश सेवा में नियुक्ति के पात्र नहीं होगें, ऐसे उम्मीदवार को भी उक्त परीक्षा में प्रवेश दिया जा सकता है, जिसके बारे में पात्रता प्रमाणपत्र प्राप्त करना आवश्यक हो, किन्तु भारत सरकार द्वारा उसके संबंध में पात्रता प्रमाणपत्र जारी किये जाने के बाद ही उसको नियुक्ति प्रस्ताव भेजा जा सकता है।

(ii) आयु-सीमा:

(क) उम्मीदवार की आयु 1 अगस्त, 2018 को पूरे 21 वर्ष की हो जानी चाहिए, किन्तु 32 वर्ष की नहीं होनी चाहिए अर्थात् उसका जन्म 2 अगस्त, 1986 से पहले और 1 अगस्त, 1997 के बाद का नहीं होना चाहिए।

(ख) ऊपर बताई गई अधिकतम आयु-सीमा में निम्नलिखित मामलों में छूट दी जाएगी:

(i) यदि उम्मीदवार किसी अनुसूचित जाति या अनुसूचित जनजाति का हो तो अधिक से अधिक 5 वर्ष।

(ii) अन्य पिछड़ी श्रेणियों के उन उम्मीदवारों के मामले में अधिकतम तीन वर्ष तक जो ऐसे उम्मीदवारों के लिए लागू आरक्षण को पाने के पात्र हों।

(iii) ऐसे उम्मीदवारों के मामले में, जिन्होंने 01 जनवरी, 1980 से 31 दिसम्बर, 1989 तक की अवधि के दौरान साधारणतया जम्मू और कश्मीर राज्य में अधिवास किया हो, अधिकतम 5 वर्ष तक।

(iv) किसी दूसरे देश के साथ संघर्ष में या किसी अशांतिग्रस्त क्षेत्र में फौजी कार्यवाही के दौरान विकलांग होने के फलस्वरूप सेवा से निर्मुक्त किए गए रक्षाकार्मिकों को अधिक से अधिक 3 वर्ष।

(v) जिन भूतपूर्वसैनिकों (कमीशन प्राप्त अधिकारियों तथा आपातकालीन कमीशन प्राप्त अधिकारियों/अल्पकालिक सेवा कमीशन प्राप्त अधिकारियों सहित) ने 01 अगस्त, 2018 को कम से कम 5 वर्ष की सैनिक सेवा की हो और जो (a) कदा. चार या अक्षमता के आधार पर बर्खास्त न होकर अन्य कारणों से कार्यकाल के समापन पर कार्यमुक्त हुए हैं, (इनमें वे भी सम्मिलित हैं जिनका कार्यकाल 01 अगस्त 2018 से एक वर्ष के अंदर पूरा होना है) या (b) सैनिक सेवा से हुई शारीरिक अपंगता या (c) अक्षमता के कारण कार्यमुक्त हुए हैं, उनके मामले में अधिक से अधिक 5 वर्ष तक।

(vi) आपातकालीन कमीशन प्राप्त अधिकारियों/अल्पकालीन सेवा के कमीशन प्राप्त अधिकारियों के उन मामलों में जिन्होंने 01 अगस्त, 2018 को सैनिक सेवा के 5 वर्ष की सेवा की प्रारंभिक अवधि पूरी कर ली है और जिनका कार्यकाल 5 वर्ष से आगे भी बढ़ाया गया है तथा जिनके मामले में रक्षा मंत्रालय एक प्रमाणपत्र जारी करता है कि वे सिविल रोजगार के लिए आवेदन कर सकते हैं और चयन होने पर नियुक्ति प्रस्ताव प्राप्त करने की तारीख से तीन माह के नोटिस पर उन्हें कार्यभार से मुक्त किया जाएगा, अधिकतम 5 वर्ष।

(vii) नेत्रहीन, मूक-बधिर तथा शारीरिक रूप से विकलांग व्यक्तियों के मामले में अधिकतम 10 वर्ष तक।

सामान्य	अन्य पिछड़ा वर्ग	अ. जा./अ.ज.जा.	विकलांग
न्यूनतम : 21 वर्ष	न्यूनतम : 21 वर्ष	न्यूनतम : 21 वर्ष	न्यूनतम : 21 वर्ष
अधिकतम : 32 वर्ष	अधिकतम : 35 वर्ष	अधिकतम : 37 वर्ष	अधिकतम : 42 वर्ष

अधिक जानकारी के लिए आयोग की वेबसाइट का अवलोकन करें– http://upsc.gov.exam/notifications

(iii) न्यूनतम शैक्षिक योग्यता

उम्मीदवार के पास भारत के केन्द्र या राज्य विधानमंडल द्वारा निगमित किसी विश्वविद्यालय की या संसद के अधिनियम द्वारा स्थापित या विश्वविद्यालय अनुदान आयोग अधिनियम 1956 के खंड 3 के अधीन विश्वविद्यालय के रूप में मानी गई किसी अन्य शिक्षा संस्था की डिग्री अथवा समकक्ष योग्यता होनी चाहिए।

टिप्पणी-I : कोई भी उम्मीदवार जिसने ऐसी कोई परीक्षा दे दी है जिसमें उत्तीर्ण होने पर वह आयोग की परीक्षा के लिए शैक्षिक रूप से पात्र होगा परन्तु उसे परीक्षाफल की सूचना नहीं मिली है तथा ऐसा उम्मीदवार भी जो ऐसी अर्हक परीक्षा में बैठने का इरादा रखता है, प्रारंभिक परीक्षा में प्रवेश पाने का पात्र होगा। सिविल सेवा (प्रधान) परीक्षा के लिए अर्हक घोषित किए गए सभी उम्मीदवारों को प्रधान परीक्षा के लिए आवेदन प्रपत्र के साथ-साथ उतीर्ण होने का प्रमाण प्रस्तुत करना होगा। जिसके प्रस्तुत न किए जाने पर ऐसे उम्मीदवारों को प्रधान परीक्षा में प्रवेश नहीं दिया जाएगा।

टिप्पणी-II : विशेष परिस्थितियों में संघ लोक सेवा आयोग ऐसे किसी भी उम्मीदवार को परीक्षा में प्रवेश पाने का पात्र मान सकता है, जिसके पास उपर्युक्त अर्हताओं में से कोई अर्हता न हो, बशर्ते कि उम्मीदवार ने किसी संस्था द्वारा ली गई कोई ऐसी परीक्षा पास कर ली हो, जिसका स्तर आयोग के मतानुसार ऐसा हो कि उसके आधार पर उम्मीदवार को उक्त परीक्षा में बैठने दिया जा सकता है।

टिप्पणी-III : जिन उम्मीदवारों के पास ऐसी व्यावसायिक और तकनीकी योग्यताएं हों,जो सरकार द्वारा व्यावसायिक और तकनीकी डिग्रियों के समकक्ष मान्यता प्राप्त हैं वे भी उक्त परीक्षा में बैठने के पात्र होंगे।

टिप्पणी-IV : जिन उम्मीदवारों ने अपनी अंतिम व्यावसायिक एमबीबीएस अथवा कोई अन्य चिकित्सा परीक्षा पास की हो लेकिन उन्होंने सिविल सेवा (प्रधान) परीक्षा का आवेदन प्रपत्र प्रस्तुत करते समय अपना इण्टर्नशिप पूरा नहीं किया है, तो वे भी अन्तिम रूप से परीक्षा में बैठ सकते हैं, बशर्ते कि वे अपने आवेदन-प्रपत्र के साथ संबंधित विश्वविद्यालथ/संस्था के प्राधिकारी से इस आशय के प्रमाणपत्र की एक प्रति प्रस्तुत करें कि उन्होंने अपेक्षित अंतिम व्यावसायिक चिकित्सा परीक्षा पास कर ली है। ऐसे मामलों में उम्मीदवारों को साक्षात्कार के समय विश्वविद्यालय/संस्था के संबंधित सक्षम प्राधिकारी से अपनी मूलडिग्री अथवा प्रमाण पत्र प्रस्तुत करने होंगे कि उन्होंने डिग्री प्रदान करने हेतु सभी अपेक्षाएं (जिनमें इण्टर्नशिप पूरा करना भी शामिल है) पूरी कर ली हैं।

(iv) अवसरों की संख्या

सामान्य	अन्य पिछड़ा वर्ग	अ. जा./अ.ज.जा.	विकलांग
6 अवसर	9 अवसर	अवसरों पर कोई प्रतिबंध नहीं	सामान्य : 9 अवसर अ.पि.व. : 9 अवसर अ.जा./अ.ज.जा. : कोई प्रतिबंध नहीं

(v) शारीरिक मानक

सिविल सेवा परीक्षा, 201......... में प्रवेश के लिए उम्मीदवारों को दिनांक .... मई, 201 के भारत के ...... राजपत्र (असाधारण) में प्रकाशित परीक्षा की नियमावली के परिशिष्ट-3 में दिये गए शारीरिक परीक्षा के बारे में विनियमों के अनुरूप शारीरिक रूप से स्वस्थ होना चाहिए।

शुल्क:

उम्मीदवारों को प्रारम्भिक परीक्षा के लिए रु. 100/- (सौ रुपये मात्र) शुल्क के रूप में (अ.जा. /अ.ज.जा./महिला/विकलांग उम्मीदवारों को छोड़कर जिन्हें कोई शुल्क नहीं देना होगा) या तो स्टेट बैंक ऑफ इंडिया की किसी भी शाखा में नकद जमा करके या नेट बैंकिंग सेवा का उपयोग करके भुगतान करना होगा।

प्रधान परीक्षा में जिन उम्मीदवारों को प्रवेश दिया जायेगा, उनको पुनः 200/- (दो सौ रुपये मात्र) के शुल्क का भुगतान करना होगा।

अधिक जानकारी के लिए आयोग की वेबसाइट का अवलोकन करें– http://upsc.gov.exam/notifications

आवेदन कैसे करें?

उम्मीदवार– http://www.upsconline.nic वेबसाइट का इस्तेमाल करके ऑनलाइन आवेदन करें। ऑनलाइन आवेदन पत्र भरने के लिए विस्तृत अनुदेश उपर्युक्त वेबसाइट पर उपलब्ध है।

आरक्षण मानदंड

अ.जा./अ.ज.जा./अ.पि.व./शारीरिक विकलांग/पूर्व सैनिकों के लिए उपलब्ध आरक्षण/छूट का लाभ प्राप्त करने वाले उम्मीदवारों को यह सुनिश्चित करना होगा कि वे नियमों में निर्धारित पात्रता के समर्थन में निर्धारित प्रारूप में सभी आवश्यक प्रमाण पत्र उनके पास हैं।

ये प्रमाण पत्र सिविल सेवा (प्रा०) परीक्षा 201 .... हेतु आवेदन की अंतिम तिथि से पूर्व के लिए उपयुक्त होने चाहिए।

समय प्रबंधन

भारतीय प्रशासनिक सेवा की परीक्षा में चयनित होना एक कठिन कार्य है। इस परीक्षा की तैयारी में समय प्रबंधन एक महत्वपूर्ण भाग है। इसका कारण यह है कि समय सीमित होता है तथा IAS का पाठ्यक्रम बहुत वृहद होता है। अत: उम्मीदवारों को अधिक से अधिक समय का उपयोग करना होता है। यदि आप अपने समय का समुचित उपयोग नहीं करेंगे तो आप अप्रासांगिक चीजों के ऊपर समय कम करेंगे, जबकि आवश्यक तथ्यों के ऊपर आप अपना ध्यान केन्द्रित नहीं कर पाएंगे। सर्वप्रथम आपके मस्तिष्क में यह प्रश्न आना चाहिए कि क्या आप समय के प्रति सचेत हैं। इससे आपको एक-एक क्षण का उपयोग करने में सहायता मिलेगी।

समय प्रबंधन हेतु कुछ महत्त्वपूर्ण बिन्दु–

- पूरे दिन को विभाजित करते हुए एक सारणी बनाएं।
- अध्ययन हेतु पूरे दिन में 8-10 घंटे का समय तय करें।
- प्रारंभिक परीक्षा के दौरान समय को भाग में बांटे: सामान्य अध्ययन पेपर-I तथा सामान्य अध्ययन पेपर-II (CSAT), यदि आपकी पृष्ठभूमि गणित तथा अंग्रेजी से है अथवा अभियोग्यता परीक्षा में अच्छे हों तब आप सामान्य अध्ययन (CSAT) पेपर-II के लिए दिन में दो घंटे का समय निर्धारित कर सकते हैं, तथा शेष समय सामान्य अध्ययन पेपर-I के लिए सेट करें।
- समाचार पत्र को पढ़ने एवं आवश्यक नोट बनाने हेतु 1½ घंटे का दें।
- घटना क्रम की पत्रिका तथा अन्य प्रतियोगी पत्रिकाओं जैसे- प्रतियोगिता दर्पण, योजना तथा कुरुक्षेत्र हेतु एक घंटे का समय निर्धारित करें।
- 6-8 घंटे की निद्रा लें।
- शारीरिक गतिविधियों जैसे-जॉगिंग, साइकलिंग, योगा इत्यादि के लिए 1-2 घंटे का समय दें।
- परीक्षा से पूर्व कम से कम 24 घंटे अध्ययन को स्थगित रखें अन्यथा इससे व्यग्रता में वृद्धि हो सकती है।

उत्तर लिखने हेतु समय का निर्धारण–

विभिन्न स्तर पर उम्मीदवार के परीक्षण हेतु सिविल सेवा प्रधान परीक्षा में विवरणात्मक प्रकार के प्रश्न पूछे जाते हैं। चूँकि समय एक बहुत बड़ा अवरोध होता है, अत: यह आवश्यक है कि कम समय में प्रभाव पूर्ण उत्तर लिखें। निबंध, सामान्य अध्ययन तथा वैकल्पिक पेपर हेतु समय सीमा तीन घंटे की होती है, जिसमें शब्दों की सीमा होती है।

तैयारी हेतु योजना

लक्ष्य की प्राप्ति में योजना का महत्त्वपूर्ण स्थान है। सिविल सेवा परीक्षा के संदर्भ में, योजना बहुत आवश्यक है क्योंकि सीमित समय में व्यापक पाठ्यक्रम को समाहित करना होता है। वास्तव में, अच्छी योजना के द्वारा आप निम्नतम प्रयास से बेहतर परिणाम प्राप्त कर सकते हैं। प्रभावी योजना का आशय यह है कि जिस प्रणाली के तहत आप परिश्रम कर रहे हैं।, उसमें आप बेहतर समय का प्रयोग कर रहे हैं या नहीं इसका पता चल जाता है। इस प्रकार आपकी सिविल सेवा परीक्षा में सफलता हेतु निम्न बिन्दुओं पर ध्यान देना चाहिए–

मूलभूत तथ्यों में महारत हासिल करें

जैसा कि आप को ज्ञात है संघ लोक सेवा आयोग ने सिविल सेवा प्रधान परीक्षा के पैटर्न तथा पाठ्यक्रम दोनों में ही परिवर्तन किया है, संघ लोक सेवा आयोग द्वारा दिये गये निम्न कथन को ध्यान में रखना होगा–

"संभाव्यत: प्रश्नों के द्वारा उम्मीदवार के सभी प्रासंगिक मुद्दों पर मौलिक समझ, विश्लेषण की क्षमता तथा परस्पर विरोधी सामाजिक, आर्थिक लक्ष्यों, उद्देश्यों तथा मांगों पर विचारविमर्श की क्षमता का आकलन किया जाता है।"

शुरुआत निर्बल क्षेत्रों से करें–

प्रारंभिक परीक्षा की दृष्टिकोण से, किसी विषय का क्षेत्र के लिए कोई वृहद या विशेष पाठ्यक्रम नहीं है। सिवलि सेवा (प्रा०) परीक्षा में कहीं से भी कोई प्रश्न पूछा जा सकता है, अत: उम्मीदवारों को चाहिए कि निर्बल विषय/क्षेत्र को तैयारी की योजना में प्राथमिकता दें। जब कमजोर पक्ष की समस्या से निजात मिलती है तब उम्मीदवार के अंदर एक उत्साह जागृत होता है जो अन्य क्षेत्रों अथवा विषयों में मजबूती प्रदान करता है।

बुद्धिमतापूर्वक ध्यान केन्द्रित करें–

यह बहुत आवश्यक है कि आप सिविल सेवा प्रा० तथा प्रधान परीक्षा में पूछे गए। पूर्ववर्ती प्रश्नों का विश्लेषण करें फिर उन सभी आयामों पर विचार करें जिन पर प्रश्न पूछे जा सकते हैं।

स्वयं का माइंड मैप तथा नोट्स तैयार करें–

परीक्षा की तैयारी में लिखे हुए नोट्स बहुत सहायक होते हैं, विशेषकर जब आप विभिन्न स्रोतों का अध्ययन करते हैं। जब आप माइंड मैप के आधार पर नोट्स तैयार करते हैं तब आप बहुत सतर्कतापूर्वक प्रत्येक बिन्दु पर केन्द्रित होते हैं जिससे आपके मस्तिष्क में ये तथ्य गहराई से समाहित होते हैं। नोट्स शीघ्रतापूर्वक दोहराने में सहायता प्रदान करते हैं।

पुनरीक्षण सफलता की कुंजी है:-

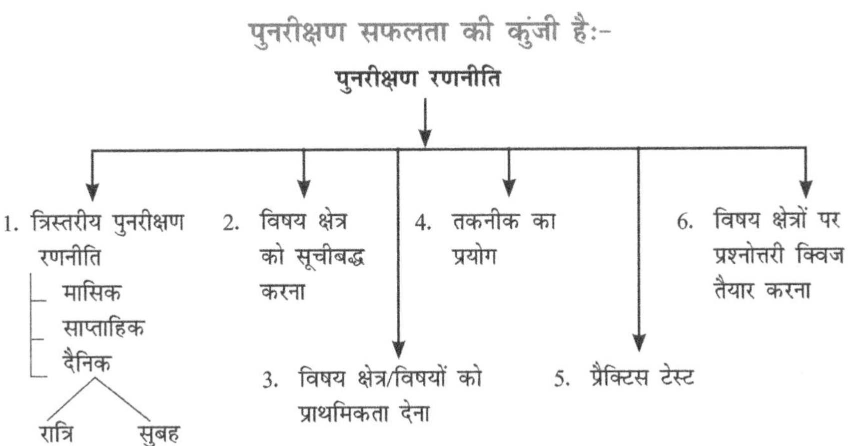

पुनरीक्षण किसी भी परीक्षा के लिए तैयारी का एक महत्त्वपूर्ण पहलू है, चाहे परीक्षा शैक्षणिक हो या प्रतियोगितात्मक। परन्तु सिविल सेवा में चयन हेतु इसकी भूमिका महत्त्वपूर्ण होती है, क्योंकि सिविल सेवा की परीक्षा हेतु विषय तथा पाठ्यक्रम जटिल होते हैं।

1. **त्रिस्तरीय पुनरीक्षण रणनीति–**

सिविल सेवा परीक्षा जैसी किसी भी परीक्षा हेतु सबसे अनुकूल तथा सफल पुनरीक्षण रणनीति निम्न प्रकार होनी चाहिए–

त्रिस्तरीय रणनीतिः यह प्रारूप तीन स्तर पर कार्य करता है– दैनिक, साप्ताहिक तथा मासिक।

दैनिक पुनरीक्षणः यह दो भाग में विभाजित किया जाता है– सुबह तथा देर रात्रि, सुबह उन सभी विषयों, अध्याय तथा विषय बिन्दुओं को दोहराना चाहिए जिन्हें एक दिन पूर्व पढ़ा गया। इसके बाद वर्तमान दिन हेतु नये विषय, अध्याय अथवा विषय बिन्दु को प्रारंभ करना चाहिए। रात्रि में सोने से पूर्व, दिन में पढ़े गए सभी बिन्दुओं को दोहराएं।

साप्ताहिक पुनरीक्षणः यह पुनरीक्षण का द्वितीय चरण होता है, जिसमें पूरे सप्ताह पढ़े गए विषयों, अध्यायों तथा विषय बिन्दुओं को सम्मिलित किया जाता है। इसके लिए सामान्यतः रविवार का दिन निर्धारित किया जाता है।

मासिक पुनरीक्षणः यह भी साप्ताहिक पुनरीक्षण की तरह होता है। यह पुनरीक्षण का तीसरा चरण है जिसमें उम्मीदवार को साप्ताहिक तथा दैनिक स्तर पर दोहराए गए पिछले विषयों, अध्यायों तथा विषय बिन्दुओं को महीने में एक बार दोहराना होता है। पुनरीक्षण के इस मॉडल से उम्मीदवार को पूरे महीने पढ़े गए सामग्री को याद रखने में सहायता मिलती है।

त्रिस्तरीय पुनरीक्षण रणनीति

	विषय	अध्याय	विषय बिन्दु
दैनिक	विषय का नाम	अध्याय का नाम	विषय बिन्दु का नाम
साप्ताहिक	....	....	....
मासिक	....	....	....

2. **पुनरीक्षण हेतु विषय बिन्दुओं को सूचीबद्ध करनाः**

सामान्यतः उम्मीदवार एक दिन में, एक सप्ताह में, तथा एक महीने में विभिन्न विषयों तथा अध्यायों से बहुत से विषय बिन्दुओं का अध्ययन करते हैं। परन्तु ये सभी विषय बिन्दु परीक्षा के दृष्टि कोण से समान रूप से प्रासांगिक एवं महत्त्वपूर्ण नहीं होते हैं। अतः उम्मीदवारों को प्रासांगिकता, जटिलता तथा अंकों के आधार पर विषय बिन्दुओं को सूचीबद्ध करना चाहिए।

3. **विषय तथा विषय बिन्दु हेतु प्राथमिकता का निर्धारणः**

पुनरीक्षण हेतु उम्मीदवार बहुत से अध्यायों तथा विषय बिन्दुओं को सूचीबद्ध करते हैं। परन्तु समयाभाव के कारण साप्ताहिक तथा मासिक पुनरीक्षण हेतु सूचीबद्ध विषयों को समय नहीं दे पाते हैं। अतः विषय बिन्दुओं को महत्त्व के आधार पर सूचीबद्ध करते समय एक क्रम का निर्धारण करना चाहिए।

4. **पुनरीक्षण में तकनीक का प्रयोग :**
अध्याय या प्रमुख विषय क्षेत्र के प्रमुख बिन्दुओं को मोबाइल फोन या टबलेट के मेमोपैड पर नोट करना चाहिए, जिससे कोंचिग जाते समय अथवा वहाँ से लौटते समय उनको दोहराने में सुविधा होगी।

5. **प्रैक्टिस टेस्टः**
तैयारी के समय किसी अध्याय या विषय बिन्दु के पूरा होने पर उस पर आधारित प्रैक्टिस टेस्ट में उम्मीदवार को सम्मिलित होना चाहिए। इस प्रैक्टिस टेस्ट की रूपरेखा सिविल सेवा परीक्षा द्वारा अपनाए गए प्रारूप पर आधारित होती है। इन प्रैक्टिस टेस्ट के द्वारा उम्मीदवार तैयारी का मूल्यांकन प्राप्त करते हैं।

6. **विषय बिन्दु (Topic) के क्विज को हल करनाः**
तैयारी के दौरान जब आप किसी विषय बिन्दु को समाप्त करते हैं तब उस विशेष विषय बिन्दु पर आधारित क्विज या प्रश्नों को हल करें ताकि आप अपनी तैयारी का मूल्यांकन कर सकें तथा उसके अनुरूप पुनरीक्षण हेतु विषय बिन्दुओं को सूचीबद्ध कर सकें।

नियमित समयांतराल पर विगत वर्ष के प्रश्न पत्रों को हल करनाः

आइ.ए.एस. (प्रा०) परीक्षा की तैयारी हेतु कम से कम 10 महीने की आवश्यकता होती है। ऐसी स्थिति में लक्ष्य के प्रति केन्द्रित होने में कमी आने की संभावना रहती है। इस स्थिति से निपटने के लिए विगत पाँच वर्षों के सिविल सेवा के प्रश्न पत्रों को हल करें तथा उसके आधार पर अपना मूल्यांकन करें फिर इसके अनुरूप अपनी रणनीति को प्रभावी रूप प्रदान करें।

ऑनलाइन मॉक टेस्ट को अपनाएंः

पुनरीक्षण एवं पाठ्यक्रम के पूरा होने पर आप ऑनलाइन टेस्ट में बैठ सकते हैं। यदि यह टेस्ट उचित रूप से हो तो आप वास्तविक परीक्षा में सम्मिलित होने जैसा अनुभव करेंगे। इसके द्वारा आप अपने तैयारी के निर्बल पहलू को पहचान सकते हैं। इसके द्वारा आप समय प्रबंधन को निध ारित कर सकते हैं तथा दक्षता की पहचान कर सकते हैं।

वैकल्पिक विषय का चयन करनाः

सिविल सेवा परीक्षा की तैयारी में सही वैकल्पिक विषय का चयन करना एक महत्त्वपूर्ण कदम है। उस वैकल्पिक विषय का चयन करें जिसमें आप दक्ष हों। इस आधार पर चयन न करें कि विषय विशेष में अच्छे अंक की प्राप्ति होती है। उस विषय का चयन करें जिसमें आपकी बुहिनयादी पकड़ हों। वैकल्पिक विषय का चयन करते समय निम्न बिन्दुओं को ध्यान में रखें–

- विषय उत्साहवर्धक हो।
- विषय के बारे में अधिक जानकारी करने की इच्छा हो।
- विषय आपको सुस्त न बनाए।
- दायरे से बाहर जाकर सोचने की प्रेरणा दें।
- विषय से संबंधित पुस्तकों की उपलब्धता आसान हो।

किसी विषय को वैकल्पिक विषय के रूप में अपनाने से पूर्व निम्न पहलुओं को अपनाएं–

1. वैकल्पिक विषयों की सूची को ध्यानपूर्वक देखें।
2. अपने विद्यालय तथा कॉलेज के समय की ओर झांके, फिर रुचिकर व प्रिय विषय के बारे में सोचें कि किस विषय में आप बेहतर करते थे, किस विषय में आपकी रुचि थी तथा किस विषय में आप अच्छा अंक प्राप्त करते थे।
3. अब वर्तमान में आइए तथा अपने वैकल्पिक विषय को छोटा करें जिसमें केवल आपके रुचिकर विषय हो।
4. उपर्युक्त विश्लेषण के आधार पर ऐसे 4-5 विषयों को चयनित करें जिसमें आप ज्यादा रुचि रखते हो।
5. अब आप प्रत्येक वैकल्पिक विषय के पाठ्यक्रम का अवलोकन करें। सभी विषय बिन्दुओ (Topics) को ध्यान से पढ़े। अब आप उन विषयों के विषय बिन्दुओं को रेखांकित करें जिन चयनित किए हुए प्रत्येक वैकल्पिक विषयों में आपकी रुचि हो।
6. अब आप चयनित किये हुए उन विषयों के विगत (3-4 वर्ष) वर्षों के प्रश्न पत्रों का अवलोकन सूक्ष्मता से करें। सभी प्रश्नों को पढ़े अपने रुचि के स्तर का मापन करें। यह देखें कि प्रश्नों को हल करने में कितना सक्षम हैं। इससे मात्र इतना जानकारी प्राप्त करनी है कि विषय विशेष में आप कितना सहज महसूस करते हैं।
7. अंत में विषय सामग्री मार्गदर्शन की उपलब्धता को सुनिश्चित करें। कुछ विषयों की उत्कृष्ट पुस्तकों की उपलब्धता कम होती है कुछ विषयों की कोचिंग का अभाव होता है। गैर-तकनीकी विषयों की तैयारी स्वअध्ययन के द्वारा की जा सकती है, बशर्ते नियमित लेखन अभ्यास की दृढ़ता हो।
8. अब 2-3 विषयों के बीच विषय चयन हेतु स्पष्टता निश्चित हो जायेगी।

प्रारंभिक परीक्षा की तैयारी हेतु योजना

सामान्य अध्ययन पेपर-I के लिए सुझाव एवं योजना

प्रा० परीक्षा पेपर-I (सामान्य अध्ययन) का सामना करने हेतु यह आवश्यक है दिन-प्रतिदिन के घटनाक्रम से आप अवगत रहें जिससे आपको इससे संबंधित काफी प्रश्नों को हल करने में सहायता मिले। ऐसे प्रश्नों के मौलिक तथ्यों की स्पष्टता होनी चाहिए। घटनों क्रमों के साथ तादाम्य बनाये रखें।

भारतीय राष्ट्रीय आंदोलन, भारतीय राजव्यवस्था, मौलिक अर्थव्यवस्था की समझ, भूगोल, विज्ञान तथा तकनीक इत्यादि का क्षेत्र इसमें समाहित है। समसामयिक घटनाक्रम की प्रकृति गत्यात्मक है इसे किसी पाठ्यक्रम या परिभाषा में सीमित नहीं किया जा सकता है।

दो घंटे में लगभग 100 प्रश्नों का उत्तर देना होता है। प्रत्येक प्रश्न दो अंक का होता है। इसका आशय यह है कि प्रत्येक प्रश्न 80 सेकंड का समय होता है। इस प्रकार इस परीक्षा का सामना करने के लिए गति तथा शुद्धता की आवश्यकता होती है। सही उत्तर के लिए 2 अंक मिलेंगे तथा एक गलत उत्तर पर 0.66 अंक की हानि होगी।

पेपर-I के 100 प्रश्नों को निम्न तीन श्रेणियों में विभाजित किया जा सकता है–

(i) बहुविकल्पी प्रश्न – एकल प्रतिक्रिया सही

(ii) बहुविकल्पी प्रश्न – बहु प्रतिक्रिया सही

(iii) बहुविकल्पी प्रश्न – मिलान करना

विभिन्न क्षेत्रों से अनेकों प्रश्न पूछे जाते हैं जो समय-समय पर परिवर्तित होते रहते हैं। इसके लिए कोई निर्धारित नियम नहीं है। सामान्यतः पूछे जाने वाले प्रश्नों की प्रकृति आधारभूत सिद्धांत, उनके अनुप्रयोग, तथ्यात्मक जानकारी तथा समसामयिक घटनाक्रम पर आधारित होती है।

प्रश्नों का उत्तर देते समय विश्लेषणात्मक सोच की आवश्यकता होती है। अतः मात्र दसवीं कक्षा की NCERT पाठ्यपुस्तकों का अध्ययन ही काफी नहीं होगा बल्कि गहरी जानकरी व अध्ययन की आवश्यकता होगी, पर्यावरणीय पारिस्थितिकी, जैवविविधता तथा जलवायु परिवर्तन पर आधारित पाठ्यक्रम का समावेश वर्ष 2011 से कर दिया गया है। अतः इन विषय बिन्दुओं की तैयारी प्रधान परीक्षा के लिए करना आवश्यक है।

CSAT पेपर-2 के लिए रणनीति तथा सुझावः

बोधगम्यता, अमूर्त तर्कशक्ति, विश्लेषण क्षमता, प्रश्न समाधान-क्षमता, न्याय तथा निर्णय लेने की क्षमता का आकलन प्रा० परीक्षा पेपर-II (CSAT) के द्वारा होता है। पेपर-I से भिन्न जहाँ प्रश्नों की संख्या स्थिर खंड के लिए प्रमुख निर्णायक होती है, पेपर-2 में त्वरित मानसिक क्षमता की आवश्यकता होती है।

पेपर-II के पाठ्यक्रम में सात विषयों का समावेश होता है जिनकी प्रकृति अभिक्षमतात्मक (Aptitude) होती है।

1. बोधगम्यता
2. पारस्परिक कौशल के साथ-साथ संसूचनात्मक कौशल
3. तार्किक योग्यता तथा विश्लेषणात्मक क्षमता
4. निर्णय लेना तथा समस्या समाधान
5. सामान्य मानसिक दक्षता
6. संख्या ज्ञान (संख्याएं तथा उनके संबंध, परिमाण क्रम इत्यादि)
7. आकड़ा प्रस्तुतीकरण (चार्ट, ग्राफ, सारणी, आकड़ा, योग्यता इत्यादि CSAT (प्रा०) पेपर-II में अच्छे अंकों की प्राप्ति हेतु तैयारी के लिए कुछ निम्न सुझाव इस प्रकार हैं–

- बोधगम्यता तथा अभिदक्षता के सबल पक्षों की पहचान करना
- सर्वप्रथम उन प्रश्नों को हल करना चाहिए जिनका उत्तर ठीक प्रकार मालूम हो
- किसी उलझे हुए प्रश्न में ज्यादा समय न दें
- यदि किसी प्रश्न के उत्तर में कम से कम 70% की निश्चितता हो तभी उसे हल करें अन्यथा ऋणात्मक अंकन के कारण नुकसान हो सकता है।
- आप ज्यादा से ज्यादा मॉक टेस्ट को अपनाएं जिससे आपको जानकारी प्राप्त होगी कि विभिन्न प्रकार के प्रश्नों को हल करते समय किस प्रकार की त्रुटि हो रही है।
- क्रम परिवर्तन तथा संयोजन, तार्किक दक्षता तथा संभाव्यता से संबंधित प्रश्नों को हल करने का अभ्यास करें।

IAS प्रधान परीक्षा की तैयारी हेतु योजना

प्रधान परीक्षा का सामना करना

आई. ए. एस. प्रधान परीक्षा सिविल सेवा परीक्षा का महत्त्वपूर्ण भाग होता है। इस परीक्षा में शामिल होने वाले उम्मीदवार को प्रत्येक आयामों के प्रति सचेत होना चाहिए। वर्ष 2013 में परीक्षा के प्रारूप तथा पाठ्यक्रम दोनों में क्रांतिकारी परिवर्तनों का समावेश हुआ।

अब सिविल सेवा प्रधान परीक्षा में प्रश्न पत्र पथा उत्तर पुस्तिका को संयुक्त रूप से उम्मीदवारों को परीक्षा कक्ष में प्रदान किया जाता है। प्रत्येक प्रश्न के लिए एक निर्धारित स्थान दिया जाता हैं निध रित जगह में उस प्रश्न का उत्तर लिखना होता है। अतिरिक्त स्थान में लिखे हुए उत्तर का मूल्यांकन नहीं किया जाएगा।

महत्त्वपूर्ण तथ्य यह है कि समय, विचार तथा लेखन शैली का प्रबंधन करना होगा। लेखन शैली को औसत श्रेणी का रखना होगा जिससे लेखन सामग्री को उपयुक्त स्थान मिल सके।

एक उत्तम निबंध की रचना करना तथा सामान्य अध्ययन के प्रश्नों का उत्तर लिखना–

चूँकि यह एक विवरणात्मक प्रश्न पत्र होता है इसमें उम्मीदवार को दो बिन्दुओं को ध्यान में रखना चाहिए–*'प्रक्रिया' तथा 'तथ्य' (लेखन सामग्री)। 'प्रक्रिया' का आशय एक अच्छे निबंध लेखन से है तथा 'तथ्य' का आशय लेखन सामग्री की गुणवत्ता से है।*

उत्कृष्ट निबंध लेखन हेतु निम्न बिन्दुओं पर ध्यान देना चाहिए–

1. उचित, सरल तथा व्याकरण की दृष्टि से शुद्धता भाषा का प्रयोग करना चाहिए।
2. निबंध में क्रमबद्धता का ध्यान रखें। निबंध का तीन भाग होता है– भूमिका, प्रमुख भाग तथा उपसंहार। तीनों भाग महत्त्वपूर्ण होते हैं। एक अच्छे उपसंहार (निष्कर्ष) से 10–20 अंक अधिक प्राप्त होते हैं।
3. दैनिक जीवन में प्राप्त होने वाले व्यक्ति अनुभव को इसमें समाहित करना चाहिए, इससे इसमें विशिष्टता परिलक्षित होती है।
4. उचित समय प्रबंधन पर ध्यान दें– एक-एक क्षण का सही प्रयोग होना चाहिए। प्रत्येक भाग के लिए उचित समय का प्रबंधन करें।
5. जिस विषय पर निबंध की रचना करनी हो उससे संबंधित स्पष्ट जानकारी होनी चाहिए विषय के साथ तारतम्यता बनाए रखें।
6. किसी विशेष विचार धारा को लेकर परीक्षा भवन में प्रवेश न करें। अन्यथा विचार प्रवाह में अवरोध उत्पन्न हो सकता है।

अध्ययन में अंत:विषय दृष्टिकोण

सिविल सेवा परीक्षा में पूछे गए समग्रता बोधक प्रश्नों का उत्तर देते समय, विशेषकर प्रधान परीक्षा में, उम्मीदवारों को यह सुझाव प्रेषित किया जाता है कि विभिन्न विषयों तथा विषय बिन्दुओं का अध्ययन करते समय अंत:विषयक दृष्टिकोण अपनाए।

विषय बिन्दुओं को **राजनीतिक, आर्थिक, सामाजिक अथवा वैज्ञानिक** पृष्ठभूमि पर विश्लेषित करके अध्ययन करें। इनका अध्ययन **समस्या, मुद्दे अनुप्रयोग तथा प्रभाव इत्यादि** के आधार पर करना चाहिए।

उदाहरण के लिए, परिवर्तनशील पूर्ववर्ती आर्थिक नीति के संबंध में सरकारी निर्णय का प्रभाव लघु तथा दीर्घ प्रकृति का होता है।

अध्ययन के समय उम्मीदवार को विकाशील अंत:विषयक दृष्टिकोण को विकसित करना चाहिए तथा विषय बिन्दु के विभिन्न पहलुओं एवं आयामों को दृष्टि में रखते हुए अपने दृष्टिकोण में व्यापकता का समावेश करना चाहिए। इसके लिए विषय बिन्दुओं का संबंध समाज पर्यावरण तथा नीतियों इत्यादि में घटने वाली विभिन्न प्रकार की घटना तथा परिवर्तनों से हो सकता है।

अध्ययन नोट्स की तैयारी तथा समूह-चर्चा की प्रक्रिया

अध्ययन कैसे करें:

प्रधान परीक्षा की तैयारी हेतु, अध्ययन के लिए निम्न बिन्दुओं पर ध्यान दें–

- हाल के विगत वर्षों में हुए परीक्षा के प्रश्न पत्रों की परिपाटी को देखते हुए पाठ्यक्रम को दृष्टिगत रखते हुए उद्देश्यपरक रूप से अध्ययन करें।
- अध्ययन सामग्री के चयन में सतर्कता बरतें। ऐसे मानक पुस्तकों का चयन करें, जो विषय में गहरी दृष्टि प्रदान करती हो। एक ही विषय की कई पुस्तकों का अध्ययन करना समझ की बरबादी है।
- तर्क संगत व प्रासांगिक सामग्री का संग्रह करें।
- विषय सामग्री का अध्ययन करते समय आपका नज़रिया उद्देश्यपरक होना चाहिए।
- विगत वर्षों में पूछे गए प्रश्नों के आधार पर किसी विषय बिन्दु का चयन करें तथा उससे संभावित प्रश्नों पर विचार करें। इस प्रकार के अध्ययन से ऐसे प्रश्नों का उत्तर प्रभावी ढंग से दिया जा सकता है।
- पढ़े गये विषय सामग्री के बारे में मानसिक विश्लेषण करें तथा तार्किक ढंग से विचार करें एवं यह सुनिश्चित करें कि कितने तथ्यों का आपके द्वारा आत्मसात हुआ।

नोट्स कैसे तैयार करें?

सिविल सेवा (प्रा०) तथा प्रधान परीक्षा हेतु स्वयं छोटे नोट्स बहुत सहायक होते हैं। प्रारंभिक अथवा प्रधान परीक्षा से पूर्व इन छोटे नोट्स का अवलोकन कुछ दिनों या कुछ घंटों में करना होता है। स्वयं नोट्स तैयार करना निम्न कारणों से आवश्यक होता है –

1. इनसे किसी विषय का विषय खंड की समझने में सहायता मितली है
2. सूचनाओं या आकड़ों के संग्रह से पूरे विषय खंड के तथ्यों से तादाम्य स्थापित होता है।
3. इससे लेखन तथा विचारण की प्रक्रिया में आसानी होती है।
4. इससे अपने अध्ययन की पुनरावृत्ति में प्रोत्साहन मिलता है। चूँकि सुनियोजित ढंग से निर्मित नोट्स के अवलोकन में ज्यादा समय नहीं लगता है।

विधियाँ

(i) संरेखीय विधि (ii) पैटर्न विधि

(i) संरेखीय विधि–इस विधि में आपके द्वारा पढ़ी गई विषय सामग्री का संक्षिप्तीकरण किया जाता है जिसमें हेडिंग तथा सब-हेडिंग का प्रयोग किया जाता है। फिर महत्त्वपूर्ण बिन्दुओं को संक्षिप्त किया जाता है।

(ii) पैटर्न विधि–इस विधि में पेज के मध्य भाग का इस्तेमाल किया जाता है। मध्य भाग से विकीर्णित होती रेखा मुख्य विचार की एक शाखा को व्यक्त करती है। प्रत्येक बिन्दु को मौलिक शब्द या वाक्यांश के रूप में लिखा जाता है। इस विधि को उत्कृष्ट माना जाता है इसका कारण निम्न है–

- संरेखीय नोट्स की तुलना में यह ज्यादा नम्य होता है। इसमें अधिकतम सूचनाओं या आकड़ों का संग्रहण किया जा सकता है।
- बिना पृष्ठ पलटे एक ही दृष्टि में पूरे प्रकरण का अवलोकन किया जा सकता है।
- विभिन्न विषय खंडों को जोड़ने वाली कड़ी को बेहतर तरीके से प्रदर्शित किया जा सकता है, जबकि संरेखीय विधि में ऐसा करना संभव नहीं है।
- जैसे–

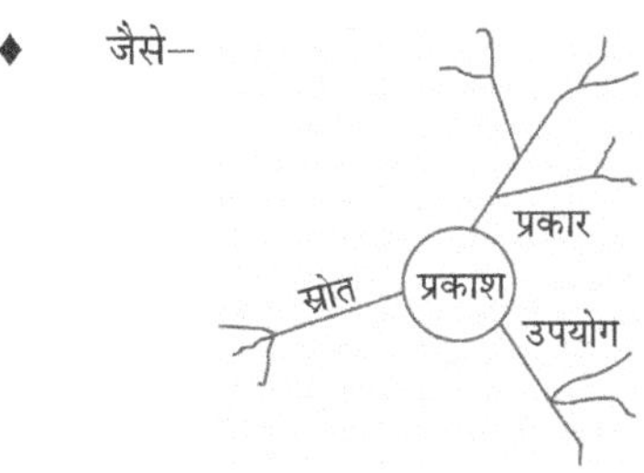

- अवधारणा को स्पष्ट करने हेतु समूह परिचर्चा–
- संघ लोक सेवा आयोग के सिविल सेवा परीक्षा (प्रधान) के लिए समूह परिचर्चा का स्थान महत्त्वपूर्ण है, अपने सहपाठी या सहपाठियों के समूह के साथ अध्ययन करना चाहिए। ऐसे मित्रों के साथ नियमित परिचर्चा बहुत लाभदायक होती है। इससे आपके द्वारा अध्ययन की गई पाठ्य सामग्री की पुनरावृत्ति हो जाती है साथ ही साथ अनजान तथ्यों की जानकारी भी प्राप्त होती है। इस प्रकार के साहचर्य से एक–दूसरे उम्मीदवार को परिपूरक जानकारी प्राप्त होती है। इसके अलावा, इससे आपका अध्ययन रुचिकर प्रतियोगी तथा स्पष्टतापूर्ण होता है।

समूह परिचर्चा में उत्पन्न कुछ कौशल

संसूचनात्मक कौशल–समूह परिचर्चा में आपके संसूचनात्मक कौशल में सुधार होता है। सिविल सेवा परीक्षा में संसूचनात्मक कौशल अति आवश्यक है। परिचर्चा के दौरान अपने विचारों को व्यक्त करते समय इस कौशल का परिष्करण स्वत: ही होता है।

अपसारी कौशल–समूह परिचर्चा के द्वारा उम्मीदवार में विभिन्न दिशाओं में सोचने की प्रवृत्ति विकसित होती है, ताकि अधिक से अधिक तथ्यात्मक बिन्दुओं का परिचर्चा हेतु समावेश हो सके।

विश्लेषणात्मक कौशल–परिचर्चा के दौरान व्यक्त किये जाने वाले प्रमुख बिन्दुओं के प्रति आपको सचेत रहना होता है। ऐसी स्थिति के लिए आपके अंदर विश्लेषणात्मक क्षमता होनी चाहिए जिससे उन तथ्यों को वाद-विवाद के दौरान अपने प्रतिद्वंद्वी के समक्ष प्रभावपूर्ण तरीके से व्यक्त कर सके।

समूह परिचर्चा सौम्य एवं मित्रवत वातावरण में होनी चाहिए। गर्मजोशी की प्रवृत्ति धारण नहीं करनी चाहिए, क्योंकि इससे सहभागियों को वांछित लाभ नहीं मिलता है समूह परिचर्चा का मुख्य उद्देश्य अधिगम व परिष्करण होना चाहिए।

प्रश्न पैटर्न का प्रचलन विश्लेषण

तैयारी से पूर्व, हमें UPSC के प्रा० तथा प्रधान परीक्षा 2003–2018 के प्रश्न पैटर्न का विश्लेषण पूर्व वर्षों के प्रश्नों के साथ करना चाहिए।

क. प्रचलन विश्लेषण–प्रारंभिक परीक्षा

सामान्य अध्ययन प्रश्न-पत्र-1 (प्रारंभिक) के प्रश्नों का पैटर्नः

विषय	2013	2014	2015	2016	2017	2018
अर्थव्यवस्था	18	10	21	29	29	25
पर्यावरण	17	28	22	21	14	12
कृषि	5	8	4	5	5	4
भूगोल	14	10	11	4	7	4
विज्ञान–प्रौद्योगिकी	13	9	9	10	6	13
इतिहास एवं संस्कृति	15	20	14	17	14	21
अंतर्राष्ट्रीय संबंध, रक्षा, चर्चित व्यक्तित्व	0	4	7	8	3	8
राजव्यव्स्था एवं संविधान	18	11	12	6	22	13
संपूर्ण बहुविकल्पीय प्रश्न (MCQ)	100	100	100	100	100	100

आप देख सकते हैं कि प्रत्येक भाग में प्रश्नों की संख्या अंततः बढ़ी या घटी है।

यू.पी.एस.सी. सिविल सेवा के उम्मीदवारों को यह सलाह है कि उपर्युक्त सारणी में दिए गए विश्लेषणात्मक उपागम तथा प्रथम अध्याय में उल्लेखित संपूर्ण पाठ्यक्रम (syllabus) के आधार पर अपने अध्ययन के समय का निर्धारण करें।

G.S. प्रश्न पत्र-1 (2011-18) में पूछे गए प्रश्नों के महत्त्वपूर्ण विषय

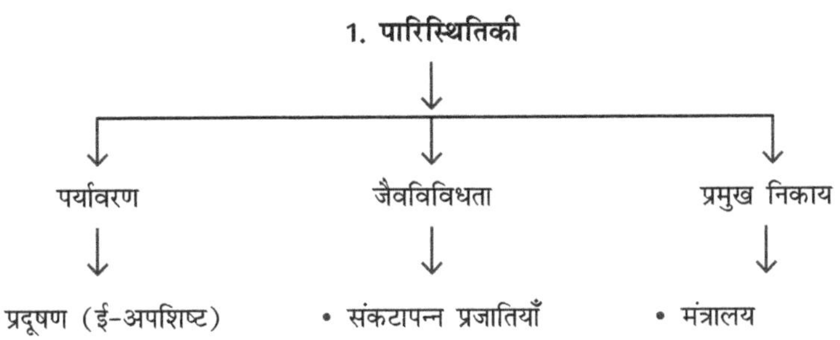

- प्रदूषक
- जलवायु परिवर्तन
- जलवायु शिखर सम्मेलन
- संरक्षण
- अंतर्राष्ट्रीय अभिसमय
- स्वायत्त निकाय
- विरासत स्थल
- अंतर्राष्ट्रीय प्रकृति संरक्षण संघ (IUCN)
- संयुक्त राष्ट्र संघ

2. सामान्य विज्ञान तथा विज्ञान एवं प्रौद्योगिकी

भौतिक विज्ञान

- कार्य एवं ऊर्जा
- गुरुत्वाकर्षण
- प्रकाश
- द्रव्य

रसायन विज्ञान

- तत्व
- कार्बनिक यौगिक

जीव विज्ञान

- भोजन एवं पोषण
- स्वास्थ्य एवं व्याधियाँ
- वनस्पति एवं जंतु वर्गीकरण

प्रौद्योगिकी

- आनुवंशिकी (डी.एन.ए. स्टेम कोशिकाएं)
- जैव प्रौद्योगिकी
- नैनो-प्रौद्योगिकी
- उपग्रह
- बी.टी. फसलें
- नाभिकीय ऊर्जा
- संचार प्रौद्योगिकी
- कंप्यूटर
- मिसाइल
- पर्यावरणानुकूल प्रौद्योगिकी

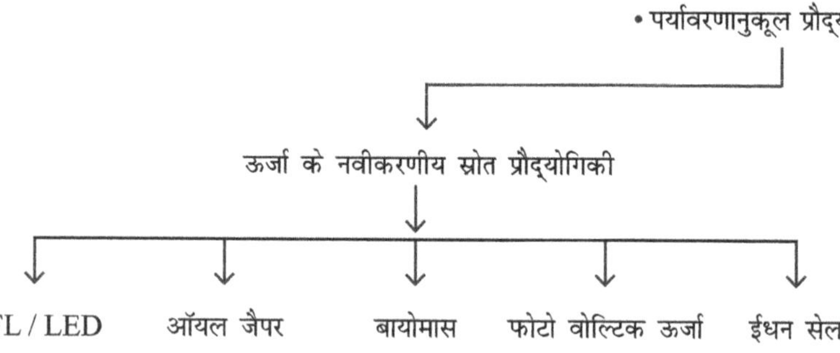

3. अर्थव्यवस्था

- कर
- ब्याज दर (प्रभाव)
- राष्ट्रीय आय / जी.डी.पी.
- वृद्धि दर (पाँच वर्ष में प्रतिशतता)
- बैंक प्रणाली / BASEL III

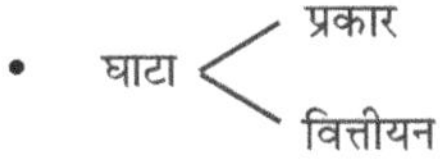

- मुद्रा स्फीति
- एफ.डी.आई. एवं एफ.आई.आई.
- योजनाएं / कार्यक्रम
- बजट (अवधारणाएं)
- वित्त आयोग (वर्तमान)
- पंचवर्षीय योजनाएं
- बेरोजगारी
- भारत में गरीबी-निर्धारण, बहुआयामी निर्धनता सूचकांक
- जनसांख्यकीय संक्रमण
- मुद्रा की माँग एवं आपूर्ति
- भुगतान बिल
- आठ-प्रमुख उद्योग
- मौद्रिक नीति एवं इसके उपाय (CRR/SLR)
- रुपये की परिवर्तनीयता
- पूँजी खाता
- आयात एवं निर्यात की प्रमुख वस्तुएं

4. राजव्यवस्था

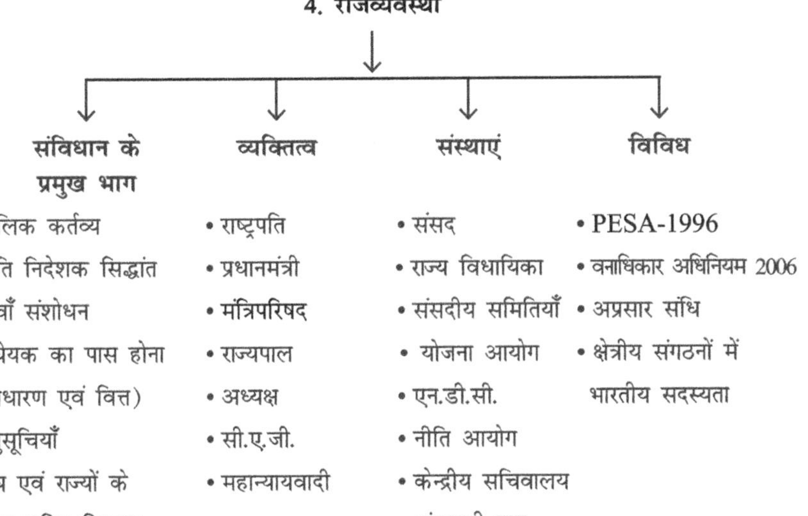

संविधान के प्रमुख भाग
- मौलिक कर्तव्य
- नीति निदेशक सिद्धांत
- 73वाँ संशोधन
- विधेयक का पास होना (साधारण एवं वित्त)
- अनुसूचियाँ
- संघ एवं राज्यों के मध्य शक्ति वितरण
- विभिन्न प्रस्ताव
- संयुक्त बैठक

व्यक्तित्व
- राष्ट्रपति
- प्रधानमंत्री
- मंत्रिपरिषद
- राज्यपाल
- अध्यक्ष
- सी.ए.जी.
- महान्यायवादी

संस्थाएं
- संसद
- राज्य विधायिका
- संसदीय समितियाँ
- योजना आयोग
- एन.डी.सी.
- नीति आयोग
- केन्द्रीय सचिवालय
- पंचायती राज

विविध
- PESA-1996
- वनाधिकार अधिनियम 2006
- अप्रसार संधि
- क्षेत्रीय संगठनों में भारतीय सदस्यता

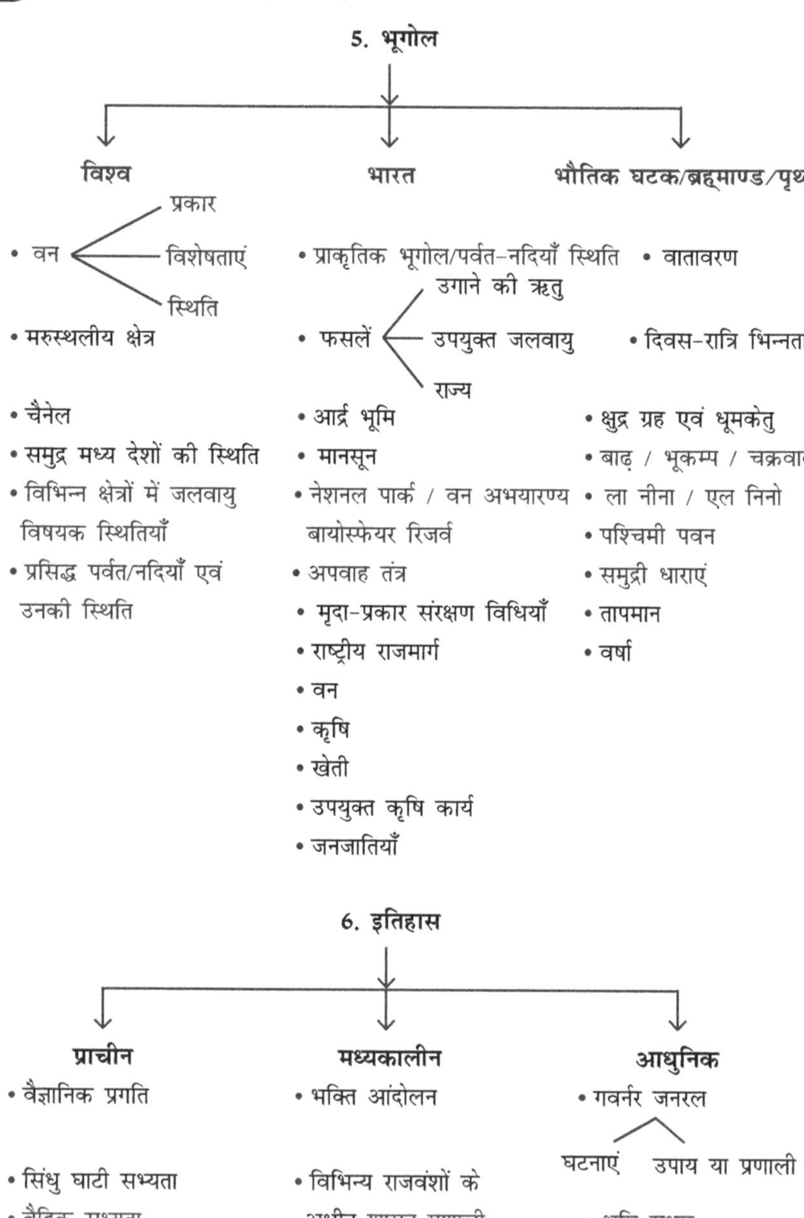
5. भूगोल
विश्व
भारत
भौतिक घटक/ब्रह्माण्ड/पृथ्वी
• वन
प्रकार
विशेषताएं
स्थिति
• मरुस्थलीय क्षेत्र
• चैनेल
• समुद्र मध्य देशों की स्थिति
• विभिन्न क्षेत्रों में जलवायु विषयक स्थितियाँ
• प्रसिद्ध पर्वत/नदियाँ एवं उनकी स्थिति
• प्राकृतिक भूगोल/पर्वत-नदियाँ स्थिति
• फसलें
उगाने की ऋतु
उपयुक्त जलवायु
राज्य
• आर्द्र भूमि
• मानसून
• नेशनल पार्क / वन अभयारण्य बायोस्फेयर रिजर्व
• अपवाह तंत्र
• मृदा-प्रकार संरक्षण विधियाँ
• राष्ट्रीय राजमार्ग
• वन
• कृषि
• खेती
• उपयुक्त कृषि कार्य
• जनजातियाँ
• वातावरण
• दिवस-रात्रि भिन्नताएं
• क्षुद्र ग्रह एवं धूमकेतु
• बाढ़ / भूकम्प / चक्रवात
• ला नीना / एल निनो
• पश्चिमी पवन
• समुद्री धाराएं
• तापमान
• वर्षा
6. इतिहास
प्राचीन
• वैज्ञानिक प्रगति
• सिंधु घाटी सभ्यता
• वैदिक सभ्यता
• भारतीय दर्शन
• बौद्ध धर्म
• जैन धर्म
मध्यकालीन
• भक्ति आंदोलन
• विभिन्य राजवंशों के अधीन शासन प्रणाली
• कर
• प्रसिद्ध शासकों द्वारा उठाए गए कदम
आधुनिक
• गवर्नर जनरल
घटनाएं
उपाय या प्रणाली
• भूमि सुधार
• सुधार आंदोलन
• कृषक/जनजातीय आंदोलन

• विदेशी यात्री

• राज्य/नगर के संस्थापक

• समितियाँ/आयोग
• गदर आंदोलन
• होम रूल आंदोलन
• भारत में अंग्रेजों द्वारा नई चीजों की शुरुआत
• रौलेट एक्ट
• ईलबर्ट बिल
• नमक कानून
• गवर्नमेंट एक्ट (1919,1935) नेहरू रिर्पोट
• पार्टी
• भारतीय राष्ट्रीय कांग्रेस
  - अध्यक्ष
  - अधिवेशन
• संविधान सभा
• नरम दल एवं गरम दल
• भारत छोड़ो आंदोलन
• सत्याग्रह
• व्यक्तित्व
  - महात्मा गाँधी
  - डा.बी.आर. अम्बेडकर
  - दादाभाई नौरोजी

विषयवार विश्लेषण-CSAT-IAS प्रारंभिक प्रश्न पत्र-II:

विषय सूची	2011	2012	2013	2014	2015	2016	2017	2018
अन्तर्राष्ट्रीय कौशल								
1. पारस्परिक एवं संप्रेषण कौशल	3	3	3	–	–			
मानसिक क्षमता								
1. श्रेणी				1	3			1
2. वर्गीकरण अथवा विषम की पहचान								
3. कोडिंग-डिकोडिंग						3	4	2
4. सादृश्य								

तर्कशक्ति								
1. रक्त संबंध		1		3	1		2	1
2. दिशा ज्ञान	3	1		3	1	2	2	
3. रैंक परीक्षण	1	2	4	2	2			1
4. आंकिक तर्क शक्ति				4	2	5	3	
5. तार्किक वेन आरेख		1		2	–	2		
6. संख्या पहेली	1		2	1	–			1
7. युक्ति वाक्य					1		1	
8. घन एवं पासा					1			3
9. आकृति गणना					–			
10. दृश्य परीक्षण	2	4	5	4	1			3

विषय	2011	2012	2013	2014	2015	2016	2017	2018
विश्लेषणात्मक क्षमता / तर्क शक्ति						15	8	
1. कथन एवं पूर्वधारणा					–			
2. कथन एवं तर्कवाक्य	1				–			
3. कथन एवं निष्कर्ष	2	5	1		–		2	
4. तार्किक अनुमान		4	1	–	–	1		
5. क्रिटिकल रीजनिंग		2		4	5	14	29	
निर्णय क्षमता								
1. प्रशासनिक कार्य प्रणाली	2	2	1	–	–			
2. चयन मापदंड				–	–			
3. वाद अध्ययन								
4. निर्णय क्षमता								
समस्या समाधान								
1. समस्या समाधान	5	9	11	8	6			9
परिच्छेद								
सामान्य परिच्छेद	28	32	23	26	30	14	4	19

विषय सूची	2011	2012	2013	2014	2015	2016	2017	2018
आंकिक क्षमता								
1. संख्याएं एवं उनके संबंध	2		2	4	3	2	7	5
2. प्रतिशतता एवं औसत	1		1	2	3	7	4	6
3. परिमाण क्रम	2		4	1	5			
4. समय-कार्य / दूरी-चाल	2	1	5	2	3	3	6	2
5. क्षेत्रमिति एवं ज्यामिति	3				1	3	2	3
6. उच्च गणित	1	1	1	1	8		2	
आंकड़ा निर्वचन								
1. चार्ट एवं ग्राफ परिचय	7		1	1	2			
2. आंकड़ा निर्वचन	2	1	5	5	2			15
3. आंकड़ा क्षमता					–			
अंग्रेजी भाषा परिच्छेद कौशल								
1. अंग्रेजी भाषा परिच्छेद कौशल	9	8	8	6	–	–		9

ख : प्रचलन विश्लेषण-मुख्य परीक्षा

सामान्य अध्ययन मुख्य परीक्षा प्रश्न-पत्र-1

(वर्ष 2013 से विषयवार प्रश्नों के पैटर्न में परिवर्तन हुआ है।)
सामान्य अध्ययन के प्रश्न-पत्रों की संख्या दो से बढ़कर चार हो गई है।

श्रेणी	सा.अ. मुख्य प्र.पत्र-1	2013	2014	2015	2016	2017
इतिहास	संस्कृति	20	40	25	25	10
इतिहास	स्वतंत्रता संग्राम	30	30	25	37.5	65
इतिहास	विश्व इतिहास	40	30	25	12.5	10
इतिहास	स्वतंत्रता पश्चात	50	0	0	0	0
समाज	धर्म क्षेत्र सशक्तिकरण	10	10	37.5	37.5	50

समाज	निर्धनता, जनसंख्या	0	10	25	12.5	0
समाज	वैश्वीकरण प्रभाव	10	0	12.5	12.5	0
समाज	महिला	10	30	12.5	0	0
भूगोल	जलवायु	10	20	37.5	12.5	60
भूगोल	आपदाएं	10	10	0	12.5	15
भूगोल	नगरीकरण	10	0	25	25	15
भूगोल	भौतिक	20	20	0	0	10
भूगोल	स्रोत	20	20	25	62.5	0
भूगोल	औद्योगिक स्थिति	10	30	0	0	15
संपूर्ण		250	250	250	250	250

सामान्य अध्ययन मुख्य परीक्षा प्रश्न-पत्र-2

पाठ्यक्रम परिवर्तन के उपरांत विषयवार प्रश्नः

श्रेणी	सा.अ.मुख्य प्र.पत्र-2	2013	2014	2015	2016	2017
राजव्यवस्था	मूल संरचना	10	12.5	37.5	12.5	15
राजव्यवस्था	कार्य पालिका	10	25	0	0	0
राजव्यवस्था	विधायिका एवं चुनाव	10	12.5	0	12.5	40
राजव्यवस्था	शक्ति वितरण	10	12.5	12.5	12.5	10
राजव्यवस्था	संघ-स्थानीय	30	12.5	25	37.5	10
राजव्यवस्था	निकाय	20	25	25	25	15
लोक कल्याण	लोक कल्याण एवं सुरक्षा	20	25	0	0	10
लोक कल्याण	निर्धनता एवं भुखमरी	10	0	12.5	0	25
लोक कल्याण	शिक्षा, स्वास्थ्य, HDI	20	25	25	37.5	10
लोक कल्याण	धार्मिक सुधार	0	12.5	0	12.5	15
शासन	उत्तरदायित्व	20	0	25	25	10
शासन	एन.जी.ओ. दबाव, आई.ए.एस.	20	25	37.5	25	40
अंतर्राष्ट्रीय संबंध	पड़ोसी	50	12.5	25	12.5	10
अंतर्राष्ट्रीय संबंध	गैर-पड़ोसी एवं पड़ोसी	10	0	12.5	12.5	30

अंतर्राष्ट्रीय संबंध	संस्थाएं, समूह, समझौते	10	0	12.5	12.5	30
संपूर्ण		250	250	250	250	250

सामान्य अध्ययन मुख्य परीक्षा प्रश्न-पत्र-3 पाठयक्रम परिवर्तन के उपरांत विषयवार प्रश्न पत्र

ब्लॉक	सा.अ.मुख्य परीक्षा-3	2013	2014	2015	2016	2017
1. अर्थव्यवस्था	वृद्धि	10	25	37.5	25	35
	बजट	30	0	12.5	12.5	15
	उदारीकरण	20	25	0	12.5	15
	अधारभूत संरचना, निवेश	10	37.5	12.5	25	10
2. खाद्य	भूमि सुधार	10	0	0	12.5	0
	फसलें	0	0	0	37.5	15
	MSP-PDS	20	12.5	0	0	15
	ई-टेक्नोलॉजी कृषक सहायता हेतु	0	0	12.5	0	10
	खाद्य प्रसंकरण	10	12.5	37.5	0	10
3. विज्ञान	विज्ञान प्रौद्योगिकी	40	12.5	25	0	10
	विज्ञान प्रौद्योगिकी (भारतीय)	0	25	12.5	25	25
	पर्यावरण	35	25	25	25	25
	आपदाएं	10	12.5	12.5	25	15
4. अपराध	विकास Vs विनाश	10	0	12.5	12.5	40
	सीमा	10	62.5	25	25	0
	साइबर सुरक्षा	25	0	25	12.5	10
	हवाला (money laundering)	10	0	0	0	0
संपूर्ण		250	250	250	250	250

सामान्य अध्ययन नीतिशास्त्र प्रश्न पत्र-4 का रुझान विश्लेषण:

श्रेणी	उप विषय	2013	2014	2015	2016	2017
नीति शास्त्र एवं तथ्य	मूल सिद्धांत	20	10	20	20	20
	भावनात्मक बुद्धि	30	10	0	10	10
	विचारक	30	10	20	40	10
परिवार एवं समाज	परिवार	0	30	35	30	0
	समाजिक प्रभाव	0	0	0	10	0
	प्रवृति	10	10	0	0	10
कार्य एवं कार्यालय	तटस्थता	25	30	40	10	30
	कार्य शिष्टता	60	60	25	0	10
	करूणा	25	0	20	20	20
लोक संगठन	सिद्धांत	10	20	0	10	0
	संकट काल	0	40	20	20	0
	आचार संहिता	0	0	0	10	0
	चार्टर	0	0	0	0	0
	भ्रष्टाचार	0	10	0	25	50
	सूचना का अधिकार	40	0	20	0	20
	अंतर्राष्ट्रीय संबंध / निधि व्यवस्था	0	0	10	0	10
निजी संगठन	कारपोरेट	0	20	40	45	60
संपूर्ण		250	250	250	250	250

प्रारंभिक परीक्षा हेतु विषयवार योजना

सम-सामयिकी हेतु योजना:

सम-सामयिकी से संबंधित प्रश्न मुख्य विषयों से पूछे जाते हैं, जैसे- विज्ञान एवं प्रौद्योगिकी, राजव्यवस्था, इतिहास, भूगोल, अर्थव्यवस्था तथा पर्यावरण इत्यादि। अतः हमें सभी दृष्टिकोण से सम-सामयिकी को महत्व देना चाहिए, जैसे - विषय, प्रारंभिक मुख्य परीक्षा तथा व्यक्तित्व परीक्षण इत्यादि।

ये प्रश्न भारत के नीतियों एवं सरकारी पहल पर आधारित हो सकते हैं, जिनका अंतर्राष्ट्रीय महत्व हो, जैसे - लुक ईस्ट पॉलिसी, अंतर्राष्ट्रीय संस्थाएं - आई.एम.एफ., डब्ल्यु.बी., यू.एन.एस.सी., अंतर्राष्ट्रीय समझौते - अप्रसार संधि (NPT) इत्यादि, मानवाधिकार मुद्दे, सामाजिक प्रभाव पहल, पोषणीय विकास इत्यादि।

इस परिप्रेक्ष्य को और अधिक स्पष्ट करने हेतु निम्न उदाहरणों का अवलोकन करें-

सम-सामयिकी - भूगोल

1. भारतीय मानसून का पूर्वानुमान करते समय कभी–कभी समाचारों में उल्लिखित 'इंडियन ओशन डाइपोल (IOD)' के सन्दर्भ में, निम्नलिखित कथनों में से कौन–सा/से सही है/हैं? *[2017 - I]*

1. IOD परिघटना, उष्णकटिबंधीय पश्चिमी हिंद महासागर एवं उष्णकटिबंधीय पूर्वी प्रशांत महासागर के बीच सागर पृष्ठ तापमान के अंतर से विशेषित होती है।
2. IOD परिघटना मानसून पर एल–नीनो के असर को प्रभावित कर सकती है।

नीचे दिए गए कूट का प्रयोग कर सही उत्तर चुनिएः

(a) केवल 1 (b) केवल 2
(c) 1 और 2 दोनों (d) न तो 1, न ही 2

उत्तर **(b)** इंडियन ओशन डाइपोल (IOD) जिसे भारतीय नीनों भी कहा जाता है, समुद्री सतह के तापमान का एक अनियमित दोलन है जिसमें पश्चिमी हिन्द महासागर एकांतर से गर्म हो जाता है, इसके बाद हिन्द महासागर गर्म होता है या प्रभावित होता, न कि ऊष्णकटिबंधीय पूर्वी प्रशांत महासागर।

हाल के अध्ययनों के अनुसार, द०–पू० ऑस्ट्रेलिया में प्रशांत महासागर में अल–नीनों दक्षिणी दोलन (ENSO) की तुलना में वर्षा पैट्रन पर अधिक महत्त्वपूर्ण प्रभाव पड़ता है।

सम-सामयिकी-इतिहास/संस्कृति

2. भारत में बौद्ध इतिहास, परम्परा और संस्कृति के सम्बन्ध में निम्नलिखित युग्मों पर विचार कीजिए : *[2014-1]*

	विख्यात तीर्थस्थल		**अवस्थान**
1.	टाबो मठ और मन्दिर संकुल	:	स्पीति घाटी
2.	ल्होत्सव लाखांग मन्दिर, नको	:	जास्कार घाटी
3.	अल्वी मन्दिर संकुल	:	लद्दाख

उपर्युक्त युग्मों में से कौन-सा/से सही सुमेलित है/हैं ?

(a) केवल 1 (b) केवल 2 और 3
(c) केवल 1 और 3 (d) 1, 2 और 3

उत्तर **(c)** टाबो मठ और मंदिर संकुल स्पीति घाटी में स्थित है। अल्ची मंदिर संकुल लद्दाख में स्थित है। ल्होत्सव लाखांग मंदिर नको, हिमाचल प्रदेश में स्थित है। किन्तु जास्कार घाटी, जम्मू तथा कश्मीर में है।

सम-सामयिकी-राजव्यवस्था

3. निम्नलिखित में से कौन-से मूलतः 'समावेशी शासन' के अंग कहे जा सकते हैं? *[2012 - I]*

1. गैर-बैंकिंग वित्तीय कम्पनियों को बैंकिंग करने की अनुमति प्रदान करना
2. सभी जिलों में प्रभावी जिला योजना समितियाँ संगठित करना
3. जन-स्वास्थ्य पर सरकारी व्यय में बढ़ोतरी करना
4. 'दोपहर का भोजन' योजना का सशक्तिकरण करना

निम्नलिखित कूटों के आधार पर सही उत्तर चुनिए:

(a) केवल 1 और 2 (b) केवल 3 और 4

(c) केवल 2, 3 और 4 (d) 1, 2, 3 और 4

उत्तर **(c)** समावेशी शासन के अंतर्गत सभी जिलों में जिला योजना समितियाँ संगठित करना, जन-स्वास्थ्य पर सरकारी व्यय में वृद्धि तथा 'दोपहर का भोजन' योजना का सशक्तिकरण करना शामिल है।

सम-सामयिकी-अर्थव्यवस्था

4. निम्नलिखित मदों पर विचार कीजिए :

1. छिलका उतरे हुए अनाज
2. मुर्गी के अण्डे पकाए हुए
3. संसाधित और डिब्बाबंद मछली
4. विज्ञापन सामग्री युक्त समाचार-पत्र

उपर्युक्त मदों में से कौन-सा/से जी.एस.टी. (वस्तु, एवं सेवा कर) के अंतर्गत छूट प्राप्त है/हैं? *[2018-1]*

(a) केवल 1 (b) केवल 2 और 3

(c) केवल 1, 2 और 4 (d) 1, 2, 3 और 4

उत्तर **(c)**

5. अप्रवासी सत्त्वों द्वारा दी जा रही ऑनलाइन विज्ञापन सेवाओं पर भारत द्वारा 6% समकरण कर लगाए जाने के निर्णय के सन्दर्भ में निम्नलिखित में से कौन-सा/से कथन सही है/हैं?

1. यह आय कर अधिनियम के भाग के रूप में लागू किया गया है।
2. भारत में विज्ञापन सेवाएँ देने वाले अप्रवासी सत्त्व अपने गृह देश में "दोहरे कराधन से बचाव समझौते" के अन्तर्गत टैक्स क्रेडिट का दावा कर सकते हैं।

निम्नलिखित कूट का प्रयोग कर सही उत्तर चुनिए : *[2018-1]*

(a) केवल 1 (b) केवल 2

(c) 1 और 2 दोनों (d) न तो 1, न ही 2

उत्तर **(d)** डिजिटल इकोनॉमी से उत्पन्न चुनौतियों का सामना करने के लिए 1 जून, 2016 को 'इक्वालाइजेशन लेवी' नाम एक नया लेवी पेश किया गया। इसे बजट में लेवी

वित्त अधिनियम, 2016 में एक नये अध्याय के रूप में पेश किया गया। अनिवासी इस कर के क्रेडिट का दावा करने के नहीं होंगे, इसलिए यह उनके लिए अतिरिक्त लागत बन सकता है।

6. निम्नलिखित कथनों में से कौन–सा हाल ही में समाचारों में आए दबावयुक्त परिसम्पत्तियों के धारणीय संरचन पद्धति (स्कीम फॉर सस्टेनेबल स्ट्रक्चरिंग ऑफ स्ट्रेस्ट एसेट्स/S4A)' का सर्वोत्कृष्ट वर्णन करता है? *[2017 - I]*

(a) यह सरकार द्वारा निरूपित विकासपरक योजनाओं की पारिस्थितिकीय कीमतों पर विचार करने की पद्धति है।

(b) यह वास्तविक कठिनाइयों का सामना कर रही बड़ी कॉपोरेट इकाइयों की वित्तीय संरचना के पुनसंरचन के लिए भारतीय रिजर्व बैंक की स्कीम है।

(c) यह केन्द्रीय सार्वजनिक क्षेत्र उपक्रमों के बारे में सरकार की विनिवेश योजना है।

(d) यह सरकार द्वारा हाल ही में क्रियान्वित 'इंसाल्वेंसी ऐंड बैंकरप्ट्सी कोड' का एक महत्वपूर्ण उपबंध है।

उत्तर **(b)** भारतीय रिजर्व बैंक ने बुरे ऋणों का प्रबंधन करने के लिए एक वैकल्पिक ढाँचे के रूप में दबावयुक्त संपित्तियों (S4A) के सतत् ढाँचे के लिए एक योजना हेतु निर्देश जारी किया है। इस योजना के तहत् एक असुरक्षित ऋण से एक स्थायी ऋण को अलग करके बड़े टिकट ऋण का पुनर्गठन किया जाता है।

सम-सामयिकी-विज्ञान एवं प्रौद्योगिकी

7. आहार–उत्पादों के विक्रय में जुटी एक कंपनी यह विज्ञापित करती है कि उसके उत्पादों में ट्रांस–वसा (ट्रांसफैट्स) नहीं होती। उसके इस अभियान का उपभोक्ताओं के लिए क्या अभिप्राय है? *[2011-I]*

1. कंपनी के आहार उत्पाद हाइड्रोजनीकृत तेलों से नहीं निर्मित किए जाते।
2. कंपनी के आहार उत्पाद पशु उत्पन्न वसा/तेलों से नहीं निर्मित किए जाते।
3. कंपनी के द्वारा प्रयुक्त तेल संभवतया उपभोक्ताओं के हृद्वाहिका स्वास्थ्य को क्षति नहीं पहुंचाएगा

उपर्युक्त में से कौन–सा/कौन–से कथन सही है/हैं?

(a) केवल 1 (b) केवल 2 और 3

(c) केवल 1 और 3 (d) 1, 2 और 3

उत्तर **(c)**

सम-सामयिकी-पर्यावरण

8. 'जलवायु–अनुकूली कृषि के लिए वैश्विक सहबन्ध' (ग्लोबल एलायन्स फॉर क्लाइमेट–स्मार्ट एग्रीकल्चर) (GACSA) के संदर्भ में, निम्नलिखित में से कौन–सा/से कथन सही है/हैं?

1. GACSA, 2015 में पेरिस में हुए जलवायु शिखर सम्मेलन का एक परिणाम है।
2. GACSA में सदस्यता से कोई बन्धनकारी दायित्त्व उत्पन्न नहीं होता।
3. GACSA के निर्माण में भारत की साधक भूमिका थी।

नीचे दिए गए कूट का प्रयोग कर सही उत्तर चुनिए : *[2018-1]*

(a) केवल 1 और 3 (b) केवल 2
(c) केवल 2 और 3 (d) 1, 2 और 3

उत्तर **(b)** 'जलवायु अनुकूली कृषी के लिए वैश्विक सहबंध' का गठन 23 सितंबर, 2014 को न्यूयॉर्क में आयोजित संयुक्त राष्ट्र जलवायु परिवर्तन शिखर सम्मेलन 2014 में किया गया था। इस संस्थान में भागीदारी के लिए कोई शुल्क नहीं है तथा इसके सदस्य होने के नाते कोई बाध्यकारी दायित्व नहीं बतता है और सदस्य अपनी विशेषताओं और प्राथमिकताओं के अनुसार अपने विशष स्वैच्छिक कार्यो को निर्धारित करते हैं।

9. 'M-STrIPES' शब्द कभी–कभी समाचारों में किस सन्दर्भ में देखा जाता है? *[2017 - I]*

(a) वन्य प्राणिजात का बद्ध प्रजनन
(b) बाघ अभयारण्यों का रख–रखाव
(c) स्वदेशी उपग्रह दिक्चालन प्रणाली
(d) राष्ट्रीय राजमार्गों की सुरक्षा

उत्तर **(b)** 'M-STrIPES' (Monitoring System for Tigers - Intensive Protection and Ecological Status) एंड्रॅइड आधारित एक मॉनिटरिंग व्यवस्था हैं। इसे 2010 में बाघ अभयारण्यों की मॉनिटरिंग के लिए भारत सरकार ने लाँच किया था। इसका उद्देश्य बाघों की भेघता को कम करना हैं। यह प्रणाली, भौगोलिक सूचना प्रणाली (जीआईएस) डोमेन में गश्ती की तीव्रता तथा स्थानीय कवरेज की सहायता के लिए क्षेत्र प्रबंधक को सक्षम बनाएगी।

10. कई घरेलू उत्पादों, जैसे गद्दों और फर्नीचर की गद्दियों (अपहोल्स्टरी), में ब्रोमीनयुक्त ज्वाला मंदकों का उपयोग किया जाता है। उनका उपयोग क्यों कुछ चिन्ता का विषय है ? *[2014-1]*

1. उनमें पर्यावरण में निम्नीकरण के प्रति उच्च प्रतिरोधकता है।
2. वे मनुष्यों और पशुओं में संचित हो सकते हैं।

नीचे दिए गए कूट का प्रयोग कर सही उत्तर चुनिए।

(a) केवल 1 (b) केवल 2
(c) 1 और 2 दोनों (d) न तो 1 और न ही 2

उत्तर **(c)** कई घरेलू उत्पादों में ब्रोमीन युक्त ज्वाला मंदक का उपयोग किया जाता है जो पर्यावरण में अपघटन के लिए अति उच्च प्रतिरोधक हैं तथा मानव तथा जानवरों में संचित होने में सक्षम है।

11. 'राष्ट्रीय ग्रामीण आजीविका मिशन' ग्रामीण क्षेत्रीय निर्धनों के आजीविका विकल्पों को सुधारने का किस प्रकार प्रयास करता है?

[2012 - I]

1. ग्रामीण क्षेत्रों में बड़ी संख्या में नए विनिर्माण उद्योग तथा कृषि व्यापार केन्द्र स्थापित करके
2. 'स्वयं सहायता समूहों' को सशक्त बनाकर और कौशल विकास की सुविधाएँ प्रदान करके
3. कृषकों को निःशुल्क बीज, उर्वरक, डीजल पम्प-सेट तथा लघु-सिंचाई संयंत्र देकर

निम्नलिखित कूटों के आधार पर सही उत्तर चुनिए:

(a) केवल 1 और 2 (b) केवल 2

(c) केवल 1 और 3 (d) 1, 2 और 3

उत्तर **(b)** राष्ट्रीय ग्रामीण आजीविका मिशन का मुख्य उद्देश्य ग्रामीण क्षेत्र के निर्धन परिवारों के जीवन-स्तर को सुधारने के लिए स्वयं सहायता समूहों के निर्माण एवं सशक्तिकरण तथा स्वरोजगार के कौशलों का विकास करना है।

सम-सामयिकी-अंतर्राष्ट्रीय संगठन

12. भारत के संदर्भ में 'अंतर्राष्ट्रीय परमाणु ऊर्जा एजेंसी (आई.ए.ई.ए.)' के 'अतिरिक्त नयाचार (एडीशनल प्रोटोकॉल)' का अनुसमर्थन करने का निहितार्थ क्या है?

[2018-1]

(a) असैनिक परमाणु रिऐक्टर आई.ए.ई.ए. के रक्षोपायों के अधीन आ जाते हैं।

(b) सैनिक परमाणु अधिष्ठान आई.ए.ई.ए. के निरीक्षण के अधीन आ जाते हैं।

(c) देश के पास नाभिकीय पूर्तिकर्ता समूह (एन.एस.जी.) से यूरेनियम के क्रय का विशेषाधिकार हो जाएगा।

(d) देश स्वतः एन.एस.जी. का सदस्य बन जाता है।

उत्तर **(a)** अंतर्राष्ट्रीय परमाणु ऊर्जा अभिकरण (आइ.ए.ई.ए.) का गठन 29 जुलाई, 1957 को किया गया था। इसका मुख्यालय वियना, ऑस्ट्रिया में है। यह एक स्वायत्त विश्व संस्था है, जिसका उद्देश्य विश्व में परमाणु ऊर्जा का शांतिपूर्ण उपयोग सुनिश्चित करना है। यह परमाणु ऊर्जा के सैन्य उपयोग को किसी भी प्रकार रोकने में प्रयासरत रहती है।

13. भारत द्वारा चाहबार बंदरगाह विकसित करने का क्या महत्व है? *[2017 - I]*

(a) अफ्रीकी देशों से भारत के व्यापार में अपार वृद्धि होगी।

(b) तेल–उत्पादक अरब देशों से भारत के संबंध सुदृढ़ होंगे।

(c) अफगानिस्तान और मध्य एशिया में पहुंच के लिए भारत को पाकिस्तान पर निर्भर नहीं होना पड़ेगा।

(d) पाकिस्तान, इराक और भारत के बीच गैस पाइपलाइन का संस्थापन सुकर बनाएगा और उसकी सुरक्षा करेगा।

उत्तर **(c)** भारत और ईरान के बीच चाबहार बंदरगाह विकसित करने का समझौता न केवल दोनों देशों के पारस्परिक रिश्तों के लिए अहम है, बल्कि पूरे क्षेत्र के दीर्घकालीन शक्ति संतुलन के लिए भी काफी उपयोगी है। भारत के लिए इसकी रणनीतिक अहमियत इस मायने में है कि इसके जरिए उसे पाकिस्तान को बाईपास करते हुए अफगानिस्तान तक पहुँचने का एक मार्ग मिल जाएगा।

14. निम्नलिखित में से कौन-सा संगठन 'वर्ल्ड इकोनॉमिक आऊटलुक' नामक प्रकाशन प्रकाशित करता है ? *[2014-1]*

(a) अन्तर्राष्ट्रीय मुद्रा कोष (b) संयुक्त राष्ट्र विकास कार्यक्रम

(c) विश्व आर्थिक फोरम (d) विश्व बैंक

उत्तर **(a)** वर्ल्ड इकोनॉमिक आउटलुक (WEO) डाटावेस में मैक्रोइकोनॉमिक डेटा सिरीज होती है जो विश्व मुद्रा कोष द्वारा तैयार वर्ल्ड इकोनॉमिक आउटलुक रिपोर्ट के सांख्यिकीय परिशिष्ट से प्राप्त होती है।

अंतर्राष्ट्रीय उपशाखाओं से संबंधित भारतीय नीतियाँ

15. भारत की ''पूर्व की ओर देखो' नीति के संदर्भ में निम्नलिखित कथनों पर विचार कीजिए: *[2011-I]*

1. भारत पूर्वी एशियाई मामलों में स्वयं को एक महत्वपूर्ण क्षेत्रीय नायक के रूप में स्थापित करना चाहता है।
2. भारत शीत युद्ध समाप्त होने से उत्पन्न शून्य को भरना चाहता है।
3. भारत अपने दक्षिणपूर्वी तथा पूर्वी एशियाई पड़ोसियों के साथ ऐतिहासिक एवं सांस्कृतिक संबंध पुन:स्थापित करना चाहता है।

उपर्युक्त में से कौन-सा/कौन-से कथन सही है/हैं?

(a) केवल 1 (b) केवल 1 और 3

(c) केवल 3 (d) 1, 2 और 3

उत्तर **(b)**

परीक्षा की दृष्टि से समाचार पत्रों को पढ़ना

यदि आप विगत वर्षों के सम-सामयिकी पर पूछे गए यू.पी.एस.सी. के प्रश्नों का अवलोकन करें तथा पाठ्यक्रम का मिलान करें तो आप पाएंगे कि मुख्य विषय, जैसे - इतिहास, अर्थव्यवस्था, राजव्यवस्था, भूगोल, विज्ञान व प्रौद्योगिकी अथवा पर्यावरण तथा सामान्य अध्ययन प्रश्न-पत्र-1 के प्रश्नों के बीच सह-संबंध है। इन प्रश्नों में पूछे गए तथ्य तथा अवधारणाएं दैनिक समाचार पत्रों में प्रकाशित मूल विषयों में हुए विकास तथा सम-सामयिक मुद्दों के विश्लेषणात्मक परिप्रेक्ष्य पर अधारित होते हैं। अत: जब आप समाचार पत्र पढ़ें तो मूल विषयों को ध्यान में रखते हुए दैनिक समाचार पत्रों में प्रकाशित सम-सामयिक मुद्दों एवं विकास के बारे में लिखें।

सम-सामयिक घटनाओं के लिए स्रोत

1. **समाचार पत्र**

(i) द हिन्दू

महत्व:

(a) सामाजिक, आर्थिक एवं राजनीतिक मुद्दे

(b) संपादकीय एवं मान्यताएं:-
सरकारी कार्यक्रमों एवं नीतियों पर एक विश्लेषणात्मक दृष्टि तथा व्यापक सूचना संग्रह

(c) विज्ञान एवं प्रौद्योगिकी: वैज्ञानिक प्रगति हेतु 'थर्राडे एडिसन'

(d) पर्यावरणीय मुद्दे : राष्ट्रीय तथा अंतर्राष्ट्रीय स्तर पर मुद्दे एवं नीतियाँ

(e) अर्थव्यवस्था : आर्थिक विकास एवं नीतियाँ

(ii) द इण्डियन एक्सप्रेस

महत्व:

- अंतर्राष्ट्रीय संबंधों पर आधारित लेख

(iii) प्रेस इंफारमेशन ब्यूरो

महत्व:

- सरकारी कार्यक्रमों एवं नीतियों से संबंधित अद्यतन जानकारी
- महत्वपूर्ण व्यक्तियों एवं उनके योगदान से संबंधित लेख

(iv) पी.आर.एस. लेजिस्लेटिव रिसर्च

महत्व:

- सरकारी नीतियों तथा विधायी विधेयक पर परिचर्चा
- अधिनियम तथा विधेयक का सारांश
- मासिक नीति सर्वेक्षण

(v) इंस्टीट्यूट फॉर डिफेंस स्टडीज एंड एनॉलिसिस (IDSA)

महत्व:

- भारत के राष्ट्रीय सुरक्षा, आंतरिक सुरक्षा तथा संबंध
- अंतर्राष्ट्रीय संबंध, रक्षा संबंध तथा राष्ट्रीय एवं अंतर्राष्ट्रीय कूटनीति हेतु सरकारी दृष्टिकोण पर राय
- प्रश्न पत्र (3) मुख्य परीक्षा - आंतरिक एवं बाह्य सुरक्षा

(vi) योजना एवं कुरुक्षेत्र

महत्व:

- विभिन्न विषयों पर लेख-विशेषकर राष्ट्र की सामाजिक एवं आर्थिक स्थितियों पर
- सरकारी योजनाओं तथा कार्यक्रमों का विश्लेषण
- कमजोर वर्गो को प्रभावित करने वाली नीतियाँ एवं सामाजिक मुद्दे
- सरकारी कार्यक्रमों एवं नीतियों पर मत व्यक्त करने वाला एक महत्वपूर्ण एवं प्रामाणिक स्रोत

(vii) लोकसभा एवं राज्य-सभा बहस

महत्व:

- विभिन्न सामाजिक -आर्थिक तथा राजनीतिक संभाषणों पर परिचर्चा
- विशेषज्ञों की राय
- गुणवता युक्त एवं सूचना हेतु सीधी परिचर्चा
- मुख्य परीक्षा

इतिहास हेतु योजना

इतिहास को तीन भागों में विभाजित किया गया है–
प्राचीन, मध्यकालीन तथा आधुनिक

विगत वर्षों के प्रश्नों का रुझानः

वर्ष	पूछे गए प्रश्न
2011	13
2012	20
2013	15
2014	17
2015	13
2016	17
2017	15
2018	13

वर्तमान रुझान से पता चलता है कि इतिहास खण्ड से पूछे गए प्रश्नों की संख्या 13 से 20 है। अतः यह बेहतर होगा कि विगत प्रश्नों का खण्डवार (प्राचीन, मध्यकालीन, आधुनिक एवं संस्कृति) विश्लेषण किया जाए, फिर इसके आधार पर मुख्य खण्ड को वरीयता दी जानी चाहिए। प्रश्न पैटर्न विश्लेषण के अनुसार सबसे अधिक अधिभार आधुनिक इतिहास को फिर प्राचीन इतिहास को तथा सबसे कम मध्यकालीन इतिहास को दिया जाना चाहिए।

आधुनिक भारत

उम्मीदवारों को निम्न बिंदुओं पर ध्यान केंद्रित करना चाहिए–

1. **निम्न बिंदुओं के आधार पर विभिन्न विद्रोहों अथवा आंदोलनों (जैसे–1857 का विद्रोह, तेभागा कृषक आंदोलन, होम रूल आंदोलन, भारत छोड़ो आंदोलन इत्यादि) का अध्ययन –**
   - आंदोलन का उद्देश्य
   - आंदोलन के अग्रसर होने का कारण
   - आंदोलन का परिणाम
   - आंदोलन में भाग लेने वाले व्यक्ति
   - आंदोलन से संबंधित प्रमुख व्यक्तित्व तथा उनका योगदान
   - प्रेस तथा साहित्य की भूमिका

   उदाहरणः

1. निम्नलिखित में से कौन–सा एक चम्पारण सत्याग्रह का अति महत्त्वपूर्ण पहलू है?

   [2018-1]

   (a) राष्ट्रीय आंदोलन में अखिल भारतीय स्तर पर अधिवक्ताओं, विद्यार्थियों और महिलाओं की सक्रिय सहभागिता
   (b) राष्ट्रीय आंदोलन में भारत के दलित और आदिवासी समुदायों की सक्रिय भागीदारी
   (c) भारत के राष्ट्रीय आंदोलन में किसान असंतोष का सम्मिलित होना

(d) रोपण फ़सलों तथा वाणिज्यिक फ़सलों की खेती में भारी गिरावट

उत्तर **(c)** 1917 में चंपारण में नील की खेती करने वाले किसानों के प्रति यूरोपीयन अधिकारियों के अत्याचारों के विरोध में गांधी जी द्वारा प्रथम सत्याग्रह किया गया। ग्रामीण क्षेत्रों में जाकर उन्होंने लोगों से सीधे सम्पर्क बना लिए थे और जिस भाषा को वह समझते थे उसी भाषा में वे उन किसानों के हितों के बारे में बातें करते थे। पहली बार किसान एक नये ढंग के नेतृत्व में एक राजनीतिक आंदोलन की ओर आकर्षित हुए। इस आन्दोलन ने गांधी जी को राष्ट्रीय स्तर का नेता बना दिया।

2. एनी बेसेंट *[2013 - I]*

1. होम रूल आन्दोलन प्रारम्भ करने के लिए उत्तरदायी थीं
2. थियोसॉफिकल सोसाइटी की संस्थापिका थीं
3. इंडियन नेशनल काँग्रेस की एक बार अध्यक्षा थीं

नीचे दिए गए कूट का प्रयोग कर सही कथन/कथनों को चुनिए।

(a) केवल 1 (b) केवल 2 और 3

(c) केवल 1 और 3 (d) 1, 2 और 3

उत्तर **(c)** एनी बेसेंट ने होम रूल आन्दोलन का प्रारम्भ किया था क्योंकि वह आयरलैंड के होम रूल लीग से प्रभावित हुई थीं। वह थियोसॉफिकल सोसाइटी की संस्थापिका नहीं थीं। इस सोसाइटी के संस्थापक थे श्री ऑलकट। एनी बेसेंट 1917 में इंडियन नैशनल कांग्रेस की अध्यक्षा थीं।

3. निम्नलिखित युग्मों पर विचार कीजिए: *[2017 - I]*

1. राधाकांत देब – ब्रिटिश इंडियन एसोसिएशन के प्रथम अध्यक्ष
2. गजुलु लक्ष्मीनरसु चेट्टी – मद्रास महाजन सभा के संस्थापक
3. सुरेन्द्रनाथ बनर्जी – इंडियन एसोसिएशन के संस्थापक

उपर्युक्त युग्मों में से कौन–सा/से सही सुमेलित है/हैं?

(a) केवल 1 (b) केवल 1 और 3

(c) केवल 2 और 3 (d) 1, 2 और 3

उत्तर **(b)** ब्रिटिश इंडियन एसोसिएशन के प्रथम अध्यक्ष राधाकान्त देब, उपाध्यक्ष राजा कलिकृष्ण देब तथा सचिव देवेंन्द्र नाथ टैगोर थे।

मद्रास महाजन सभा की स्थापना 1884 में वी. राघवाचरियर, जी. सुब्रह्मण्यम अय्यर तथा आनन्द चालू द्वारा की गयी थी।

1876 में सुरेन्द्रनाथ बनर्जी तथा आनन्द मोहन बोस ने इंडियन एसोसिएशन की स्थापना की थी, जो भारत की पहली आधिकारिक राष्ट्रवादी संस्था थी।

4. प्रशासन का प्रकार [दीवानी, फौजदारी (सैनिक)]

- प्रशासन का प्रकार-उदाहरण-मनसबदारी प्रणाली जमींदारी-इसका महत्व एवं प्रभाव
- अंग्रेजी शासन-उदाहरण-सहायक गठबंधन, इत्यादि बंदोबस्त, महलबाड़ी प्रणाली इत्यादि-इसका महत्व एवं प्रभाव.

- मुगल एवं ब्रिटिश प्रशासन की समानताएं एवं भेद
- भारत में ब्रिटिश शासन की संस्थापना - विभिन्न अधिनियम/विधि (विनियमन अधिनियम-1773 से भारतीय स्वतंत्रता अधिनियम, 1974 तक) के द्वारा

3. **भारत में औपनिवेशिक शासन**
- राजनीतिक-प्रशासनिक संगठन ब्रिटिश भारत की नीतियाँ
- सामाजिक आर्थिक व्यवस्था जैसे-कृषि प्रणाली (उदाहरण - स्थायी बंदोबस्त)
- ब्रिटिश काल में महत्वपूर्ण रिपोर्ट सत्र, अधिनियम तथा समितियों की व्यवस्था

उदाहरण

4. संथाल विद्रोह के शांत हो जाने के बाद, औपनिवेशिक शासन द्वारा कौन-सा/से उपाय किया गया/किए गए?

1. 'संथाल परगना' नामक राज्यक्षेत्रों का सृजन किया गया।
2. किसी संथाल का ग़ैर-संथाल को भूमि अंतरण करना ग़ैरकानूनी हो गया।

नीचे दिए गए कूट का प्रयोग कर सही उत्तर चुनिए : *[2018-1]*

(a) केवल 1 (b) केवल 2

(c) 1 और 2 दोनों (d) न तो 1, न ही 2

उत्तर **(c)** 1855-56 के संथाल विद्रोह के बाद संथाल परगने का निर्माण कर दिया गया, जिसके लिए 5500 वर्गमील का क्षेत्र भागलपुर और बीरभूम जिलों में से लिया गया। औपनिवेशिक राज्य को आशा थी कि संथालों के लिए नया परगना बनाने और उसमें कुछ विशेष कानून (जैसे किसी संथाल का गैर-संथाल को भूमि अंतरण करना गैर-कानूनी हो गया) लागू करने से संथाल लोग संतुष्ट हो जायेंगे।

5. महारानी विक्टोरिया की उद्घोषणा (1858) का उद्देश्य क्या था ? *[2014-1]*

1. भारतीय राज्यों को ब्रिटिश साम्राज्य में मिलाने के किसी भी विचार का परित्याग करना
2. भारतीय प्रशासन को ब्रिटिश क्राउन के अन्तर्गत रखना
3. भारत के साथ ईस्ट इन्डिया कम्पनी के व्यापार का नियमन करना

नीचे दिए गए कूट का प्रयोग कर सही उत्तर चुनिए।

(a) केवल 1 और 2 (b) केवल 2

(c) केवल 1 और 3 (d) 1, 2 और 3

उत्तर **(a)** महारानी विक्टोरिया की उद्घोषणा (1858) का उद्देश्य –भारतीय राज्यों को ब्रिटिश साम्राज्य में मिलाने के किसी विचार का परित्याग करना था। लार्ड डलहौजी के युद्धपूर्व राजनैतिक एकीकरण की नीति को शाही फरमान द्वारा पलटना था साथ ही भारतीय प्रशासन को ब्रिटिश क्राउन के अन्तर्गत रखना भी था। अत: कथन 1 तथा 2 सत्य हैं। परन्तु भारत के साथ ईस्ट इण्डिया कम्पनी के व्यापार का नियमन करना घोषणा में शामिल नहीं था, अत: कथन 3 गलत है।

6. निम्नलिखित में से कौन, ब्रिटिश शासन के दौरान भारत में रैयतवाड़ी बंदोबस्त के प्रारंभ किए जाने से संबंद्ध था/थे? *[2017 - I]*

1. लार्ड कॉर्नवालिस
2. अलेक्जैंडर रीड
3. थॉमस मुनरो

नीचे दिए गए कूट का प्रयोग कर सही उत्तर चुनिए:

(a) केवल 1 (b) केवल 1 और 3

(c) केवल 2 और 3 (d) 1, 2 और 3

उत्तर (c) 18 वीं सदी के अन्त में कैप्टन अलक्जेंडर रीड तथा टॉमस मुनरो ने रैयतवाड़ी बंदोबस्त (भूमि की) की योजना बनाई थी। इसे 1820 में मुनरो में मद्रास में लागू किया। इसके तहत 45–55 प्रतिशत भू–राजस्व निर्धारित किया गया तथा मध्यस्थ (जमींदार) की भूमिका को समाप्त कर किसानों को ही भूस्वामी माना गया।

लॉर्ड कार्नवलिस ने 1793 में बंगाल, बिहार ओड़ीसा आदि राज्यों में भूकर की पद्धति स्थायी बंदोबस्त को लागू किया।

7. निम्नलिखित कथनों पर विचार कीजिए: *[2017 - I]*

1. फैक्टरी ऐक्ट, 1881 औद्योगिक कामगारों की मजदूरी नियत करने के लिए और कामगारों को मजदूर संघ बनाने देने की दृष्टि से पारित किया गया था।
2. एन.एम. लोखंडे ब्रिटिश भारत में मजदूर आन्दोलन संगठित करने में अग्रगामी थे।

उपर्युक्त कथनों में से कौन–सा/से सही है/हैं?

(a) केवल 1 (b) केवल 2

(c) 1 और 2 दोनों (d) न तो 1, न ही 2

उत्तर **(b)** फैक्ट्री एक्ट, 1881 का उद्देश्य श्रमिकों के काम काज में सुधार करना था। इस अधिनियम द्वारा 7 वर्ष से कम उम्र के बच्चों के रोजगार को प्रतिबंधित किया गया, 12 वर्ष से कम उम्र के बच्चों के लिए काम के घंटे सीमित कर दिए गए तथा उन्हें खतरनाक मशीनों के प्रयोग से दूर रखा गया।

एन.एम.लोखंडे स्वतंत्रता पूर्व मजदूर आंदोलन को संगठित करने में अग्रगण्य थे। उन्हें न केवल कपड़ा मिल के कार्य स्थिति में सुधार के लिए, बल्कि जाति और साम्प्रदायिक मुद्दों उनके साहसी पहलों के लिए भी याद किया जाता हैं।

4. धार्मिक एवं सामाजिक सुधार आंदोलन (सन् 1800-1947)

- वैचारिक आधार-तर्कवाद, मानवतावाद, सर्वहितवाद
- सुधार आंदोलन जैसे-ब्रह्म समाज, आर्य समाज, थियोसॉफिकल सोसायटी, हरिजन आंदोलन इत्यादि।

- इन आंदोलनों को किसने प्रारंभ किया?
- इन आंदोलनों का प्रभाव एवं उद्देश्य क्या था?
- भारतीयों में राष्ट्रवाद के निर्माण में इन आंदोलनों का कितना महत्व है?
- शिक्षा, नारियों की स्थिति एवं समाज की जाति प्रथा पर सामाजिक सुधारों का प्रभााव

उदाहरण

8. उन्होंने मैज़िनी, गैरिबॉल्डी, शिवाजी तथा श्रीकृष्ण की जीवनी लिखी; वे अमेरिका में कुछ समय के लिए रहे; तथा वे केन्द्रीय सभा के सदस्य भी निर्वाचित हुए। वे थे- *[2018-1]*

(a) अरविंद घोष (b) विपिन चन्द्र पाल
(c) लाला लाजपत राय (d) मोतीलाल नेहरू

उत्तर **(c)** लाला लाजपत राय ने इटली के देश भक्त जोसेफ मैजिनी, गैरिबॉल्डी, शिवाजी, श्रीकृष्ण और दयानन्द की जीवनी लिखी। वे 1914-1919 तक अमेरिका में रहे। वे 1924 में कांग्रेस छोड़कर स्वराज पार्टी में शामिल हुए तथा केंद्रीय असेम्बली के सदस्य चुने गए।

9. निम्नलिखित कथनों पर विचार कीजिए :
दादाभाई नौरोजी की भारतीय राष्ट्रीय आन्दोलन को सर्वाधिक प्रभावी देन थी कि- *[2012 - I]*

1. उन्होंने इस बात को अभिव्यक्त किया कि ब्रिटेन, भारत का आर्थिक शोषण कर रहा है।
2. उन्होंने प्राचीन भारतीय ग्रंथों की व्याख्या की और भारतीयों में आत्मविश्वास जगाया।
3. उन्होंने सभी सामाजिक बुराइयों के निराकरण की आवश्यकता पर सर्वोपरि जोर दिया।

उपर्युक्त में से कौन-सा/से कथन सही है/हैं?

(a) केवल 1 (b) केवल 2 और 3
(c) केवल 1 और 3 (d) 1, 2 और 3

उत्तर **(a)** दादाभाई नौरोजी ने इस बात को उजागर किया कि ब्रिटिश द्वारा भारत का आर्थिक शोषण किया जा रहा है।

[**नोटः** उम्मीदवारों को चाहिए कि अध्ययन की योजना बनाते समय विगत वर्ष पूछे गए प्राचीन एवं मध्यकालीन इतिहास से संबंधित प्रश्नों का अवलोकन करें।]

भूगोल की योजना

भूगोल के अंतर्गत भारत एवं विश्व का भौतिक, सामाजिक तथा आर्थिक भूगोल का समावेश है। प्रारंभिक परीक्षा के पाठ्यक्रम में दिए गए विभिन्न टॉपिकों का माइंड मैप तैयार करना चाहिए तथा पूछे गए विगत वर्ष के प्रश्नों का विश्लेषण करना चाहिए। आपका अध्ययन वर्षवार विभिन्न खंडों से

पूछे गए प्रश्नों की संख्या तथा प्रकृति के आधार पर होना चाहिए।

विगत वर्ष के प्रश्नों का रुझान

वर्ष	पूछे गए प्रश्न
2011	15
2012	20
2013	22
2014	26
2015	18
2016	9
2017	12
2018	9

वर्तमान रुझान को देखते हुए भूगोल को कम से कम 15-20% अधिभार दी जानी चाहिए।

विगत वर्ष पूछे गए प्रश्नों की प्रकृति-

1. ''मोमेंटम फॉर चेंज : क्लाइमेट न्यूट्रल नाउ'' यह पहल किसके द्वारा प्रवर्तित की गई है? *[2018-1]*

(a) जलवायु परिवर्तन पर अन्तर-सरकारी पैनल

(b) UNEP सचिवालय

(c) UNFCCC सचिवालय

(d) विश्व मौसमविज्ञान संगठन

उत्तर **(c)** वर्ष 2015 में मोमेंटम फॉर चेंज : क्लाइमेट न्यूट्रल नाऊ" UNFCCC द्वारा प्रारम्भ किया गया था जिसका उद्देश्य प्राप्त करना। क्लाइमेट न्यूट्रिलिटी एक तीन चरण प्रक्रिया है, जिसके लिए व्यक्तियों, कंपनियों और सरकारों की आवश्यकता होती है।

1. **भूगोल तथा सम-सामयिक घटनाओं/पर्यावरण के बीच सह-संबंध**
2. **अवधारणाओं की स्पष्टता**

- भूगोल का अध्ययन करते समय, अवधारणाएं स्पष्ट होनी चाहिए तथा उपयुक्त तथ्यों के साथ ये प्रमाणित होना चाहिए।

2. नर्मदा नदी पश्चिम की ओर बहती है, जबकि अधिकांश अन्य प्रायद्वीपीय बड़ी नदियाँ पूर्व की ओर बहती हैं। ऐसा क्यों है? *[2013 - I]*

1. यह एक रेखीय विभ्रंश (रिफ्ट) घाटी में रहती है।
2. यह विन्ध्य और सतपुड़ा के बीच बहती है।
3. भूमि का ढलान मध्य भारत से पश्चिम की ओर है।

नीचे दिए गए कूट का प्रयोग कर सही उत्तर चुनिए।

(a) केवल 1 (b) केवल 2 और 3

(c) केवल 1 और 3 (d) कोई नहीं

उत्तर (a) भूमि का ढलान मध्य भारत से पश्चिम की तरफ है क्योंकि उपजाऊ मिट्टी की परत यहाँ जमी हुई है। नर्मदा एक रिफ्ट घाटी में रहती है। यह रिफ्ट किसी बहुत ही जटिल प्राकृतिक प्रक्रिया से बनी है, जिस प्रक्रिया के तहत पृथ्वी की सतह या तो ऊँचा हुई है या नीची।

उम्मीदवारों को निम्न बिंदुओं पर ध्यान देना चाहिए-

- भूगोल का महत्व
- अवधारणाओं की स्पष्टता
- तथ्यों की महत्ता
- प्रश्नों के जटिलता का स्तर

भारतीय भूगोल

1. **प्राकृतिक भूगोल**

भारत के प्राकृतिक भूगोल को निम्न भागों में विभाजित किया जा सकता है:-

- हिमालय : (i) वृहद हिमालय (हिमाद्रि) (ii) लघु हिमालय (हिमाचल) (iii) उप हिमालय (शिवालिक श्रेणी)
- प्रायद्वीपीय पठार तथा प्रायद्वीपीय पर्वत
- उत्तरी मैदान तथा समुद्र तटीय मैदान
- भारतीय मरुस्थल
- द्वीप

महत्वपूर्ण खण्ड :

- विशेषताएं - उदाहरण : हिमालय नवीन, दुर्बल एवं लोचदार है।
- उनका निर्माण कैसे हुआ ? उदाहरण : प्रायद्वीपीय भाग का निर्माण विभिन्न लम्बवत गतिविधियों तथा ब्लॉक भंग के परिणामस्वरूप हुआ।
- इन क्षेत्रों के जलवायु तथा वर्षा
- वनस्पति अथवा पाए जाने वाले वनों के प्रकार
- ढाल के अनुपार्श्व मृदा
- क्षेत्र की जैव विविधता

उदाहरण

3. जब आप हिमालय की यात्रा करेंगे, तो आप निम्नलिखित को देखेंगे:

1. गहरे खण्ड
2. U घुमाव वाले नदी-मार्ग
3. समानान्तर पर्वत श्रेणियाँ
4. भूस्खलन के लिए उत्तरदायी तीव्र ढाल प्रवणता

उपर्युक्त में से कौन-से हिमालय के तरुण वलित पर्वत (नवीन मोड़दार पर्वत) के साक्ष्य कहे जा सकते हैं? *[2012 - I]*

(a) केवल 1 और 2 (b) केवल 1, 2 और 4

(c) केवल 3 और 4 (d) 1, 2, 3 और 4

उत्तर (d) हिमालय के वलित पर्वत होने के साक्ष्य के अंतर्गत प्रश्न में दिए (b) विकल्प सही है। समानान्तर पर्वत श्रेणियां तरूण वलित पर्वत के साक्ष्य नहीं हैं।

2. **भारत में नदी प्रणाली**

- भारतीय नदी प्रणाली को मुख्यत: दो भागों में विभाजित किया जा सकता है:-
- हिमालय की नदी प्रणाली का निर्माण सिन्धु, गंगा तथा ब्रह्मपुत्र नदियों से हुआ है।
- प्रायद्वीपीय नदी प्रणाली

महत्त्वपूर्ण खण्ड :

- जल प्रणाली (नदी) का विकास
- नदी प्रणाली की विशेषताएं, उदाहरण: प्रायद्वीपीय नदी प्रणाली हिमालय नदी प्रणाली की तुलना में अधिक पुरानी है। इनमें पूरे वर्ष भर जल प्रवाह नहीं होता है।
- वे राज्य जिनसे होकर ये गुजरती हैं।
- हिमालय तथा प्रायद्वीपीय नदी प्रणाली के बीच तुलना
- जल शक्ति परियोजनाएं, अन्य पावर प्लांट तथा इस नदियों पर निर्मित प्रमुख बांध

उदाहरण : चिनाब नदी पर निर्मित सलाल परियोजना

- पश्चिम की ओर प्रवाहित भारत की नदियाँ। ये नदियाँ पश्चिम दिशा की ओर क्यों प्रवाहित होती हैं, जबकि ज्यादातर नदियाँ पूर्व दिशा की ओर प्रवाहित होती हैं?
- पूर्व की ओर बहने वाली नदियाँ डेल्टा का निर्माण क्यों करती हैं?

उदाहरण-

4. तिब्बत में उत्पत्ति पाने वाली ब्रह्मपुत्र, ईरावदी और मैकांग नदियाँ अपने ऊपरी पाटों में संकीर्ण और समांतर पर्वत श्रेणियों से होकर प्रवाहित होती हैं। इन नदियों में ब्रह्मपुत्र भारत में प्रविष्ट होने से ठीक पहले अपने प्रवाह में एक यू-टर्न लेती है। वह यू-टर्न क्यों बनता है? *[2011-I]*

   (a) वलित हिमालय श्रेणियों के उत्थान के कारण
   (b) भूवैज्ञानिकीय तरूण हिमालय के अक्षसंघीय नमन के कारण
   (c) तृतीय कल्पीय वलित पर्वत-मालाओं में भूविवर्तनीक विक्षोभ के कारण
   (d) इस संदर्भ में उपर्युक्त (a) और (b) दोनों कारण तर्कसंगत हैं

उत्तर (b) ब्रह्मपुत्र नदी कैलाश पर्वत से निकलती है तथा नमचा बरवा से एक यू (U) टर्न लेती है। इसका कारण हिमालय का 180° पर झुका होना है।

3. **खनिज**

महत्त्वपूर्ण खण्ड

- प्रमुख क्षेत्र जहाँ ये पाए जाते हैं,
- खनिजों की विशेषताएं
- इनका उपयोग तथा पर्यावरणीय प्रभाव

उदाहरण

5. निम्नलिखित कथनों पर विचार कीजिए: *[2013 - I]*

   1. प्राकृतिक गैस गोंडवाना संस्तरों में पायी जाती है।
   2. अभ्रक प्रचुर मात्रा में कोडरमा में पाया जाता है।
   3. धारवाड़ खनिज तेल के लिए प्रसिद्ध है।

उपर्युक्त कथनों में से कौन-सा/से सही है/हैं?

(a) 1 और 2 (b) केवल 2
(c) 2 और 3 (d) कोई नहीं

उत्तर **(b)** धारवाड़ में खनिज तेल नहीं पाए जा सकते क्योंकि धारवाड़ जीवाश्म संयुक्त चट्टानें नहीं हैं। यह धातु संयुक्त चट्टानें है। यहाँ विविध प्रकार की धातुएँ पाई जाती हैं- जैसे- सोना, लोहा, मैंगनीज, शीशा, कोबाल्ट, क्रोमियम, तांबा, टंगस्टन, निकेल और रत्नों के भी खान यहाँ हैं। कोडरमा में अभ्रक प्रचुर मात्रा में पाया जाता है गोंडवाना संस्तरों में प्राकृतिक गैसें नहीं पायी जाती हैं।

4. जलवायु

महत्त्वपूर्ण खण्ड :

- भारत की जलवायु को निर्धारित करने वाले घटक
- भारतीय मानसून
- इसकी प्रकृति/विशेषताएं, महत्व तथा प्रभाव
- ऊपरी वायु चक्रण-जेट स्ट्रीम, पश्चिमी पवन
- चक्रवात-उष्णकटिबंधीय तथा शीतोष्ण
- एल-नीनो, ला-नीनो (इस पर ज्यादा ध्यान दिया जाना चाहिए)
- यह कैसे उत्पन्न होता है?
- यह भारतीय जलवायु तथा वनस्पति को किस प्रकार प्रभावित करता है?
- सागरीय जल का नीचे से ऊपर की ओर आने से संबंधित अवधारणा तथा इसका लाभ

उदाहरण

6. यह संदेह है कि आस्ट्रेलिया में हाल ही में आयी बाढ़ ''ला-नीना'' के कारण आयी थी। ''ला-नीना'' ''एल-नीनो'' से कैसे भिन्न है?

1. ला-नीना विषुवतीय हिंद महासागर में समुद्र के असाधारण रूप से ठंडे तापमान से चरित्रित होता है, जबकि एल-नीनो विषुवतीय प्रशांत महासागर में समुद्र के असाधारण रूप से गर्म तापमान से चरित्रित होता है।
2. एल-नीनो का भारत की दक्षिण-पश्चिमी मानसून पर प्रतिकूल प्रभाव पड़ता है, किन्तु ला-नीना का मानसूनी जलवायु पर कोई प्रभाव नहीं पड़ता।

उपर्युक्त में से कौन-सा/कौन-से कथन सही है/हैं? *[2011-I]*

(a) केवल 1 (b) केवल 2
(c) 1 और 2 दोनों (d) न तो 1 और न ही 2

उत्तर **(d)** एल नीनो पूर्वी प्रशान्त महासागर में उत्पन्न होने वाला एक गर्म जलधारा हैं जिसके आगमन पर सागरीय जल का तापमान बढ़ जाता है, जबकि ला नीना का सम्बन्ध पश्चिमी प्रशान्त महासागर के उष्मन से है। ला नीना का आर्विभाव एल नीनो का प्रभाव समाप्त होने पर होता है।

एल नीनो के कारण भारत की मानसूनी जलवायु पर प्रतिकूल प्रभाव पड़ता है तथा भारतीय उपमहाद्वीप में सूखे की स्थिति पैदा हो जाती है। जबकि ला नीना के कारण ग्रीष्मकालीन मानसून अधिक सक्रिय हो जाता है और भारतीय उपमहाद्वीप में बाढ़ की स्थिति उत्पन्न हो जाती है।

राजव्यवस्था की तैयारी

- राजव्यवस्था के अंतर्गत भारत का संविधान, भारतीय राजनीतिक व्यवस्था, पंचायतीराज, लोकनीति, अधिकार, मुद्दे इत्यादि आते हैं। सर्वप्रथम आप पाठ्यक्रम में दिए गए प्रत्येक अध्याय का माइंड मैप तैयार करें, इसके उपरांत राजव्यवस्था से विगत वर्षों में पूछे गए प्रश्नों की संख्या तथा प्रकृति का विश्लेषण करें। यदि आप अपने अध्ययन में रुझान विश्लेषण का अनुपालन करते हैं तो आपकी सफलता सुनिश्चित है।

विगत वर्षों के प्रश्नों का रुझान

वर्ष	पूछे गए प्रश्न
2011	14
2012	20
2013	18
2014	15
2015	21
2016	06
2017	22
2018	11

राजव्यवस्था के लिए रणनीति

राजव्यवस्था की तैयारी कैसे करें?

राजव्यवस्था से स्थिर (मौलिक) तथा अस्थिर (सम-सामयिकी) दोनों प्रकार के प्रश्न पूछें जाते हैं। उदाहरण के लिए वर्ष 2014 में न्यायिक नियुक्ति विधेयक प्रायः चर्चा में बना हुआ था। अतः न्यायपालिका की मूल बातों का ज्ञान आवश्यक है, जैसे - इसकी नियुक्ति का तरीका, शक्तियाँ तथा भारतीय संविधान द्वारा प्रदत्त स्वायत्तता, न्यायपालिका की स्वायत्तता से संबंधित मुद्दे अस्थिर भाग से, जबकि नियुक्ति के तरीके तथा न्यायपालिका की शक्तियां स्थिर भाग के अंतर्गत आते हैं।

राजव्यवस्था के अध्ययन हेतु यह एक अच्छा तरीका है। यदि आप इस तरीके से पढ़ते हैं तो राजव्यवस्था से संबंधित कई मिथक (जैसे - संवैधानिक निबंधों से जुड़ी उलझनें तथा अन्य तथ्य आसानी से सुलझ सकते हैं।

उदाहरण

1. निम्नलिखित कथनों पर विचार कीजिए :

1. भारत की संसद किसी कानून विशेष को भारत के संविधान की नौवीं अनुसूची में डाल सकती है।
2. नौवीं अनुसूची में डाले गए किसी कानून की वैधता का परीक्षण किसी न्यायालय द्वारा नहीं किया जा सकता एवं उसके ऊपर कोई निर्णय भी नहीं किया जा सकता है।

उपर्युक्त कथनों में से कौन-सा/से सही है/हैं? *[2018-1]*

(a) केवल 1 (b) केवल 2

(c) 1 और 2 दोनों (d) न तो 1, न ही 2

उत्तर **(a)** भारत की संसद किसी कानून विशेष को संविधान की नौंवी अनुसूची में डाल सकती है। 11 जनवरी, 2007 को सर्वोच्च न्यायालय द्वारा यह फैसला दिया गया कि 24 अप्रैल, 1973 के बाद संविधान की नौंवी अनुसूची में शामिल किये गये किसी भी कानून की न्यायिक समीक्षा हो सकती है।

2. लोकतंत्र का उत्कृष्ट गुण यह है कि वह क्रियाशील बनाता है *[2017 - I]*

(a) साधारण पुरुषों और महिलाओं की बुद्धि और चरित्र की।

(b) कार्यपालक नेतृत्व को सशक्त बनाने वाली पद्धतियों को।

(c) गतिशीलता और दूरदर्शिता से युक्त एक बेहतर व्यक्ति को।

(d) समर्पित दलीय कार्यकर्ताओं के एक समूह को।

उत्तर **(d)** 2006 में नई दिल्ली में समपन्न 'आवास और शहरी विकास पर एशिया पैसिफिक मंत्रिस्तरीय सम्मेलन' का विषया था– '2020 तक एशिया प्रशांत में स्थायी शहरीकरण के लिए एक दृष्टि।'

भारत सभी वार्षिक मंत्रिस्त्रीय सम्मेलनों की मेजबानी नहीं करता है। इसका दूसरा सम्मेलन ईरान के तेहरान शहर में हुआ था।

स्रोत : NCERT New Class-viii - नागरिक शास्त्र, अध्याय -3

वर्ष 2014 में - न्यायपालिका से दो प्रश्न पूछे गए थे, जो सम-सामयिक घटनाओं पर आधारित थे। ये स्थिर सामान्य अध्ययन प्रकृति के थे।

3. भारत के उच्चतम न्यायालय में न्यायाधीशों की संख्या में वृद्धि करने की शक्ति किसमें निहित है ? *[2014-1]*

(a) भारत का राष्ट्रपति (b) संसद

(c) भारत का मुख्य न्यायमूर्ति (d) विधि आयोग

उत्तर **(d)** संविधान में प्रत्येक राज्य के लिए एक उच्च न्यायालय की स्थापना की गयी है, किन्तु सातवें संविधान संशोधन अधिनियम 1956 में संसद को यह अधिकार दिया गया कि वह दो या दो से अधिक राज्यों एवं एक संघ राज्य क्षेत्र के लिए एक साझा उच्च न्यायालय की स्थापना कर सकती है। देश में कुल 21 उच्च न्यायालय हैं।

उदाहरण

4. भारत में, न्यायिक पुनरीक्षण का अर्थ है *[2017 - I]*

(a) विधियों और कार्यपालिका आदेशों की सांविधानिकता के विषय में प्राख्यापन करने का न्यायपालिका का अधिकार।

(b) विधानमण्डलों द्वारा निर्मित विधियों के प्रज्ञान को प्रश्नगत करने का न्यायपालिका का अधिकार।

(c) न्यायपालिका का, सभी विधायी अधिनियमनों के, राष्ट्रपति द्वारा उन पर सहमति प्रदान किए जाने के पूर्व, पुनरीक्षण का अधिकार।

(d) न्यायपालिका का, समान या भिन्न वादों में पूर्व में दिए गए स्वयं के निर्णयों के पुनरीक्षण का अधिकार।

उत्तर **(b)** बम्बई उच्च न्यायालय - महाराष्ट्र व गोवा

गोहाटी उच्च न्यायालय - असम, मणिपुर, मेघालय, नागालैण्ड, त्रिपुरा, मिजोरम, अरुणाचल प्रदेश

चण्डीगढ़ उच्च न्यायालय - पंजाब, हरियाणा

स्रोत : NCERT (New) Class-xi - अध्याय-6

5. केन्द्र और राज्यों के बीच होने वाले विवादों का निर्णय करने की भारत के उच्चतम न्यायालय की शक्ति किसके अन्तर्गत आती है? *[2014-1]*

(a) परामर्शी अधिकारिता के अन्तर्गत

(b) अपीली अधिकारिता के अन्तर्गत

(c) मूल अधिकारिता के अन्तर्गत

(d) रिट अधिकारिता के अन्तर्गत

उत्तर **(b)** कथन (1) सही नहीं है। अनुच्छेद 138 (1) के अनुसार-संसद विधि द्वारा संघ सूची के विषयों पर उच्चतम न्यायालय को अतिरिक्त अधिकारिता प्रदान करती है। भारत सरकार तथा राज्य सरकार किसी करार के द्वारा उच्चतम न्यायालय को अतिरिक्त अधिकारिता प्रदान कर सकती है।

इसी प्रकार जब नियंत्रक एंव महा लेखापरीक्षक (CAG) वर्ष 2012 में खबरों (2G घोटाला तथा कोयला घोटाला के खुलासे से संबंधित) में थे, तो ऐसी स्थिति में उम्मीदवार को चाहिए कि वह सी.ए.जी के कार्य व शक्तियाँ तथा उसकी नियुक्ति, पदच्युत होने की प्रक्रिया को मौलिक बातों की जानकारी प्राप्त करें। सम-सामयिक घटनाओं का अध्ययन उसके मौलिक तथ्यों के साथ की जानी चाहिए।

6. लोक निधि के फलोत्पादक और आशयित प्रयोग को सुरक्षित करने के साथ-साथ भारत में नियंत्रक-महालेखा परीक्षक (CAG) के कार्यालय का महत्त्व क्या है? *[2012 - I]*

1. CAG संसद की ओर से राजकोष पर नियंत्रण रखता है जब भारत का राष्ट्रपति राष्ट्रीय आपात/वित्तीय आपात घोषित करता है।
2. CAG की मंत्रालयों द्वारा कार्यान्वित परियोजनाओं या कार्यक्रमों पर जारी किये गए प्रतिवेदनों पर लोक लेखा समिति विचार-विमर्श करती है।
3. CAG के प्रतिवेदनों से मिली जानकारियों के आधार पर जाँचकर्त्ता एजेंसियाँ उन लोगों के विरुद्ध आरोप दाखिल कर सकती हैं, जिन्होंने लोक निधि प्रबन्धन में कानून का उल्लंघन किया हो।
4. CAG को ऐसी निश्चित न्यायिक शक्तियाँ प्राप्त हैं कि सरकारी कम्पनियों के लेखा-परीक्षा और लेखा जाँचते समय वह कानून का उल्लंघन करने वालों पर अभियोग लगा सके।

उपर्युक्त में से कौन-सा/से कथन सही है/हैं?

(a) केवल 1, 3 और 4 (b) केवल 2

(c) केवल 2 और 3 (d) 1, 2, 3 और 4

उत्तर **(c)** CAG के संदर्भ में कथन 2 और 3 सही हैं।

विधेयक, अधिनियम, नीतियाँ तथा संबंधित प्रावधान से जुड़े हुए सम-सामयिक घटनाओं को लिख लेना चाहिए। सम-सामयिक खबरों को भारतीय संविधान के साथ जोड़ने का प्रयास करना चाहिए।

उदाहरण

7. राष्ट्रीय हरित न्यायाधिकरण अधिनियम, 2010 भारतीय संविधान के निम्नलिखित में से कौन-सा/से प्रावधान के आनुरूप्य अधिनियमित हुआ था/हुए थे? *[2012 - I]*

1. स्वस्थ पर्यावरण के अधिकार के आनुरूप्य, जो अनुच्छेद 21 के अन्तर्गत जीवन के अधिकार का अंग माना जाता है
2. अनुच्छेद 275(1) के अन्तर्गत अनुसूचित जनजातियों के कल्याण हेतु अनुसूचित क्षेत्रों में प्रशासन का स्तर बढ़ाने के लिए प्रावधानित अनुदान के आनुरूप्य
3. अनुच्छेद 243(A) के अन्तर्गत उल्लिखित ग्राम सभा की शक्तियों और कार्यों के आनुरूप्य

निम्नलिखित कूटों के आधार पर सही उत्तर चुनिए :

(a) केवल 1 (b) केवल 2 और 3

(c) केवल 1 और 3 (d) 1, 2 और 3

उत्तर **(a)** राष्ट्रीय हरित न्यायाधिकरण अधिनियम, 2010 भारतीय संविधान के अनुच्छेद 21 के अंतर्गत जीवन के अधिकार में शामिल किया गया है जिसमें स्वस्थ जीवन के लिए एक स्वस्थ पर्यावरण का अधिकार नागरिकों को दिया गया है।

कभी-कभी पेचीदे प्रश्न पूछे जाते हैं। प्रश्नों में दिए विकल्प सही उत्तर के बहुत करीब होते हैं, ऐसी स्थिति में उम्मीदवार के समक्ष द्विविधा की स्थिति उत्पन्न हो जाती है तथा प्रश्न बिना समाधान के ही रह जाते हैं।

उदाहरण

8. भारत के राष्ट्रपति के निर्वाचन के सन्दर्भ में, निम्नलिखित कथनों पर विचार कीजिए :

1. प्रत्येक एम.एल.ए. के वोट का मूल्य अलग-अलग राज्य में अलग-अलग होता है।
2. लोक सभा के सदस्यों के वोट का मूल्य राज्य सभा के सदस्यों के वोट के मूल्य से अधिक होता है।

उपर्युक्त कथनों में से कौन-सा/से सही है/हैं? *[2018-1]*

(a) केवल 1 (b) केवल 2

(c) 1 और 2 दोनों (d) न तो 1, न ही 2

उत्तर (c) संविधान में यह प्रावधान है कि राष्ट्रपति के निर्वाचन में विभिन्न राज्यों का प्रतिनिधित्व समान रूप से हो, साथ ही राज्यों तथा संघ के मध्य भी समानता हो। अर्थात् अलग-अलग राज्य में प्रत्येक एम.एल.ए. के वोट का मूल्य अलग-अलग होगा।

संसद के प्रत्येक सदस्य का वोट का मूल्य समान होता है तथा लोकसभा के सदस्यों की संख्या राज्य सभा के सदस्यों की संख्या से अधिक होती है, जिसके कारण लोकसभा के सदस्यों के वोट का मूल्य राज्य सभा के सदस्यों के वोट के मूल्य से अधिक होती है।

9. निम्नलिखित में से कौन-से भारत में 'योजना' से सम्बद्ध है ? *[2014-1]*

1. वित्त आयोग
2. राष्ट्रीय विकास परिषद्
3. संघीय ग्रामीण विकास मंत्रालय
4. संघीय शहरी विकास मंत्रालय
5. संसद

नीचे दिए गए कूट का प्रयोग कर सही उत्तर चुनिए।

(a) केवल 1, 2 और 5 (b) केवल 1, 3 और 4
(c) केवल 2 और 5 (d) 1, 2, 3, 4 और 5

उत्तर **(c)** वित्त आयोग करों और अनुदान के वितरण से संबंधित है। इसका कार्य योजना बनाना नहीं है। राष्ट्रीय विकास परिषद् पंचवर्षीय योजनाओं का अनुमोदन करती है।

नोटः यहाँ यद्यपि वित्त आयोग, मुद्रा अवमूल्यन से संबंधित है, यह योजना प्रक्रिया से संबंधित नहीं है। कई अभ्यर्थी विकल्प (a) का चयन किए होंगे। न तो ग्रामीण मंत्रालय न ही शहरी विकास मंत्रालय इससे संबंधित है।

10. भारत के संविधान के उद्देश्यों में से एक के रूप में 'आर्थिक न्याय' का किसमें उपबन्ध किया गया है? *[2013 - I]*

(a) उद्देशिका और मूल अधिकार
(b) उद्देशिका और राज्य की नीति के निदेशक तत्व
(c) मूल अधिकार और राज्य की नीति के निदेशक तत्व
(d) उपर्युक्त में से किसी में नहीं

उत्तर **(a)** वर्तमान में भारत में 21 उच्च न्यायालय हैं जिनमें सन् 2000 में गठित 3 नये राज्य भी शामिल हैं। इन राज्यों के अपने उच्च न्यायालय हैं। छत्तीसगढ़ राज्य का विलासपुर में, उत्तराखण्ड का नैनीताल में तथा झारखण्ड का राँची में। पंजाब, हरियाणा तथा चण्डीगढ़ तीनों राज्यों का साझा उच्च न्यायालय है जो चण्डीगढ़ में है।

अर्थव्यवस्था हेतु योजना

इसके अंतर्गत अर्थव्यवस्था तथा सामाजिक विकास - संधारणीय विकास, निर्धनता, समावेश, जनसांख्यिकी, सामाजिक क्षेत्र की पहल इत्यादि आते हैं।

इस खण्ड में पूछे जाने वाले प्रश्न आपके वृहद अर्थव्यवस्था की वैचारिक समझ पर आधारित होते हैं। अतः अर्थव्यवस्था में किसी टॉपिक, नीति अथवा आकड़े की समझ हेतु वैचारिक स्पष्टता एक बहुत ही महत्त्वपूर्ण घटक है।

विगत वर्षों के प्रश्नों के विश्लेषण से अर्थव्यवस्था के खण्ड से पूछे जाने वाले प्रश्नों के भेद तथा प्रकृति की जानकारी प्राप्त होती है। तैयारी के दौरान इस विश्लेषण के प्रयोग से आपको आत्मविश्वास बढ़ाने में सहायता मिलेगी तथा परीक्षा में सफलता की राह सरल हो जाएगी।

विगत वर्षों के प्रश्नों का रुझान

वर्ष	पूछे गए प्रश्न
2011	21
2012	15
2013	18
2014	11
2015	16
2016	29
2017	29
2018	20

उदाहरणः-

सम-सामयिकी/अर्थव्यवस्था

उदाहरण

1. निम्नलिखित कथनों पर विचार कीजिए :

1. राजकोषीय दायित्व और बजट प्रबंधन (एफ.आर.बी.एम.) समीक्षा समिति के प्रतिवेदन में सिफारिश की गई है कि वर्ष 2023 तक केन्द्र एवं राज्य सरकारों को मिलाकर ऋण-जी.डी.पी. अनुपात 60% रखा जाए जिसमें केंद्र सरकार के लिए यह 40% तथा राज्य सरकारों के लिए 20% हो।
2. राज्य सरकारों के जी.डी.पी. के 49% की तुलना में केन्द्र सरकार के लिए जी.डी.पी. का 21% घरेलू देयतायें हैं।
3. भारत के संविधान के अनुसार यदि किसी राज्य के पास केंद्र सरकार की बकाया देयतायें हैं तो उसे कोई भी ऋण लेने से पहले केंद्र सरकार से सहमति लेना अनिवार्य है।

उपर्युक्त कथनों में से कौन-सा/से सही है/हैं? *[2018-1]*

(a) केवल 1 (b) केवल 2 और 3

(c) केवल 1 और 3 (d) 1, 2 और 3

उत्तर (c) एन. के. सिंह समिति की सिफारिशों के अनुसार, जीडीपी अनुपात में सार्वजनिक ऋण को भारत में राजकोषीय नीति के लिए मध्यम अवधि के सहायता के रुप में माना जाना चाहिए (केंद्र के लिए 40 प्रतिशत और राज्यों के लिए 20 प्रतिशत)। उलेखनीय है कि वर्तमान में यह 49.4 प्रतिशत तथा 21 प्रतिशत है।

संविधान के अनुच्छेद 293 के अनुसार यदि किसी राज्य के पास केंद्र सरकार की बकाया देयताएं हैं तो उसे कोई भी ऋण लेने से पहले केंद्र सरकार से सहमति लेना अनिवार्य है।

2. 'राष्ट्रीय बौद्धिक सम्पदा अधिकार नीति (नेशनल इंटेलेक्चुअल प्रॉपर्टी राइट्स पॉलिसी)' के संदर्भ में, निम्नलिखित कथनों पर विचार कीजिएः *[2017 - I]*

1. यह दोहा विकास एजेंडा और TRIPS समझौते के प्रति भारत की प्रतिबद्धता को दोहराता है।
2. औद्योगिक नीति और संवर्धन विभाग भारत में बौद्धिक सम्पदा अधिकारों के विनियमन के लिए, केन्द्रक अभिकरण (नोडल एजेन्सी) है।

उपर्युक्त कथनों में से कौन–सा/से सही है/हैं?

(a) केवल 1 (b) केवल 2

(c) 1 और 2 दोनों (d) न तो 1, न ही 2

उत्तर **(c)** राष्ट्रीय बौद्धिक सम्पदा अधिकार नीति दोहा विकास एजेंडा तथा ट्रिप्स (TRIPS) समझौतें के प्रति भारत की प्रतिबद्धता को दोहराता है, इसी कारण इस नीति को पेश किया गया।

इसके अंतर्गत विभिन्न मंत्रालयों और विभागों की कारवाई पर डीआईपीपी (Department of Industrial Policy and Promotion) द्वारा निगरानी रखी जाएगी, जो भारत में आईपीआर के कार्यान्वयन और भविष्य के विकास के समन्वय तथा मार्गदर्शन एवं निगरानी का नोडल एजेंसी होगा।

स्रोत: www.thehindu.com/news/national/cabinet-approves-national-intellectual-property-right-policy/article-8594387.eee

3. किसी अर्थव्यवस्था में यदि ब्याज की दर को घटाया जाता है, तो वह *[2014-1]*

(a) अर्थव्यवस्था में उपभोग व्यय घटाएगा

(b) सरकार के कर संग्रह को बढ़ाएगा

(c) अर्थव्यवस्था में निवेश व्यय को बढ़ाएगा

(d) अर्थव्यवस्था में कुल बचत को बढ़ाएगा

उत्तर **(c)** जब ब्याज दर में ह्रास होता है तब किसी अर्थव्यवस्था में फैक्टरी तथा उपकरण जैसे प्रमुख वस्तुओं के कारोबार द्वारा निवेश खर्च में वृद्धि होती है।

4. निम्नलिखित में से किस/किन परिस्थिति/परिस्थितियों में 'पूँजीगत लाभ' हो सकता है? *[2012 - I]*

1. जब किसी उत्पाद के विक्रय में वृद्धि हो

2. जब किसी सम्पत्ति के मूल्य में प्राकृतिक वृद्धि हो
3. जब आप कोई रंगचित्र खरीदें और उसकी लोकप्रियता बढ़ने के कारण उसके मूल्य में वृद्धि हो

निम्नलिखित कूटों के आधार पर सही उत्तर चुनिए:

(a) केवल 1 (b) केवल 2 और 3
(c) केवल 2 (d) 1, 2 और 3

उत्तर **(b)** जब किसी संपत्ति को उसकी मूल कीमत से अधिक कीमत पर बेचा जाता है तो यह आधिक्य पूंजीलाभ कहलाता है। यह मुद्रा स्फीति का परिणाम हो सकता है, किन्तु यदि यथावत् रहता है, तो वास्तविक और मौद्रिक पूंजीगत लाभ समान होंगे।

2. **अर्थव्यवस्था परिचय**

महत्त्वपूर्ण खण्ड:

निम्न मूल आधारणाओं की स्पष्टता आवश्यक है-

- अर्थव्यवस्था - निर्धनता, वृद्धि, रोजगार इत्यादि
- अर्थव्यवस्था - कंपनी, घरेलु अथवा व्यक्तिगत स्तर पर लिए गए निर्णय
- वृद्धि एवं विकास में अंतर करना, मापन हेतु संकेतकों का प्रयोग करना

उदाहरण-वृद्धि की जानकारी के लिए जी.डी.पी. तथा विकास के लिए एच.डी.आई. (मानव विकास सूचकांक) का प्रयोग किया जाता है।

- **राष्ट्रीय आय लेखांकन :** एकल राष्ट्रीय उत्पाद (जी.एन.पी.) सकल घरेलु उत्पाद (जी.डी.पी.), सकल राष्ट्रीय आय (जी.एन.आई.), घटक मूल्य, बाजार (मूल्य, क्रयशक्ति समता (PPP), प्रति व्यक्ति आय (PCI)- इनकी संगणना हेतु किन विधियों का प्रयोग किया जाता है तथा किन घटकों का सहारा लिया जाता है - इसकी सामान्य जानकारी होनी चाहिए।

उदाहरण - जी.डी.पी. की संगणना हेतु निम्न तीन में से किसी भी विधि का प्रयोग किया जा सकता है-

(i) उत्पादन विधि
(ii) खर्च विधि
(iii) आय विधि

- **प्राथमिक द्वितीयक तथा तृतीयक क्षेत्रक :** प्रत्येक क्षेत्रक का निर्माण ________ कैसे होता है? जी.डी.पी. में किसका योगदान होता है?
- **उदाहरण:** प्राथमिक क्षेत्रक के अंतर्गत कृषि तथा संबंधित क्रियाएं एवं खानें इत्यादि आती हैं। भारत के जी.डी.पी. में इसका योगदान 13.7% है।
- **पूँजीवादी राज्य, मिश्रित अर्थव्यवस्था प्रणाली:** भारत में किए आर्थिक ________ प्रणाली को अपनाया गया है, तथा क्यों?

5. निम्नलिखित कथनों पर विचार कीजिए :

1. पूँजी पर्याप्तता अनुपात (सी.ए.आर.) वह राशि है जिसे बैंकों को अपनी निधियों के रूप में रखना होता है जिससे वे, यदि खाता-धारकों द्वारा देयताओं का भुगतान नहीं करने से कोई हानि होती है, तो उसका प्रतिकार कर सकें।

2. सी.ए.आर. का निर्धारण प्रत्येक बैंक द्वारा अलग-अलग किया जाता है।

उपर्युक्त कथनों में से कौन-सा/से सही है/हैं? *[2018-1]*

(a) केवल 1 (b) केवल 2

(c) 1 और 2 दोनों (d) न तो 1, न ही 2

उत्तर **(a)** पूंजी पर्याप्ता अनुपात, किसी भी बैंक या वित्तीय संस्था को अपनी निधियों के रुप में रखना होता है। यह राशि अग्रिमों की तुलना या अनुपात में होती है। भारत में पूंजी पर्याप्तता मानक 1992-93 में रिजर्व बैंक द्वारा वासले समिति की सिफारिशों के अनुरुप लागू किए। फिर नरसिम्हन समिति की सिफारिश के अनुसार इस अनुपात को चरणबद्ध रुप से 8 से बढ़ा कर 10 करने का निर्णय किया गया।

6. किसी दी गई अवधि के लिए एक देश की राष्ट्रीय आय *[2013 - I]*

(a) नागरिकों द्वारा उत्पादित वस्तुओं और सेवाओं के मूल के बराबर होगी

(b) कुल उपभोग और निवेश व्यय के योग के बराबर होगी

(c) सभी व्यक्तियों की वैयक्तिक आय के योग के बराबर होगी

(d) उत्पादित अन्तिम वस्तुओं और सेवओं के मौद्रिक मूल्य के बराबर होगी

उत्तर **(d)** किसी दी गई अवधि के लिए एक देश की राष्ट्रीय आय उत्पादित अन्तिम वस्तुओं और सेवाओं के मौद्रिक मूल्य के बराबर होगी। इसके तहत् विदेशों से अर्जित शुद्ध आय को भी शामिल किया जाता है।

- **वृद्धि एवं विकास**

  महत्त्वपूर्ण खण्ड :

  निर्धनता : गरीबी रेखा से नीचे (BPL), निर्धनता अंतराल, गरीबी जैसी अवधारणा का आंकलन, नेशलन सैंपल सर्वे आर्गेनाइजेशन (NSSO) द्वारा होता है। यह संस्थान द्वारा भारत में निर्धनता रेखा-योजना आयोग का निर्धारण होता है।

- निर्धनता आकनल हेतु विभिन्न समितियों का गठन, प्रयुक्त कार्यप्रणाली - अलघ समिति, लकड़वाला, सुरेश तेन्दुलकर समिति, एन.सी. सक्सेना समिति, रंगराजन समिति - प्रत्येक समिति अपने आकलन प्रक्रिया में किस प्रकार भिन्न थी इसकी सामान्य जानकारी।

  उदाहरण : वर्ष 2012 में योजना आयोग द्वारा रंगराजन समिति का गठन किया गया। 'पाँच सदस्य परिवार का मासिक खर्च' के कार्य प्रणाली का उपयोग किया जाता है। आकलन के अनुसार - शहरी क्षेत्र में गरीबी के लिए खर्च प्रति व्यक्ति ₹ 47 तथा ग्रामीण क्षेत्र में ₹ 32 है।

- **असमानताः** इसका आकलन कैसे होता है - गिनी सहगुणांक, लारेंज वक्र ; सापेक्षिक असमानता, पूर्व असमानता जैसी अवधारणा
- **रोजगार से संबंधित मुद्देः** विभिन्न प्रकार की बेरोजगारी __________ जैसे - प्रच्छन्न बेरोजगारी, ठेकेदारी इत्यादि, वैश्वीकरण तथा श्रम पर इसका प्रभाव
- **जनसांख्यिकीय लाभांश, कौशल विकास**
- **अंतर्राष्ट्रीय संगठन जैसे - एच.डी.आई., एम.पी.आई.** (Multiple Poverty Index), **सहस्राब्दि विकास लक्ष्य इत्यादि विकास-संकेतक**

उदाहरण

7. निरपेक्ष तथा प्रति व्यक्ति वास्तविक GNP की वृद्धि आर्थिक विकास की ऊँची दर का संकेत नहीं करतीं, यदि *[2018-1]*

(a) औद्योगिक उत्पादन कृषि उत्पादन के साथ-साथ बढ़ने में विफल रह जाता है।

(b) कृषि उत्पादन औद्योगिक उत्पादन के साथ-साथ बढ़ने में विफल रह जाता है।

(c) निर्धनता और बेरोज़गारी में वृद्धि होती है।

(d) निर्यातों की अपेक्षा आयात तेज़ी से बढ़ते हैं।

उत्तर **(c)** यदि निर्धनता और बेरोजगारी में वृद्धि होती है, तो केवल निरपेक्ष तथा प्रतिव्यक्ति वास्तविक GNP की वृद्धि, आर्थिक विकास की ऊँची दर का संकेत नहीं कर सकती।

8. प्रच्छन्न बेरोजगारी का सामान्यतः अर्थ होता है कि *[2013 - I]*

(a) लोग बड़ी संख्या में बेरोजगार रहते हैं

(b) वैकल्पिक रोजगार उपलब्ध नहीं है

(c) श्रमिक की सीमान्त उत्पादकता शून्य है

(d) श्रमिकों की उत्पादकता नीची है

उत्तर **(c)** प्रच्छन्न बेरोज़गारी एक ऐसी अवस्था है जिसमे श्रमिक की सीमान्त उत्पादकता शून्य होती है।

9. 'उन्नत भारत अभियान' कार्यक्रम का ध्येय क्या है?*[2017 - I]*

(a) स्वैच्छिक संगठनों और सरकारी शिक्षा तंत्र तथा स्थानीय समुदायों के बीच सहयोग का प्रोन्नयन कर 100 प्रतिशत साक्षरता प्राप्त करना।

(b) उच्च शिक्षा संस्थाओं को स्थानीय समुदायों से जोड़ना जिससे समुचित प्रौद्योगिकी के माध्यम से विकास की चुनौतियों का सामना किया जा सके।

(c) भारत को वैज्ञानिक और प्रौद्योगिक शक्ति बनाने के लिए भारत की वैज्ञानिक अनुसंधान संस्थाओं को सशक्त करना।

(d) ग्रामीण और नगरीय निर्धन व्यक्तियों के स्वास्थ्य देखभाल और शिक्षा के लिए विशेष निधियों का विनिधान कर मानव पूंजी विकसित करना और उनके लिए कौशल विकास कार्यक्रम तथा व्यावसायिक प्रशिक्षण आयोजित करना।

उत्तर **(b)** उन्नत भारत अभियान, ग्रामीण भारत के उन्नयन के लिए मानव संसाधन विकास मंत्रालय, भारत सरकार का कार्यक्रम है। यह कार्यक्रम भारतीय प्रौद्योगिकी संस्थान (IIT), नेशनल इंस्टीट्यूट ऑफ टेक्नोलॉजी और अन्य प्रमुख सरकारी इंजीनियरिंग संस्थानों में पूरे देश में लाँच किया जा रहा है। इस अभियान को भारत के आईआईटी दिल्ली द्वारा समन्वित और संचालित किया जा रहा है। इस कार्यक्रम में पड़ोसी समुदायों के साथ जुड़ना और उत्थान के लिए प्रौद्योगिकियों का उपयोग करना शामिल है।

स्रोत्र : प्रेस इंफार्मेशन ब्यूरो

10. X देश में अर्थिक संवृद्धि अनिवार्य रूप से होगी, यदि *[2013 - I]*

(a) विश्व अर्थव्यवस्था में तकनीकी प्रगति होती है

(b) X में जनसंख्या वृद्धि होता है

(c) X में पूँजी-निर्माण होता है

(d) विश्व अर्थव्यवस्था में व्यापार की मात्रा बढ़ती है

उत्तर **(c)** किसी भी देश का आर्थिक संवृद्धि पूँजी निर्माण से ही संभव होता है। पूँजी निर्माण से गैर सरकारी संस्थाएँ उत्साहित होकर देश के आर्थिक उन्नति में सहायक होती हैं।

4. **मुद्रास्फीति तथा व्यापार चक्र**

महत्त्वपूर्ण खण्ड

- मुद्रास्फीति, मूल्यह्रास, मंदी तथा संबंधित शब्द एवं अवधारणाएं जैसे- अवस्फीति, विस्फीति, प्रत्यवस्फीति, मुद्रास्फीति जनित मंदी, फीलिप्स वक्र।
- मुद्रास्फीति के प्रकार-मूल्यों के वृद्धि की दर पर आधारित-क्रीपिंग, ट्रॉटिंग, गैलोपिंग, हाइपर इंफ्लेशन
- मुद्रास्फीति के प्रकार-कारण के आधार पर-प्रेरित स्फीति, लागत जन्य स्फीति, संरचनात्मक स्फीति, अनुमान जन्य स्फीति
- भारतीय अर्थव्यवस्था पर मुद्रास्फीति का प्रभाव, अर्थव्यवस्था में भिन्न-भिन्न हितधारक। क्या निम्नतम स्फीति आवश्यक है? यदि हाँ तो क्यों?
- मुद्रास्फीति आय जैसे - सी.पी.आई., डब्ल्यु.पी.आई., जी.डी.पी. अपस्फीति कारक
- संरचना अथवा इस संकेतकों का निर्माण कैसे होता है?
- उनके गुण तथा अवगुण
- कौन-सा माप स्फीति का अच्छा संकेतक है तथा क्यों?
- मौजूदा समय में भारत में स्फीति के मापन हेतु किस सूचकांक का प्रयोग किया जाता है? संगठन हेतु आधार वर्ष
- यह आधार वर्ष क्या होता है?
- सरकार आधार वर्ष में परिवर्तन क्यों करती है?
- अर्थिक वृद्धि या स्फीति पर इसका क्या प्रभाव पड़ता है?

उदाहरण:

WPI में सब मिलाकर 676 मदें (items) होती हैं, उसमें से 20% अधिभार खाद्य पदार्थो को 14% ऊर्जा एवं ईधन को तथा 66% विनिर्मित वस्तुओं को दी जाती है।

इसमें सेवाएं सम्मिलित नहीं हैं। थोक मूल्य सूचकांक (WPI) के लिए आधार वर्ष 2010-11 है। इसका प्रकाशन वाणिज्य तथा उद्योग मंत्रालय द्वारा किया जाता है।

- स्फीति नियंत्रण में सरकार तथा RBI की भूमिका

उदाहरण:

11. सामान्य कीमत-स्तर में बढ़ोतरी निम्नलिखित में से किस/किन कारण/कारणों से हो सकती है/हैं? *[2013 - I]*

1. द्रव्य की पूर्ति में वृद्धि
2. उत्पादन के समग्र स्तर में गिरावट
3. प्रभावी माँग में वृद्धि

नीचे दिए गए कूट का प्रयोग कर सही उत्तर चुनिए।

(a) केवल 1 (b) केवल 1 और 2

(c) केवल 2 और 3 (d) 1, 2 और 3

उत्तर **(d)** सामान्य कीमत स्तर में बढ़ोतरी मुद्राओं के पूर्ति में वृद्धि से होती है। मुद्राओं के मूल्यों में गिरावट आ जाती है जिससे लोगों की क्रयक्षमता कम हो जाती है। प्रभावी माँग में भी वृद्धि होती है जब मुद्रास्फीति का दौड़ चलता है।

5. मुद्रा एवं बैंकिंग प्रणाली

महत्त्वपूर्ण खण्ड :

- RBI का कार्य एवं भूमिका
- मौद्रिक नीति / RBI द्वारा उठाए गए कदम, जैसे-बैंक दर, रेपो दर, रिवर्स रेपो दर, वैधानिक तरलता अनुपात (SLR), नकद रिजर्व अनुपात (cRR), तरलता समायोजन सुविधा (LAF) सीमांत सुविधा (MSF)
- इसका प्रयोग क्यों किया जाता है?
- मुद्रा आपूर्ति, स्फीति तथा अर्थव्यवस्था पर इनका क्या प्रभाव पड़ता है?

विभिन्न प्रकार के बैंक तथा इनकी कार्य प्रणाली

वाणिज्यिक बैंक आर.आर.बी., विकास बैंक, NABARD, को-ऑपरेटिव बैंक, मर्चेंट बैंक, गैर बैंकिंग वित्तीय कंपनी (NBFCs) इत्यादि।

इन बैंकों के कार्य - ये किनको ऋण प्रदान करते हैं?

उदाहरण: सामान्य बैंकों से भिन्न, NBFCs विनियमन RBI द्वारा होता है। NBFC, डिमांड डिपॉजिट (DD) को स्वीकार नहीं कर सकता है। NBFCs भुगतान एवं समाधान प्रणाली के भाग नहीं होते हैं। ये चैक निर्गत नहीं कर सकते हैं।

- बैंकिंग सुधार जैसे-बैंक राष्ट्रीयकरण (1969,1980) आधार, मानदंड इत्यादि।
- इन सुधारों की आवश्यकता क्यों पड़ती थी/है?
- इन सुधारों का उद्देश्य क्या था//है?
- **मुख्य शब्दों को समझना** - वित्तीय समावेशन, राजकोषीय समेकन, परिसीमित बैंकिंग, गैर निष्पादित संपत्तियाँ, शैडो बैंक (Shadow Banks), निर्बल बैंक, कोर बैंकिंग, बैंक रन, प्राथमिकता क्षेत्र ऋण प्रदान, जोखिम भारित संपत्ति अनुपात (CRAR) इत्यादि।
- वित्तीय समावेशन के संबंध में सरकार द्वारा उठाए गए कदम
- **उदाहरण-** ग्रामीण क्षेत्रों में बिजनेस कॉरेस्पॉण्ड मॉडल का प्रवेश, महिला बैंक, जन धन योजना, व्यष्टि-वित्त, मुद्रा बैंक इत्यादि।

- बैंकिंग सुधारों हेतु मौजूदा समितियों का गठन तथा उनकी महत्त्वपूर्ण संस्तुतियाँ

उदाहरणः

12. किसी अर्थव्यवस्था में यदि ब्याज की दर को घटाया जाता है, तो वह *[2014-1]*

(a) अर्थव्यवस्था में उपभोग व्यय घटाएगा

(b) सरकार के कर संग्रह को बढ़ाएगा

(c) अर्थव्यवस्था में निवेश व्यय को बढ़ाएगा

(d) अर्थव्यवस्था में कुल बचत को बढ़ाएगा

उत्तर **(c)** जब ब्याज दर में ह्रास होता है तब किसी अर्थव्यवस्था में फैक्टरी तथा उपकरण जैसे प्रमुख वस्तुओं के कारोबार द्वारा निवेश खर्च में वृद्धि होती है।

13. निम्नलिखित में से कौन भारत के सभी ATM को जोड़ता है? *[2018-1]*

(a) भारतीय बैंक एसोसिएशन

(b) राष्ट्रीय प्रतिभूति निक्षेप लिमिटेड (नेशनल सेक्यूरिटीज़ डिपोज़िटरी लिमिटेड)

(c) भारतीय राष्ट्रीय भुगतान निगम (नेशनल पेमेंट्स कॉर्पोरेशन ऑफ़ इंडिया)

(d) भारतीय रिज़र्व बैंक

उत्तर **(c)** भारतीय राष्ट्रीय भुगतान नियम भारतीय रिजर्व बैंक द्वारा स्थापित एक निगम है, जिसे भारत में विभिन्न भुगतान प्रणालियों के लिए एक मातृसंस्था के रुप में कल्पित किया गया है। वर्ष 2008 में स्थापित इस संस्था का मुख्यालय मुम्बई में है। 15 अक्टूबर, 2009 से यह संस्था भारत के सभी ATM को जोड़ता है। इस संस्था के विभिन्न उत्पादों में, नेशनल फाइनैंशियल स्विच, इंटरबैंक मोबाइल भुगतान सेवा (IMPS), रूपे, चैक ट्रंकेशन सिस्टम (CTS), आधार इनेबल्ड पेमेंट सिस्टम (AEPS) प्रमुख हैं।

14. मौद्रिक नीति समिति (मोनेटरी पॉलिसी कमिटी/MPC) के संबंध में निम्नलिखित कथनों में से कौन–सा/से सही है/हैं? *[2017 - I]*

1. यह RBI की मानक (बेंचमार्क) ब्याज दरों का निर्धारण करती है।
2. यह एक 12 सदस्यीय निकाय है जिसमें RBI का गवर्नर शामिल है तथा प्रत्येक वर्ष इसका पुनर्गठन किया जाता है।
3. यह केन्द्रीय वित्त मंत्री की अध्यक्षता में कार्य करती है।

नीचे दिए गए कूट का प्रयोग कर सही उत्तर चुनिएः

(a) केवल 1 (b) केवल 1 और 2

(c) केवल 3 (d) केवल 2 और 3

उत्तर **(a)** मौद्रिक नीति समिति आरबीआई की मानक ब्याज दरों रेपो रेट, सीआरआर, एसएलआर आदि का फैसला करती है। रिजर्व बैंक ऑफ इंडिया के गवर्नर द्वारा पॉलिसी रेट वीटो की जगह, मौद्रिक नीति समिति को लाया गया है। इसमें 6 सदस्य होते है जो चार वर्ष की अवधि के लिए नियुक्त होते है। भारतीय रिजर्व बैंक के गवर्नर एमसीपी के पदेन अध्यक्ष होते हैं।

15. निम्नलिखित में से कौन–से मामलों में भारतीय रिज़र्व बैंक वाणिज्यिक बैंकों को नियंत्रित करता है? *[2013 - I]*

1. परिसम्पत्तियों की तरलता
2. शाखा विस्तार
3. बैंकों का विलय
4. बैंकों का समापन

नीचे दिए गए कूट का प्रयोग कर सही उत्तर चुनिए।

(a) केवल 1 और 4 (b) केवल 2, 3 और 4

(c) केवल 1, 2 और 3 (d) 1, 2, 3 और 4

उत्तर **(d)** भारतीय रिज़र्व बैंक देश के प्रमुख मौद्रिक/आर्थिक प्राधिकारी है। इसके अतिरिक्त रिजर्व बैंक केन्द्र और राज्य सरकार के बैंक के रूप में भी काम करता है। कभी–कभी जब कोई बैंक लोन पुनः प्राप्त न करने की वजह से एवं और अन्य कारणों से बंद हो जाता है तब रिज़र्व बैंक इन बैंकों का समापन का कार्य भी करता है। बैंकों का विलय तथा विस्तार भी रिज़र्व बैंक के कार्य का एक मुख्य अंग है।

16. शाखारहित क्षेत्रों में व्यावसायिक संवाददाताओं (बैंक साथी) की सेवाओं द्वारा लाभार्थियों को कौन–सी सुविधा/ सुविधाएं प्राप्त होती है/हैं ? *[2014-1]*

1. यह लाभार्थियों को अपने गांव में अपने साहाय्य और सामाजिक सुरक्षा लाभ प्राप्त करने योग्य बनाती है।
2. यह ग्रामीण क्षेत्रों में लाभार्थियों को धनराशि जमा करने व आहरण करने योग्य बनाती है।

नीचे दिए गए कूट का प्रयोग कर सही उत्तर चुनिए।

(a) केवल 1 (b) केवल 2

(c) 1 और 2 दोनों (d) न तो 1 और न ही 2

उत्तर **(c)** शाखा रहित क्षेत्रों में व्यावसायिक संवादाताओं की सेवाओं द्वारा लाभार्थियों को अपने गाँव में अपने सहाय्य और सामाजिक सुरक्षा लाभ प्राप्त करने तथा धनराशि जमा करने व आहरण करने योग्य बनाती है।

6. **योजनाएं**

उदाहरण:

17. 'विद्यांजलि योजना' का क्या प्रयोजन है? *[2017 - I]*

1. प्रसिद्ध विदेशी शिक्षण संस्थाओं को भारत में अपने कैम्पस खोलने में सहायता करना।
2. निजी क्षेत्र और समुदाय की सहायता लेकर सरकारी विद्यालयों में दी जाने वाली शिक्षा की गुणवत्ता बढ़ाना।
3. प्राथमिक और माध्यमिक विद्यालयों की आधारिक संरचना सुविधाओं के संवर्धन के लिए निजी व्यक्तियों और संगठनों से ऐच्छिक वित्तीय योगदान को प्रोत्साहित करना।

नीचे दिए गए कूट का प्रयोग कर सही उत्तर चुनिएः

(a) केवल 2 (b) केवल 3

(c) केवल 1 और 2 (d) केवल 2 और 3

उत्तर **(a)** इस कार्यक्रम को उन लोगों को एक साथ लाने के लिए परिकल्पित किया गया है जो उन स्कूलों में स्वयंसेवा देने के लिए तैयार है, जिन्हें वास्तव में उनकी आवश्यकता है। इस कार्यक्रम का उद्देश्य स्वयंसेवकों की सेवाओं के माध्यम से सरकारी स्कूलों में सह–शैक्षिक गतिविधियों के कार्यान्वयन को मजबूत करना है।

स्रोत : Indian express June 2016

कला-संस्कृति हेतु योजना

भारत विभिन्न संस्कृतियों का देश है। अतः इसमें प्राचीन, मध्यकालीन से लेकर आधुनिक काल तक विभिन्न सांस्कृतिक पहलुओं का समावेश है। भारतीय संस्कृति में कला, चित्रकला, सूक्ष्म चित्रकारिता, वास्तुकला तथा साहित्य सम्मिलित हैं।

इस टॉपिक को सरलतापूर्वक समझने के लिए विगत वर्ष के प्रश्नों का विश्लेषण करना चाहिए तथा याद्दाश्त को प्रबल करने हेतु माइंड मैप, चार्ट तथा सारणियों का निर्माण एक व्यवस्थित क्रम में करना चाहिए।

तैयारी हेतु स्रोत

- **कला एवं संस्कृति के लिए कक्षा XI की NCERT की पुरानी पुस्तकें**
- **भारतीय इतिहास में थीम्स (विषय-वस्तु) के लिए कक्षा XII की नई पुस्तकें**

1. भारत के धार्मिक इतिहास के सन्दर्भ में, निम्नलिखित कथनों पर विचार कीजिएः *[2017 - I]*

1. सौत्रान्तिक और सम्मितीय जैन मत के सम्प्रदाय थे।
2. सर्वास्तिवादियों की मान्यता थी कि दृग्विषय (फिनोमिना) के अवयव पूर्णतः क्षणिक नहीं है, अपितु अव्यक्त रूप में सदैव विद्यमान रहते हैं।

उपर्युक्त कथनों में से कौन–सा/से सही है/हैं?

(a) केवल 1 (b) केवल 2

(c) 1 और 2 दोनों (d) न तो 1, न ही 2

उत्तर **(b)** सौत्रान्तिक और सम्मितीय बौद्ध धर्म के सम्प्रदाय हैं। सर्वास्तिवादियों का मानना है कि दृश्य जागत् के धर्म पूर्णतः क्षणिक हैं। प्रत्युत सदा अन्तर्निहित रूप में विद्यमान रहते हैं।

उदाहरणः

2. भगवान बुद्ध की प्रतिमा कभी-कभी एक हस्त मुद्रा युक्त दिखाई गई है, जिसे 'भूमिस्पर्श मुद्रा' कहा जाता है। यह किसका प्रतीक है? *[2012 - I]*

(a) मार पर दृष्टि रखने एवं अपने ध्यान में विघ्न डालने से मार को रोकने के लिए बुद्ध का धरती का आह्वान।

(b) मार के प्रलोभनों के बावजूद अपनी शुचिता और शुद्धता का साक्षी होने के लिए बुद्ध का धरती का आह्वान।

(c) बुद्ध का अपने अनुयायियों को स्मरण कराना कि वे सभी धरती से उत्पन्न होते हैं और अन्ततः धरती में विलीन हो जाते हैं, अतः जीवन संक्रमणशील है।

(d) इस सन्दर्भ में दोनों ही कथन (a) एवं (b) सही है।

2. **(b)** बुद्ध की मूर्ति इस बात का प्रतीक है कि मार के आकर्षण / मोह के बावजूद बुद्ध उसकी शुद्धता एवं शील को देखने के लिए आह्वान कर रहे हैं।

उदाहरणः

3. कुछ शैलकृत बौद्ध गुफाओं को चैत्य कहते हैं, जबकि अन्य को विहार। दोनों में क्या अन्तर है? *[2013 - I]*

(a) विहार पूजा-स्थल होता है, जबकि चैत्य बौद्ध भिक्षुओं का निवास स्थान है

(b) चैत्य पूजा-स्थल होता है, जबकि विहार बौद्ध भिक्षुओं का निवास स्थान है

(c) चैत्य गुफा के दूर के सिरे पर स्तूप होता है, जबकि विहार गुफा पर अक्षीय कक्ष होता है

(d) दोनों में कोई वस्तुपरक अन्तर नहीं होता

उत्तर **(b)** चैत्य पूजा-स्थल होता है, जबकि विहार बौद्ध भिक्षुओं का निवास स्थान है।

1. **स्थापत्य कला**

महत्वपूर्ण खण्ड

- विभिन्न साम्राज्य के दौरान प्रसिद्ध मंदिरों का निर्माण हुआ
- उनकी अवस्थिति
- मंदिरों की विभिन्न शैलियाँ जैसे-द्रविण, नागर, वेसर, पंचायतन
- शिलाओं को काटकर बनाए गए मंदिर, मंदिरों की मुख्य विशेषताएं
  -गर्भगृह, शिखर इत्यादि।
- गुप्तकालः- भारतीय स्थापत्य कला का स्वर्ण युग-गुफाएँ — अजंता एवं एलोरा-इन गुफाओं का धार्मिक पहलु।
- **दक्षिण भारत के मंदिरों की स्थापत्य कला**
  नागर, वेसर, द्रविड़, तथा विजयनगर इत्यादि।
  मूर्तिकला- चोल-नटराज, इत्यादि।
- **कला के अन्य संस्थान**- पाल, राष्ट्रकूट तथा होसल इत्यादि। उनकी धार्मिक विषय वस्तु।
- **हिन्द-इस्लामिक स्थापत्य कला**
  सजावट, गुम्बद इत्यादि, हिन्द-इस्लामिक तथा प्राचीन स्थापत्य कला में भेद

प्र. भारत के सांस्कृतिक इतिहास के संदर्भ में 'पंचायतन' शब्द का आशय है (2014)

(a) ग्रामीण मुखिया की सभा

(b) एक धार्मिक पंथ

(c) मंदिर निर्माण की शैली

(d) एक प्रशासनिक प्रणाली

उत्तरः (c)

2. उत्तर मौर्यकालीन कला

महत्वपूर्ण खण्डः

- कला परंपरा - गंधार, मथुरा, गुप्त, अमरावती
- उनके बीच भेद एवं समानताएं
- प्रत्येक परंपरा की मुख्य विशेषताएं

3. चित्रकला

महत्वपूर्ण खण्डः

- भीमबेटका शिला चित्रकला जैसी प्रागैतिहासिक चित्रकलाएं
- भित्ति चित्रकला
- म्यूरल चित्रकला (बादामी)
- अजंता तथा एलोरा की गुफा चित्रकारी
- इन चित्रकलाओं की विषय वस्तु
- भिन्न-भिन्न कलाओं की मुख्य विशेषताएं
- उनकी अवस्थिति

4. सुप्रसिद्ध चित्र ''बणी-ठणी'' किस शैली का है? *[2018-1]*

(a) बूँदी शैली (b) जयपुर शैली

(c) काँगड़ा शैली (d) किशनगढ़ शैली

उत्तर **(d)** निहाल चान्द द्वारा चित्रित "बणी-ठणी" का चित्र मारवाड़ के किशनगढ़ शैली का है। इसकी तुलना मोनालिसा से की जाती है। ऐसा माना जाता है कि बणी-ठणी, राजा सावंत सिंह की सौतेली माँ बैंकवाटजी की एक नौकरानी या दास लड़की थी। उसने साहित्य का अध्ययन किया तथा अनेक प्राकृतिक स्वभाव की कविताओं की रचना की। उसने कृष्ण पर सुंदर गीत भी बनाये थे।

5. बोधिसत्व पद्मपाणि का चित्र सर्वाधिक प्रसिद्ध और प्रायःचित्रित चित्रकारी है, जो *[2017 - I]*

(a) अजंता में है (b) बदामी में है

(c) बाघ में है (d) एलोरा में है

उत्तर **(a)** वाचस्पति गैरोला ने विषय की दृष्टि से अजंता की चित्रकला को तीन प्रमुख भागों में बाँटा है, जिसकी दूसरी श्रेणी में लोकपाल, बुद्ध, बौधिसत्व, राजा–रानियों की आकृतियों आदि को रखा गया है। अजंता की गुफा संख्या 1 में बोधिसत्व पद्मपाणि, वज्रपाणि आदि के चित्र उल्लेखनीय हैं।

बाघ के चित्र दैनिक जीवन की घटनाओं पर आधारित हैं। एलोरा में बोधिसत्व के चित्र नहीं प्राप्त होते। बादामी के गुहा मंदिरों में से तीन ब्राह्मण और एक जैन धर्म से संबंधित हैं।

स्रोतः NCERT(New), Class XI

4. लघु चित्रकला
महत्वपूर्ण खण्ड:

- बाल चित्रकारी
- पश्चिमी भारतीय चित्रकला (राजस्थान-गुजरात तथा मालवा)
- मुगल चित्रकला
- दक्कन चित्रकला (तंजौर, अहमदनगर, बीजापुर इत्यादि)
- पहाड़ी चित्रकला (बशोली, कांगरा तथा गुलेर इत्यादि)
- विभिन्न चित्रकला की मुख्य विशेषताएं
- समानताएं एवं विभेद
- उनकी अवस्थितियाँ

5. आधुनिक चित्रकला
महत्वपूर्ण खण्ड:

- बंगाल चित्रकला
- शांति निकेतन कला विद्यालय
- प्रमुख व्यक्तित्व तथा उनकी कृतियाँ जैसे - राजा रवि वर्मा, रबीन्द्र नाथ टैगोर, अमृता शेरगिल इत्यादि।

उदाहरण:

6. निम्नलिखित ऐतिहासिक स्थलों पर विचार कीजिए: *[2013 - I]*

1. अजन्ता की गुफ़ाएँ
2. लेपाक्षी मन्दिर
3. साँची स्तूप

उपर्युक्त स्थलों में से कौन-सा/से भित्ति चित्रकला के लिए भी जाना जाता है/जाने जाते हैं?

(a) केवल 1 (b) केवल 1 और 2
(c) 1, 2 और 3 (d) कोई नहीं

उत्तर **(b)** अजन्ता की गुफाओं में भित्ति चित्रकला के निदर्सन पाए गए हैं। गुफा 1, 2, 16 एवं 17 में यह चित्रकला देख सकते हैं। इनमें से कुछ चित्रकलाएँ वकाटक साम्राज्य के राजा हरिसेन ने अपनी इच्छा से निर्मित करायी थी। यह चित्रकलाएँ जातक की कहानियाँ बताती हैं। लेपाक्षी मन्दिर भित्ति चित्रकला के लिए प्रसिद्ध है। जिसे विजयनगर राज्य के राजाओं ने बनवाए थे। साँची स्तूप में बहुत सी सुन्दर मूर्तियाँ हैं पर भित्ति चित्रकलाएँ यहाँ देखने को नहीं मिलतीं।

7. फतेहपुर सीकरी का इबादतखाना क्या था ? *[2014-1]*

(a) राज परिवार के इस्तेमाल के लिए मस्जिद
(b) अकबर का निजी प्रार्थना कक्ष
(c) वह भवन जिसमें विभिन्न धर्मों के विद्वानों के साथ अकबर चर्चा करता था

(d) वह कमरा जिसमें विभिन्न धर्म वाले कुलीन-जन धार्मिक बातों के विचारार्थ जमा होते थे

उत्तर (c) फतेहपुर सीकरी का इबादतखाना वह भवन था जिसमें विभिन्न धर्मों के विद्वानों के साथ अकबर चर्चा करता था। यह चर्चा प्रत्येक वृहस्पतिवार को अकबर द्वारा उठाए गए धार्मिक मुद्दों पर होती थी।

पर्यावरण हेतु योजना

वर्तमान रुझान से यह पता चलता है कि यू.पी.एस.सी लगातार 'पर्यावरण खण्ड' को महत्त्व दे रहा है। इसके कई कारण हो सकते हैं, जैसे भारतीय वन सेवा से लेकर विश्वव्यापी पर्यावरणीय मुद्दों का समावेशन।

विगत वर्षों के प्रश्नों का रुझान

वर्ष	पूछे गए प्रश्न
2011	15
2012	10
2013	08
2014	13
2015	11
2016	21
2017	14
2018	9

सम्मिलित क्षेत्र

विगत वर्ष के प्रश्नों के विश्लेषण से यह विदित होता है कि सीसैट पेपर-I में निम्न टॉपिक्स को सम्मिलित किया गया है -

पर्यावरणीय पारिस्थितिकी से संबंधित मुद्दे जैसे -

पारिस्थितिकी शब्द - इकोटोन, पारिस्थितिकी नीके, (niche) पारितंत्र, पर्यावरणीय अपघटन का प्रभाव, मानव पर पड़ने वाला प्रभाव, पारितंत्र में खाद्य शृंखला।

- **प्रदूषणः** वायु, जल तथा ध्वनि प्रदूषण; अम्ल वर्षा, प्रकाश-रासायनिक धूम-कोहरा (Photochemical smog), ग्रीन हाउस गैस, ओजोन छिद्र, शैवाल प्रस्फूटन (Algal bloom)।
- **जैव विविधताः** इसमें सम्मिलित हैं - विभिन्न मानव जातियाँ अंतर्राष्ट्रीय प्रकृति एवं प्राकृतिक संसाधन संरक्षण संघ (IUCN)- रेड डेटा बुक, जैव विविधता, हॉट स्पॉट।
- **संरक्षणः** प्राकृतिक संसाधान, राष्ट्रीय पार्क, वन्य जीव संरक्षण, आर्द्रभूमि, जैवमंडल रिजर्व का संरक्षण इत्यादि- भारत के जैवमंडल रिजर्व तथा अंतर्राष्ट्रीय मान्यता प्राप्त आर्द्रभूमि।
- **संधारणीय विकासः** नवीकरणीय ऊर्जा, जैव तकनीक (जैव उर्वरक, जैव कीटनाशी) जैव भार गैसीफिकेशन।

- **पारिस्थितिकीय रूप से संवेदनशील क्षेत्र:** पश्चिमी घाट, हिमालय।
- **जलवायु परिवर्तन:** राष्ट्रीय तथा अंतर्राष्ट्रीय स्तर (क्योटो प्रोटोकॉल, मांट्रियल प्रोटोकॉल) पर आयोजित विभिन्न जलवायु परिवर्तन सम्मेलनों में जलवायु परिवर्तन को नियंत्रित करने हेतु उठाए गए विभिन्न कदम।
- **राष्ट्रीय तथा अंतर्राष्ट्रीय स्तर पर निर्मित विधि, नियामक निकाय तथा नीतियाँ:** पर्यावरण संरक्षण अधिनियम, वनाधिकार अधिकार, राष्ट्रीय जैवविविधता प्राधिकरण, कार्टानेगा प्रोटोकॉल, नागोया तथा लीमा कांफेरेंस जैसे प्रोटोकॉल तथा शिखर सम्मेलन इत्यादि।
- **अंतर-सरकारी संगठन, पर्यावरण परिवर्तन तथा जैवविविधता से संबंधित संधियाँ तथा अभिसमय:**

  रामसर अभिसमय, मांट्रिक्स रिकार्ड, तीन रियो अभिसमय - जैवविविधता पर अभिसमय (COB), जलवायु परिवर्तन पर संयुक्त राष्ट्र फ्रेमवर्क अभिसमय (UNFCCC), मरुस्थलीकरण से निपटने हेतु संयुक्त राष्ट्र अभिसमय-1992 से पृथ्वी शिखर सम्मेलन UNEP, PAO, UNESCO इत्यादि।

  अध्ययन हेतु स्रोत

  NCERT Books: कक्षा 6 तथा 12वीं की भूगोल की पुस्तकें तथा जीवविज्ञान की 12वीं की पुस्तक (New & old)

  ICSE Books: कक्षा 10 तथा 11

  समाचार पत्र - द हिन्दू

  पत्रिका - साइंस रिपोर्टर

  उदाहरण:

1. निम्नलिखित में से कौन-सा/से मानव क्रियाकलापों के कारण हाल में बहुत अधिक संकुचित हो गया है/सूख गया है?

1. अराल सागर
2. काला सागर
3. बैकाल झील

नीचे दिए गए कूट का प्रयोग कर सही उत्तर चुनिए : *[2018-1]*

(a) केवल 1 (b) 2 और 3

(c) केवल 2 (d) 1 और 3

उत्तर **(d)** सोवियत प्रशासन ने अरल सागर में विसर्जित होने वाली दो नदियों– अमू और साइर को मरुभूमि सिंचाई के लिए तीन अलग-अलग भागों में बाँट दिया, जिसके कारण इस सागर का 74 प्रतिशत से अधिक सतह सिकुड़ गयी। यूनेस्को के अनुसार बैकाल झील का जल भंण्डार जलवायु से जुड़ा है तथा पारिस्थितिकी तंत्र परिवर्तन उसमें सूखे का प्रभाव दिखता है।

2. निम्नलिखित कथनों पर विचार कीजिए :

1. ''संकटपूर्ण वन्यजीव पर्यावास'' (क्रिटिकल वाइल्डलाइफ हैबिटैट) की परिभाषा वन अधिकार अधिनियम, 2006 में समाविष्ट है।

2. भारत में पहली बार बैगा (जनजाति) को पर्यावास (हैबिटैट) अधिकार दिए गए हैं।
3. केन्द्रीय पर्यावरण, वन और जलवायु परिवर्तन मंत्रालय भारत के किसी भाग में विशेष रूप से कमजोर जनजातीय समूहों के लिए पर्यावास अधिकार पर आधिकारिक रूप से निर्णय लेता है और उसकी घोषणा करता है।

उपर्युक्त कथनों में से कौन-सा/से सही है/हैं? *[2018-1]*

(a) केवल 1 और 2 (b) केवल 2 और 3

(c) केवल 3 (d) 1, 2 और 3

उत्तर **(a)**

3. कुछ कारणो वश, यदि तितलियों की जाति (स्पीशीज) की संख्या में बड़ी गिरावट होती है, तो इसका/इसके संभावित परिणाम क्या हो सकता/सकते है/हैं? *[2017 - I]*

1. कुछ पौधों के परागण पर प्रतिकूल प्रभाव पड़ सकता है।
2. कुछ कृष्म पौधों में कवकीय संक्रमण प्रचण्ड रूप से बढ़ सकता है।
3. इसके कारण बरों, मकड़ियों और पक्षियों की कुछ प्रजातियों की समष्टि में गिरावट हो सकती है।

नीचे दिए गए कूट का प्रयोग कर सही उत्तर चुनिए:

(a) केवल 1 (b) केवल 2 और 3

(c) केवल 1 और 3 (d) 1, 2 और 3

उत्तर **(c)** पौधों के परागकण और फसलों के उत्पादन में, तितलियाँ एक स्थान से दूसरे स्थान तक परागकणों का परिवहन कर महत्वपूर्ण भूमिका निभाती हैं। बर्रे, मकड़ियाँ और कुछ पक्षी आदि का भोजन तितलियाँ ही हैं। अतः तितलियों की जाति की संख्या में गिरावट से परागण पर प्रति कूल प्रभाव पड़ेगा तथा बर्रों, मकड़ियों और पक्षियों की कुछ प्रजातियों की समष्टि में गिरावट आ सकती है।

स्रोत : NCERT कक्षा 12 जीवविज्ञान

4. जैव ऑक्सीजन मांग (BOD) किसके लिए एक मानक मापदंड है? *[2017 - I]*

(a) रक्त में ऑक्सीजन स्तर मापने के लिए

(b) वन पारिस्थितिक तंत्रों में ऑक्सीजन स्तरों के अभिकलन के लिए

(c) जलीय पारिस्थितिक तंत्रों में प्रदूषण के आमापन के लिए

(d) उच्च तुंगता क्षेत्रों में ऑक्सीजन स्तरों के आकलन के लिए

उत्तर **(c)** किसी विशिष्ठ समयावधि में कुछ तापमान पर दिए गए पानी के नमूनों में मौजूद कार्बनिक सामग्री को तोड़ने के लिए एरोबिक जैविक जीवों द्वारा आवश्यक विघटित ऑक्सीजन की मात्रा है।

स्रोत : NCERT कक्षा 11 रासायन विज्ञान अध्याय, 14.

5. निम्नलिखित युग्मों पर विचार कीजिए : [2014-1]

1. दाम्पा टाइगर रिज़र्व : मिज़ोरम
2. गुमटी वन्यजीव अभयारण्य : सिक्किम
3. सारामती शिखर : नागालैण्ड

उपर्युक्त युग्मों में से कौन-सा/से सही सुमेलित है/हैं ?

(a) केवल 1 (b) केवल 2 और 3
(c) केवल 1 और 3 (d) 1, 2 और 3

उत्तर **(c)** सबसे बड़ा वन्य जीव अभयारण, दम्पा टाइगर रिजर्व मिजोरम में है। सारामती शिखर नागालैण्ड में है। यह 3826 मी. की ऊँचाई पर स्थित यूएंगसांग टाउन के निकट स्थित है। गुमटी वन्यजीव अभयारण त्रिपुरा में विख्यात वन्यजीव रिज़र्व है।

6. कार्बन डाइऑक्साइड के मानवोद्भवी उत्सर्जनों के कारण आसन्न भूमंडलीय तापन के न्यूनीकरण के सन्दर्भ में कार्बन प्रच्छादन हेतु निम्नलिखित में से कौन सा/से संभावित स्थान हो सकता/सकते है/हैं? [2017 - I]

1. परित्यक्त एवं गैर–सरकारी कोयला संस्तर
2. निःशेष तेल एवं गैस भण्डार
3. भूमिगत गभीर लवणीय शैलसमूह

नीचे दिए गए कूट का प्रयोग कर सही उत्तर चुनिए:

(a) केवल 1 और 2 (b) केवल 3
(c) केवल 1 और 3 (d) 1, 2 और 3

उत्तर **(d)** भू–जब्ती (Geo-Sequestration) एक ऐसी विधि है, जिससे सीधे भूमिगत संरचनाओं में सुपर क्रिटिकल रूप में कार्बन–हाईऑक्साइड समाहित होता है। कोयले की सतह से CO_2 के अणुओं संलग्न कर CO_2 को भंडार करने के लिए इस्तेमाल किया जा सकता है। तेल की उगाही में वृद्धि के लिए कभी-कभी तेल क्षेत्रों में CO_2 को समाहित किया जाता है। गैस-फील्ड्स, खारी संरचनाएँ (लवणीय शैल समूह) अन्य संभावित स्थान हैं। नाश्मनीय कोयला सीम एवं खारी बैसाल्ट संरचनाएँ भंडारण स्थलों के रूप में कार्य कर सकती हैं। अनुक्रमित होने के बाद विभिन्न भौतिक और भौगोलिक ट्रैपिंग तंत्र CO_2 को पलायन से रोकते हैं।

विज्ञान एवं प्रौद्योगिकी की योजना

प्रारंभिक परीक्षा के पाठ्यक्रम में विज्ञान एंव प्रौद्योगिकी को व्यापक स्थान प्राप्त है। विगत वर्षों के पूछे गए प्रश्नों के रुझान विश्लेषण के आधार पर, यू.पी.एस.सी. द्वारा विज्ञान एवं प्रौदयोगिकी के अस्थिर (Dynamic) तथा विश्लेषणात्मक पक्ष को महत्व दिया गया है। पूछे गए प्रश्न मूल वैज्ञानिक अवधारणा तथा तथ्यों पर आधारित होते हैं, जो अनुसंधान में नवीन विकास से संबंधित होते हैं।

जैसे - मुद्दे, घटनाएं उनके अनुप्रयोग, क्षेत्र, गुण, अवगुण मनुष्य के दैनिक जीवन से संबंधित, पशु, वनस्पति, भौतिक परिवर्तन इत्यादि। प्रश्नों की प्रकृति स्थिर वैज्ञानिक नियमों तथा अस्थिर घटनाओं पर आधारित होती हैं। अवधारणाओं तथा तथ्यों की स्थिर (Static) प्रकृति का समावेश NCERT की कक्षा VI से लेकर XII की पुस्तकों में उपलब्ध है, परंतु अवधारणाओं तथा तथ्यों की अस्थिर (Dynamic) प्रकृति की तलाश समाचार पत्रों, पत्रिकाओं तथा इंटरनेट की विभिन्न साइटों से की जा सकती है।

विगत वर्षों के प्रश्नों का रुझान

वर्ष	पूछे गए प्रश्न
2011	19
2012	14
2013	19
2014	16
2015	12
2016	10
2017	06
2018	15

अध्ययन की पद्धति

पाठ्यक्रम का अवलोकन करें, फिर विस्तृत रूप में प्रत्येक अध्याय तथा मुख्य टॉपिकों का माइंड मैप तैयार करें। पाठ्य पुस्तकों तथा समाचार पत्र व पत्रिकाओं में प्रकाशित तथ्यों को पढ़ते समय, पाठ्यक्रम (Syllabus) तथा प्रश्नों के प्रकार को ध्यान में रखते हुए, विगत वर्षों के प्रश्नों का विश्लेषण करें।

आइए अब हम मूल विज्ञान के साथ आगे बढ़ते हैं। निम्न स्पष्टीकरण पर ध्यान केंद्रित करें-

1. **भौतिक विज्ञान तथा सम-सामयिक घटनाएं:**

इस भाग से पूछे जाने वाले प्रश्न मौलिक होते हैं तथा इनका संबंध मौजूदा घटनाओं अथवा खबरों में चर्चित कुछ घटनाओं से होता है। मुख्य विषय के रूप में भौतिक विज्ञान के अध्ययन की आवश्यकता नहीं होती है।

महत्पूर्ण खण्ड

भौतिक विज्ञान के मौजूदा पहलुओं को निम्न मुख्य बिंदुओं के अतंर्गत व्यापक रूप से समझा जा सकता है-

- **ग्राफीन:** यू.पी.एस.सी. की परीक्षा में इसे पूछा गया, क्योंकि वर्ष 2010 में भौतिकी में मिलने वाला नोबेल पुरस्कार ग्राफीन के शोध पर आधारित था। प्रश्न इसके गुणों पर आधारित था, न कि अन्य तथ्यों पर।
- **हिग्स बोसॉन:** इस कण के बारे में अभूतपूर्व खोज तथा अनुसंधान के कारण लम्बी बहस के सिलसिला के कारण यू.पी.एस.सी. द्वारा इस पर प्रश्न पूछा गया। अपना ध्यान सदैव विशेषताओं तथा कारणों पर केन्द्रित करें, जिस पर खबर आधारित होती है। गहरे शोध में जाने की आवश्यकता नहीं हैं।

- **बिग बैंग सिद्धांतः** ब्रह्माण्ड के अविरल विस्तार का कारण तथा प्रभाव उपलब्ध है।
- **श्याम ऊर्जा तथा श्याम पदार्थः** यह प्रायः चर्चा में रहा है, वैज्ञानिक अभी भी इसके अस्तित्व के पीछे रहस्य का पता लगाने का प्रयास कर रहे हैं।

उदाहरण

1. निम्नलिखित परिघटनाओं पर विचार कीजिए :

1. प्रकाश, गुरुत्व द्वारा प्रभावित होता है।
2. ब्रह्माण्ड लगातार फैल रहा है।
3. पदार्थ अपने चारों ओर के दिक्काल को विकुंचित (वार्प) करता है।

उपर्युक्त में से एल्बर्ट आइन्सटाइन के आपेक्षिकता के सामान्य सिद्धान्त का/के भविष्यकथन कौन-सा/से है/हैं, जिसकी/जिनकी प्रायः समाचार माध्यमों में विवेचना होती है?

[2018-I]

(a) केवल 1 और 2 (b) केवल 3

(c) केवल 1 और 3 (d) 1, 2 और 3

उत्तर **(c)** आइंस्टीन का सापेक्षता का सामान्य सिद्धान्त इस बात पर आधारित है कि हम कैसे सोचते हैं कि गुरुत्वाकर्षण ब्राह्मांड के व्यवहार को नियंत्रित करता है। हम जानते हैं कि पदार्थ अपने चारों ओर के दिक्काल को विकृत (Warp) करता है।

आइंस्टीन के सिद्धान्त के अनुसार दूसरे पदार्थों के भांति प्रकाश भी गुरुत्व के द्वारा प्रभावित होता है।

2. ग्राफीन आजकल प्रायः सुर्खियों में रहता है। उसका क्या महत्व है? *[2012 - I]*

1. वह एक द्वि-आयामीय पदार्थ है और उसकी विद्युत् चालकता उत्तम है।
2. वह अब तक जाँचे गए सबसे तनु किन्तु सबसे शक्तिशाली पदार्थों में से है।
3. वह पूर्णतः सिलिकॉन से बना होता है और उसकी चाक्षुष पारदर्शिता उच्च होती है।
4. उसका टच स्क्रीन, LCD और कार्बनिक LED के लिए 'चालक इलेक्ट्रोड' के रूप में इस्तेमाल किया जा सकता है।

उपर्युक्त में से कौन से कथन सही हैं?

(a) केवल 1 और 2 (b) केवल 3 और 4

(c) केवल 1, 2 और 4 (d) 1, 2, 3 और 4

उत्तर **(c)** ग्राफीन एक द्वि-आयामी पदार्थ है एवं इसकी विद्युत चालकता अच्छी है। यह अब तक जाँचे गए पतले व शक्तिशाली पदार्थों में से एक है। इसलिए इसका प्रयोग टच स्क्रीन, एल.सी.डी. (LCD) तथा कार्बनिक एल.ई.डी. (LED) में इलेक्ट्रोड के रूप में किया जाता है।

तमिलनाडु में स्थापित किए जाने वाले 'इंडियन न्यूट्रिनो आब्जर्वेटरी' की चर्चा खबरों में रही थी।

2. **अवधारणाएं** : प्राकृतिक शक्तियाँ तथा प्राकृतिक घटनाएं

महत्वपूर्ण खण्ड

- **गुरुत्वाकर्षण बल** : मूल अवधारणा, पृथ्वी तथा अन्य ब्रह्माण्डीय पिण्डों पर इसका प्रभाव। अन्य ज्ञात बलों के साथ इसका संबंध तथा प्रतिक्रियाएं इत्यादि। अपने याद करने की प्रक्रिया को सरल करने का प्रयास करें। थोड़े समय में बहुत सीखना होता है।
- **वैद्युत चुम्बकीय बल तथा ऊर्जा:** उपर्युक्त की भाँति।
- **पृथ्वी की चक्रण एवं परिक्रमण गति:**
  अन्य प्राकृतिक घटनाओं पर इसका प्रभाव; पृथ्वी पर होने वाले किसी परिवर्तन के लिए ये कैसे उत्तरदायी हैं? होने वाले अन्य परिवर्तनों में ये सम्मिलित हैं अथवा सम्मिलित नहीं हैं?
- **खबरों में मौजूदा घटना:** सौर ज्वाला इत्यादि।

उदाहरण:

3. निम्न पर विचार कीजिए: (2013)

1. वैद्युत चुम्बकीय विकिरण
2. भूऊष्मीय ऊर्जा
3. गुरुत्वीय बल
4. प्लेट गतियाँ
5. पृथ्वी की घूर्णन गति
6. पृथ्वी की परिक्रमण गति

पृथ्वी तल पर होने वाली अस्थायी परिवर्तनों के लिए उपर्युक्त में से कौन से उतरदायी हैं?

(a) केवल 1, 2, 3 तथा 4 (b) केवल 1, 3, 5 तथा 6

(c) केवल 2, 4, 5 तथा 6 (d) 1, 2, 3, 4, 5 तथा 6

उत्तर (d)

नोट: मौजूदा रुझान से पता चलता है कि विभिन्न पहलुओं पर आधारित भूगोल, पर्यावरण तथा विज्ञान संभाग से प्रश्न पूछे जा सकते हैं। उदाहरण – उपर्युक्त प्रश्न स्पष्टत: भौतिक बल से संबंधित है जिसे हमने भौतिकी में पढ़ा है परंतु प्रश्न का संबंध भूगोल से जुड़ा हुआ है। ऐसे बिंदुओं पर घबराने की आवश्वकता नहीं हैं। चाहे प्रश्न भौतिकी से हो या भूगोल से या किसी भी विषय से हो। मूलत: यूपीएससी अवधारणा आधारित प्रश्नों को तैयार कर रहा है तथा एक ही प्रश्न एक अथवा एक से अधिक अवधारणाओं को सम्मिलित कर सकता है। यदि आप किसी एक अवधारणा से अनभिज्ञ हैं तो यह आप के लिए बाधा उत्पन्न कर सकता है। यदि विकल्प छाँटने की गुंजाइश हो तो कुछ राहत मिल सकती है।

3. **प्राकृतिक घटनाएं**

महत्वपूर्ण खण्ड:

NCERT अथवा अन्य स्रोत से अध्ययन करते समय, किसी प्राकृतिक घटना को स्पष्ट करने वाले धारणाओं पर ज्यादा ध्यान दीजिए। उदाहरण के लिए–

- इन्द्रधनुष का क्या कारण है?

- प्रकृति में प्रकीर्णन, स्पेक्ट्रम, पूर्ण आंतरिक परावर्तन, अपवर्तन
- अवधारणाएं जैसे - आकाश का रंग नीला क्यों है?
- तारे क्यों टिमटिमाते हैं?
- ध्रुव तारा क्या है? यह किस दिशा में दिखाई पड़ता है?
- पृष्ठ तनाव एवं केशिकत्व
- ऊष्मा तथा प्रकाश से संबंधित घटनाएं

टिप्पणी: ऐसी घटनाओं की जानकारी के बारे में इंटरनेट से सहायता लें तथा इसके पीछे मूल वैज्ञानिक तथ्यों को जानें।

उदाहरण:

4. तड़ित्-झंझावात के दौरान, आकाश में तड़ित् किसके/किनके द्वारा उत्पन्न होती है/हैं? *[2013 - I]*

1. आकाश में कपासी-वर्षी मेघों के मिलने से
2. तड़ित् से, जो वर्षा मेघों को पृथक् करती है
3. हवा और जल के ऊपर की ओर तीव्र चलन से

नीचे दिए गए कूट का प्रयोग कर सही उत्तर चुनिए।

(a) केवल 1
(b) 2 और 3
(c) 1 और 3
(d) उपर्युक्त में से कोई भी तड़ित् उत्पादित नहीं करता

उत्तर **(d)** तड़ित झंझावात गरम और जलकण पूर्ण वायु के उपर उठने से और फिर ठंडा होकर कपासी वर्षा मेघ के बनने से संबंधित है। इन कपासी वर्षा मेघ गरमी के दिनों में बनते हैं। इन बादलों के आपस के टकराने से जो ताप उत्पन्न होता है उससे तड़ित पैदा होता है। तड़ित आसपास के हवा को गरम करके 'शॉक वेव' (shock wave) उत्पन्न करता है। जब हवा गरम होकर विस्तृत होता है तब इनसे ध्वनि उत्पन्न होती है जो गर्जन का रूप लेता है।

5. निम्नलिखित परिघटनाओं पर विचार कीजिए: *[2013 - I]*

1. गोधूलि में सूर्य का आमाप
2. ऊषाकाल में सूर्य का रंग
3. ऊषाकाल में चन्द्रमा का दिखना
4. आकाश में तारों का टिमटिमाना
5. आकाश में ध्रुवतारे का दिखना

उपर्युक्त में से कौन-से दृष्टिभ्रम हैं?

(a) 1, 2 और 3 (b) 3, 4 और 5
(c) 1, 2 और 4 (d) 2, 3 और 5

उत्तर (c) गोधूलि में सूर्य का आमाप एक दृष्टिभ्रम है। वायुमंडलीय रिफ्रैकशन की वजह से यह दृष्टिभ्रम उत्पन्न होता है। उषाकाल में सूर्य का रंग पीला होता है जिसका कारण है रोशनी का फैलाव वरना रोशनी केवल सफेद रंग की ही होती है। तारों का चमकना भी एक दृष्टिभ्रम है जो वायु के चक्रवात से उत्पन्न होता है।

4. **रासायनिक विज्ञान : रसायन विज्ञान तथा सम-सामयिक घटनाएं**

महत्वपूर्ण खण्डः

- रसायन विज्ञान अथवा रासायनिक परिवर्तन की सामान्य घटना जैसे - जल का अनियमित फैलाव, जल का घनत्व
- **प्रकृति में तत्वः** रेडियोएक्टिव (उदा. थोरियम, यूरेनियम) तथा गैर रेडियोएक्टिव तत्व, कार्बन डेटिंग,
- **सीसा**-इसका हानिकारक प्रभाव तथा उपयोग (उदा. क्या इसका उपयोग पेट्रोल तथा पेंसिल में किया जाता है?)
- **नाभिकीय ऊर्जाः** न्यूट्रान, गुरू जल का उपयोग, नियंत्रित एवं अनियंत्रित शृंखला अभिक्रिया तथा नाभिकीय रिएक्टर, भारत में नाभिकीय रिएक्टरों की अवस्थिति पर अपना ध्यान केंन्द्रित करें।
- तत्व तथा यौगिकों का गुण जिनकी चर्चा खबरों में रहती है, जैसे - इथेनॉल, मिथेनॉल इत्यादि।
- एंटीऑक्सीडेंट, समस्थानिक तथा कृत्रिम वर्षा जैसे शब्द इत्यादि।

6. निम्नलिखित में से कौन-सा/ से रासायनिक परिवर्तन का/ के उदाहरण है/ हैं ?

[2014-1]

1. सोडियम क्लोराइड का क्रिस्टलन
2. बर्फ का गलन
3. दुग्ध आस्कंदन

नीचे दिए गए कूट का प्रयोग कर सही उत्तर चुनिए।

(a) केवल 1 और 2 (b) केवल 3

(c) 1, 2 और 3 (d) कोई नहीं

उत्तर **(b)** जब एक पदार्थ किसी अन्य पदार्थ के साथ संयुक्त होकर एक नए पदार्थ की रचना करता हैं, तब रासायनिक परिवर्तन घटित होता है। सोडियम क्लोराइड का क्रिस्टलन रासायनिक परिवर्तन नहीं है। क्योंकि जल वाष्पन के उपरान्त नमक को पुनः प्राप्त किया जा सकता है। इसी प्रकार बर्फ का पिघलना उत्क्रमणीय प्रक्रिया है। परन्तु दूध का खट्टा होना रासायनिक परिवर्तन है। क्योंकि यह उत्क्रमणीय नहीं हैं, तथा एक नए यौगिक का निर्माण होता है।

7. भारत में विकसित आनुवंशिकतः रूपांतरित सरसों (जेनेटिकली मॉडिफाइड सरसों / GM सरसों) के सन्दर्भ में, निम्नलिखित कथनों पर विचार कीजिए :

1. GM सरसों में मृदा जीवाणु के जीन होते हैं जो पादप को अनेक किस्मों के पीड़कों के विरुद्ध पीड़क-प्रतिरोध का गुण देते हैं।
2. GM सरसों में वे जीन होते हैं जो पादप में पर-परागण और संकरण को सुकर बनाते हैं।

3. GM सरसों का विकास IARI और पंजाब कृषि विश्वविद्यालय द्वारा संयुक्त रूप से किया गया है।

उपर्युक्त कथनों में से कौन–सा/से सही है/हैं? *[2018-1]*

(a) केवल 1 और 3 (b) केवल 2

(c) केवल 2 और 3 (d) 1, 2 और 3

उत्तर **(b)** भारत में विकसित आनुवंशिकतः रूपांतरित सरसो (जेनेटिकली मॉडिफाइड सरसों/GM सरसों) DMH-11 का विकास नेशनल डेयरी डेवेलपमेंट बोर्ड तथा बायोटेक्नोलॉजी विभाग के सहयोग से दिल्ली विश्वविद्यालय के सेन्टर ऑफ जेनेटिक मैनिपुलेशन ऑफ क्रॉप प्लांट द्वारा किया गया है।

11 मई, 2017 को पर्यावरण मंत्रालय के जेनेटिक इन्जिनियरिंग एप्रुवल कमेटी (Genetic Engineering Approval Committee) ने देश में विकसित GM सरसों के व्यवसायिक प्रयोग का सुझाव दिया।

वैज्ञानिकों के एक सुझाव द्वारा DMH-11 का विकास किया जा रहा है, जिसमें मृदा के जीवाणुओं की गुणसूत्र व्यवस्था का उपयोग किया जाता है, जिससे सरसों सामान्यतः एक स्वपरागण वाला पौधा बन जाता है। इस प्रकार यह वर्तमान में उपलब्ध तरीकों की तुलना में संकरण के लिए अधिक उपयुक्त होता है।

अध्ययन के स्रोत

पुस्तकः NCERT कक्षा 6–12 (स्थिर सामान्य ज्ञान के लिए)

समाचार पत्रः द हिन्दू (अस्थिर सामान्य ज्ञान के लिए)

पत्रिकाः साइंस रिपोर्टर (अस्थिर सामान्य ज्ञान के लिए)

टॉपर्स के कथन

कामयाबी उनकी ही कदम चूमती है जो औरों की तुलना में ज्यादा कठिन मेहनत करने की क्षमता रखते हैं, यदि आप अपने कॅरियर में कामयाबी के लिए गंभीर हैं, तो आप स्वयं को ही आई.ए.एस. परीक्षा में सफल उम्मीदवारों की प्रेरणादायी कहानियों से शिक्षित करना चाहेंगे।

आई.ए.एस. टॉपर 2015 का साक्षात्कार-टीना डाबी
(डॉ. मो. उस्मानगनी अंसारी द्वारा)

डॉ. अंसारी : जब आपको प्रथम स्थान प्राप्त होने का समाचार प्राप्त हुआ तो आप को कैसा महसूस हुआ?

टीना डाबी : वास्तव में, मुझे बहुत खुशी तथा संतुष्टि हुई कि मेरे द्वारा की गई कठिन मेहनत ने अच्छा परिणाम दिया।

डॉ. अंसारी : व्यवसायिक कॅरियर के रूप में आपने IAS को ही क्यों चुना?

टीना डाबी : सिविल सेवा से एक विशिष्ट प्लेटफार्म मिलता है जहां से समाज के लिए कुछ बेहतर किया जा सकता है, बेहतर जीवन स्तर के साथ-साथ अत्यधिक रोजगार संतुष्टि का अहसास होता है।

डॉ. अंसारी : सिविल सेवा परीक्षा में सफलता तथा स्थान प्राप्त होने में किसकी प्रेरणा आपको मिली?

टीना डाबी : मेरी सफलता में मेरी माँ की प्रेरणा रही है, तैयारी में माँ की अनवरत प्रेरणा तथा सहयोग अमूल्य रहा।

डॉ. अंसारी : सिविल सेवा की तैयारी आपने कब प्रारंभ की?

टीना डाबी : जब मैं कक्षा-11 की पढ़ाई कर रही थी तभी से इसके बारे में सोचना तथा तैयारी की योजना शुरू कर दी थी। परंतु पूर्णरूप से तैयारी स्नातक की पढ़ाई पूरी होने के बाद ही शुरू की।

डॉ. अंसारी : दिशा प्रकाशन की "21 ईयर्स प्रिवियस ईयर्स क्यूश्चन्स बुक" ने आपको कितनी सहायता प्रदान की?

टीना डाबी : पुनरावृत्ति के दौरान एक बेहतर तैयार संदर्भ के लिए यह पुस्तक अच्छी साबित हुई। इसके द्वारा मुझे परीक्षा हेतु आवश्यक तथ्यों तथा पैटर्न की जानकारी प्राप्त हुई।

डॉ. अंसारी : CSAT पेपर-1 के अभ्यास हेतु दिशा की "101 स्पीड टेस्ट" कैसी है?

टीना डाबी : तीव्रता के साथ पुनरावृत्ति हेतु यह बहुत ही उपयोगी है।

डॉ. अंसारी : क्या आपने प्रारंभिक परीक्षा के बाद ही मुख्य परीक्षा हेतु तैयारी प्रारंभ कर दिया अथवा परिणाम का इंतजार किया?

टीना डाबी : प्रारंभिक तथा मुख्य परीक्षा की तैयारी साथ-साथ चलती रही, परंतु प्रारंभिक परीक्षा के तीन माह पूर्व ही मैंने प्रधान परीक्षा की तैयारी को विराम दे दिया। प्रारंभिक परीक्षा के बाद ही मैंने मुख्य परीक्षा की तैयारी शुरू कर दी।

डॉ. अंसारी : सामान्य अध्ययन (प्रधान) पेपर्स के लिए आपने कौन सी रणनीति अपनायी?

टीना डाबी : मैंने दृढ़तापूर्वक मेंस टेस्ट सीरीज शेड्यूल का अनुगमन किया जिससे प्रत्येक भाग की तैयारी हो सकी, टेस्ट सीरीज के द्वारा प्रत्येक सेक्शन में स्वयं का परीक्षण किया।

डॉ. अंसारी : समाचार पत्रों की सहायता से आपने सामान्य अध्ययन (प्रधान) पेपर्स की तैयारी किस प्रकार की?

टीना डाबी : समाचार पत्रों की महत्वपूर्ण भूमिका है। प्रश्न पत्र का लगभग 80% भाग समसामयिकी घटनाक्रमों से संबंधित है। परीक्षा में समाचार पत्रों से प्रत्यक्ष प्रश्न पूछे गये थे। मैंने एक नोटबुक बनायी जिसमें केवल महत्वपूर्ण बिंदुओं को नोट किया तथा उससे संबंधित समय-समय पर घटित घटनाक्रमों का उसके साथ पूरक तथ्यों को समायोजित करती रही।

डॉ. अंसारी : साक्षात्कार हेतु आपने किस प्रकार तैयारी की?

टीना डाबी : जहां तक संभव हुआ मैंने मॉक साक्षात्कार का सहारा लिया। तीन समाचार पत्रों को पढ़ा तथा स्नातक व वैकल्पिक विषय का अध्ययन किया।

डॉ. अंसारी : आई.ए.एस. के अभ्यर्थियों के लिए आप क्या संदेश व सुझाव देना चाहेंगी?

टीना डाबी : मैं उनकों यह बताना चाहूंगी कि नियमित रूप से कठिन मेहनत करें, अध्ययन योजना के साथ तारतम्यता बनाए रखें। स्वयं को ऊर्जावान व धैर्यवान बनाए रखें। अनुशासन तथा एकाग्रता से कुछ भी हासिल किया जा सकता है।

डॉ. अंसारी : एक बार पुनः आपकी सफलता हेतु ढेर सारी शुभकामनाएं। आप अपनी कॅरियर की बुलंदी पर पहुंचें तथा जीवन में पूर्व संतुष्टि को प्राप्त करें, ऐसी मेरी आपसे कामना है।

टीना डाबी : बहुत-बहुत धन्यवाद, श्रीमान जी आपके साथ बातचीत करके बहुत अच्छा लगा।

सामान्य ज्ञान

जनसंख्या एवं नगरीकरण

जनसंख्या

- ब्रिटिश भारत में पहली जनगणना 1872 में **लॉर्ड मियो** के कार्यकाल में हुई थी। 1881 ई. में **लॉर्ड रिपन** के समय से प्रत्येक दस वर्ष के अन्तराल पर जनसंख्या का क्रमवार आकलन प्रारम्भ हुआ, जो आज भी जारी है। इस प्रकार 1872 में हुई जनगणना को शामिल करते हुए अब तक भारत में 15 जनगणना हो चुकी है।
- **वर्ष 2011 की जनगणना** भारत की **15वीं** जनगणना है। स्वतंत्र भारत की यह **सातवीं** जनगणना है। 21वीं शताब्दी की यह **दूसरी** जनगणना है।
- भारत का क्षेत्रफल विश्व के क्षेत्रफल का मात्र **2.4** प्रतिशत है, जबकि भारत की जनसंख्या विश्व की कुल जनसंख्या का **17.5** प्रतिशत है।
- इस प्रकार जनसंख्या की दृष्टि से विश्व में भारत का स्थान चीन के बाद दूसरा है जबकि क्षेत्रफल की दृष्टि से भारत का स्थान **सातवाँ** है।
- भारत की जनसंख्या (121.05 करोड़) **संयुक्त राज्य अमेरिका, इण्डोनेशिया, ब्राजील, पाकिस्तान, बांग्लादेश और जापान की संयुक्त जनसंख्या (121,43 करोड़)** के लगभग बराबर है।
- भारत की जनसंख्या में 2001 से 2011 के दौरान **18.18 करोड़ की वृद्धि हुई** है। यह वृद्धि विश्व की पाँचवीं सर्वाधिक जनसंख्या वाले देश **ब्राजील** (19.5 करोड़) से थोड़ा ही कम है।
- भारत मूलतः गावों का देश है। इस देश में कुल **6,40,930 लाख** ग्राम है, जहां देश की **68.84 प्रतिशत** (2011) जनसंख्या निवास करती है।
- भारत की जनसंख्या 1901 में 23.8 करोड़ थी जो 1951 में 36.10 करोड़ हो गयी। इस प्रकार आजादी के पूर्व तक भारत की जनसंख्या 50 वर्षों में 12.3 करोड़ ही बढ़ी थी जबकि 1951 से 2001 के मध्य भारत की जनसंख्या में 66.7 करोड़ की वृद्धि हुई। **2001 में भारत की जनसंख्या 102.87 करोड़ थी जो 2011 तक बढ़कर 121.05 करोड़ हो गयी।**
- वर्तमान में भारत की जनसंख्या की **दशकीय वृद्धि 17.7 प्रतिशत** है जबकि **वार्षिक वृद्धि दर 1.64 प्रतिशत** है।
- वार्षिक वृद्धि दर को यदि 0.9 प्रतिशत तक लाया जाय तब भी **2045 के बाद भारत विश्व का सर्वाधिक जनसंख्या वाला देश हो जायेगा।**
- **1911-21 के दशक में जनसंख्या में ह्रास (-0.31%) की स्थिति आयी,** जिसका कारण अकाल एवं महामारियों का प्रकोप था, जिसके चलते मृत्युदर अधिक हो गयी थी।
- 1921 के पश्चात् देश की जनसंख्या में तीव्र गति से वृद्धि प्रारम्भ हुई। इसीलिए सन् **1921 को जनसंख्या के इतिहास में 'महान विभाजक वर्ष'** (Great Dividing Year) कहा जाता है।
- **भारत की जनसंख्या में सर्वाधिक वृद्धि 1961-71 के दशक में 24.80% हुई थी।** इसके पश्चात् 1971-81 में 24.66%, 1981-91 में 23.87% का स्थान है। 1991-2001 के दौरान दशकीय वृद्धि दर घटकर **21.54%** हो गया। 2001-11 के दशक में वृद्धि अंतिम रूप में 17.7% रही है।
- 15वीं जनगणना के दशक में भारत के **राज्यों/संघ प्रशासित** क्षेत्रों के सन्दर्भ में (2001-11) सर्वाधिक तथा न्यूनतम दशकीय जनसंख्या वृद्धि दर क्रमशः दादर एवं नागर हवेली (55.9%) और नागालैण्ड (–) 0.6% का रहा।

जनसंख्या वृद्धि का विभाजन

- भारत में जनसंख्या वृद्धि को चार भागों में विभक्त किया जा सकता है–

(i) **स्थिर जनसंख्या की अवधि –** (1901 से 1921 तक) इस अवधि में मृत्युदर बहुत अधिक थी, जिसके लिए महामारी, दुर्भिक्ष एवं खाद्य पदार्थों का अभाव उत्तरदायी था। अतः जन्मदर एवं मृत्युदर का अन्तर कम होने से प्राकृतिक वृद्धि दर न्यून थी। अर्थात् देश की जनसंख्या में धीमी गति से वृद्धि हुई।

(ii) **धीमी गति से बढ़ती जनसंख्या-** (1921-1951 तक) 1921 के पश्चात् उच्च मृत्युदर के लिए उत्तरदायी कारकों पर नियन्त्रण प्रारम्भ हो गया था। कृषि अर्थव्यवस्था में क्रमागत विकास, स्वास्थ्य एवं चिकित्सा सुविधाओं में महत्त्वपूर्ण वृद्धि से मृत्युदर को नियन्त्रित करने में सहायता मिली। फलतः देश की जनसंख्या लगभग स्थिर दर से उत्तरोत्तर बढ़ती रही।

(iii) **तीव्र वृद्धि मान जनसंख्या-** (1951-81 तक) 1951 में भारत की जनसंख्या 36.10 करोड़ थी जो 1981 में बढ़कर 68.33 करोड़ हो गयी। ऐसी अप्रत्याशित वृद्धि का मुख्य कारण विकास कार्य, खाद्य आपूर्ति में सुधार तथा स्वास्थ्य सम्बन्धी सुविधाओं के कारण मृत्युदर में कमी थी। कारण-स्वरूप जनसंख्या **विस्फोटक अवस्था** में पहुँच गयी। अर्थात देश की **जनसंख्या में अत्याधिक तेजी से वृद्धि हुई।**

(iv) **जनसंख्या वृद्धि दर में गिरावट-** स्वतंत्रोपरांत जनसंख्या वृद्धि दर में **प्रथम गिरावट** 1971-81 के दशक में प्रारम्भ हुई जो 2001-2011 के दशक में गिरकर अंतिम रूप से 17.7% हो गयी। वर्तमान में जनसंख्या की **वार्षिक वृद्धि दर 1.64%** है। अर्थात् भारतीय जनसंख्या के चतुर्थ **संक्रमण काल में जनसंख्या के वृद्धि दर में गिरावट का रुझान जारी रहा।**

जनसंख्या वृद्धि दर वाले शीर्ष 5 राज्य/ के. प्र. क्षेत्र

राज्य / के. प्र.	वृद्धि दर (प्रतिशत में)
दादर और नगर हवेली	55.9
दमन और दीव	53.8
पुडुचेरी	28.1
मेघालय	27.9
अरुणाचल प्रदेश	26.0

दशकीय जनसंख्या वृद्धि (2001-2011) के अनुसार राज्यों का क्रम

रैंक	राज्य / के. प्र.	वृद्धि दर (% में)
1.	दादर & नगर हवेली	55.90
2.	दमन और दीव	53.8
3.	पुडुचेरी	28.1
4.	मेघालय (राज्यों में प्रथम)	27.9
5.	अरुणाचल प्रदेश	26.0
6.	बिहार	25.4
7.	जम्मू-कश्मीर	23.6
8.	मिजोरम	23.5
9.	छत्तीसगढ़	22.6
10.	झारखण्ड	22.4
11.	राजस्थान	21.3
12.	दिल्ली	20.2

13.	मध्य प्रदेश	20.30
14.	उत्तर प्रदेश	20.2
15.	हरियाणा	19.90
16.	गुजरात	19.3
17.	उत्तराखण्ड	18.8
18.	मणिपुर	18.60
19.	चण्डीगढ़	17.20
20.	असोम	17.1
21.	महाराष्ट्र	16.0
22.	तमिलनाडु	15.67
23.	कर्नाटक	15.60
24.	त्रिपुरा	14.8
25.	ओडिशा	14.0
26.	पंजाब	13.9
27.	पश्चिम बंगाल	13.8
28.	हिमाचल प्रदेश	12.9
29.	सिक्किम	12.9
30.	आन्ध्र प्रदेश	11.0
31.	गोवा	8.2
32.	अण्डमान एवं निकोबार	6.9
33.	लक्षद्वीप	6.3
34.	केरल	4.9
35.	नागालैण्ड	-0.6
36.	**भारत**	**17.7**

- **जनगणना-2011** का जनगणना काल 9 फरवरी, 2011 से 28 फरवरी, 2011 थी। जनगणना 2011 की **सन्दर्भ तिथि** 1 मार्च, 2011 की मध्यरात्रि (शून्य घण्टा-00.00 बजे) निर्धारित की गयी थी। ज्ञातव्य है कि जनगणना-2011 का आयोजन भारत के महारजिस्ट्रार एवं जनगणना आयुक्त **डॉ. सी. चन्द्रमौली** के निर्देशन में सम्पन्न हुआ। 2001 की जनगणना का कार्य **जयंत कुमार बंठिया** के कार्यकाल में हुआ था।
- जनगणना-2011 में कतिपय कारणों से **जम्मू-कश्मीर, हिमाचल प्रदेश** और **उत्तराखण्ड** के **बर्फ अवरुद्ध** क्षेत्रों की जनगणना अवधि 11 सितम्बर से 30 सितम्बर थी और जनगणना की संदर्भ तिथि 1 अक्टूबर, 2010 की मध्यरात्रि (0.00 Hours) निर्धारित की गई थी।
- दो काल खण्डों में प्रमाणित 15वीं जनगणना का कार्य 30 मार्च, 2011 को सम्पन्न हुआ और 31 मार्च, 2011 को गृह सचिव जी. के. पिल्लै की उपस्थिति में महापंजीयक व जनगणना आयुक्त **सी. चन्द्रमौलि** द्वारा **अंतरिम आंकड़ा** (Provisional Data) जारी किया गया था। अंतरिम आंकडों के जारी होने के लगभग दो वर्ष बाद **30 अप्रैल, 2013** को अंतिम आंकड़े (Final Data) जारी किये गये हैं।

जनगणना-2011 के राज्यवार अंतिम आंकड़े (Final Data)

राज्य/ के. प्र. के कोड	भारत/ राज्य/ केन्द्रशासित प्रदेश	जनसंख्या (करोड़ में)			लिंगानुपात प्रति 1000 पुरुष पर	जनघनत्व (व्यक्ति/ वर्ग किमी)	दशकीय वृद्धि (प्रतिशत में)	साक्षरता (प्रतिशत में)		
		व्यक्ति	पुरुष	महिलाएं				व्यक्ति	पुरुष	महिलाएं
1	2	3	4	5	7	8	9	10	11	12
	भारत	**121.05**	**62.31**	**58.74**	**943**	**382**	**17.7**	**73.0**	**80.9**	**64.6**
1	जम्मू-कश्मीर	1.25	0.66	0.59	889	124	23.6	67.2	76.8	56.4
2	हिमाचल प्रदेश	0.68	0.34	0.33	972	123	12.9	82.8	89.5	75.9
3	पंजाब	2.77	1.46	1.31	895	551	13.9	75.8	80.4	70.7
4	चंडीगढ़	0.10	0.05	0.04	818	9258	17.2	86.0	90.0	81.2
5	उत्तराखण्ड	1.00	0.51	0.49	963	189	18.8	78.8	87.4	70.0
6	हरियाणा	2.53	1.34	1.18	879	573	19.90	75.6	84.1	65.9
7	दिल्ली	1.67	0.89	0.78	868	11320	21.2	86.2	90.9	80.8
8	राजस्थान	6.85	3.55	3.29	928	200	21.3	66.1	79.2	52.1
9	उत्तर प्रदेश	19.98	10.44	9.53	912	829	20.2	67.7	77.3	57.2
10	बिहार	10.40	5.42	4.98	918	1106	25.4	61.8	71.2	51.5
11	सिक्किम	0.061	0.032	0.028	890	86	12.9	81.4	86.6	75.6
12	अरुणाचल प्रदेश	0.13	0.071	0.066	938	17	26.0	65.4	72.6	57.7
13	नागालैण्ड	0.19	0.10	0.09	931	119	-0.6	79.6	82.8	76.1
14	मणिपुर	0.25	0.12	0.12	992	115	18.65	79.2	86.1	72.4
15	मिजोरम	0.109	0.055	0.054	976	52	23.5	91.3	93.3	89.3
16	त्रिपुरा	0.367	0.187	0.179	960	350	14.8	87.2	91.5	82.7
17	मेघालय	0.296	0.149	0.14	989	132	27.9	74.4	76.0	72.9
18	असोम	3.11	1.59	1.52	958	398	17.1	72.2	77.8	66.3
19	प. बंगाल	9.13	4.69	4.44	950	1028	13.8	76.3	81.7	70.5
20	झारखण्ड	3.29	1.69	1.60	949	414	22.4	66.4	76.8	55.4
21	ओडिशा	4.19	2.12	2.07	979	270	14.0	72.9	81.6	64.0
22	छत्तीसगढ़	2.55	1.28	1.27	991	189	22.6	70.3	80.3	60.2
23	मध्य प्रदेश	7.25	3.76	3.49	931	236	20.30	69.3	78.7	59.2
24	गुजरात	6.03	3.14	2.89	919	308	19.3	78.0	85.8	69.7
25	दमन दीव	0.02	0.01	0.009	618	2191	53.8	87.1	91.5	79.5
26	दादरा नगर हवेली	0.034	0.019	0.014	774	700	55.9	76.2	85.2	64.3
27	महाराष्ट्र	11.23	5.82	5.41	929	365	16.0	82.3	88.4	75.9
28	आन्ध्र प्रदेश	8.45	4.24	4.21	993	308	11.0	67.0	74.9	59.1
29	कर्नाटक	6.10	3.09	3.01	973	319	15.67	75.4	82.5	68.1

30	गोआ	0.145	0.073	0.071	973	394	8.2	88.7	92.6	84.7
31	लक्षद्वीप	0.006	0.003	0.003	947	2149	6.3	91.8	95.6	87.9
32	केरल	3.34	1.60	1.73	1084	860	4.9	94.0	96.1	92.1
33	तमिलनाडु	7.21	3.61	3.60	996	555	15.60	80.1	86.8	73.4
34	पुडुचेरी	0.124	0.061	0.063	1037	2547	28.1	85.8	91.3	80.7
35	अंडमान निकोबार	0.038	0.020	0.017	876	46	6.9	86.6	90.3	82.4

जनगणना के महत्त्वपूर्ण अंतिम आंकड़े (Final Data)

	2001	2011	अन्तर
व्यक्ति (i) पुरुष (ii) महिलाएं	1,02,87,37,436 53,22,23,090 (51.73%) 49,65,14,346 (48.27%)	1,21,05,69,573 62,31,21,843(51.47%) 58,74,47,730(48.53%)	(+) 18,18.32,137 (+) 9,08,98,753 (+) 9,09,33,384
0–6 आयु जनसंख्या	–	16,44,78,150 (13.6%)	–
नगरीय प्रतिशत	27.81	31.2%	(+) 3.39%
दशक में % वृद्धि दर	21.54	17.7	(–) 3.84%
वार्षिक वृद्धि दर % में	1.97	1.64	(–) 0.33%
लिंगानुपात	933:1000	943:1000	(+) 10
साक्षरता % (i) पुरुष साक्षरता % (ii) महिला साक्षरता %	64.8 75.26 53.67	73.0 80.9 64.6	(+) 8.2% (+) 5.64% (+) 10.93%
जनघनत्व(व्यक्ति/वर्ग किमी.)	325	382	(+) 52

क्षेत्रफल की दृष्टि से	
सबसे बड़ा राज्य	राजस्थान
सबसे छोटा राज्य	गोवा
सबसे बड़ा केन्द्रशासित प्रदेश	अंडमान एवं निकोबार
सबसे छोटा केन्द्रशासित प्रदेश	लक्षद्वीप

जनसंख्या की दृष्टि से : 2011	
सबसे बड़ा राज्य	उत्तर प्रदेश
सबसे छोटा राज्य	सिक्किम

सबसे बड़ा केन्द्रशासित प्रदेश	दिल्ली
सबसे छोटा केन्द्रशासित प्रदेश	लक्षद्वीप

जनसंख्या की दृष्टि से शीर्ष पाँच राज्य

राज्य	जनसंख्या (करोड़ में)
उत्तर प्रदेश	19.981 (16.51%)
महाराष्ट्र	11.237 (9.28%)
बिहार	10.409 (8.60%)
प. बंगाल	9.127 (7.54%)
आन्ध्र प्रदेश	8.458 (6.99%)

जनसंख्या की दृष्टि से शीर्ष 5 के. प्र. क्षेत्र	
राज्य	जनसंख्या (करोड़ में)
दिल्ली	16787941
पुडुचेरी	1247953
चण्डीगढ़	1055450
अंडमान निकोबार	380581
दादर नगर हवेली	343709

लिंगानुपात की दृष्टि से : 2011	
सर्वाधिक लिंगानुपात	केरल (1084)
सबसे कम लिंगानुपात	हरियाणा (879)
सर्वाधिक केन्द्रशासित लिंगानुपात	पुडुचेरी (1037)
सबसे कम केन्द्रशासित लिंगानुपात	दमन एवं दीव (618)
सर्वाधिक शिशु (0-6) लिंगानुपात वाला राज्य एवं केन्द्र शा.प्र.	अरुणाचल प्रदेश (972) एवं अं. नि. द्वीप समूह (968)
न्यूनतम शिशु (0-6) लिंगानुपात वाला राज्य एवं के.शा.प्र.	हरियाणा (834) एवं दिल्ली (871)

जनघनत्व की दृष्टि से: 2011	
सर्वाधिक जनघनत्व	बिहार (1106)
सबसे कम जनघनत्व	अरुणाचल प्रदेश (17)
सर्वाधिक केन्द्रशासित जनघनत्व	दिल्ली (11320)
सबसे कम केन्द्रशासित जनघनत्व	अंडमान व निकोबार (46)

साक्षरता की दृष्टि से : 2011	
सर्वाधिक साक्षरता	केरल (94.0%)
सबसे कम साक्षरता	बिहार (61.8%)
सर्वाधिक केन्द्रशासित साक्षरता	लक्षद्वीप (91.8%)
न्यूनतम केन्द्रशासित साक्षरता	दादर व नगर हवेली (76.2%)

➢ जनगणना-2011 के अंतिम आंकड़े (Final Data) के अनुसार देश में न्यूनतम जनसंख्या वृद्धि दर वाले जिले क्रमशः नागालैण्ड के लांगलेंग (-58.39%) एवं किफरे (-30.50%) हैं।

लिंगानुपात

➢ जनसंख्या की लिंग संरचना को किसी अनुपात में व्यक्त करना, **लिंगानुपात** कहलाता है। भारत में यह अनुपात प्रति 1000 पुरुषों पर स्त्रियों की संख्या के रूप में दर्शाते हैं। 2011 की अंतिम भारतीय जनगणना के अनुसार, **देश का लिंगानुपात 943** है जो यह प्रदर्शित करता है कि भारत में पुरुषों की अपेक्षा स्त्रियों की संख्या कम है।

➢ 1901 में लिंगानुपात 972 था जिसमें **1941** तक क्रमिक ह्रास **का दौर चलता रहा**। वर्ष 1951 में एक अंक, 1981 में 4 अंक की तथा 2001 में 6 अंक तथा 2011 में 10 **अंक की बढ़ोत्तरी** दिखाई दी, लेकिन शेष दशकों में गिरावट का रूख रहा है। 1991 में यह अनुपात न्यूनतम स्तर **(927) पर था।**

भारत में लिंग संरचना	
वर्ष	लिंगानुपात
1901	**972**
1911	964
1921	955
1931	950
1941	**945**
1951	946
1961	941
1971	**930**
1981	934
1991	**927**
2001	**933**
2011	943

➢ राज्यों के आंकड़ों में भी विभिन्नता पायी जाती है। **केरल** में सर्वाधिक लिंगानुपात **1084** है तो **हरियाणा** में न्यूनतम **879**। राज्यों और केन्द्रशासित प्रदेशों पर समग्र रूप में विचार करें तो न्यूनतम लिंगानुपात **618** दमन एवं दीव का है।

शीर्ष पाँच लिंगानुपात वाले राज्य	
राज्य	**लिंगानुपात**
केरल	1084
तमिलनाडु	996
आन्ध्र प्रदेश	993
मणिपुर	992
छत्तीसगढ़	991

न्यूनतम पाँच लिंगानुपात वाले राज्य	
राज्य	**लिंगानुपात**
हरियाणा	879
जम्मू-कश्मीर	889
सिक्किम	890
पंजाब	895
उत्तर प्रदेश	912

शीर्ष पाँच लिंगानुपात वाले केन्द्रशासित प्रदेश	
प्रदेश	**लिंगानुपात**
पुडुचेरी	1037
लक्षद्वीप	947
अंडमान एवं निकोबार	876
दिल्ली	868
चण्डीगढ़	818

न्यूनतम तीन लिंगानुपात वाले केन्द्रशासित राज्य	
प्रदेश	**लिंगानुपात**
दमन एवं दीव	618
दादर एवं नगर हवेली	774
चण्डीगढ़	818
सर्वाधिक लिंगानुपात वाले 2 जिले	
माहे (पुडुचेरी)	1176
अल्मोडा (उत्तराखंड)	1139
न्यूनतम लिंगानुपात वाले 2 जिले	
दमन (दमन द्वीव)	533
लेह (लद्दाख) (जम्मू कश्मीर)	583

➢ **0-6 आयु वर्ग के शीर्ष पाँच लिंगानुपात वाले राज्य हैं–**

राज्य	लिंगानुपात
अरुणाचल प्रदेश	972
मिजोरम	970
मेघालय	970
छत्तीसगढ़	969
केरल	964

➢ 0-6 आयु वर्ग के न्यूनतम पाँच लिंगानुपात वाले राज्य हैं–

राज्य	लिंगानुपात
हरियाणा	834
पंजाब	846
जम्मू-कश्मीर	862
राजस्थान / महाराष्ट्र	888
उत्तराखण्ड	890

➢ 0-6 आयु वर्ग के शीर्ष दो और न्यूनतम लिंगानुपात वाले केन्द्रशासित प्रदेश हैं–

केन्द्रशासित प्रदेश	लिंगानुपात
अण्डमान एवं निकोबार	968
पुडुचेरी	967
दिल्ली	871
चण्डीगढ़	880

➢ **लिंगानुपातः** 1961 से 2011 तक कुल जनसंख्या और 0-6 आयु की जनसंख्या का तुलनात्मक आंकड़ा–

वर्ष	लिंगानुपात 0-6 आयु वर्ग में	कुल औसत लिंगानुपात
1961	976	941
1971	964	930
1981	962	934
1991	945	927
2001	927	933
2011	919	943

➢ 0–6 वर्ष के आयु वर्ग के 2001-2011 के दशक में शीर्ष पाँच लिंगानुपात में **कमी प्रकट** करने वाले राज्य / के. प्र. क्षेत्र हैं–

राज्य /के. प्र. क्षेत्र	लिंगानुपात		अन्तर
	2001	2011	
जम्मू-कश्मीर	941	862	(–)79
दादर एवं नगर हवेली	979	926	(–)53
लक्षद्वीप	959	911	(–)48
राजस्थान	909	888	(–)21
महाराष्ट्र	913	894	(–)19

➢ 0–6 वर्ष के आयु वर्ग के 2001-2011 के दशक में शीर्ष पाँच लिंगानुपात में **वृद्धि प्रदर्शित** करने वाले राज्य / के. प्र. क्षेत्र हैं–

राज्य /के. प्र. क्षेत्र	लिंगानुपात		अन्तर
	2001	2011	
पंजाब	798	846	(+)48
चण्डीगढ़	845	880	(+)35
हरियाणा	819	834	(+)15
अण्डमान एवं निकोबार	957	968	(+)11
मिजोरम	964	970	(+)6

साक्षरता दर

➢ भारत के साक्षरता दर में पिछले दशकों से सतत् वृद्धि हुई है। 1951 में जहाँ **भारत की साक्षरता दर** 18.33 प्रतिशत थी, वहीं यह 2011 में बढ़कर 64.8 प्रतिशत हो गयी है।

➢ जनगणना 2011 के अंतिम आंकड़े के अनुसार साक्षरता 8.16 प्रतिशत बढ़कर 73.0 प्रतिशत हो गई। ध्यातव्य है कि जहाँ साक्षरता दर में 8.16% की वृद्धि हुई है, वहीं साक्षर जनसंख्या में वर्ष 2001 की तुलना में वर्ष 2011 में 36.15 प्रतिशत की वृद्धि हुई है।

➢ ज्ञातव्य है कि साक्षरता की गणना के लिए 7 वर्ष से ऊपर के **आयु वर्ग** को सम्मिलित किया जाता है। कोई भी व्यक्ति यदि वह पढ़-लिख सकता है, तो वह साक्षर है।

भारत में साक्षरता-2011 (अंतिम)		
साक्षरता	**जनसंख्या**	**प्रतिशत**
व्यक्ति	76,34,98,517	73.0
(i) पुरुष (ii) महिला	43,46,83,779 32,88,14,738	80.9 64.6

साक्षरता दर में प्रगति % में			
वर्ष	**व्यक्ति**	**पुरुष**	**स्त्री**
1951⁺	18.33	27.16	8.86
1961⁺	28.30	40.40	15.35
1971⁺	34.45	45.96	21.97
1981	43.37	56.38	29.76
1991	52.21	64.13	39.29
2001	64.84	75.26	53.67
2011	73.0	80.9	64.6

संकेत + साक्षरता का आधार 5 वर्ष से ऊपर के लोग साक्षरता का आधार 7 वर्ष से ऊपर के लोग

शीर्ष पांच साक्षरता दर वाले राज्य	
राज्य	**प्रतिशत**
केरल	94.0
मिजोरम	91.3
त्रिपुरा	88.7
गोवा	87.2
हिमाचल प्रदेश	82.8

न्यूनतम पाँच साक्षरता दर वाले राज्य	
राज्य	**प्रतिशत**
बिहार	61.8
अरुणाचल प्रदेश	65.4
राजस्थान	66.1
झारखण्ड	66.4
आन्ध्रप्रदेश	67.0

शीर्ष पाँच केन्द्रशासित साक्षरता वाले प्रदेश	
प्रदेश	**प्रतिशत**
लक्षद्वीप	91.8

दमन दीव	87.1
पुडुचेरी	86.6
चण्डीगढ़	86.2
दिल्ली	86.0

न्यूनतम तीन साक्षरता वाले केन्द्रशासित प्रदेश	
प्रदेश	प्रतिशत
दादरा एवं नगर हवेली	76.2
पुडुचेरी	85.8
चंडीगढ़	86.0

शीर्ष साक्षर जनसंख्या वृद्धि वाले राज्य	
राज्य/के.प्र. (2001 से 2011 तक)	प्रतिशत
दादर नगर हवेली	119.46
दमन द्वीप	75.63
बिहार	74.83
अरुणाचल प्रदेश	62.95
झारखण्ड	59.24

पुरुष साक्षरता वाले पाँच शीर्ष राज्य/के.शा.प्र.	
राज्य	प्रतिशत
केरल	96.1
लक्षद्वीप	95.6
मिजोरम	93.3
गोवा	92.6
त्रिपुरा	91.5

न्यूनतम पुरुष साक्षरता वाले पाँच राज्य	
राज्य	प्रतिशत
बिहार	71.2
अरुणाचल प्रदेश	72.6
आन्ध्र प्रदेश	74.9
मेघालय	76.0
जम्मू-कश्मीर	76.8

स्त्री साक्षरता वाले पाँच शीर्ष राज्य/के.शा.प्र.	
राज्य	प्रतिशत
केरल	92.1
मिजोरम	89.3
लक्षद्वीप	87.9
गोवा	84.7
त्रिपुरा	82.7

न्यूनतम स्त्री साक्षरता वाले पाँच राज्य	
राज्य	प्रतिशत
बिहार	51.5
राजस्थान	52.1
झारखण्ड	55.4
जम्मू-कश्मीर	56.4
उत्तर प्रदेश	57.2

सर्वाधिक पुरुष-स्त्री साक्षरता दर में अंतर वाले 5 राज्य/केन्द्रशासित प्र.	
राज्य	प्रतिशत अंतर (Gender Gap)
राजस्थान	27.1
झारखण्ड	21.4
दादर एवं नगर हवेली	20.9
जम्मू-कश्मीर	20.4
छत्तीसगढ़	20.1

न्यूनतम पुरुष-स्त्री साक्षरता दर में अंतर वाले 3 राज्य	
राज्य	प्रतिशत अंतर
मेघालय	3.1
मिजोरम / केरल	4.0
नागालैण्ड	6.7

देश में उच्च साक्षरता वाले 2 जिले	
जिला	प्रतिशत
सरचिप (मिजोरम)	98.76
अजावल (मिजोरम)	98.50

देश में न्यूनतम साक्षरता वाले दो जिले	
जिला	प्रतिशत अंतर
अलीराजपुर (मध्य प्रदेश)	37.22
बीजापुर (छत्तीसगढ़)	41.58

जनसंख्या घनत्व

➢ 2011 की जनगणना के अंतिम आंकड़ों के अनुसार भारत का जनसंख्या घनत्व 382 व्यक्ति प्रति किमी है।

जनगणना वर्ष	घनत्व (व्यक्ति/वर्ग कि.मी.)	संख्या वृद्धि	वृद्धि प्रतिशत
1901	77	–	–
1911	82	05	6.5
1921	81	(–)01	(–)1.2
1931	90	09	11.1
1941	103	13	14.4
1951	117	14	13.6
1961	142	25	21.4
1971	177	35	24.6
1981	216	39	22
1991	267	51	23.6
2001	325	58	21.7
2011	382	57	17.5

➢ सर्वाधिक दशकीय जनसंख्या वृद्धि दर 1961-71 के दशक में 24.6% थी।

➢ 1911-21 के दशक में जनघनत्व में वृद्धि ऋणात्मक (-1.2) रही।

➢ 1991-2001 के दशक में जनघनत्व में 58 व्यक्ति/वर्ग किमी. की वृद्धि हुई।

➢ 2001-2011 के दशक में जनघनत्व में 57 व्यक्ति/वर्ग किमी. की वृद्धि हुई।

➢ देश में राज्य स्तर जनघनत्व में बहुत असमानताएं विद्यमान हैं। 2011 के अंतिम जनगणना रिपोर्ट के अनुसार अरुणाचल प्रदेश में जहाँ जनघनत्व मात्र 17 व्यक्ति/वर्ग कि.मी. है, वहीं बिहार में यह 1,106 व्यक्ति/वर्ग कि.मी. है। केन्द्रशासित प्रदेशों में सर्वाधिक जनघनत्व दिल्ली का 11,320 व्यक्ति प्रति कि.मी. है जबकि अंडमान एवं निकोबार द्वीप समूह का न्यूनतम 46 व्यक्ति/वर्ग कि.मी. है।

शीर्ष पाँच जनघनत्व वाले राज्य	
राज्य	जनघनत्व/वर्ग कि.मी.
बिहार	1106
पश्चिम बंगाल	1028
केरल	860
उत्तर प्रदेश	829
हरियाणा	573

न्यूनतम पाँच जनघनत्व वाले राज्य	
राज्य	जनघनत्व/वर्ग कि.मी.
अरुणाचल प्रदेश	17
मिजोरम	52
सिक्किम	86
मणिपुर	115
नागालैण्ड	119

पाँच शीर्ष जनघनत्व वाले केन्द्रशासित प्रदेश	
राज्य	जनघनत्व/वर्ग कि.मी.
दिल्ली	11320
चण्डीगढ़	9258
पुडुचेरी	2547
दमन एवं दीव	2191
लक्षद्वीप	2149

न्यूनतम तीन जनघनत्व वाले केन्द्रशासित क्षेत्र	
प्रदेश	जनघनत्व/वर्ग कि.मी.
अंडमान एवं निकोबार	46
दादरा एवं नगर हवेली	700
लक्षद्वीप	2149

सर्वाधिक जनघनत्व वाले दो जिले		
जिले	राज्य	जनघनत्व
उ. पू. दिल्ली	दिल्ली	37,346
चेन्नई	तमिलनाडु	26,903

- भारत में न्यूनतम एक व्यक्ति / वर्ग कि.मी. वाला जिला दिवांग घाटी (अरुणाचल प्रदेश), तथा 2 व्यक्ति / वर्ग किमी. वाला जिला सम्बा (जम्मू-कश्मीर) है।

अनुसूचित जनगणना : 2011 के अंतिम आंकड़े

अनुसूचित जातियाँ

- भारत सरकार अधिनियम, 1935 में सर्वप्रथम **'अनुसूचित जाति'** शब्द का अनुप्रयोग किया गया था जबकि संविधान के **अनुच्छेद 341** में **'अनुसूचित जाति'** शब्द उल्लेख किया गया है। यह एक विषम जातीय समूह है, जिसमें **542 जातियाँ** शामिल हैं। आर्थिक एवं सामाजिक प्रतिष्ठा की दृष्टि से ये लगभग एक जैसी हैं। इनमें से **81.28 प्रतिशत** लोग गाँवों में रहते हैं और उनका प्रमुख आय स्रोत कृषि है।
- स्वतंत्रता के समय देश में अनुसूचित जातियों की संख्या 5.17 करोड़, थी, जो बढ़कर 1981 में 10. 47 करोड़, 1991 में 13.82 करोड़ तथा 2001 में 16.66 करोड़ थी। प्रतिशत की दृष्टि से 1991 में अनुसूचित जातियाँ 16.48% थी, जो 1981 की तुलना में 32.0 प्रतिशत अधिक थी। 2001 में अनुसूचित जातियाँ 16.2% थी, जो 1991 की तुलना में 20.54% अधिक थी।
- **2011 की अंतिम (Final) जनगणना रिपा. ेर्ट** के अनुसार देश में अनुसूचित जातियों की जनसंख्या 20.13.78.086 (20.137 करोड़) है, जो देश की कुल जनसंख्या का 16.6% है। 2001-11 के दौरान अनुसूचित जाति की दशकीय वृद्धि दर 20.8% रही है। सर्वाधिक एवं न्यूनतम अनुसूचित जाति जनसंख्या वाले राज्य क्रमशः **उत्तर-प्रदेश** एवं **मिजोरम** रहे हैं।
- अनुसूचित जाति की **सर्वाधिक** तथा **न्यूनतम** जनसंख्या प्रतिशतता वाले राज्य क्रमशः **पंजाब** (31.9%) एवं **मिजोरम** (0.1%) रहे हैं। ध्यातव्य है कि **अरुणाचल प्रदेश, नागालैण्ड, अंडमान एवं निकोबार द्वीप समूह** और **लक्षद्वीप** में किसी भी अनुसूचित जाति का निवास नहीं **(NSC)** हैं।
- 2011 में अनुसूचित जाति का **लिंगानुपात 945** रहा है, जो कि 2001 की जनगणना के लिंगानुपात (936) की अपेक्षा 9 अधिक है। पुनश्च **केरल** सर्वाधिक तथा **मिजोरम** न्यूनतम अनुसूचित जाति लिंगानुपात वाला राज्य / केन्द्रशासित प्रदेश 15वीं जनगणना में रहा है।

शीर्ष पाँच अनुसूचित जाति जनसंख्या वाले राज्य के.प्र.

क्रम	प्रदेश	संख्या
प्रथम	उत्तर प्रदेश	4,13,57,608
द्वितीय	प. बंगाल	2,14,63,270
तृतीय	बिहार	1,65,67,325
चतुर्थ	तमिलनाडु	1,44,38,445
पंचम	आन्ध्र प्रदेश	1,33,78,078

सामान्य जनसंख्या में प्रतिशत की दृष्टि से शीर्ष पाँच अनुसूचित जाति वाले राज्य

रैंक	प्रदेश	अंश % में
प्रथम	पंजाब	31.9
द्वितीय	हिमाचल प्रदेश	25.2
तृतीय	प. बंगाल	23.5
चतुर्थ	उत्तर प्रदेश	20.7
पंचम	हरियाणा	20.2

निम्नतम पाँच अनुसूचित जाति जनसंख्या वाले राज्य / केन्द्र प्र. क्षे.

रैंक	प्रदेश	संख्या
प्रथम	मिजोरम	1218
द्वितीय	नागालैण्ड	NSC
तृतीय	अरुणाचल प्रदेश	NSC
चतुर्थ	लक्षद्वीप	NSC
पंचम	अंडमान एवं निकोबार द्वीप समूह	NSC

अनुसूचित जाति की निम्नतम जनसंख्या प्रतिशतता वाले पाँच राज्य/के.प्र.क्षे.

प्रथम	मिजोरम (0.1%)
द्वितीय	नागालैण्ड (NSC)
तृतीय	अरुणाचल प्रदेश (NSC)
चतुर्थ	लक्षद्वीप (NSC)
पंचम	अंडमान एवं निकोबार द्वीप समूह (NSC)

अनुसूचित जनजातियाँ

- 15वीं जनगणना 2011 के अंतिम रिपोर्टानुसार भारत में अनुसूचित जनजाति की संख्या 10,42,81,034 है, जो देश की कुल जनसंख्या का 8.6% है। समस्त अनुसूचित जनजाति जनसंख्या से 5,24,09,823 (50.26%) पुरुष और 5,18,71,211 (49.74%) महिला जनसंख्या है।
- भारत में सर्वाधिक अनुसूचित जनजाति जनसंख्या म.प्र. (1,53.16,784) में पायी जाती है, जो राज्य की समस्त जनसंख्या का 21.1% है।
- अनुसूचित जनजाति जनसंख्या प्रतिशत के आधार पर राज्यों / के. शा. प्र. में से लक्षद्वीप में सर्वोच्च (94.8%) प्रतिशतता में पायी जाती है। उसके बाद **मिजोरम** (94.4%) का स्थान है।
- ध्यातव्य है कि **पुडुचेरी, दिल्ली, चंडीगढ़, हरियाणा** तथा **पंजाब** में कोई भी अनुसूचित जनजाति नहीं (NST) पायी जाती है।
- **दादरा एवं नगर हवेली** में संख्या की दृष्टि से सर्वाधिक (1,78,564) अनुसूचित जनजाति पाये जाते हैं, जो किसी केन्द्रशासित प्रदेश में सर्वाधिक हैं।
- ज्ञातव्य है कि भारतीय संविधान ने मूलरूप 212 जनजातियों को अनुसूचित जनजातियाँ घोषित किया गया था। किन्तु वर्तमान में अनुसूचित जनजातियों की सूची में 550 जनजातियाँ शामिल हैं।
- 2011 में अनुसूचित जनजाति का लिंगानुपात 990 है, जो 2001 के लिंगानुपात (978) से 12 अधिक है। जनजातियों में सर्वाधिक लिंगानुपात गोवा (1046) राज्य का और सबसे कम जम्मू-कश्मीर (924) का है।

शीर्ष पाँच अनुसूचित जनजाति जनसंख्या वाले राज्य / के. शा. प्र.	
मध्य प्रदेश	1,53,16,784
महाराष्ट्र	1,05,10,213
ओडिशा	95,90,756
राजस्थान	92,38,534
गुजरात	89,17,174

सामान्य जनसंख्या में प्रतिशत की दृष्टि से शीर्ष पाँच अनुसूचित जनजाति वाले राज्य / के. शा. प्र.	
लक्षद्वीप	94.8%
मिजोरम	94.4%
नागालैण्ड	86.5%
मेघालय	86.1%
अरुणाचल प्रदेश	68.8%

- इस प्रकार देश में अनुसूचित जाति तथा अनुसूचित जनजाति की प्रतिशतता 25.2 है, जिसमें 16.6% अनुसूचित जाति तथा 8.6% अनुसूचित जनजाति हैं।

नगरीकरण

- भारत में कुल 121.05 करोड़ लोगों में से 37,71,06,125 लोग शहरों में निवास करते हैं, जो सम्पूर्ण देश की जनसंख्या का 31.2% है। देश में जो सम्पूर्ण देश की जनसंख्या का 31.2% है। देश में 19,54,89,200 पुरुष नगरीय जनसंख्या तथा 18,16,16,925 महिला नगरीय जनसंख्या निवास करती है।

➤ भारत की जनगणना-2011 के अनुसार देश में पांच हजार से अधिक जनसंख्या वाली ऐसी बस्तियों की संख्या में वृद्धि हुई है, जिन्हें जनगणना नगर कहा जाता है। जनगणना नगरों की संख्या वर्ष 2001 में 1362 से बढ़कर 2011 में 3894 हो गई है।

भारत के 10 लाख या अधिक जनसंख्या वाले नगर : 2011		
क्र. स.	राज्य / के. शा. प्र.	नगर (जनसंख्या)
1.	उत्तर प्रदेश	1. कानपुर (29,20,067), 2. लखनऊ (29,014,74), 3. आगरा (17,46,467), 4. गाजियाबाद (23,58,525), 5. वाराणसी (14,35,113), 6. मेरठ (14,24,908), 7. इलाहाबाद (12,16,719)
2.	केरल	1. कोच्चि (21,17,990), 2. कोझिकोड (20,30,519), 3. त्रिशूर (1854783), 4. मलाप्पुरम् (1698645), 5. तिरवनंतपुरम् (16,87,406), 6. कन्नूर (1642892), 7. कोल्लम (11,10,005)
3.	महाराष्ट्र	1. वृहत् मुम्बई (1,18414288), 2. नागपुर (24,97,777), 3. पुणे (50,49,968), 4. नासिक (15,62,769), 5. वसई विरार सिटी (1221233), 6. औरंगाबाद (1189376)
4.	तमिलनाडु	1. चेन्नई (86,96,010), 2. कोयम्बटूर (2151466), 3. मदुरे (14,62,420), 4. त्रिरुचिरापल्ली (10,21,717)
5.	आंध्र प्रदेश	1. हैदराबाद (77,49,334), 2. जी वी एम सी (17,303,20), 3. विजयबाड़ा (1491202)
6.	मध्य प्रदेश	1. इंदौर (2167447), 2. भोपाल (18,83,381), 3. जबलपुर (12,67,564), 4. ग्वालियर (11,01,981)
7.	गुजरात	1. अहमदाबाद (63,52,254), 2. सूरत (4585367), 3. बड़ोदरा (1817191), 4. राजकोट (13,90,933)
8.	झारखण्ड	1. जमशेदपुर (13,37,131), 2. धनबाद (11,95,298), 3. रांची (1126741)
9.	प. बंगाल	1. कोलकाता (1,41,12,536), 2. आसनसोल (12.43,008)
10.	राजस्थान	1. जयपुर (30,73,350), 2. जोधपुर (11,37,815), 3. कोटा (10,01,365)
11.	पंजाब	1. लुधियाना, 2. अमृतसर
12.	रा. रा. क्षेत्र दिल्ली	1. दिल्ली (1.63,14,838)
13.	कर्नाटक	1. बेंगलूरु (84,99,399)
14.	बिहार	पटना (20,46,652)
15.	हरियाणा	फरीदाबाद (1404653)
16.	चंडीगढ़	चंडीगढ़ (10,25,682)
17.	जम्मू-कश्मीर	श्रीनगर (1273312)

मेगा सिटी (Mega City)

➤ संयुक्त राष्ट्र संघ (UNO) के अनुसार - ऐसे नगरीय संकुलन जिनकी जनसंख्या 10 मिलियन (अर्थात् एक करोड़) से अधिक है, **'मेगा सिटी'** की संज्ञा से अभिहित किया जाता है। भारतीय जनगणना-2011 में इस अवधारणा को स्वीकार किया गया है।

- देश के 53 **मिलियन प्लस नगरीय** संकुलनों में से तीन नगरीय संकुलन **'मेगा सिटी'** की परिभाषा के अन्तर्गत आते हैं।

(i) **वृहद् मुम्बई** (18.41 मिलियन)

(ii) **दिल्ली** (16.31 मिलियन)

(iii) **कोलकाता** (14.11 मिलियन)

- ध्यातव्य है कि 2001 में उक्त तीनों शहरों का अनुक्रम था– मुम्बई, कोलकाता एवं दिल्ली ज्ञातव्य है कि 2011 से पहले भारत के नगर निगम क्षेत्र में 40 लाख से अधिक जनसंख्या वाले नगरों को **'मेगा सिटी'** कहा जाता था।

मेगा सिटी दशकीय जनसंख्या वृद्धि दर

शहर	दशकीय जनसंख्या 1991-2001	वृद्धि दर 2001-11	अन्तर
1. मुम्बई	30.47	12.05	(–)18.42
2. दिल्ली	52.24	26.69	(–)25.55
3. कोलकाता	19.60	06.87	(–)12.73

शीर्ष 5 शहरी जनसंख्या % वाले राज्य

रैंक	राज्य	नगरीकरण % में
प्रथम	गोवा	62.2
द्वितीय	मिजोरम	52.1
तृतीय	तमिलनाडु	48.4
चतुर्थ	केरल	47.7
पंचम	महाराष्ट्र	45.2

शीर्ष चार शहरी जनसंख्या % वाले संघीय क्षेत्र

रैंक	संघीय क्षेत्र	नगरीकरण % में
प्रथम	दिल्ली	97.5
द्वितीय	चंडीगढ़	97.3
तृतीय	लक्षद्वीप	78.1
चतुर्थ	दमन और दीव	75.2

शीर्ष 5 नगरीय जनसंख्या वाले राज्य/के.शा.प्र.

रैंक	राज्य/के.शा.प्र.	जनसंख्या
प्रथम	महाराष्ट्र	5,08,18,259
द्वितीय	उत्तर प्रदेश	4,44,95,063
तृतीय	तमिलनाडु	3,49,17,440
चतुर्थ	प. बंगाल	2,90,93,002
पंचम	आन्ध्र प्रदेश	2,82,19,075

निम्नतम 5 नगरीय जनसंख्या वाले राज्य / के. शा. प्र.		
रैंक	राज्य/के.शा.प्र.	जनसंख्या
प्रथम	लक्षद्वीप	50,332
द्वितीय	अंडमान एवं निकोबार	1,43,488
तृतीय	सिक्किम	1,53,578
चतुर्थ	दादर नगर हवेली	1,60,595
पंचम	दमन और दीव	1,82,851

राज्य परिदृश्य (भारत के राज्य)

भारतीय राज्य तथा संघ शासित क्षेत्र

आंध्र प्रदेश

निर्माण तिथि : 01 नवंबर, 1956, 02 जून, 1914 को इससे अलग होकर तेलंगाना राज्य बना।
राजधानी : विजयवाड़ा (यहाँ नई राजधानी स्थापित होने तक 10 वर्षों हेतु हैदराबाद, आंध्र प्रदेश व तेलंगाना की संयुक्त राजधानी रहेगी।)
क्षेत्रफल : 1,60,205 वर्ग कि.मी.।
जिलों की संख्या : 13
भाषाएँ : तेलुगू तथा उर्दू
प्रमुख नदियाँ : कृष्णा, गोदावरी, पेण्णार, तुंगभद्रा
पड़ोसी राज्य : उत्तर-पश्चिम में तेलंगाना, उत्तर में छत्तीसगढ़, उत्तर-पूर्व में ओडिशा, पश्चिम में कर्नाटक दक्षिण में तमिलनाडु, पूर्व में बंगाल की खाड़ी का जल क्षेत्र।
पशु : काला हिरण
पक्षी : इंडियन रोलर

अरुणाचल प्रदेश

प्रचलित नाम : भारत का आर्किड् राज्य अथवा वनस्पतिशास्त्रियों का स्वर्ग
राजधानी : ईटानगर
निर्माण तिथि : 20 फरवरी, 1987 (पहले इसे नेफा के नाम से जाना जाता था।)
क्षेत्रफल : 83,743 वर्ग कि.मी.
जिलों की संख्या: 21
जनसंख्या : 13,82,611
पड़ोसी राज्य : दक्षिण में असम तथा नागालैंड, पश्चिम में भूटान, पूर्व में म्यांमार तथा उत्तर में चीन देश।
नदियाँ : सियांग, लोहित, सुबंश्री, दिबांग, कामेग, डिक्रांग
पहाड़ : उच्च हिमालय, एसोम शिवालिक, डाफ्ला हिल्स, मिरी हिल्स, मिश्मी हिल्स, एबोर हिल्स
भाषाएँ : मोंपा, अका, निशि, शर्दुकमेन, अपतनी, हिल मिरि तगिन, सिंगफू, तंगसा, नोक्टे वान्चू
पशु : गैंडा
पक्षी : हार्नबिल

असम

राजधानी : दिसपुर
क्षेत्रफल : 78,438 वर्ग किमी.
निर्माण तिथि : 26 जनवरी, 1950
जनसंख्या : 31,169,272
जिलों की संख्या : 33
भाषाएँ : आसामी, बंगाली, बोडो तथा मिशिंग
पड़ोसी राज्य : अरुणाचल प्रदेश, नागालैंड, मणिपुर, मिजोरम, त्रिपुरा तथा मेघालय, पश्चिम बंगाल तथा देश : भूटान, बांग्लादेश।
पशु : एक सींग वाला गैंडा
पक्षी : श्वेत पंखवाली बत्तख

बिहार

राजधानी : पटना
क्षेत्रफल: 94,163 वर्ग किमी.
निर्माण तिथि : 26 जनवरी, 1950
जनसंख्या: 10,40,99,452 (2011)
सबसे बड़ा नगर : पटना
जिलों की संख्या : 38
भाषाएँ : हिंदी, भोजपुरी, मगधी, मैथिली तथा उर्दू।
पड़ोसी राज्य : पश्चिम में उत्तर प्रदेश, उत्तर में नेपाल, पूर्व में पं० बंगाल तथा दक्षिण में झारखंड।
प्रमुख नदियाँ: गंगा, सोन, घाघरा, गंडक, बागमती, कोसी पुनपुन, फाल्गु, महानदी दुर्गावती, कर्मनाशा इत्यादि।
पशु : जंगली भैंसा
पक्षी : घरेलू गौरैया

छत्तीसगढ़

प्रचलित नाम : केन्द्रीय भारत का चावल का कटोरा
राजधानी : रायपुर
क्षेत्रफल : 1,36,034 वर्ग किलोमीटर
निर्माण तिथि : 01 नवंबर, 2000
जनसंख्या : 2,55,45, 198
जिलों की संख्या : 27
भाषाएँ : छत्तीसगढ़ी, हिंदी
पड़ोसी राज्य : उत्तर-पश्चिम में मध्य प्रदेश, दक्षिण-पश्चिम में तेलंगाना, दक्षिण में आंध्र प्रदेश, पूर्व में ओडिशा, उत्तर-पूर्व में झारखंड, उत्तर में उत्तर प्रदेश।
प्रमुख नदियाँ : महानदी, इंद्रावती, पैरी, खारून, खसर्दा, ईब, अमनेर, गुडरा, शिवनाथ इत्यादि।
पशु : जंगली भैंसा
पक्षी : पहाड़ी मैना

गोवा

राजधानी : पणजी
क्षेत्रफल : 3,702 वर्ग किमी.

निर्माण तिथि : 30 मई, 1987
जनसंख्या : 14,58,545
जिलों की संख्या : 2
भाषाएँ : कोंकणी, मराठी
पड़ोसी राज्य : उत्तर में महाराष्ट्र, दक्षिण तथा पूर्व में कर्नाटक, पश्चिम में अरब सागर का जलक्षेत्र।
पशु : भारतीय भैंसा
पक्षी : ब्लैक क्रेस्टेड बुलबुल

गुजरात

प्रचलित नाम : पश्चिमी भारत का रत्न
राजधानी : गांधीनगर
क्षेत्रफल : 1,96,024
निर्माण तिथि : 01 मई, 1960
जनसंख्या : 6,04,39,692
जिलों की संख्या : 33
भाषा : गुजराती
पड़ोसी राज्य : उत्तर में राजस्थान, दक्षिण में महाराष्ट्र, पूर्व में मध्य प्रदेश, पश्चिम में अरब सागर तथा पाकिस्तान।
पशु : एशियाई सिंह
पक्षी : ग्रेटर फ्लेमिंगो

हरियाणा

राजधानी : चंडीगढ़
क्षेत्रफल : 44,212 वर्ग किमी.
निर्माण तिथि : 01 नवंबर, 1966
जनसंख्या : 2,53,51,462
सबसे बड़ा नगर : फरीदाबाद
जिलों की संख्या : 22
भाषाएँ : हिंदी, पंजाबी, हरियाणवी
प्रमुख नदियाँ : यमुना घग्घर, सतलुज।
पड़ोसी राज्य : उत्तर में हिमाचल प्रदेश, पश्चिम में पंजाब, दक्षिण में राजस्थान, पूर्व में उत्तराखंड एवं उत्तर प्रदेश। दिल्ली में तीन तरफ हरियाणा है।
पशु : नील गाय
पक्षी : काला तीतर

हिमाचल प्रदेश

प्रचलित नाम : सेब का राज्य, देवभूमि
राजधानी : शिमला
क्षेत्रफल : 55,673 किमी.
निर्माण तिथि : 25 जनवरी, 1971
जनसंख्या : 68,64,602

जिलों की संख्या : 12

भाषाएँ : हिन्दी, डोगरी, पहाड़ी

पड़ोसी राज्य : उत्तर में जम्मू-कश्मीर, पश्चिम में पंजाब, दक्षिण पश्चिम में हरियाणा, दक्षिण-पूर्व में उत्तराखंड, उत्तर प्रदेश तथा पूर्व में तिब्बत।

प्रमुख नदियाँ : रावी, बीज, चेनाब, सतलुज, यमुना।

पशु : हिम तेंदुआ

पक्षी : जुजुराना वेस्टर्न इरोगापा(टैपोगन)

जम्मू तथा कश्मीर

प्रचलित नाम : धरती का स्वर्ग

राजधानी : श्रीनगर (ग्रीष्मकालीन) एवं जम्मू (शीतकालीन)

क्षेत्रफल : 2,22,236 वर्ग कि.मी.

निर्माण तिथि : 26 अक्टूबर, 1947

जनसंख्या : 1,25,41, 302

जिलों की संख्या : 22

पड़ोसी राज्य : दक्षिण में पंजाब तथा हिमाचल प्रदेश, उत्तर-पूर्व में चीन, क्रमशः पश्चिम तथा उत्तर-पश्चिम में पाक अधिकृत आजाद कश्मीर तथा गिलगित-बाल्टिस्तान।

पशु : कश्मीरी बारहसिंगा

पक्षी : काली गर्दन वाला सारस

झारखंड

प्रचलित नाम : वन तथा झाड़ियों की भूमि

राजधानी : रांची

क्षेत्रफल : 79,714 वर्ग किमी.

निर्माण तिथि : 15 नवंबर, 2000

जनसंख्या : 3, 20, 57, 819

जिलों की संख्या : 24

भाषाएँ : हिन्दी, उर्दू, संथाली, खरिया, कुर्माती, बंगाली।

पड़ोसी राज्य : उत्तर में बिहार, पश्चिम में उत्तर प्रदेश तथा छत्तीसगढ़, दक्षिण में ओडिशा, पूर्व में प. बंगाल।

प्रमुख नदियाँ : दामोदर, सुवर्ण रेखा, संख, बरकत।

पशु : हाथी

पक्षी : कोयल

कर्नाटक

राजधानी : बेंगलुरु

क्षेत्रफल : 1,91,791 वर्ग किमी.

निर्माण तिथि : 1 नवम्बर, 1956 को मैसूर राज्य, 01 नवंबर, 1973 को नया नाम कर्नाटक पड़ा।

जनसंख्या : 6,10,95,297

सबसे बड़ा नगर : बेंगलुरु

जिलों की संख्या : 30

भाषा : कन्नड़
प्रमुख नदियाँ : कृष्णा, तुंगभद्रा, कावेरी, काबिनी।
पड़ोसी राज्य : पश्चिम में अरब सागर तथा लक्षद्वीप सागर, उत्तर-पश्चिम में गोवा, उत्तर में महाराष्ट्र, उत्तर-पूर्व में तेलंगाना, पूर्व में आंध्र प्रदेश, दक्षिण-पूर्व में तमिलनाडु, दक्षिण-पश्चिम में केरल।
पशु : भारतीय हाथी
पक्षी : इंडियन रोलर

केरल

प्रचलित नाम : ईश्वर का देश
राजधानी : तिरूवनंतपुरम
क्षेत्रफल : 38,863 वर्ग किमी.
निर्माण तिथि : 01 नवंबर, 1956
जनसंख्या : 3,34,06,061
जिलों की संख्या : 14
भाषा : मलयालम
पड़ोसी राज्य : उत्तर तथा उत्तर-पूर्व में कर्नाटक, पूर्व तथा दक्षिण में तमिलनाडु, पश्चिम में लक्षद्वीप सागर।
प्रमुख नदियाँ : पेरियार, नाइला, पाम्बा, चालियार, काडाउन्डी, चलक्कुडी, कालडा, मुआदुपुझा इत्यादि।
पशु : भारतीय हाथी
पक्षी : ग्रेट हार्नबिल

मध्य प्रदेश

प्रचलित नाम : भारत का हृदय
राजधानी : भोपाल
क्षेत्रफल : 3,08,000 वर्ग किमी.
निर्माण तिथि : 01 नवंबर, 1956
जनसंख्या : 7,26,26,809
जिलों की संख्या : 51
भाषा : हिंदी
पड़ोसी राज्य : उत्तर-पूर्व में उत्तर प्रदेश, दक्षिण-पूर्व में छत्तीसगढ़, दक्षिण में महाराष्ट्र, पश्चिम में गुजरात, उत्तर-पश्चिम में राजस्थान।
प्रमुख नदियाँ : नर्मदा, चम्बल, सिंध, बेतवा, केन, सोन, तापी।
पशु : बारहसिंगा
पक्षी : एशियन पैराडाइस फ्लाइ कैचर

महाराष्ट्र

राजधानी : मुम्बई
क्षेत्रफल : 3,07,713 वर्ग किमी.
निर्माण तिथि : 01 मई, 1960
जनसंख्या : 11,23,74,333

सबसे बड़ा नगर : मुम्बई
जिलों की संख्या : 36
भाषा : मराठी
पड़ोसी राज्य : कर्नाटक, तेलंगाना, गोवा, गुजरात, छत्तीसगढ़, मध्यप्रदेश, दादरा नगर हवेली एवं अरेबियन सागर।
प्रमुख नदियाँ : गोदावरी, पेन्नगा, मंजरा, भीमा, वर्धा, पूर्णा इत्यादि।
पशु : भारतीय बड़ी गिलहरी
पक्षी : पीत पाद हरित कबूतर

मणिपुर

प्रचलित नाम : पूर्व का मार्ग
राजधानी : इम्फाल
क्षेत्रफल : 22,327 वर्ग किमी.
निर्माण तिथि : 21 जनवरी, 1972
जनसंख्या : 25,70,390
जिलों की संख्या : 16
पड़ोसी राज्य : उत्तर में नागालैंड, उत्तर-पूर्व में असम, दक्षिण में मिजोरम, पश्चिम में असम का कछार क्षेत्र।
भाषा : मणिपुरी
प्रमुख नदियाँ : बराक, मणिपुर।
पशु : संगाई हिरण
पक्षी : मिसेज ह्यूम्स फिजेंट

मेघालय

प्रचलित नाम : बादलों का घर
राजधानी : शिलांग
क्षेत्रफल : 22,429 वर्ग कि.मी.
निर्माण तिथि : 02 अप्रैल, 1970 (असम अंतर्गत) → 21 जनवरी, 1972 (अलग राज्य)
जनसंख्या : 29,66,889
जिलों की संख्या : 11
भाषाएं : अंग्रेजी, खासी तथा गारो।
प्रमुख नदियाँ : कृष्णाई, बुगी, सिमसांग, निटाई, कुप्ली, मिंटडु।
पड़ोसी राज्य : दक्षिण में बांग्लादेश, उत्तर-पूर्व में असम।
पशु : चित्तीदार तेंदुआ
पक्षी : पहाड़ी मैना

मिज़ोरम

प्रचलित नाम : पहाड़ी लोगों की भूमि
राजधानी : आइजोल
क्षेत्रफल : 21,081 वर्ग किमी.
निर्माण तिथि : 20 फरवरी, 1987
जनसंख्या : 10,97,206
जिलों की संख्या : 8
भाषाएँ : मिजो और अंग्रेज़ी।

पड़ोसी राज्य : उत्तर में असम का क्षेत्र और मणिपुर, पूर्व एवं दक्षिण में चीन की पहाड़ियाँ एवं अराकान पश्चिम में बांग्लादेश की पहाड़ी एवं त्रिपुरा राज्य।
प्रमुख नदियाँ: तलवांग, सोनाई, तुइवाल।
पशु : हिलॉक गिब्बन
पक्षी : मिसेज ह्यूम्स फिजेंट

नागालैंड

प्रचलित नाम : विश्व का फाल्कन कैपिटल
राजधानी : कोहिमा
क्षेत्रफल : 16,579 वर्ग किमी.
निर्माण तिथि : 01 दिसम्बर, 1963
जनसंख्या : 19,78,502
जिलों की संख्या : 11
भाषाएँ : अंग्रेजी, आओ, कोयक, आंगामी, सेमा, लोथा।
प्रमुख नदियाँ : धनसिरी, दोयांग, दिखू, झांजी।
पशु : भैंसा
पक्षी : ब्लाइथ ट्रैगोपन

ओडिशा

राजधानी : भुवनेश्वर
क्षेत्रफल : 1,55,707 वर्ग किमी.
निर्माण तिथि : 1 अप्रैल, 1936
जनसंख्या : 4,19,74,218
सबसे बड़ा नगर : भुवनेश्वर
जिलों की संख्या : 30
भाषाएं : उड़िया, अंग्रेजी।
पड़ोसी राज्य : उत्तर-पूर्व में पं. बंगाल, उत्तर में झारखंड, पश्चिम में छत्तीसगढ़, दक्षिण-पश्चिम में तेलंगाना, दक्षिण में आंध्र प्रदेश और पूर्व में बंगाल की खाड़ीं।
प्रमुख नदियाँ : महानदी, ब्राह्मनी, बैतरनी, पुशिकुल्या, सबरी।
पशु : हाथी
पक्षी : नाचता मोर

पंजाब

प्रचलित नाम : 'भारत अन्न भंडार, व भारत की रोटी की टोकरी'
राजधानी : चंडीगढ़
क्षेत्रफल : 50,362 वर्ग किमी.
निर्माण तिथि : 15 अगस्त 1947
जनसंख्या : 2,77,43,338
भाषाएं : पंजाबी, हिन्दी
जिलों की संख्या : 22
प्रमुख नदियाँ : सतलुज, इंडस, रावी, चेनाब।
पड़ोसी राज्य : पूर्व में हिमाचल प्रदेश, दक्षिण में हरियाणा, दक्षिण-पश्चिम में राजस्थान, पश्चिम में पाकिस्तान, उत्तर में जम्मू-कश्मीर।

पशु : ब्लैकबक(काला हिरण)
पक्षी : उत्तरी गोशाक

राजस्थान

राजधानी : जयपुर
क्षेत्रफल : 3,42,239 वर्ग किमी.
निर्माण तिथि : 01 नवंबर, 1956
जनसंख्या : 7,35,29,325
भाषाएं : हिन्दी, अंग्रेजी
जिलों की संख्या : 33
पड़ोसी राज्य : उत्तर-पश्चिम तथा पश्चिम में पाकिस्तान, उत्तर में पंजाब, उत्तर -पूर्व में हरियाणा तथा पंजाब, दक्षिण-पूर्व में मध्य प्रदेश, दक्षिण पश्चिम में गुजरात।
प्रमुख नदियाँ : लूनी, बनास, काली सिंध, चम्बल, इंदिरा गांधी नहर।
पशु : चिंकारा
पक्षी : ग्रेट इंडियन बस्टर्ड

सिक्किम

राजधानी : गंगटोक
क्षेत्रफल : 7,096 वर्ग किमी.
निर्माण तिथि : 16 मई, 1975
जनसंख्या : 6,10,577
जिलों की संख्या : 4
भाषाएँ : नेपाली, लेपचा, लिब्बू, हिन्दी, भूटिया, गुरंग।
प्रमुख नदियाँ : तीस्ता रंगित।
पड़ोसी राज्य : पश्चिम में नेपाल, उत्तर-पश्चिम में तिब्बत, पूर्व में भूटान, दक्षिण में पं. बंगाल
पशु : लाल पांडा
पक्षी : रक्तिम फिजेंट

तमिलनाडु

राजधानी : चेन्नई
क्षेत्रफल : 1,30,058 वर्ग किमी.
निर्माण तिथि : 26 जनवरी, 1950
जनसंख्या : 7,21,47,038
सबसे बड़ा नगर : चेन्नई
जिलों की संख्या : 32
भाषा : तमिल
पड़ोसी राज्य : पुदुचेरी, केरल, कर्नाटक, आंध्र प्रदेश तथा दक्षिण में श्रीलंका।
प्रमुख नदियाँ : पलार, वैगाई, कावेरी, चेयार, पानियार, चित्तार वेल्लार, वैपार, सुरुली।
पशु : नीलगिरि ताहर
पक्षी : एमराल्ड डोव

तेलंगाना

राजधानी : हैदराबाद
क्षेत्रफल : 1,14,840 वर्ग किमी.
निर्माण तिथि : 02 जून, 1914 (आंध्र प्रदेश से अलग करके निर्मित)
जनसंख्या : 3,51,93,978
जिलों की संख्या : 31
भाषाएं : तेलुगू, उर्दू।
पड़ोसी राज्य : उत्तर में महाराष्ट्र तथा छत्तीसगढ़, पश्चिम में कर्नाटक, दक्षिण-पूर्व तथा उत्तर-पूर्व में आंध्र प्रदेश।
प्रमुख नदियाँ : मुसी, कृष्णा, गोदावरी, भीमा, मंजिरा।
पशु : चीतल
पक्षी : पाल पिट्टा

त्रिपुरा

राजधानी : अगरतला
क्षेत्रफल : 10,49,169 वर्ग कि.मी.
निर्माण तिथि : 21 जनवरी, 1972
जनसंख्या : 36,73,917
जिलों की संख्या : 8
भाषाएं : बंगाली, मणिपुरी तथा कोक बोरक।
पड़ोसी राज्य : उत्तर, दक्षिण तथा पश्चिम में बांग्लादेश, पूर्व में असम तथा मिजोरम।
प्रमुख नदियाँ : खोआती, मनु, गुमती, मुहुरी।
पशु : फायर्स लंगूर
पक्षी : हरित कबूतर

उत्तराखंड

प्रचलित नाम : ईश्वर की भूमि
राजधानी : देहरादून
क्षेत्रफल : 53,484 वर्ग किमी.
निर्माण तिथि : 9 नवंबर, 2000
जनसंख्या : 10,086,292
जिलों की संख्या : 13
भाषाएं : हिंदी, गढ़वाली, कुमाउँनी।
प्रमुख नदियाँ : गंगा, भगीरथी, यमुना, रामगंगा, टोंस, काली।
पशु : कस्तूरी मृग
पक्षी : हिमालयी मोनल

उत्तर प्रदेश

प्रचलित नाम : हिंदी का हृदयस्थली
राजधानी : लखनऊ

क्षेत्रफल : 2,40,928 वर्ग किमी.
निर्माण तिथि : 1 अप्रैल, 1937
जनसंख्या : 19,98,12,341
सबसे बड़ा नगर : लखनऊ
जिलों की संख्या : 75
भाषाएँ : हिंदी एवं उर्दू।
प्रमुख नदियाँ : गंगा, यमुना, गोमती, घाघरा, रामगंगा, बेतवा।
पशु : स्वैम्प डियर
पक्षी : सारस क्रेन

पश्चिम बंगाल

राजधानी : कोलकाता
क्षेत्रफल : 88,752 वर्ग किमी.
निर्माण तिथि : 15 अगस्त, 1947
जनसंख्या : 9,12,76,115
जिलों की संख्या : 23
भाषाएं : बंगाली तथा अंग्रेजी।
पड़ोसी राज्य : उत्तर में सिक्किम और भूटान, पूर्व में मेघालय, असम और बांग्लादेश, पश्चिम में ओडिशा, झारखंड, बिहार और नेपाल हैं तथा दक्षिण में बंगाल की खाड़ी है।
प्रमुख नदियाँ : मयूराक्षी, भागीरथी, दामोदर, तीस्ता, सुवर्णरेखा, टोरसा, महानंदा।
पशु : फिशिंग बिल्ली
पक्षी : श्वेत वक्ष किंगफिशर

www.ingramcontent.com/pod-product-compliance
Ingram Content Group UK Ltd.
Pitfield, Milton Keynes, MK11 3LW, UK
UKHW021704190726
13853UKWH00001B/414

9 789388 240208